잃어버린 예수

다석 사상으로 다시 읽는 요한복음

잃어버린 예수

박영호 지음

| 일러두기 |

1. 본문에 인용한 성경 구절은 《공동번역 성서》(1977년, 대한성서공회 발행)를 저본으로 삼았으며, 몇몇 구절에 한해 《성경전서 한글판 개역》(개역한글판)을 따랐다. 《개역한글판》을 따른 경우에는 따로 괄호 안에 '개역'으로 표기하였다.
2. 인용문에서 현행 한글 맞춤법(1989년 문교부 고시)과 다른 부분은 현행 맞춤법에 따라 바꾸었다.(예 : 우 → 위)
3. 성경 구절이나 인용문에서 괄호 안의 말들은 모두 저자의 풀이이다.

예수님

사랑하고 싶은 님
높이고 싶은 님
따르고 싶은 님

님을 만나 기쁨을 알았고
님을 만나 참나를 알았고
님을 만나 하느님을 알았고

님이 아픔을 잊게 하였고
님이 슬픔을 이기게 하였고
님이 죽음을 없이 하였고

머리에 이고 싶은 님
가슴에 품고 싶은 님
마음에 받들고 싶은 님

■ 머리말

  한결같이 흘러가는 가람의 물을 굽어보면서 공자가 탄식하기를 "가는 것이 이와 같구나. 밤낮으로 멎지 않는구나(逝者如斯夫 不舍晝夜)." (《논어》 자한 편) 공자는 강물이 흘러가는 것을 보고 자신이 흘러가는 것을 느꼈던 것이다. '나'라는 것은 시간의 냇물에 떠내려가는 물거품 같은 것이다. 흘러가다가 꺼지면 없어진다. 이 사실을 잘 알고 있었던 헨리 데이비드 소로는 이렇게 말하였다. "만일 당신이 작가라면 주어진 시간이 얼마 남지 않았다는 각오로 글을 써야 한다. 남은 시간은 얼마 되지 않는다. 네 영혼에 맡겨진 순간 순간을 잘 활용하라. 영감(靈感)의 잔을 최후의 한 방울까지 비워라. 영감의 잔을 비우는 일에 너무 지나치시 않을까 하고 두려워할 필요가 없다. 그렇게 하지 않으면 세월이 흐른 뒤 후회하게 될 것이다."(소로,《소로의 일기》) 소로 말대로 영감의 잔을 최후의 한 방울까지 비우고자 《잃어버린 예수》를 썼다. 말과 뜻과 힘을 다해 예수를 사랑하는 기회였다고 생각한다. 밖에서 잃어버린 예수를 안에서 찾았다.

　예수가 처음으로 하느님의 말씀을 외칠 때 한 말이 "회개하라."(마르코 1 : 15)였다. 여기서 '회개하다'로 번역된 메타노에오($\mu\varepsilon\tau\alpha\nu o\varepsilon\omega$)는 정확히 회개라는 뜻보다는 깨달으라는 뜻에 가깝다. '함께'란 뜻의 $\mu\varepsilon\tau\alpha$와 '깨닫다'는 뜻의 $\nu o\varepsilon\omega$의 합성어인 것이다. 예수의 가르침의 핵심은 영원한 생명인 얼나($\pi\nu\varepsilon\upsilon\mu\alpha$)를 깨달으라는 것이었다. 예수가 우리에게 똑똑히 가르쳐주었다. "내 말을 듣고 나를 보내신 분을 믿는 사람은 영원한 생명을 얻을 것이다. 그 사람은 …… 이미 죽음의 세계(제나)에서 벗어나 생명의 세계(얼나)로 들어섰다."(요한 5 : 24)

　류영모는 멸망의 생명인 제나를 극기한 뒤 영원한 생명인 얼나를 깨달아야 한다는 것을 《요한복음》에서 알게 되었다. "영원한 생명은 원죄설과는 다릅니다. 이것을 제대로 구별해야겠습니다. 위로부터 (얼나로) 다시 나는 것이 영원한 생명입니다. 덮어놓고 예수만 믿으면 영생할 수 있다고 합니다. 그것은 영생을 토막 내어 그릇되게 가르치는 것밖에 안 됩니다. 영원한 생명은 예수 이전부터 이어 내려오는 것입니다. 단지 예수는 정말 우리가 따라갈 수 없을 만큼 크게 깨달았으며 지금도 요한복음 3장을 통해서 폭포수 같은 성령을 우리에게 부어주는 분입니다."(류영모, 《다석강의》)

　석가 붓다는 말하기를 "내가 깨달은 진리는 매우 깊고 알기 어려워 오직 붓다와 붓다가 서로 증언할 수 있다."(《불본행집경》)라고 하였다. 구경각(究竟覺)을 이룬 류영모의 사상을 바로 알아주는 이도 드

물었다. 겨우 함석헌, 현동완, 류달영, 김흥호 등 극소수의 사람들이 그들 나름대로 알아줄 뿐이었다. 류영모가 세상을 떠난 지 20년이 지나서 다석학회(회장 정양모)가 창립되어 10여 명의 대학 교수와 학자들이 다석 사상을 본격적으로 연구하고 있다.

동국대학교에서 다석 사상으로 석사학위 논문을 쓴 방상복 신부를 비롯해 국내 여러 신학대학에서 수십 편의 석사학위 논문이 나왔다. 한국감신대에서 오정숙, 영국 에든버러대학에서 박명우, 영국 버킹엄대학에서 윤정현이 다석 사상으로 논문을 써서 박사학위를 받았다.

《잃어버린 예수》의 집필을 위하여 애써준 길벗(道友) 여러분(민항식, 이주성, 신왕식, 김창수, 김성섭, 박동선, 김병규, 전승구, 박용철, 오창곤, 송용선, 이강직, 정성국, 박우행, 허순중, 이승옥, 김성언, 윤삼효, 민원식)에게 감사를 드린다. 뉴욕에 사시는 정사성 신우께도 고마움을 전하고 싶다.

다석사상연구회에 물심으로 후원을 아끼지 않는 성천문화재단 류인걸 이사장께 감사드린다. 원고를 읽고서 흔쾌히 출판을 맡아주신 교양인 출판사 한예원 대표께 경의를 표하며, 이승희 편집장의 노고에 감사드린다.

지은이 박영호

| 차례 |

- 머리말

- 길잡이 말

  예수와 바울로 17
  바울로와 그리스도교 24
  예수의 영성신앙 30
  예수와 영지주의 34
  영성신앙의 보고인 요한복음 40

1장 요한복음 1장

  참삶은 온통이요, 참나인 하느님을 찾는 것 49
  하느님은 말씀으로 계신다 56
  말씀이 곧 참 빛이었다 62
  독생자란 하느님의 외아들이란 뜻이 아니다 70
  세례 요한이 예수의 스승인가? 78
  예수는 메시아도 랍비도 아니었다 84
  예수를 좇으려고 모여든 아름다운 사람들 93

2장　요한복음 2장

맹물로 포도주를 만드는 게 기적인가?　103
예수가 분연히 성전 정화에 나섰다　109
성전을 헐면 사흘 안에 짓겠다　116

3장　요한복음 3장

니고데모가 밤에 예수를 찾았다　127
사람의 아들[人子]은 얼나이다　133

4장　요한복음 4장

사마리아인에 대한 차별의식을 허물다　141

5장　요한복음 5장

베짜타 못에서 38년 기다린 환자　153
얼나를 깨달으면 사망에서 생명으로 옮긴다　162

6장 요한복음 6장

5병 2어로 5천 명을 배부르게 먹이다?   171
보내신 이를 믿는 것이 하느님의 일   178
내 살 먹고 내 피 마셔라   185
님께 영생의 말씀이 있사온데 어디로 가나?   190

7장 요한복음 7장

너희가 어찌하여 나를 죽이려 하는가?   201
예수는 핏줄의 오라를 끊은 자유인이다   207
예수처럼 말한 사람은 없었다   213
나는 어디서 와서 어디로 가는지 안다   218

8장 요한복음 8장

너의 죄를 묻던 이들은 다 어디 있는가?   231
너희는 아래서 왔지만 나는 위에서 왔다   238
나는 아브라함 나기 전부터 있었다   245

9장 요한복음 9장

못 보는 사람은 보게 하고 보는 사람은 눈멀게   255

10장 요한복음 10장

나는 양이 드나드는 문이다 267
아버지와 나는 하나이다 273

11장 요한복음 11장

부활한 생명인 얼나는 죽지 않는다 281
마리아는 참 좋은 몫을 택하였다 289
이대로 두면 누구나 다 그를 믿는다 297

12장 요한복음 12장

내가 이를 위하여 이때에 왔나이다 309
예수가 새끼 나귀를 타고 입성하다 315
이 세상에서 자기 생명을 미워해야 한다 320
하느님의 명령이 영원한 생명이다 326

13장 요한복음 13장

온 몸은 깨끗하니 발만 씻으면 된다 337
하느님께서 사람의 아들로 말미암아 영광을 344
새 계명을 주노니 서로 사랑하라 350

14장 요한복음 14장

너희는 근심도 말고 두려워도 말라 363
너희들이 있을 곳을 마련하러 간다 369
나는 길이요 진리요 생명이다 376
그보다 더 큰 일도 하게 된다 383
그이는 진리의 성령이시다 389
나는 너희에게 평화를 준다 395
내가 떠나갔다가 다시 온다 402

15장 요한복음 15장

나는 포도나무요 너희는 가지다 415

16장 요한복음 16장

사람들은 너희를 회당에서 쫓아낼 거다 425
내가 떠나가는 것이 너희에게 유익하다 431
나 홀로 걸어가리라 439

17장　요한복음 17장

　영원한 생명은 보내신 이를 아는 것　447
　아버지의 말씀은 진리입니다　453
　세상은 아버지를 모르나 나는 안다　458

18장　요한복음 18장

　제사장의 하속들이 예수를 잡아갔다　469
　그 칼을 칼집에 도로 꽂아라　474

19장　요한복음 19장

　님은 어찌 그렇게도 빨리 돌아갔나?　485
　빌라도가 예수에게 베푼 어쭙잖은 호의　495

20장　요한복음 20 · 21장

　예수의 주검이 다시 살아났다니?　505
　토마가 외친 나의 주님, 나의 하느님　516

■ 길잡이 말

예수와 바울로

바울로는 사랑할 수도 미워할 수도 없는 사람이다. 예수의 이름을 세상에 널리 알리는 데 일등 공인인가 하면 예수의 가르침을 세상에 바로 알리는 데 일등 반인(叛人)이기 때문이다. 문제는 지금의 기독교가 예수의 이름을 빌린 바울로의 교의(教義)이지 예수의 정교(正教)가 아니라는 데 있다. 기독교에 있어서 이것을 바로잡는 일보다 더 긴급하고 중대한 문제가 어디 있겠는가? 이제 일부 신학자들이 문제의 심각성을 인식하기 시작한 것은 만시지탄이나 참으로 다행스런 일이다. "예수는 주님이시라고 입으로 고백하고 또 하느님께서 예수를 죽은 자들 가운데서 다시 살리셨다는 것을 마음으로 믿는 사람은 구원을 받을 것입니다. 곧 마음으로 믿어서 하느님과의 올바른 관계에 놓이게 되고 입으로 고백하여 구원을 얻게 됩니다."(로마서 10 : 9~10) 바울로가 한 이 말로 인하여 2천 년 동안 그리스도교가 오도되어 온 것이다.

톨스토이는 50살에 우울증으로 자살 직전에 이르렀다가 예수의 가르침을 알고 정신이 부활하였다. 그런 톨스토이가 교의신학을 연구한 결론이 이러하였다. "교의(敎義)가 허위라고는 예상하지 못하였다. 그런데 교의신학에 관한 저서를 읽고 나니 나 자신이 단지 불신자가 될 뻔한 것이 아니라 신앙의 구적(仇敵)이 될 뻔하였다. 왜냐하면 나는 기독 교의가 예수와 관계가 없을 뿐 아니라 무엇인가 교회의 의식적인 허위가 있음을 발견하였기 때문이다."(톨스토이, 《교의신학 비판》) 류영모는 누구보다 성경을 깊게 읽은 사람인데 이러한 말을 하였다. "성경에는 무엇인지 말이 많습니다. 솔직히 말하면 이 사람도 처음에는 거짓말을 듣고 속았습니다. 예수의 십자가 보혈이 이 몸을 사하는지는 모르겠습니다. 나와는 상관이 없습니다."(류영모, 《다석강의》)

수리철학자이면서 과정신학자로도 알려진 화이트헤드는 주저없이 이렇게 말하였다. "예수의 가르침을 그 누구보다도 왜곡하고 피폐하게 만든 장본인이 나는 바울로라고 생각합니다. 예수의 다른 제자들이 바울로를 어떻게 생각했는지 궁금합니다. 모르긴 해도 그들은 필시 바울로를 받아들일 수 없었을 것입니다. 바울로의 교리화한 그리스도교 교의신학만큼 비 예수 그리스도적인 것을 상상할 수가 없을 것입니다. 예수 그리스도도 필시 바울로를 이해할 수 없을 것입니다."(알프레드 화이트헤드, 《화이트헤드와의 대화》)

오늘날 크리스천을 자처하는 사람들이 바울로의 주장을 좇아 "우리 주 예수 그리스도의 이름을 부르는"(I고린토 1 : 2) 것만으로 만족하겠다면 더 할 말이 없다. 그러나 하루를 믿어도 예수의 가르침을 바로 알아보자는 생각이 있다면 정신을 차리고 최면에서 깨어야 한다. 그래서 우리가 다 함께 잃어버린 예수를 찾아보자는 것이다. 종교적인 정조(情調)에 젖어드는 것과 신앙적인 자각(自覺)에 이르는 것은 다르다. 우리는 그 실상을 50년 동안 신의 존재에 의심을 품고 고통스러워 했다는 테레사 수녀에게서 본다. 예수가 가르쳐준 영원한 생명인 얼나를 깨달아야 한다.

자칭 사도 바울로가 누구인가? 바울로는 소아시아 동쪽에 자리 잡은 항구 도시 타르수스(다르소)에서 태어나 그곳에서 자라나 로마 시민권을 가졌지만 유대인의 피를 지닌 디아스포라(流民)였다. 바울로는 살아 있는 예수를 보지 못하였다. 그는 예수가 죽임을 당한 뒤에야 예루살렘으로 유학을 와서 당시 유명한 율법학자 가믈리엘에게 율법을 배웠다.(사도행전 22 : 3) 바울로는 성격이 과격한 근본주의자라 예수의 제자들을 박해하는 데 주동이 되었다. 바울로가 사도행전에 처음으로 등장하는 것도 유대교 바리사이인들이 스데파노를 죽이는 데서부터인 것이다. 바울로가 주동인 유대교인들의 잔혹한 박해를 피하여 예수를 좇는 이들(유대 내 그리스도교인은 나자레언이라 불렀다)이 사마리아와 팔레스타인으로 도피하였다. 특히 다마스커스(다메섹)와 안티오키아(안디옥)로 많이 갔다. 바울로는 그들을 체포하고자 다마스커스까지 쫓아갔다.

바울로의 인생 대전환은 다마스커스 성 밖에서 일어났다. 나자레 언들을 체포하러 다마스커스까지 온 바울로가 다마스커스 성 밖에서 갑자기 쓰러지면서 시력을 잃은 것이다. 아마 급성결막염에 걸렸을 것이다. 유대인들은 사람의 질병을 하느님의 노여움에서 오는 징벌로 알았다. 유대교 근본주의자인 바울로는 더욱 그러하였을 것이다. 바울로가 이제까지 나자레언들을 박해하는 것이 잘하는 것인 줄 알고 있었는데 시력을 잃게 되자 하느님께서 자기 편이 아니라 예수 편인 것을 깨닫게 된 것이다. 그래서 하느님의 노여움을 풀고자 예수에 대한 적의(敵意)를 버리고 선의(善意)로 마음을 바꾼다. 심리학에서 이야기하는 반동형성(反動形成)의 전형적인 예이다.

유대인들은 우주의 임자이신 하느님(야훼)을 믿는 것은 좋은데 아직 정신이 어려 야훼 하느님을 공포의 대상으로 여겼다. 어린이들이 사랑하는 아버지를 두려워하는 것과 똑같은 이치이다. 유대교인들은 하느님을 보면 죽는 줄로만 알았다. 그런데 예수가 아버지는 내 속에, 나는 아버지 속에 있다고 한 것이다. 물론 바울로는 하느님을 무서워하는 유치 신관에 머물렀다. 그러나 예수는 하느님은 사랑이라는 것을 깨달은 성숙한 신관을 지녔다. 바울로가 가장 두려워한 것은 하느님의 노여움이었다. 그런데 실명을 체험하면서 하느님의 노여움이 이단인 예수에게 있지 않고 그들을 박해한 바울로 자신에게 있다고 판단한 것이다. 그리고 예수는 하느님 아들임이 분명하다고 생각하게 된 것이다. 그렇다면 어찌하여 하느님께서 아들인 예수를 십자가에 못 박혀 죽게 하였을까? 사람들을 원죄에서 구하기 위해서라는 결론에 이르렀다. 여기에서 바울로의 대속교리가 이루어진 것이다. 바울로의 교리는 짐승 대신 예수를 제물로 한 유대 교리의 원용일 뿐 예수의 가르침과는 아무 상관이 없다. 바울로는 죽을 때까지 겉은 예수를 좇는 척하는 크리스천이었지만 속은 예수를 배척하는 유대교인이었다.

공포에 사로잡힌 이는 무력해져 스스로 그 두려움에서 빠져나오지 못하고, 힘 있는 다른 사람의 구원을 필요로 한다. 강력한 힘을 지닌 이가 자신을 공포에서 구원해주기를 바란다. 바울로가 예수 그리스도에게 매달린 심리적 배경을 우리도 능히 헤아려볼 수 있다. 바울로의 탄식을 들어보면 이 사실이 그대로 헤아려진다. "나는 과연 비참한 인간입니다. 누가 이 죽음의 육체에서 나를 구해줄 것입니까? 고맙게도 하느님께서 우리 주 예수 그리스도를 통하여 우리를 구해주십니다."(로마서 7 : 24~25) 최고의 깨달음에 이른 이는 스스로 깨닫는 것이지 누구를 의지하지 않는다. 그래서 류영모는 예수를 신앙의 대상으로 삼는 것과 스승으로 받드는 것은 다르다고 하였다.

바울로에게는 예수의 가르침이 필요치 않았다. 하느님의 사랑을 받는 힘 있는 존재이면 그만이었던 것이다. 바울로의 편지 속에서는 예수의 가르침을 일언반구도 찾아볼 수 없다. 바울로 자신의 대속의 도그마(교리)에 대한 케리그마(교리 선언)뿐이다. 바울로는 예수의 가르침에는 온전히 무식하였다. 바울로는 예수에게 가르침을 받은 일이 없고 예수의 말씀을 읽은 일도 없었다. 그때는 신약복음서가 쓰이지도 않은 때였다. 그렇다면 예수님의 가르침을 배울 수 있는 길은 예수의 제자들에게 배우는 길뿐이다. 그런데 바울로는 자신이 생각해낸 도그마로 자신만만하여 예수의 제자들에게 나아가 배울 생각이 없었다. 필요한 것은 그들이 바울로를 사도(예수의 제자)로 인정해주는 것이었다. 그러나 예수의 제자들은 이제까지 자신들을 박해하던 바울로를 신뢰할 수 없었다. 또한 바울로의 횡설수설하는 케리그마는 예수로부터 배운 가르침과는 아주 달랐다. 그러니 바울로를 사도로 인정해줄 리가 없었다. 그러자 외람되게 바울로는 스스로 사도라고 자칭하였다. "그리스도 예수의 종, 나 바울로가 이 편지를 씁니다. 나는 사도로 부르심을 받아 하느님의 복음을 전하는 특별한 사명을 띤 사람입니다."(로마서 1:1) 이것은 상식을 벗어난 자신감이요, 용기이다.

바울로는 오히려 예수의 제자들인 진짜 사도들을 멸시하였다. 예수의 제자들은 가난한 시골 출신에다 배우지 못하여 무식하였다. 그러나 바울로는 유식한 유대교 랍비(스승)였다. 바울로의 말에서 그것을 읽을 수 있다. "또 나보다 먼저 사도가 된 사람들을 만나려고 예루살렘으로 가지도 않았습니다. 나는 곧바로 아라비아로 갔다가 다시 다마스커스로 돌아갔습니다. 그리고 삼 년 후에 나는 베드로를 만나려고 예루살렘에 올라가서 그와 함께 보름 동안을 지냈습니다. 그때 주님의 동생 야고보 외에 다른 사도는 만나지 않았습니다."(갈라

디아 1 : 17~19)

예수의 제자들이 바울로를 좋게 생각하였다면 여러 사도들이 모여서 멀리서 온 바울로를 반겼을 것이다. 그야말로 공자(孔子)의 말대로 벗이 있어 멀리서 온다면 또한 즐겁지 않겠느냐일 것이 아닌가? 그러나 바울로에게는 아무도 찾아오지 않았다. 나자레언들은 바울로를 아주 나쁜 사람이라 하였다는 것이다.

바울로는 예루살렘의 그리스도 교회와는 어느 면에서 대립 관계에 있었다. 바울로는 자기 자신의 특별한 가르침을 펼쳤다. 그것은 자신의 복음이었다. 바울로는 예수의 가르침을 충실하게 생각하기 보다는 메시아인 예수에 의한 구원, 곧 예수의 대속이 기독교의 중심 문제라고 믿었다. 그리하여 바울로는 그리스도교의 제2의 개조(開祖)로 생각되었다. 남아 있는 유대국 내 그리스도교도의 자료에는 바울로가 대악인으로 나온다. 그리고 유대 내 그리스도교는 메시아적 그리스도교관을 바울로의 개인적인 의지의 산물로 보았다. 유대 내 그리스도교도는 10세기경까지 존재하였다는 것을 아라비아에서 발견된 자료들이 증명하고 있다.

―D. 후룻사르, 《유대인이 본 그리스도교》

바울로와 그리스도교

오늘날 우리에게 전해진 신약전서만 보아도 이제까지 전승되어 온 그리스도교의 정체성을 한눈에 읽을 수 있다. 신약전서의 맨 앞에는 마태복음서를 비롯하여 예수의 언행(言行)을 적어놓은 4복음서가 실려 있다. 그런데 사도행전부터는 완전히 바울로 일색이다. 예수에게 수제자로 인정받은 이는 베드로이다. 베드로조차 사도행전 첫머리에 약간 비추어질 뿐이다. 그 뒤부터는 온전히 바울로의 이야기뿐이다. 이름만 사도행전이지 사실은 바울로 행전인 것이다.

바울로는 사도행전에서 중심적인 위치를 차지함으로써 태동하는 그리스도교 운동의 영웅으로 등장한다. 신약전서에서 바울로에게 할당된 분량을 살펴보면 바울로가 가장 위대한 인물이다. 바울로는 신약전서 본문에서도 도처에서 모습을 드러낸다. 확실히 바울로는 신약성서의 주목할 만한 필자로서 그의 이름으로 된 편지는 신약성경에서 대개 4분의 1을 차지한다. 바울로는 예수의 제자들인 베드로, 야고보, 요한보다 월등한 비중을 차지하고 있다.

—제롬 프리외르, 《예수 후 예수》

이는 신약성경을 편집할 때 그리스도교의 주도권이 예수의 제자들이 아닌 바울로의 제자들 쪽으로 온전히 넘어간 것을 웅변해주는 것이다.

아주 최근의 신약학 동향을 따라 필자는 헬레니즘 세계에서 자리를 잡아 가고 있던 바울로의 그리스도교와는 무관하게 그러나 대략 그와 동시대에 예수의 육성과 행동을 직접으로 계승한 바로 그 공동체를 가리켜 '예수운동'이라 부른다. 그들은 지리적으로 갈릴래아와 팔레스타인 지역에 존재하였던 그리스도교의 가장 중요한 원류(源流)이다. 그들은 무엇보다도 예수에 대한 역사적인 관심을 버린 바울로(헬레니즘적 기독교)와는 달리 예수 이후 마르코복음이 출현하기까지 예수의 전승을 간직하여 온 공동체들이다.

―조태연, 《예수운동》

예수의 가르침을 전승하여 온 예수의 직제자들은 유대교의 사울(바울로)에게 박해를 받고 나중에는 그리스도교 안에 들어온 바울로(사울)의 도전을 받아 지리멸렬해진 것이다. 그러나 예수의 말씀은 그 어떤 사람도 없애지 못한다. 예수의 말씀은 진리의 말씀이기 때문이다.

오늘날에는 엄격하게 말하면 바울로의 그리스도교만 남아 있지 예수의 그리스도교는 없어졌다. 그래서 예수의 기독교를 히브리 그리스도교로, 바울로의 기독교를 헬라 그리스도교로 나누어 부르기도 한다. 유대 내 예수의 기독교는 나자레언이라 불렸고, 유대 밖의 바울로의 기독교도는 크리스천이라 불렸다.(사도행전 11 : 26) 오늘날 우리가 단언

할 수 있는 것은 예수 쪽 그리스도교인 나자레언들이 주도권을 가지고 신약성경을 편집하였다면 신약전서에 바울로의 편지는 한 글자도 실리지 않았을 뿐만 아니라 바울로란 이름조차 찾아볼 수 없었을 것이다. 그렇다면 오늘의 기독교가 진정한 의미에서 예수의 가르침을 좇는다고 할 수 있는가 묻지 않을 수 없다.

바울로는 분각령(分覺嶺, 이승과 저승의 경계점. 여기서는 제나와 얼나의 경계점을 뜻함) 정상까지 올라가서는 얼나 쪽이 아닌 몸나 쪽으로 기울어진 사람이다. "나는 그리스도와 함께 십자가에 달려 죽었습니다. 이제는 내가 사는 것이 아니라 그리스도가 내 안에서 사는 것입니다."(갈라디아 2 : 19~20) 바울로는 이렇게 자신을 낮추어 말했지만 다른 한편으로는 당당하게 "내 복음에 이른 바와 같이"(로마서 2 : 16, 개역)라고 말하기도 하였다. 그러고는 바울로 자기가 전한 복음이 아닌 다른 복음을 전하면 저주를 받을 것이라고 하였다. "하늘에서 온 천사라 할지라도 우리가 이미 전한 복음과 다른 것을 여러분에게 전한다면 그는 저주를 받아 마땅합니다. 전에도 말한 바 있지만 다시 한 번 강조하겠습니다. 누구든지 여러분이 이미 받은 복음과 다른 것을 전하는 자가 있다면 그는 저주를 받아 마땅합니다."(갈라디아 1 : 8~9) 이 말은 곧 예수의 말씀을 가르치는 유대 내 그리스도교인들을 두고 하는 말이다. 남을 저주하는 이가 어떻게 사랑이 제일이라는 말을 할 자격이 있는가. 신앙 내용이 좀 다르다고 어떻게 저주를 한단 말인가? 바울로는 자기도 모르는 사이에 예수를 저주하고 있는 것이다.

개인으로나 인류로나 진리 의식(신관)은 자라고 있다. 때로는 후퇴하기도 하고 정체되기도 하지만 자라는 것만은 확실하다. 자라는 것은 변하는 것이다. 그런데 바울로가 자신이 완전고(完全稿)를 이룬 듯 오만을 부리고 저주까지 하였다는 것은 바울로의 의식 수준이 유치한 단계에 있다는 것을 스스로 드러내 보인 것이다. 바울로 자신의 생각도 변해 왔으므로 결국 바울로는 남을 저주한 것이 아니라 자기가 자신을 저주한 어리석은 사람이 된 것이다. 내 생각이나 주장을 남에게 강요할 수 있는 진리는 없다. 거기에 바울로는 자기의 생각을 예수가 직접 계시하였다는 과신을 부려 잘못을 더하고 있다. "형제 여러분, 내가 전한 복음은 사람이 만들어낸 것이 아니라는 것을 분명히 말해 둡니다. 이 복음은 내가 사람에게서 받은 것도 아니고 배운 것도 아닙니다. 예수 그리스도께서 직접 나에게 계시해주신 것입니다."(갈라디아 1 : 11~12) 그런데 어떻게 예수의 말씀과 바울로의 말씀이 천양지판으로 다를 수 있는가? 예수는 "내가 너희에게 하는 말도 나 스스로 하는 말이 아니라 아버지께서 내 안에 계시면서 몸소 하시는 일이다."(요한 14 : 10)라고 하면서도 지극히 겸손하게 "나를 믿는 사람은 내가 하는 일을 할 뿐만 아니라 그보다 더 큰 일도 하게 될 것이다."(요한 14 : 12)라고 하였다. 한마디로 바울로는 미혹(迷惑)에 빠져 있는 이다. 혹(惑) 자는 자기 것만 옳다고 마음에 울타리를 치고는 창으로 무장하고 지킨다는 뜻의 회의문자이다. 바울로를 두고 하는 말이다. 어떻든 예수의 가르침과 바울로의 가르침은 땅과 하늘만큼 다르다. 바울로의 말(글)에는 유대교 냄새가 물씬 풍기지만 예수의 말에서는 유대교 냄새가 전혀 나지 않는다. 그런데도 바울로는 거침없이 예수 그리스도로부터 직접 계시를 받았다고 말하고 있으니 어안이 벙벙할 뿐이다. 차라리 하느님으로부터 계시를 받았다고 하면 할 말이 없을 것이다.

우리가 유추할 수 있는 것은 지금 전해 오는 4복음조차 바울로를 좇는 사람(주교)들에 의해서 많이 변개되었다는 것이다.

> 신약성서의 본문이 종종 교리적인 이유 때문에 변개되었다는 것이다. 필사자가 본문을 베끼다가 자신이 말하고자 하는 것을 본문(복음서)으로 하여금 말하도록 하고 싶을 때 이런 일이 일어났다. 즉 필사자가 자신의 생각을 본문에 집어넣음으로써 본문을 고쳐버린 것이다. 이런 일은 필사자가 활동하던 당시 교리적인 논쟁 때문에 종종 일어났을 것이다. 따라서 이런 종류의 변개를 이해하려면 우리는 먼저 기독교의 초기 몇 세기 동안 벌어진 교리적인 논쟁을 이해해야 한다. 신약성서의 거의 모든 이문(異文)들은 직업 필사자들이 폭넓게 활동하기 이전 단계인 바로 이 시기, 즉 기독교 초기 몇 세기 사이에 모두 발생하였다.
> ─바트 에르만, 《성경 왜곡의 역사》

이때 예수 쪽의 사본 문헌이 바울로 쪽에 의해 상당 부분 개작(改作)이 이루어졌다는 말이다.

예수가 돌아가신 뒤 얼마 동안은 바울로의 대속신앙은 미미하였고 예수의 영성신앙이 주류를 이루고 있었다.

우리는 초대 기독교 시대에 영지주의(예수의 영성신앙)가 그리스도교(바울의 대속신앙)를 위협했던 가장 강력한 사상이었음을 알고 있다. 영지주의(그노시스)가 그리스도교(바울의 대속신앙) 밖에 있던 도전적 현상이었을 뿐만 아니라 그 영향이 기독교 공동체 안에서는 위협적으로 느껴졌다. 그러나 영지주의적(영성신앙) 요소들이 그리스도 교회에서 맹목적으로 쓰인 것이 아니라 기독 교회의 본질적 신앙(예수의 영성신앙)을 위해 채택되어 있고 또 거기에 종속되어 있음을 주목해야 한다.

— 김용옥,《도마복음서 연구》

예수의 영성신앙이 바울로의 대속신앙에 결정적으로 밀리기 시작한 것은 기원후 325년에 열린 니케아 공의회 이후이다.

콘스탄티누스 황제 이후 정통 기독교(바울로 기독교)가 승리를 거둠으로써 영지주의 전통(예수의 영성신앙)은 지하로 숨어 들어갔다. 초기 영지주의 기독교에 대한 마지막 타격은 4세기 후반에 가해졌다. 관용적인 정통 기독교인들의 탄원에도 불구하고 사나운 박해의 파도가 아빌라의 프리스실리언(Priscillian, 4세기에 이단으로 처형된 스페인의 주교)을 따르던 추종자들을 삼켜버린 것이다.

—스티븐 휠러,《이것이 영지주의다》

예수가 영지주의 영향을 받은 것은 틀림없지만 영지주의와 예수의 영성신앙을 같은 것으로 보아서는 안 된다. 영지주의자들은 대속신앙의 바울로조차도 삼층천에 올라갔다 왔다 하여 뛰어난 영지주의자로 인정하고 있는 것이다.

예수의 영성신앙

바울로는 몸나의 영생을 갈구하는 육체 부활 신앙이다. 또 예수가 제물이 됨으로써 아담의 원죄가 대속되었다는 대속신앙이다. 끝으로 바울로는 교회 지상주의자라 할 정도로 교회에 집착하는 교회신앙이다. 그러나 예수의 영성신앙은 제나(자아)가 죽음으로써 하느님이 주시는 영원한 생명인 얼나로 부활하는 것이다. 예수의 영성신앙은 석가가 말한 불성을 깨달아야 한다는 것과 전혀 다르지 않다. 아니 전적으로 일치한다. 그러므로 범인들에게는 참으로 어려운 일이다. 여기에서 예수의 영성신앙이 쇠락하고 바울로의 대속신앙이 득세하게 된 것이다.

예수는 얼나의 영생을 가르친 프뉴마($\pi\nu\varepsilon\nu\mu\alpha$)의 신앙이다. 그러나 바울로는 몸나의 영생을 주장하는 소마($\sigma\omega\mu\alpha$)의 신앙이다. 바울로는 얼[靈]을 실컷 이야기하다가는 끝에 가서 몸이 다시 산다(로마서 8 : 5 ~11)고 결론을 내린다. 자기 말을 자기가 뒤집어버린다. 한 입으로 두말을 하여 다 거짓이 되었다.

바울로는 자신 있게 이렇게 말하였다.

   살과 피는 하느님의 나라를 이어받을 수 없고 썩어 없어질 것은 불멸의 것을 이어받을 수 없습니다. 내가 이제 심오한 진리 하나를 말씀드리겠습니다. 우리는 죽지 않고 모두 변화할 것입니다. 마지막 나팔소리가 울릴 때에 순식간에 눈깜빡할 사이도 없이 죽은 이들은 불멸의 몸으로 살아나고 우리는 모두 변화할 것입니다. 이 썩을 몸은 불멸의 옷을 입어야 하고 이 죽을 몸은 불사의 옷을 입어야 하기 때문입니다. 이 썩을 몸이 불멸의 옷을 입고 이 죽을 몸이 불사의 옷을 입게 될 때에는, "승리가 죽음을 삼켜버렸다. 죽음아, 네 승리는 어디 갔느냐? 죽음아, 네 독침은 어디 있느냐?"

—I고린토 15 : 50~55

또 이러한 말을 하였다. "예수를 죽은 자들 가운데서 다시 살리신 분의 성령께서 여러분 안에 계시면 …… 당신의 성령을 시켜 여러분의 죽을 몸까지도 살려주실 것입니다."(로마서 8 : 11) 바울로는 얼[靈]을 이야기하다가는 마지막에 몸나의 구원으로 돌아가버린다. 몸나의 구원도 애매하기 그지없다. 몸이 다시 산다느니, 몸이 변화한다느니, 또 불멸의 옷을 입는다느니 도무지 무슨 말을 하는지 알 수 없다. 분명한 것은 얼나가 아닌 몸나에 초점을 맞추고 있다는 것이다. 이러한 신앙은 한마디로 미혹인 것이다. 어떤 이는 바울로의 몸 부활을 영체(靈體)로 바뀌는 것이라고 한다. 영체가 무엇인가? 얼이면 얼이고 몸이면 몸이지 영체는 무엇을 말하는 것인가. 사람의 얼생명은 하느님의 얼생명을 여러 사람에게 주어서 받은 것이다. 그러므로 하느님의 생명(성령)뿐인 것이다. "아버지께서 생명의 근원(얼생명)이신 것처럼 아들도 생명의 근원(얼생명)이 되게 하셨다."(요한 5 : 26)라고 하였다. 바울로의 소마($\sigma\omega\mu\alpha$)는 몸이지, 영체라고 하면 속이는 말이다. 예수는 분명히 말하였다. "(어버이의) 육에서 나온 것은 육이며 (하느님의) 영(얼)에서 나온 것은 영(얼)이다."(요한 3 : 6)라고 하였다.

예수는 밤에 찾아온 니고데모에게 귀한 가르침을 주었다. "누구든지 새로 나지 아니하면 아무도 하느님 나라를 볼 수 없다."(요한 3 : 3) 제나[自我]는 어버이가 낳아준 죽는 몸나이다. 성령이신 하느님(위)으로부터 얼나를 받아야 영원한 생명으로 솟나는(부활하는) 것이다. 예수 자신부터 하느님이 주신 얼(성령)로 났다고 하였다. "너희는 아래에서 왔지만 나는 위에서 왔다. 너희는 이 세상에 속해 있지만 나는 이 세상에 속해 있지 않다."(요한 8 : 23) 예수의 몸은 어버이에게서 나서 이 세상에 속하므로 나서는 죽지만, 하느님으로부터 난 얼나는 이 땅에 속한 것이 아니어서 나지도 않고 죽지도 않는다는 것이다. 얼나는 깨닫는 것이지 몸나처럼 나서 죽는 것이 아니다. 니고데모가 묻고 예수가 대답한 3장 8절에서 10절까지가 그 이야기다.

예수처럼 어버이가 낳아준, 나서 죽는 몸나에서 하느님이 주신 얼나로 솟난(부활한) 이는 영원한 생명을 얻은 것이다. "내 말을 듣고 (하느님께서) 나를 보내신 분(얼나)을 믿는 사람은 영원한 생명을 얻을 것이다. 그 사람은 심판을 받지 않을 뿐만 아니라 이미 죽음의 세계에서 벗어나 생명의 세계로 들어섰다."(요한 5 : 24)라고 하였다. 그래서 예수는 말하기를 "육적인 것(몸나)은 아무 쓸모가 없지만 영적인 것(얼나)은 생명을 준다."(요한 6 : 63)라고 하였다. 바울로처럼 몸이 다시 사느니 몸이 변화를 입느니 그런 말이 아니다.

류영모는 예수와 일치되는 말을 하였다.

이 땅에서 몸 쓰고 영생하고 신선이 된다고 하는 것은 어느 종교 할 것 없이 멸망시키는 일이다. 그런데도 사람들이 자꾸 이것을 구하다니 인간이란 짐승이 어찌된 건지 모르겠다. 이 몸은 가짜 생명의 탈을 쓴 것이다. 이 몸을 버리고 아버지께로 가는 게 영생이다. 아버지께로 간다는 것은 몸으로는 죽는다는 뜻이다. 예수는 내 맘속에 온 얼나가 영원한 생명임을 가르쳐주었다. 그러므로 먼저 내 맘속의 얼나를 좇아야 한다. 그 얼나가 예수의 참 생명이요, 나의 참 생명이다. 몸으로는 예수의 몸도 내 몸과 같이 죽을 껍데기지 별 수 없다.

―류영모, 《다석어록》

둘째로 예수는 원죄에 대하여 아무 말도 하지 않았다. 원죄가 있다면 유전인자(DNA)로 유전되는 짐승의 본능인 탐(貪), 진(瞋), 치(痴)의 수욕(獸慾)이다. 그것은 스스로 얼나로 솟날 때 다스려지는 것이지(요한 17 : 2) 제물을 바쳐서 다스려지는 것이 아니다. 그러므로 바울로의 대속 이론은 무의미할 뿐이다. 어찌 예수 입에서 그런 말이 나올 수 있었겠는가?

셋째, 예수는 바울로처럼 제도 교회를 세운 적이 없다. 자기 주위에 모여든 사람들에게 하느님의 말씀을 들려준 자유로운 도량(교육장)이 있었을 뿐이다. 그런데 바울로는 많은 교회를 세웠다. 장로니 집사를 둔 것도 바울로다. 바울로는 입만 열었다 하면 교회다. 고린토서에만 교회라는 말이 29번이나 나온다. 바울로야말로 교회 지상주의자라 하겠다. 이 땅에 교회가 필요하지만 섬김과 사랑의 교회라야지 억압하고 증오하는 교회는 백해무익할 뿐이다.

예수와 영지주의

크리스천들은 영지주의(그노시스)라면 무조건 이단이라는 선입관에 사로잡혀 있다. 영지주의에 잘못된 생각이 많이 있는 것은 사실이다. 그러나 영지주의에 옳은 생각이 있는 것도 사실이다. 예수는 분명히 영지주의에 영향을 받은 영성신앙을 지닌 이다. 예수는 영지주의자는 아니지만 영성신앙을 지녔다. 영성신앙은 인류의 성인들 가운데 최고의 깨달음을 얻은 이들의 공통된 신앙이다. 영성은 하느님의 성령이시기 때문이다. 하느님과 영통한 이는 영성을 지니게 되고 그 영성으로 짐승의 본능(獸性)을 극복하여 성자가 된 것이다. 하느님의 성령이 임하여 예수가 되고 석가가 되고 노자와 공자가 될 수 있었던 것이다.

영지주의와 동양의 몇몇 위대한 종교 사이에 유사성이 있다는 사실은 오래 전부터 인정되어 왔다. 그노시스(gnosis)라는 단어는 지식(knowledge) 특히 영적인 지식을 뜻하는 산스크리트어 즈나나(Jnana)와 같은 뜻을 지닌다. 영지주의와 힌두교를 하나로 묶게 하는 몇 가지 분명한 특징이 있다. 첫째로 사람의 영성에 깃들어 있는 신성(神聖)한 존재에 관한 가르침이다. 사람이 지닌 아트만(Atman)은 우주의 브라만(Braman)과 동일한 본성을 가지는데 이는 우주적 신성이 모든 인간 속에 축소된 형태로 현존하고 있음을 뜻한다. 이와 비슷하게 영지(靈知)주의에서 프뉴마(얼나)는 하느님의 영성의 화염(flame)에서 방출된 불꽃이라는 것이다. 그래서 영지주의자는 프뉴마를 깨닫게 됨으로써 그 얼나가 나온 영적인 근원(하느님)의 존재를 저절로 깨닫게 된다는 것이다.

―스티븐 휠러,《이것이 영지주의다》

물론 예수가 말한 영원한 생명인 얼나($\pi\nu\varepsilon\upsilon\mu\alpha$)는 석가 붓다가 말한

다르마(Dharma, 法), 그리고 노자(老子)의 도(道, Tao)와 이명동본(異名同本)이다. 이것을 아는 지혜를 불교에서는 프라즈나(Prajna, 반야)라고 하는데 바로 그노시스(靈에 대한 지혜)인 것이다. 세례 요한은 영원한 생명인 영성의 나인 프뉴마(얼나)를 깨닫는 최고의 깨달음(無上正等正覺, 究竟覺)을 이룬 것 같지는 않다. 그런데 세례 요한이 영지주의 교단인 만다교에 속해 있었다는 것이다. 세례 요한이 속한 만다교는 인도의 힌두교도(또는 불교도)들이 와서 전한 인도 종교일 가능성이 있음을 배제할 수 없다. 영지주의 신앙은 영성신앙이지만 다신교적인 면도 지니고 있다. 유대교는 유일신을 신봉한다. 힌두교는 다신적이다. 또 물로 세례를 주는 종교의식을 행한다. 물로 세례를 주는 의식은 유대교에는 없었다. 물로 세례를 주는 의식은 힌두교의 의식이다. 또 만다교에는 교조(教祖)가 없다는 점이다.

루돌프 불트만과 스티븐 휠러가 이러한 증언을 해주어 더욱 확신이 든다.

후기에 나타난 영지주의인 만다아파의 문헌에는 세례자 요한도 그 범위에 그의 역사적인 자리를 가진다. 세례 종파들에게 소급되는 한 전통의 단편들이 많이 보존되고 있다. 괄목할 만한 것은 만다아파가 자신들을 '나자레언'이라고 부르고 있는 점이다. 실로 예수도 초대 그리스도교 전승에서 여러 번 그렇게 불린다. 이 호칭은 예수의 갈리래아 고향 마을의 이름인 나자렛에 연유한다고 볼 수 없기 때문이다. 그리고 그리스도교 전승(경전)은 예수가 본래 세례자 요한에게서 세례를 받았다는 회상(기록)을 간직하였기 때문이다. 예수는 본디 세례자 요한의 종파(宗派)에 속해 있었으며 예수의 종파는 세례자 요한의 종파와 한 종파라고 추측해볼 수 있다.

—루돌프 불트만,《예수》

  만다교의 역사는 초기 신약성서 시대의 성지(팔레스타인)에서 자신의 비밀을 가르치고 전한 세례자 요한까지 거슬러 올라가는 것처럼 보인다. 그러나 세례자 요한이 만다교의 전통에서 위대한 예언자로 여겨진다 할지라도 만다교의 경전이나 전통이 요한 이전에도 존재했음을 암시한다. 따라서 만다교에는 역사적 창시자가 없다. 그래서 그들의 최초의 경전 언어로 만다어인 아람어의 형식을 따랐다. 아람어의 만다(manda)는 그리스어로 그노시스로 번역되며 따라서 만다교인이란 문자적으로 영지주의자를 뜻한다. 사실 만다교인은 '숨겨진 지혜의 수호자 또는 소유자'를 뜻하는 나자레언(Nazarean)으로 오랫동안 알려져 왔다. 일찍이 십자군 전쟁 이래 역사의 다양한 지점에서 만다교인과 마주친 그리스도교인들은 그들을 성 요한의 그리스도인 혹은 요한을 따르는 그리스도교인이라 불렀다.

—스티븐 횔러,《이것이 영지주의다》

  예수가 세례자 요한을 통하여 영지주의 영향을 받은 것은 부인할 수 없으나 예수를 영지주의자로 규정할 수는 없다. 영지주의 자체가 통일적인 신앙 사상을 갖춘 것이 아니며, 또 예수는 스스로 얼나의 깨달음을 이루었기 때문이다. 예수는 영지주의 신앙을 추종하는 이가 아니라 스스로 깨달음을 이룬 자이다. 예수는 브라만교의 영향 아래 있으면서 독자적인 깨달음을 이룬 석가 붓다와 같은 위치에 있다. 그러므로 석가 붓다를 브라만이라고 할 수 없듯이 예수를 영지주의자라고 할 수 없다. 그렇다고 석가 붓다가 브라만교의 영향을 안 받았다고 할 수 없듯이 예수가 영지주의의 영향을 안 받았다고 할 수는 없는 것이다.

영지주의인 만다교도 여러 종파가 있었다.

우리는 영지주의적 성격이 뚜렷한 세 가지 종교를 알고 있다. 그 종교들은 서로 독립적으로 발달했다. 그 가운데 하나는 그리스도교와 아무런 상관이 없고 다른 하나는 그리스도교와 가까운 관계였다고 생각할 수 있으며 나머지 하나는 아주 분명하게 그리스도교적이다. 신기하게도 비기독교적 영지주의 종교인 만다교는 성서 시대 이후로 지금까지 한 번도 단절된 적이 없이 살아남아 있다. 그리스도교 이전의 영지주의적 신앙을 지녔으면서 셈족에 뿌리를 둔 작고 조용한 집단이 거의 2천 년 동안 오늘날의 이라크에 위치한 티그리스 강과 유프라테스 강 유역에 오늘날까지도 살고 있다.

―스티븐 휠러, 《이것이 영지주의다》

영지주의 만다교보다 예수에게서 나타난 영성신앙을 좇은 이들이 바울로를 추종하는 교회에 의해 철저하게 짓밟혀 사라지게 된 것이다. 그래서 사람들은 영지(靈知)라는 낱말조차 입에 올리기를 삼갔다. 자신의 저서에서 영지주의에 호감을 드러낸 이로 러시아의 신비사상가 니콜라이 베르자예프를 겨우 꼽을 수 있다.

예수는 세계 종교의 절정이다. 그렇지만 그리스도교 자체는 이 절정에까지 이르지 못하고 있다. 그리스도교는 아직 미완성이다. 역사에 나타난 그리스도교는 예수에게서 떨어져 있다고 말할 수 있을 것이다. 나는 도이치의 신비사상을 언제나 몹시 사랑하였다. 그리고 나는 이 사상을 정신사상(精神史上) 가장 큰 현상의 하나라고 보는 사람이다. 도이치의 위대한 신비주의자 중에서 나는 야콥 뵈메를 가장 사랑하였다. 그노시스(영지)의 신비설이라든가 예언자적 유형의 그것은 교회의 공적인 인가를 얻은 전통적인 것이라고 인정된 신비설보다도 언제나 한층 더 가깝게 생각되었다.

—니콜라이 베르자예프, 《거대한 그물》

베르자예프가 가장 존경하였다는 독일의 영성신앙인 야콥 뵈메 (1575~1624)는 독일 괴를리츠 지방의 구두 수선공이었다. 이 지방의 루터교 성직자들로부터 무자비한 시달림을 당하면서도, 풍부한 영감을 지녔던 이 시골학자는 여러 권의 신비주의 저서를 썼다. 그 책들은 유럽 전역에서 비교적 진실한 성향을 지닌 사람들에게 읽혔다고 한다.

영성신앙의 보고인 요한복음

현재 세계적으로 바울로 신학의 정통성으로 가장 보수적인 이 나라에서도 예수의 영성신앙에 시선을 두고 있는 이가 있다.

그리스도인들은 오직 그리스도의 대속적 죽음과 극적인 부활을 중심으로 하는 케리그마적 복음만이 기독교 신앙의 전부라고 믿는다. 일찍이 바울로는 케리그마적 복음을 전하면서 이와 다른 복음을 주장하는 사람들을 저주하였다.(갈라디아 1 : 6~10) 한국 교회, 특히 개신교가 그동안 바울로의 케리그마적 복음만을 그리스도교 신앙의 전부라고 생각하였다면 그것은 신학적 편견에 해당한다. 하나의 새로운 가능성이 그리스도교의 기원 곧, 예수 신앙의 탐구를 통하여 현실화될 수 있다. 물론 예수 신앙의 탐구와 그리스도교 기원의 규명이 그리스도교인들에게는 큰 충격과 당혹의 경험일 수밖에 없다. 예수 신앙은 현대 그리스도교인들이 그리스도교 신앙의 전부로 치부해 오던 그 케리그마적 복음과는 전혀 다른 복음을 들려주기 때문이다. 단지 예수의 신앙이 바울로의 복음과 다르다는 이유로 예수 신앙의 탐구를 그만두어야 할 것인가? 신약의 복음서들이 가장 귀한 자료를 사용한 바로 그 예수의 전승들과 그 배후의 예수 신앙들을 그리스도교인들이 정죄할 수 있을까? 그리스도교의 기원은 그리스도인 예수 자신에게 있는가? 혹은 예수를 자기의 독특한 신학적 성찰로써 해석하고 헬레니즘 세계에 토착화시킨 신학자 바울로에게 있는가? 보다 더 예수적이고 복음적인 신앙은 어느 길에 있는가?

—조태연,《예수운동》

바울로의 대속신앙이 아닌 예수의 영성신앙을 복원하는 것이 예수를 사랑하는 크리스천들의 사명이요 의무일 것이다. 예수의 영성신앙을 그대로 다 복원하지는 못하여도 그 핵심만은 찾아내야 할 것이다. 그 핵심을 찾을 수 있는 길이 요한복음에 있음을 확언한다.

바로 이 점에서 우리는 사상적 패턴에 있어서도 도마복음서와 비슷하여 우리의 관심을 끌었던 요한복음이 왜 영지주의란 의심을 받을 수 있는 요소를 그렇게 많이 포함하고 있는지를 알 수 있다. 요한복음들이 한때 교회로부터 이단적인 문서로 간주되기도 했었으나 교회 편집자가 부족한 내용들, 예를 들어보면 종말론과 성례전 등을 복음서에 더 첨가한 후에야 정통 교회 안에서 인정을 받게 된 것으로 주장되고 있다. 다른 한편으로 요한복음이 처음에는 영지주의자들에 의해 유통되고 이용되다가 2세기 말경에 이르러서야 교회가 요한복음을 영지주의적 이단을 공격하는 데 도움이 되는 문서로 인식하기에 이르렀다는 주장도 있다.

　　　　　　　　　　　　　－김용옥, 《도마복음서 연구》

　요한복음을 영지주의 문서로 이단시하다가 반대로 영지주의 문서를 공격하는 문서로 바뀐 것은 요한복음에 실려 있는 예수의 영성신앙이 영지주의와 상통하는 점이 있으면서도 영지주의와는 다른 점이 있다는 것을 암시한다. 그것은 예수의 영성신앙이 영지주의의 영향을 받았으면서도 예수 스스로의 깨달음에서 얻어진 것임을 보여주는 것이다. 요한복음서를 발렌티누스파로 불리는 영지주의 그룹이 전용하였다는 것도 시사하는 바가 있다.

　4세기 말에야 비로소 거의 모든 그리스도교인들이 네 권의 복음서와 사도행전과 바울서신과 요한일서나 베드로전서 같은 다른 서신들과 요한계시록을 포함시키는 것에 동의하였다. 율법의 지속적인 타당성을 주장하는 유대 그리스도교인들은 마태오복음서만 사용했다. 예수가 진정한 그리스도가 아니라고 주장하는 그룹에서는 마르코복음서만 받아들였다. 마르시온(영지주의의 감화를 받아 육체 부활 부인 등을 주장한 2세기경의 그리스도교 종교가)과 그의 추종자들은 루가복음서만 받아들였는데 그것은 우리가 가지고 있는 형태와는 다른 것이었다. 발렌티누스파로 불리는 영지주의 그룹은 요한복음서만 받아들였다.

　　　　　　　　　　　　　－바트 에르만, 《성경 왜곡의 역사》

그러니 예수의 제자들 또는 바울로에 의한 여러 공동체(또는 교회)들의 필요에 의해서 복음서가 쓰여지고 그 복음서를 만든 공동체에서는 그들 공동체에서 만든 복음서만 읽은 것이다. 오늘날의 신약전서의 모습은 4세기 말에 와서야 갖추어진 것이다. 4복음서는 처음부터 그리스어로 쓰여져 예수의 직제자들이 안 썼다는 것이 확실해졌다. 예수의 제자의 제자 곧 손자뻘이거나, 또 그 아래 사람들에 의해서 쓰여진 것으로 본다. 그리고 거의 모든 복음서가 유대 나라 밖에 사는 디아스포라(流民)의 손에서 이루어졌음이 분명하다. 디아스포라가 아니면 외국어인 그리스어에 능통할 수 없기 때문이다. 공관복음서(마태오복음, 마르코복음, 루가복음)와는 달리 요한복음서에는 이름을 숨긴 애제자가 등장한다. 실제 인물이라면 자랑스럽게 실명을 밝힐 터인데 굳이 이름을 숨긴 것은 가공의 애제자를 내세워서라도 요한복음과 예수는 지극히 밀접한 관계가 있음을 드러내어 요한복음서의 권위를 높이려 한 것으로 보인다.

애제자는 단순히 예수 사건을 후세에 전했을 뿐 아니라 자기 교회의 실정에 걸맞게 예수 사건의 의미를 밝히려고 애쓴 까닭에 많은 추종자들을 거느리게 되었다. 요즘 식으로 말해서 애제자는 요한계 신학파의 창시자 또는 좌상이 되었다. 애제자의 예수 전승과 그 해석을 물려받아서 한 추종자가 요한복음서 초판(1~20장)을 썼고 또 다른 추종자가 21장을 덧붙여 요한복음서 재판을 펴냈다. 이들 두 집필자들은 복음서를 펴내면서 마치 예수의 애제자가 요한복음서 초판과 재판을 펴낸 것처럼 말하지만 실상 애제자는 예수 사건을 전해준 전승자였다. 요한복음서 집필자는 아니었다. 요한복음서 초판과 재판을 펴낸 필자들도 집필 당시 크게 존경받던 자기네 스승인 애제자를 필자로 내세웠다고 생각된다.

집필 장소로는 에페소를 꼽겠다. 그럼 언제쯤 썼을까? 요한복음서는 주님의 제자였던 애제자가 고령으로 사망한 뒤에 씌어졌다. 오늘날 신약학계에서는 요한복음서 집필 연대를 기원후 100~110년경으로 잡는다.

—정양모, 《요한복음 이야기》

요한복음은 공관복음보다 월등하게 영성에 대한 귀중한 말씀이 많이 담겨 있다. 그 가운데서도 요한복음 3장에 나오는 니고데모와의 대화, 요한복음 4장에 나오는 사마리아 여인과의 대화에 사람은 영원한 생명인 얼나(프뉴마)를 깨달아야 한다는 말씀이 아주 분명하게 밝혀져 있다. 이 말씀은 공관복음인 마태오, 마르코, 루가의 복음서에는 나오지 않는다. 여기에서 영성복음으로서 요한복음이 지닌 중요성이 확연히 드러난다. 그밖에도 "너희가 내 말대로 살면 참 내 제자가 되고 얼나(진리)를 알찌니 얼나(진리)가 너희를 (몸나의 생사에서) 자유케 하리라."(요한 8 : 31~32, 박영호 옮김) "얼나와 아버지는 하나이니라."(요한 10 : 30, 박영호 옮김) "얼나가 곧 길이요 진리요 생명이니 얼나를 깨닫지 못하고는 아버지께로 올 자가 없느니라."(요한 14 : 6, 박영호 옮김) "아버지는 나보다 크심이니라."(요한 14 : 28) 이와 같이 영성이 충만한 말씀이 우리의 가슴을 두근두근 뛰게 한다. 영성의 말씀을 귀하게 여기는 이들이 요한복음을 소중하게 생각하는 것은 너무나 자연스런 일이다. 성경이 어쩔 수 없이 사라지게 된다 하여도 요한복음 21장만 남는다면 아무런 걱정이 없을 것이다.

1장

요한복음 1장

한 처음 천지가 창조되기 전부터 말씀이 계셨다.
말씀은 하느님과 함께 계셨고
하느님과 똑같은 분이셨다.
— 요한 1 : 1

말씀이 곧 참 빛이었다.
그 빛이 이 세상에 와서 모든 사람을 비추고 있었다.
— 요한 1 : 9

참삶은 온통이요, 참나인 하느님을 찾는 것

예수는 인류 역사에서 하느님 알기와 사랑하기에 가장 으뜸 가는 사람이라고 생각한다. 그런데 예수는 사람들에게 하느님이 계시다는 데 대해서 말하려 하지 않았다. 그것은 이스라엘 민족이 예수보다 1,800년 전인 아브라함 때부터 유일신 야훼 하느님을 믿어 온 때문인 것 같다. 물론 유일신의 내용은 사람에 따라 다를 수밖에 없다. 필립보가 "주님, 저희에게 아버지를 뵙게 하여 주시면 더 바랄 것이 없겠습니다." 하고 하느님 모습을 보여주기를 간청하자 예수는 이렇게 대답하였다. "필립보야, 들어라. 내가 이토록 오랫동안 너희와 함께 지냈는데도 너는 나를 모른다는 말이냐? 나를 보았으면 곧 아버지를 본 것이다. 그런데도 아버지를 뵙게 해 달라니 무슨 말이냐? 너는 내가 아버지 안에 있고 아버지께서 내 안에 계시다는 것을 믿지 않느냐? 내가 너희에게 하는 말도 나 스스로 하는 말이 아니라 아버지께서 내 안에 계시면서 몸소 하시는 일이다."(요한 14 : 8~10) 하느님께서 계시다(존재)는 데 대해서 한 말은 이것이 다이다. 필립보가 이 말을 듣고서 그 하느님을 만나 뵈었는지는 알 수 없다.

  석가 붓다는 예수와는 달랐다. 하느님(니르바나님)이 계시다는 것을 가르쳐주고자 거듭 되풀이 말하였다. 석가 붓다의 연기론(緣起論)은 이 세상의 상대적 존재는 나고 죽어 무상(無常)하다는 것을 깨우친 것이다. 개체(낱동)들의 나고 죽는 너머에 나지 않고 죽지 않는 니르바나님(하느님)이 계시다는 것을 깨우치고자 하였다. 사람의 궁극적인 목적은 니르바나님(하느님)에게 돌아가는 것이라고 말하였다. 이것이 실상론(實相論)이다. 석가가 설법한 팔만대장경의 핵심은 결국 연기론과 실상론인 것이다. 예수는 말씀으로 하느님이 계시다는 것을 설명한 것이 아니라 자신의 일생을 통해서 하느님의 존재를 드러내고 하느님을 사랑하는 길을 보여주었다. 그래서 말이 필요 없었을 것이다. 그런데 우리는 예수의 하느님에 대한 효도적인 신앙도 본받아야겠지만 석가의 사변적인 인식도 필요하다. 류영모는 이 두 가지를 아울러 우리에게 가르쳐주었다.

  콜럼버스는 1492년 오랜 항해 끝에 아메리카 신대륙에 다다랐다. 그러나 콜럼버스 자신은 자신이 닿은 곳이 아메리카 신대륙인 줄은 전혀 몰랐다. 그는 자신이 가고자 했던 인도에 도착한 것으로 알았다. 사실 콜럼버스는 지금의 멕시코 만 카리브 해에 흩어져 있는 서인도제도의 산살바도르 섬에 닻을 내렸던 것이다. 그러나 콜럼버스는 죽을 때까지도 자신이 인도에 갔다 온 것으로 알았다. 그래서 그곳의 섬 이름이 서인도제도가 된 것이다. 이것이야말로 콜럼버스의 착각이라고 하겠다.

그런데 콜럼버스만 착각을 한 것이 아니라 우리도 착각을 하고 있다는 것을 깨달아야 한다. 우리는 이 땅에 태어나기 전에 어머니의 모태 속에서 양수의 바다를 열 달 동안 헤엄친 끝에 겨우 이 땅에 떨어졌다. 그래서 우리는 땅(세상)에 온 줄로 알고 있다. 그러나 이것은 멀쩡한 착각이다. 우리는 지금 땅에서 살고 있는 것이 아니라 하느님 나라에 살고 있는 것이다. 하느님이 없다니 무슨 정신 나간 소리인가? 류영모는 우리의 착각을 일깨워주었다.

단 하나밖에 없는 하나(절대)는 빔(허공)이다. 물질세계를 색계(色界)라 하는데 가장자리 없는 무변단일(無邊單一) 허공에 색계가 눈에 티 검지같이 섞여 있다. 이 사람은 가장자리 없는 단일 허공을 확실히 느끼는데 하느님의 마음이 있다면 하느님의 마음을 허공으로 느낀다. 빈탕 한데의 허공은 석가와 장자(莊子)가 처음으로 분명하게 이야기하였다. 그런데 근기(根器)가 낮은 사람들이 빈탕 한데(허공)를 바르게 이해하지 못하여 이단시(異端視)하여 배척하였다. 쓸데 있는 것만 찾는 사람들에게는 허공은 쓸데없다고 하겠지만 허공을 모르면 모두가 거짓이다. 빈탕 한데(허공)가 쓸데 있고 없고는 하느님 나라에까지 가보아야 알 수 있을 것이다.

―류영모, 《다석어록》

무한한 허공 속에 먼지 한 알에 지나지 않고 영원한 시간 속에 찰나의 순간에 지나지 않는 '나'라는 존재의 실상을 아는 것으로 끝나서는 안 된다. 이 내가 전체요 참나인 하느님이 자꾸만 그립다는 것이다.

낱동(개체)인 나는 전체인 하느님을 알 수가 없다. 사람은 완전이신 하느님을 알 수가 없다. 그러나 사람은 온통(전체)을, 완전(참나)을 알고 싶어한다. 그 온통과 완전이 참나인 하느님 아버지가 되어서 그렇다. 하느님 아버지를 그리워하는 것이 우리의 참 삶인 것이다. 우리의 마음은 항상 하느님을 생각하는 궁신(窮神)하는 자리에 있어야 한다. 하느님을 알려는 것이 궁신이다. 하느님은 다른 것이 아니다. 우리들이 바로 하느님이다. 지금은 우리가 하느님의 능력을 나타내지 못할망정 이 다음에 하느님께로 돌아가는 것만은 사실이다. 궁극에는 내가 하느님이 되겠다는 것이 아닌가? 내가 하느님의 자리에 간다는 말이다. 정신이란 곧 궁신하겠다는 것이다. 거짓나인 제나(自我)로 죽고 참나인 얼나로 솟나 하느님께로 돌아가는 것이다.

—류영모, 《다석어록》

몸을 지닌 제나로는 아무것도 아닌데 하느님이 주시는 얼나로 하느님과 교통할 수 있고 하느님과 하나 될 수 있으므로 생멸(生滅)의 제나를 초극(超克)한다. 하느님이 주신 얼나는 제나의 생사(生死)를 초월하는 영원한 생명이다. 가장자리 없는 허공에 영원한 생명인 하느님의 얼(성령)이 없는 곳 없이 있다는 것을 깨닫는다. 지구의 지각 속에 용암이 있다는 것을 화산이 폭발함으로써 알게 되듯이 내 맘이 빌 때 하느님의 생명인 얼(성령)이 솟아나오는 것으로 하느님은 가장자리 없는 허공에 충만한 얼(성령)로 계시는 것을 알 수 있다. 류영모가 다음과 같이 말하였다.

얼나밖에는 만족할 만한 것이라고는 상대세계에서는 없다. 그러므로 상대세계에 한눈 팔 겨를이 없다. 그래서 응무소주이생기심(應無所住而生其心)이다. 이 상대세계에는 맘 붙일 데가 없다는 것은 참 좋은 말이다. 이 상대세계에 머무르지 않는 참나인 얼나에 마음을 내라는 것이다. '응무소주이생기심' 이 말 한마디만 잘 알면 해탈할 수 있고 구원 받을 지경에 이를 수 있다.

―류영모, 《다석어록》

예수의 마음에, 류영모의 마음에, 내 마음에 하느님의 생명인 얼(성령)이 샘솟아 나오는 것으로 하느님이 무소부재(無所不在)로 계시는 것을 알 수 있다. 그래서 예수가 "하느님 나라가 오는 것을 눈으로 볼 수는 없다. 또 '보아라, 여기 있다' 혹은 '저기 있다'고 말할 수도 없다. 하느님 나라는 바로 너희 가운데(맘속에) 있다."(루가 17 : 20~21)고 한 것이다. 하느님의 생명인 얼이 내 맘속에서 샘솟아 나오기 때문인 것이다.

신비주의 철학자로 알려진 베르자예프는 이렇게 말하였다.

나는 말로는 도저히 표현하기 어려운 한 가지 종교적 체험을 겪었다. 나는 깊은 곳에 침잠하고 거기서 세계의 신비, 실존하는 모든 것의 신비에 직면한다. 그리고 그때마다 나는 세계의 현존성에 대해 그 자체로 만족할 수 없다. 따라서 그 밑바닥 속으로 한층 심오한 비밀, 신비로운 의미를 내포하는 데가 틀림없으리라는 사실을 더욱 통절하게 몸에 배도록 느낀다. 이 최대의 신비는 하느님이다. 인류는 하느님이라는 말 이상으로 숭고한 말은 생각해낼 수가 없었던 것이다. 하느님에 대한 부인은 다만 겉 부분의 겉모양에서 가능한 것으로 깊은 곳에서는 불가능한 것이다. 나는 분명히 영원에 대한 동경이라고 하는 것으로 특징지어지는 종교적 유형의 인간이다. 나는 그대를 사랑한다. 아, 영원(하느님)이여. 차라투스트라는 이렇게 말하였다. 같은 이야기를 나는 일생 동안 자신에게 말하여 왔다. 사람은 영원성 이외의 다른 것은 사랑할 수 없다. 영원한 사랑 이외의 다른 사랑으로써 영원성(하느님)을 사랑할 수 없다. 영원성(하느님)이 존재하지 않으면 아무것도 존재하지 않는다.

―니콜라이 베르자예프, 《거대한 그물》

죽고 싶도록 아플 때, 죽고 싶도록 슬플 때, 죽고 싶도록 분할 때 하느님을 우러르자. 그것은 하느님께서 나를 부르시느라 옆구리를 찌른 것이다.

유성(流星)

별들이 깜빡이는 밤하늘에
문득 나타나 쏜살같이 흐르는 별
온몸을 남김없이 불태워서
황금빛으로 한 일(一) 자 그어 뵈
오로지 하느님을 사랑하라고
똥겨주고는 곧이 사라져버린다.
인생은 무상하나 뜻 깊은 유성(流星)

별들이 속삭이는 밤하늘에
깜짝 나타나 쏜살같이 떨어지는 별
온몸을 남김없이 불태워서
황금빛으로 빗금(/) 획 그어 뵈
살짝이 이 세상은 아니라 집착 말라고
똥겨주고는 금방 사라져버린다.
인생은 무상하나 뜻 있는 비성(飛星)

별들이 이글거리는 밤하늘에

불쑥 나타나 쏜살같이 내닫는 별

온몸을 남김없이 불태우며

황금빛으로 감탄(!) 부호 그어 뵈

분명히 존재는 감격스러운 것이라고

똑똑히 똥겨주고는 바삐 사라진다.

인생은 무상(無常)하나 뜻 지닌 운성(隕星)

-2007. 2. 21. 박영호

하느님은 말씀으로 계신다

    요한복음 1장 1~18절을 우리는 흔히 요한복음의 '서문'이라고 부른다. 이 단락에서 요한은 하느님의 말씀에 대해 말하고 있다. 그 말씀은 태초부터 하느님과 함께 있었으며 이 말씀은 곧 하느님이었다(1~3절). 모든 것이 하느님의 말씀으로 창조되었다. 더군다나 이 말씀은 하느님이 세상과 교통하는 방식이며 하느님 자신을 세상에 계시하는 방법이다. 그러다가 요한복음서 서문의 어느 순간에 이르러 말씀이 육신이 되어 우리 가운데 거하시매라고 보도된다(14절). 다시 말하자면 하느님의 말씀이 사람이 되었다는 이 사람이 바로 예수 그리스도였다(17절). 이러한 이해에 따르면 예수 그리스도는 하느님 말씀의 성육신(成肉身)이다. 예수 그리스도는 이미 태초부터 하느님과 함께 있었으며 스스로 하느님이었다. 하느님은 그를 통해, 세상을 통해 이 세상을 창조하셨다.

—바트 에르만,《성경 왜곡의 역사》

우리에게 예수의 공생애 동안의 언행(言行)을 보여주는 것이 복음서의 진면목이라 하겠다. 그런데 요한복음의 첫머리는 예수의 언행과는 관계 없이 복음서 저자의 신관, 우주관, 그리고 그리스도관을 펼치고 있다. 거기에서 다른 곳에서는 일체 쓰이지 않는 로고스($\lambda o \gamma o \varsigma$, logos, 말씀)라는 낱말이 우리의 시선을 끈다. 요한복음서 본문을 쓴 저자라면 로고스라는 낱말 대신에 성령($\pi \nu \varepsilon \nu \mu \alpha$, 얼)을 썼을 것이라 믿어진다. 그래서 요한복음 1장 1절에서 18절까지를 바트 에르만의 주장처럼 요한복음의 '서문'이라고 하는 것이다. 이스라엘 사람으로 이스라엘 밖으로 나가서 사는 사람들을 디아스포라라고 하는데 그 디아스포라 가운데 필론이라는 이는 그리스 철학의 영향을 많이 받은 이로 이름이 나 있다. 필론처럼 그리스 철학에 영향을 받은 크리스천이 서문을 써서 요한복음 머리에 서문으로 덧붙인 것으로 보인다. 요한복음서의 핵심을 보여주어 요한복음을 돋보이게 한 점도 있지만 오도한 점도 있는 것으로 보인다.

예수 그리스도의 출발을 하느님의 말씀에 둔 것은 동정녀 탄생설보다는 차원이 높다고 아니할 수 없다. 그러나 독생자의 성육신에 관한 설명이 불충분하여 그리스도교에서 하느님과 예수를 동일시하는 혼란의 단초를 제공한 것은 실수라 아니할 수 없다.

    한 처음 천지가 창조되기 전부터 말씀이 계셨다. 말씀은 하느님과 함께 계셨고 하느님과 똑같은 분이셨다.

―요한 1 : 1

    사람은 시간·공간에 갇혀 있어 언제나 시간의 벽에 부딪힌다. 그래서 맨 처음(태초)이나 맨 마지막(종말)을 말하지만 하느님은 시간을 초월해 계셔 맨 처음이나 맨 마지막을 넘어 무시무종(無始無終)의 영원한 현재로 계신다. 하느님에게 태초라는 말을 붙이면 하느님을 시작과 종말이 있는 상대적 존재로 오해하게 된다. 그래서 서문 저자도 천지가 창조되기 전이라는 말을 넣은 것 같다.
    '말씀이 계셨다'는 것에서 '말씀'은 '얼(성령)'로 바꾸어야 한다. 성령이 사람을 통하여 지혜의 말씀으로 나타나고 일치(一致)의 사랑으로 나타난다. 말씀으로만 나타내면 사랑이 빠지게 된다. 그러면 사랑이 증발하고 이치만 따지는 종교를 낳게 된다. 그러므로 말씀과 사랑을 포괄하는 성령으로 바꾸어야 한다. 그 다음에 '말씀은 하느님과 함께 계셨고 하느님과 똑같은 분이셨다'라고 나오는데, 개역 성경에는 '곧 하느님이시니라'로 되어 있다. 이것은 비논리적인 알쏭달쏭한 말이라 지적하지 않을 수 없다. 말씀이란 낱말을 써서 이렇게 된 것이다. 성령으로 바꾸면 이런 어색함이 사라진다. 하느님은 성령으로 계시니 성령이 하느님이시다라고 해야 논리가 선다.

프로스(προς, with)를 '으로'라고 옮겨야지 '함께'라고 옮기면 안 된다. 함께는 따로 따로 둘이 있는 것을 전제로 한 말이다. 하느님 따로 있고 성령(말씀) 따로 있는 게 아니다. 하느님은 얼(성령)로 계시는 것이다. 하느님과 성령은 둘이 아니다. 하느님이 유비쿼터스(ubiquitous)로 아니 계시는 곳이 없게 두루 계시는 것은 얼(성령)과 빔(허공)으로 계시기 때문이다.

요한복음 1장 2절에 "그가 태초에 하느님과 함께 계셨고"는 앞에서 지적한 대로 분명히 잘못된 표현이다. 하느님은 성령으로 계시는 것이지 성령(말씀)과 함께 계시는 것이 아니다. "모든 것은 말씀을 통하여 생겨났고 이 말씀 없이 생겨난 것은 하나도 없다."(요한 1 : 3) 빅뱅(Big Bang)이 일어나기 전, 다시 말하면 물질세계가 벌어지기 전에는 빔(허공)이요 얼(성령)이신 하느님만 계셨다. 빔(허공) 안에 물질세계가 벌어졌다면 어떻게 벌어질 수 있나? 빔이요 얼이신 하느님으로 말미암은 것이다. 얼(성령)의 일부가 절대성을 버리고 개체의 물질이 된 것이다. 창조한 것이 아니라 변태한 것이다. 변태는 오래 못 가기 때문에 다시 얼(성령)과 빔(허공)으로 돌아와야 한다. 유(有)에 붙잡힌 사람들은 이것을 멸망(사망)하는 것으로 끔찍하게 표현하고 있다. 사실은 귀일(歸一)의 본화(本化)인 것이다. 그리고 물질세계가 하느님의 영역 밖으로 나간 것이 아니라 무변허공의 하느님 품 안에 담겨 있는 것이다. 상대세계의 개체 기준으로 생각하니 개체들이 생기는 것이 좋고 개체들이 없어지는 것을 흉(凶)하게 생각하지만 사실은 그 반대이다. 얼과 빔으로 없이 계시는 하느님이 거룩한 것이다. 얼과 빔의 거룩을 잃어버리고 상대화하여 물질의 낱동(개체)이 되는 것은 변질이요, 타락인 것이다. 그래서 류영모는 이렇게 말하였다.

우리가 이 세상에 나왔다는 것은 몸(물질)에 갇혔다는 말이다. 이 세상에 낱동(개체)으로 나온 것은 참 못난 것이다. 물질에 갇혀 있는 것은 못난 것이다. 이 몸의 틀을 쓴 것을 벗어버리기 전에는 못난 것이다. 내 말의 마지막에는 빔(허공)과 얼(성령)을 말하는 것이다. 빔(성령)과 얼(성령)이 아니면 안 된다. 어머니가 낳아준 나는 참나가 아니다. 하느님으로부터 온 없이 계시는 얼나가 참나다.

—류영모,《다석어록》

그런데 이 세상 사람은 어리석어 몸뚱이 개체 생명을 낳아놓고는 축하를 하고 개체 생명이 죽으면 애통해 마지않는다. 사실은 그 반대라야 한다. 우리는 본모습인 빔과 얼이 계시는 데로 가는 것을 기뻐하지 않을 수 없다. 죽음을 두려워하고 슬퍼하고 아쉬워하는 것은 어리석은 생각이다.

이 세상에서 바로 살 줄 알고 말씀을 아는 사람은 사는 것이 좋은 것인지 나쁜 것인지 그리고 기쁜 것인지 슬픈 것인지 잘 모르고 산다. 죽는 것이야말로 축하할 일인지 모른다고 생각하면서 산다. 이렇게 사는 것을 부지지생(不知之生)이라고 한다. 살려준다고 해서 좋아할 것도 없고 죽이겠다고 해서 흔들릴 것도 없다. 나는 모름지기 이 세상을 떠나도 좋다고 생각한다. 나는 일흔 살에 가깝다. 일흔이라는 말 뜻은 인생을 잊는다(忘)는 뜻이라고 본다. 그래서 내게는 이 세상에서 좀 더 살았으면 하는 생각은 없다. 있다가는 어떻게 될지 모르겠으나 더 살고 싶다고 소리소리 지르지는 않을 것이다. 말을 하고 말을 알려고 하고 말이 심판을 한다는 사실을 믿고 있는 나로서는 결코 그런 일이 없을 것이다.

―류영모, 《다석어록》

낱동(개체)의 소멸은 온통(전체)으로 돌아감이다. 장자(莊子)는 이를 복통위일(復通爲一, 모든 개체들은 언젠가는 없어져서 절대존재인 무無로 돌아가 하나 됨)이라고 하였다. 복통위일처럼 영광스럽고 기쁜 일은 없다. 류영모는 죽는 일이 무섭고 슬프다고 하는 그 따위 육체 중심의 생각은 내버리라고 하였다.

해안선을 떠난다는 육리(陸離)라는 말은 영광이 찬란하다는 말이다. 인생의 종말은 찬란한 육리가 되어야 한다. 난삽한 인생의 마지막이 육리가 되어야 한다. 그러기 위해서는 몸나에서 얼나로 솟나야 한다.

―류영모, 《다석강의》

이 글을 쓰는 이 사람의 마음에 기쁨이 넘친다. 이 글을 읽는 분의 가슴에도 기쁨이 넘치기를 바란다. 죽음을 극복하였는데 어찌 기쁘지 않은가. 하느님(얼나)의 자리에 서면 죽음이란 없는 것이다.

말씀이 곧 참 빛이었다

말씀이 곧 참 빛이었다. 그 빛이 이 세상에 와서 모든 사람을 비추고 있었다.

―요한 1 : 9

말씀이 사람이 되셔서 우리와 함께 계셨는데 우리는 그분의 영광을 보았다.

―요한 1 : 14

말로 나타내기 어렵고 글로 쓰기 어려운, 사람의 오관으로는 감지되지 않는 형이상의 실체인 얼과 빔의 하느님 이야기를 하자니 비유를 들었다가 말을 뒤집었다가 한다. 그러다 보니 논리의 비약과 모순이 있어 언뜻 보면 횡설수설처럼 보인다. 요한복음 1장의 서문이 바로 그러한 문장이다. 논술시험에 이런 작문이 나왔다면 합격 점수를 얻기 어려울 것이다. 도대체 무슨 소리를 하는지 어리둥절하기 때문이다. 여러 나라 성경을 읽어도 보고 여러 번역을 비교해보아도 알쏭달쏭하기는 마찬가지다.

얼과 빔의 온통이신 하느님은 빛이시다. 저 하늘의 햇빛이 아니라 마음속을 밝게 하는 지혜의 빛이요, 진리의 빛이다. 그 빛의 절대성을 버린 얼이 상대성의 몬(물질)의 세계를 이루었다. 상대세계는 생멸(生滅)하는 낱동(개체)들이 모인 물질세계이다. 우리 사람들이 사는 세계가 바로 그러한 세계이다. 이 상대세계가 온통인 얼과 빔의 정체성(正體性)을 잃었기 때문에 빛이 없는 어둠의 세계이다. 그래서 상대세계에서 하느님을 찾아서는 하느님의 흔적만 보이지 하느님을 만날 수 없다.

그런데 몸의 제나가 아무것도 아닌 것을 알고 제나로는 살고 싶지 않다는 이들에게 얼이시고 빔이신 하느님의 얼생명이 죽음에 이른 제나의 의식(意識, 생각)을 점령해 왔다. 이것을 예수와 석가는 제나로 죽고 얼나로 솟나는 부활이요, 자각(自覺)이라고 하였다. 이것은 하느님의 생명인 얼나의 의식화(意識化)인 것이다. 그렇게 되면 내 맘은 내 맘인데 임자 노릇 하는 이는 하느님의 생명인 얼나인 것이다. 예수는 의식화된 얼나를 하느님 아들이라고 하였다. 그러니 의식화되지 않은 선험적인 얼나는 그대로 하느님인 것이다. 예수 자신이 하느님 아들의 의식을 지니게 되니 자연 하느님은 하느님 아버지인 것이다. 이 관계를 예수는 절묘하게 나타내었다.

> 너는 내가 아버지 안에 있고 아버지께서 내 안에 계시다는 것을 믿지 않느냐? 내가 너희에게 하는 말도 나 스스로 하는 말이 아니라 아버지께서 내 안에 계시면서 몸소 하시는 일이다.
>
> ─요한 14 : 10

'말씀이 곧 참 빛이었다'는 말은 하느님의 생명인 얼(성령)이 빛이라는 말이다. 하느님의 얼은 무변허공에 아니 계시는 곳이 없다. 그러니 모든 사람을 비추고 있다는 말이 틀린 말은 아니다. 그러나 얼나를 깨닫지 못한 사람은 그것을 알지 못한다. 그러므로 말씀이 사람이 된 것도 분명히 가려야 한다. 만물이 모두 말씀으로 되었다고 하였다. 그것은 말씀 곧 성령이 절대성을 버리고 생멸의 상대적인 개체가 된 것이다. 그것은 예수의 몸뿐 아니라 모든 사람, 모든 물체가 똑같이 그렇게 이루어진 낱동(개체)들인 것이다. 그런데 여기서 "말씀이 육신(사람)이 되어 우리 가운데 거하시매 우리가 그 영광을 보니 아버지의 독생자의 영광이요 은혜와 진리가 충만하더라."(개역) 이른바 성육신(成肉身)은 예수만 두고 하는 말인 것이다. 이것은 잘못된 표현이요 번역이다. 말씀, 곧 성령이 예수의 맘속에 들어와 예수 마음을 점령한 것이다. 그래서 예수는 제나가 있으되 하느님의 생명인 얼나에 온전히 점령된 것이다. 예수는 이것을 니고데모에게 위로부터 나는 것이라고 말하였던 것이다. 기존 학설 가운데 하느님이 땅에 와서 예수가 되었다는 소리는 크게 잘못된 풀이다. 무변허공이시고 무소부재한 얼이신 하느님이 어떻게 한 개체인 예수가 될 수 있단 말인가? 하느님을 한 개체(낱동)로 생각한 잘못된 신관에서 나온 해석이다. 하느님은 우주를 내포한 전체(온통)이다. 온통은 개체인 낱동이 될 수 없다. 온통(전체)이 낱동이 되어 버리면 다른 수많은 낱동은 어디로 가란 말인가? 전체인 하느님의 얼이 개체인 예수의 맘에 온 것이다. 그 얼(성령)은 우주 안팎에 충만한데 예수 맘속에 다 들어가버릴 수 없다. 예수의 마음에 온 것은 하느님의 얼의 한 긋이다. 하느님이 수천만 킬로와트의 발전소라면 예수의 맘속에 온 얼나는 100와트의 전구와 같다. 그것이 이어져 예수의 가슴에 말씀의 빛이 밝아진 것이다.

말씀이 빛이라는 말은 곧 얼(성령)이신 하느님이 빛이란 말이다. 이 빛은 햇빛, 달빛의 빛이 아니라 말씀의 빛이요, 지혜의 빛인 것이다. 장자(莊子)는 보광(葆光)이라 하고 불교에서는 적광(寂光)이라고 한다. 신비주의 사상가인 미이스터 에크하르트, 퀘이커교의 창시자인 조지 폭스도 맘속의 빛이라고 하였다. 사람은 하느님의 빛 한 오리 곧, 얼 한 긋을 하느님으로부터 받은 것이다. 마하트마 간디의 말이 생각난다.

> 사람은 하느님이 아니다. 사람을 하느님이라고 하지 말자. 그러나 사람은 하느님의 빛 한 오리를 가진다.
>
> ─마하트마 간디, 《날마다 한 생각》

예수가 "나는 빛"이라고 한 '나'는 하느님이 주신 얼나를 말한다. 얼나로 솟난 이는 어둠에 있지 않다는 말이다. "나는 세상의 빛이다. 나를 따라 오는 사람은 어둠 속을 걷지 않고 생명의 빛을 얻을 것이다."(요한 8 : 12) 예수는 빛으로만 비유한 것이 아니라 물로도 비유하였다. "내가 주는 물을 마시는 사람은 영원히 목마르지 않을 것이다. 내가 주는 물은 그 사람 속에서 샘물처럼 솟아 올라 영원한 생명이 될 것이다."(요한 4 : 14) 소로도 하느님 나라를 물에 비유하였다.

지식욕은 가끔 사그라질 때가 있다. 하지만 우주의 정신과 교류하고 하느님 나라의 신선한 물의 향기에 취하고 싶은 욕망, 대기를 뚫고 일어서서 높다란 미지의 세계까지 머리를 치켜들고 싶은 그런 욕망만은 사시사철 늘 그칠 날이 없다.

— 소로, 《소로의 일기》

하느님의 생명인 얼(성령)을 빛이라고 하는 데 대하여 톨스토이와 류영모는 각각 이렇게 말하였다.

예수 이전에도 또 이후에도 사람들은 이와 같은 말을 하였다. 사람의 마음속에는 하늘에서 내려온 하느님의 빛이 있다. 이 빛은 하느님의 성령(얼)이다. 이 빛에만 봉사해야 한다. 그리고 그 빛 속에서만 행복을 찾아야 한다.

— 톨스토이, 《신앙론》

　영원한 생명(하느님의 얼나)을 빛이라고 한다. 영원한 생명을 어떻게 나타낼 수 없으니까, 설명이 안 되니까 좀 그럴듯한 표현을 쓴다는 것이 빛이라고 한 것이다. 우리가 알자는 것은 참 빛의 근원인 하느님이시다. 하느님의 거룩한 생명은 빛나 밝을 것이다.

— 류영모, 《다석어록》

　마음으로 겪은 하느님에 대한 신비의 체험을 빛의 체험으로 말하기도 한다.

　나는 여름날 시골에서의 어느 순간을 생생하게 회상할 수가 있다. 이미 저녁 시간이었다. 무거운 상념에 시달리며 침울한 기분으로 나는 뜰을 산책하고 있었다. 둘레는 더욱 어두워져 갔다. 그러자 갑자기 내 마음에 한 줄기 빛이 타올랐다. 이 순간을 나는 명백한 전향이라고 이름 붙일 생각은 없다.

— 니콜라이 베르자예프, 《거대한 그물》

　1821년 6월 에든버러에서 리스로 가는 도중에 일어난 일이다. 나는 나에게 물었다. 도대체 네가 무서워하는 것이 무엇이냐? 덜 된 인생아,

네 앞에 놓인 최악의 경우가 도대체 무엇이란 말인가? 죽음, 지옥, 악마 무엇이든 올 테면 오너라. 부딪쳐 보자꾸나. 내가 이렇게 생각했을 때 돌연 내 마음에 한 줄기 불꽃이 힘 있게 흘러갔다. 그 순간에 나는 영원히 공포를 잊어버리고 알 수 없는 힘으로 한없이 강해졌다. 나는 거의 신에 가까운 얼이 되었다. 그 다음부터 나의 비통한 기분은 일소되었다.

—토머스 칼라일, 《회상록》

맹자는 다음과 같이 말했다. "사람이 짐승과 다름이 아주 적다. 그 다른 것은 여느 사람은 버렸는데 참사람은 간직한다(人之所以異禽獸者幾希 庶民去之君子存之)."(《맹자》 이루 하편) 여기에서 여느 사람은 버리고 참사람[君子]만 지니고 있는, 새나 짐승과 다른 점이 바로 빛으로 나타낸 얼나인 것이다. 석가의 다르마(Dharma, 法), 노자(老子)의 도(道), 공자의 덕(德), 예수의 얼(프뉴마)이 이름만 다르지 다 하나인 영원한 생명인 얼나이다.

영원한 생명인 얼나는 하느님이 낳아주신다고 할 때는 천생(天生)이 되고 스스로 깨닫는다고 할 때는 자각(自覺)이라 한다. 천생과 자각이 둘이 아닌 것이다. '하느님' 쪽에서 보느냐 '나' 쪽에서 보느냐에 따라서 이렇게 말할 수 있고 저렇게도 말할 수 있다.

하느님이 상대세계를 열어 아들을 낳으니 그것이 로고스(말씀)입니다. 아들을 낳지 않으면 확실히 아버지인 참나를 알아주지 않습니다. 아버지가 아들을 낳아야 아들이 확실히 아버지를 인식합니다. 그와 같이 확실히 아버지를 인식하고 인정하여야 할 아들 로고스입니다. 아들이 아버지를 뚜렷하게 합니다. 이것을 고쳐 말하면 우리가 상대세계에 있느니만큼 영원한 생명이 필요하니까 절대자를 모시고 아버지라고 하는 것입니다.

―류영모, 《다석강의》

땅의 아버지는 나를 껍데기만 내놓고 내가 나를 낳아 갑니다. 내가 나를 낳습니다. 아들 된 내가 하느님 아버지를 발견하였습니다. 하느님의 존재를 누가 발견합니까? 나 없으면 하느님은 없는 것이 아니겠습니까? 아바의 아들일 거고 속알 실은 수레임직이 우리입니다(우리의 몸은 얼나를 싣고 다니는 수레 같은 것입니다). 류영모가 온 것이 아닙니다. 남이 나를 낳은 것이 아닙니다. 여기에는 옛적부터 이름이 필요 없습니다. 내가 옳게 사는데 성과 이름이 무슨 상관 있습니까? 이 사람의 긋(얼나)을 알아주면 더없는 유쾌함을 느낍니다.

―류영모, 《다석강의》

영지신앙이 몸이 살아 있을 때 얼의 부활을 체험해야 한다고 하듯이 장자(莊子)는 몸으로 살면서 하느님과 도통위일(道通爲一)을 해야 된다고 하였다. 하느님 나라에는 몸이 죽은 다음에 가는 것이 아니라 몸으로 살아 있을 때 이미 하느님 나라에 들어가야 한다.

내 말을 듣고 나를 보내신 분(얼나)을 믿는 사람은 영원한 생명을 얻을 것이다. 그 사람은 심판을 받지 않을 뿐만 아니라 이미 죽음의 세계(제나)에서 벗어나 생명의 세계(얼나)로 들어섰다.

—요한 5 : 24

베르자예프는 이중(二重)의 탄생을 말하였다.

이중의 탄생이라는 비의(秘義)는 사람에게서 하느님의 탄생과 하느님에게서 사람의 탄생이다. 하느님은 사람 안에 있는 신성(神性, 얼나)을 필요로 한다. 사람은 하느님 속에 있는 신성을 필요로 한다. 하느님은 하느님의 부르심에 대한 사람의 창조적인 응답을 필요로 한다.

—니콜라이 베르자예프, 《거대한 그물》

독생자란 하느님의 외아들이란 뜻이 아니다

일찍이 하느님을 본 사람은 없다. 그런데 아버지의 품 안에 계신 외아들로서 하느님과 똑같으신 그분이 하느님을 알려주셨다.

—요한 1 : 18, 공동번역

본래 하느님을 본 사람이 없으되 아버지 품속에 있는 독생하신 하느님이 나타내셨느니라.

—요한 1 : 18, 개역

    요한복음 1장 14절에 '독생자(獨生子)'로 번역된, 그리고 18절에 '독생(獨生)한'으로 번역된 모노게누스(μονογενης)는 하나(μονο, only)와 낳다(γενης)의 합성어이다. 그래서 독생(獨生)으로 번역되었다. 영어 성경에도 'the only beggotten'으로 옮겨져 있다. 이 말은 다른 공관복음서에는 나오지 않는 말이다. 류영모는 이 독생자(獨生子)를 놓고 꽤 많은 고민을 하였다. 하나(하느님)가 낳은 이로 옮기는 것이 옳을 것 같다. 천생자(天生子)라야 한다는 말이다.

    60년 동안을 지내며 생각해도 외아들은 독생자니까 독생자라는 말이 외아들이란 말이냐? 아들 하나를 더 두고 싶어도 둘 수가 없어서 겨우 외아들 하나를 두었나? 그 독생자란 말이 외아들과 똑같은가? 외아들이라면 독자(獨子)라고 하지 왜 날 생(生)을 가운데다가 넣어서 독생자라고 하나? 외아들이란 말 대신에 '한(獨, 唯一) 나신 아들'이라고 했음 좋겠다는 것입니다. 한(唯一) 나신 아들은 얼나로 영원한 생명입니다. 영원히 살 수 있는 생명이지 멸망하는 생명이 무슨 생명입니까? 그렇게 안 되게 하시려고 한 나신 아들이 나타났어요. 한 나신 아들은 영원히 있을 하느님 아들이에요. 이것은 얼나로 생명의 근원되는 지극히 높으신 하느님 아버지의 아들입니다. 우리의 몸뚱이라는 것은 입었다가 벗어버립니다. 벗어버렸는데 아무것도 없으면 그건 멸망입니다. 몸을 벗어버린 뒤에도 기른 속알(얼나)이 하늘로 쑥 올라갑니다. 그리고는 거기서 영원히 가는 목숨을 받습니다.

—류영모,《요한복음강의》

류영모가 말한 한(一) 나신 아들(獨生子)은 하느님이 낳으신 아들이란 말이다. 한(一)은 하느님을 가리킨다. 공동번역에서처럼 외아들이라고 옮기면 당장 요한복음 1장 12절과 충돌된다. "그분을 맞아들이고 믿는 사람들에게는 하느님의 자녀가 되는 특권을 주셨다."(요한 1:12) 예수를 믿는 이들에게 하느님 아들 되는 특권을 준다고 하였으면 하느님의 외아들이란 있을 수 없는 말이다. 하느님의 외아들을 인정하면 예수 이외의 다른 이는 하느님 아들이 될 수 없다. 그러나 모든 사람의 마음속에 오는 하느님의 얼나로 같은 하느님의 아들이라고 한다면 문제는 달라진다. 그렇다면 굳이 외아들이라고 할 필요가 없는 것이다. 아들을 여럿 둘 수도 있을 때 더 두지 않아야 외아들이라 할 수 있기 때문이다. 이 땅에서는 하느님 아들이 많아도 얼나로는 하나이다.

여기서 문제가 되는 것은 "본래 하느님을 본 사람이 없으되 아버지 품속에 독생하신 하느님이 나타내셨느니라."(요한 1:18, 개역)에 아버지 품속에 있는 하느님이 나타나셨다는 괴이한 말인 것이다. 아버지는 분명 하느님 아버지이다. 그 품속에 또 하느님이 있다는 것은 말이 안 된다. 그러면 하느님이 둘이란 말인가? 둘이면 따로 따로 있을 일이지 하느님 품속에 왜 또 하느님이 있단 말인가? 하느님도 샴쌍둥이 하느님이 있단 말인가? 하느님은 전체(all, whole)이기 때문에 둘이 있을 수 없다. 둘이 있다면 이미 둘 다 하느님이 아닌 잡신일 뿐이다. 잡신이 어디 있단 말인가. 잡신은 없다. 영지주의자들이 말하는 것처럼 초월적인 하느님은 따로 계시고 창조의 신 데미우르고스(Demiurgos)라는 불완전한 신이 또 있다는 것은 잘못된 생각이다. 하느님의 생명인 얼(성령)이 절대성을 버리고 불완전한 상대적인 물질이 된 것이지 불완전한 하느님이 실수로 상대세계를 창조한 것이 아니다.

'아버지 품속에 하느님'이라 하였다고 예수를 하느님이라고 말하는 것은 어불성설이다. 이것은 영지주의자들의 생각처럼 잘못된 생각이다. 이렇게 신학계를 어지럽히는 일이 성서 필사자들의 예수에 대한 과잉 충성이 빚어낸 것이라는 것이 밝혀졌다.

요한복음 서문(1~18)의 마지막 절(18절)의 필사 전승에는 두 가지 사본이 전해진다. "하나는 본래 하느님을 본 사람이 없으되 아버지 품속에는 유일하신(독생하신) 하느님이 나타내셨느니라."이고 다른 하나는 "본래 하느님을 본 사람이 없으되 아버지 품속에 있는 유일(독생)하신 아들이 나타내셨느니라."이다. 여기서 제기되는 본문 문제는 바로 유일하신 이가 누구인가와 관련되어 있다. 아버지 품속에 있는 유일하신 하느님인가 아니면 아버지 품속에 있는 유일하신 아들인가? 유일하신 이가 하느님으로 되어 있는 첫 번째는 오래되고 우수한 사본들에 나타나는 것으로서 일반적으로 원본문으로 간주되는 독법이다.

그런데 놀라운 것은 이 독법이 알렉산드리아와 관련 없는 사본들에서는 나타나지 않는다는 사실이다. 그렇다면 알렉산드리아에서 활동하던 필사자가 이 이문(異文)을 만들어냈고 그래서 이 이문이 그 지역에서 유행했다고 할 수는 없을까? 만약 그것이 사실이라면 이제 왜 대다수의 사본에는 다른 독법이 나타나는지 설명할 수 있다. 예수가 자기 자신을 유일하신 하느님이 아니라 유일하신 아들이라고 표현했다는 다른 독법 말이다.

두 번째 독법, 즉 "아버지 품속에 있는 유일하신 아들이 나타내셨느니라."라는 독법이 원래의 본문이었다는 견해를 지지하는 다른 이유들도 있다. 요한복음서를 보면, '유일하신 아들'이라는 표현이 다른 곳에서도 몇 번 나타나는데(요한 3 : 16, 18) 그리스도를 유일하신 하느님이라고 부르는 곳은 한 군데도 없다. 더군다나 그리스도를 유일하다고 말할 때 그것은 무슨 의미인가? 그리스어로 '유일한 것'이라는 말은 동종으로는 하나밖에 없는 것을 의미한다. 동종으로 하나밖에 없는 것이라면, 그것이 무엇이든 하나밖에 있을 수 없다는 의미다. 따라서 '유일하신 하느님'이라는 말은 아버지이신 하느님을 가리켜야 한다. 그렇지 않다면 하느님은 유일하지 않을 테니까 말이다. 그런데 이 용어가 아버지 하느님을 가리키는 것이라면 어찌 아들을 가리키는 대목에서 사용되었겠는가 하는 문제가 있다. 요한복음서에서 '유일하신 아들'이 더 일반적이고 설득력 있는 표현임을 고려한다면 이 대목, 즉 요한복음 1장 18절에도 원래 이 표현이 사용되었음직하다. 사실 이 표현만 해도 그리스도를 충분히 높인 표현이다. 아버지 품속에 있는 유일하신 아들이며 모든 사람들에게 하느님을 계시하여 주는 이가 바로 그리스도 아닌가!

그럼에도 불구하고 일부 필사자들, 아마 알렉산드리아 근처에 살고 있던 필사자들 가운데 그리스도를 이처럼 유일하신 아들이라고 한 표현에도 만족하지 못하는 이들이 있었던 것 같다. 그리스도를 더 높이기 위해 이들은 본문을 변경한 것이다.

—바트 에르만, 《성경 왜곡의 역사》

하느님의 정체(正體)는 없이 계시는 얼(성령)이요, 빔(허공)이다. 하느님의 그 얼(성령)이 낱동(개체)이며 짐승(제나)인 내게 와서 참나인 얼나가 된다. 그 얼나로 하느님 아들이 된다. 그때 짐승인 제나(自我)의 개체의식(意識)이 깨트려지고 하느님 아들인 전체의식으로 바뀐다. 이것을 참나의 깨달음이라 하고 얼나의 솟남(부활)이라고 한다. 그것이 한 나신 아들 곧 독생자(獨生子)인 것이다. 선험적인 얼나는 하느님이시고 의식화된 얼나는 하느님 아들이다.

"아버지께로부터 나오시는 진리의 성령이"(요한 15 : 26) 곧 얼나인 독생자(한 나신 아들)이다. 아버지께로부터 나오는 진리의 성령인 얼나로는 "아버지와 나는 하나이다."(요한 10 : 30) 아버지는 아버지의 생명인 얼나를 보냈기에 "아버지께서는 나보다 훌륭하신 분이니"(요한 14 : 28)라고 하였다.

이렇게 정리를 하고서 류영모의 말을 들으면 이해가 갈 것이다.

예수만이 하느님의 독생자입니까? 하느님의 생명인 얼을 받아 얼(성령)이 참나라는 것을 깨달아 아는 사람은 그 얼나로는 누구나 다 독생자입니다. 참나가 하느님의 얼(성령)이라는 것을 알고 이것에 매달려 줄곧 위로 올라가면 내가 하느님께로 가는지 하느님이 나한테로 오는지 그것을 모르겠습니다만 하느님 나라는 가까워지고 있는 것입니다. 그러면 영원한 생명을 얻는 것입니다. 사람마다 이것을 깨달으면 얼나로 영원히 멸망하지 않습니다.

—류영모, 《다석강의》

그런데 인도 사람들은 사람을 두고 무슨 신(神)의 현신(現身)이니 화신(化神)이니 하는 소리를 곧잘 한다. "참(truth)이 하느님이다."라고 한 마하트마 간디까지도 이렇게 말하였다.

하느님의 의지는 모든 생명체에 드러나 있다. 그러나 살아 있는 모든 존재는 하느님의 현신(顯神)이라고 하는 것은 비상식인 일이다. 미래 세대는 그 세대 중에 특별히 신앙심이 두터운 사람을 일컬어 하느님의 현신이라 부를 것이다. 나는 이런 경우 잘못된 점을 발견하지 못한다. 그런 일로 인해서 하느님의 위대함이 손상되지 않으며 진리에 아무런 나쁜 영향이 없다.

―마하트마 간디, 《간디문집》

마하트마 간디의 제자 비노바 바베는 농토가 없는 달리트(불가촉천민)들에게 농토를 마련해주기 위하여 토지를 많이 가진 이들을 찾아다니며 농토를 허납하자는 부단운동을 펼쳤다. 20년 동안 인도 전역을 걸어 다니며 영국의 스코틀랜드만 한 넓이의 농토를 기증 받아 가난한 사람들에게 나눠주었다. 그때 비노바 바베가 부농(富農)들을 설득한 말이 있다.

나는 굶어 죽어가는 다리드나 나라야나 곧 가난한 자의 모습을 입고 온 신(神)을 당신네 가족으로 대해주기를 원합니다. 만약 당신의 가족이 넷이라면 그를 다섯째 가족이라고 여기고 그에게 그 신(神)의 몫만큼만 나눠주시기 바랍니다.

―비노바 바베, 《자서전》

역시 인도 사람들끼리만 통하는 말인 것 같다. 현신(現神)보다는 하느님 아들이라는 말이 훨씬 좋은 것 같다. 한(一) 나신 아들이 좋은 것 같다. 얼나로 모든 사람과 도통위일(道通爲一)이 된다면 하느님 나라가 이루어지는 것이다. 도통위일의 경지가 한 나신 아들인 독생자일 것이다.

세례 요한이 예수의 스승인가?

서울 종로 YMCA 연경반 류영모의 강의를 열심히 들으러 나오던 서울법대생 주규식이라는 이가 있었다. 하루는 주규식이 류영모에게 물었다. "선생님, 예수님과 부처님 두 분 중에서 누가 더 참되다고 할 수 있습니까?" 류영모가 대답하기를 "예수님과 부처님 두 분 중에 누가 더 참을 가졌는지는 나는 모른다. 비교할 일이 있으면 모르지만 비교해선 안 된다. 그건 절대자 하느님만이 할 수 있을 것이다."(류영모, 《다석어록》)라고 하였다. 사람들은 경쟁하는 진성(瞋性)을 지니고 있기 때문에 무엇이든지 경쟁하고 비교하기를 즐긴다. 실력이 비등한 이들이 있으면 꼭 경쟁을 붙여 우열을 가려야 시원해한다. 사람들은 그런 데 흥미를 느끼기 때문이다.

예수와 세례자 요한이 동시대에 태어나 서로 만나게 된 것만 해도 복된 일이 아닐 수 없다. 그런데 사람들은 둘 중에 누가 더 참된지 비교하기를 좋아한다. 비교하지 않고는 못 견디는 강박신경증이라도 가진 것 같다. 예수는 예수이고, 요한은 요한이다. 헤로데에게 목이 잘린 이가 요한인데 류영모는 〈요한목〉이라는 시조 한 수를 지어 한몫 단단히 하고 간 세례자 요한을 추념하였다.

  마르코복음과 요한복음은 예수의 출발을 예수가 요르단 강으로 세례 요한을 찾아가 세례를 받는 데서 시작하고 있다. 우리의 관심을 끄는 것은 예수가 세례를 받고서 일어난 일이다. "그리고 물에서 올라오실 때 하늘이 갈라지며 성령이 비둘기 모양으로 당신에게 내려오시는 것을 보셨다. 그때 하늘에서 '너는 사랑하는 아들, 내 마음에 드는 아들이다' 하는 소리가 들려왔다."(마르코 1 : 10~11) 예수는 분명히 성령은 바람과 같아 눈에 안 보인다고 말하였다.(요한 3 : 8) 불교 금강경에서 성령(불성)이 번개처럼 온다고 한 데 비기면 성령이 비둘기처럼 내려왔다니 평화스러운 표현이다. 그러나 어디까지나 비유이지 성령이 눈에 보일 리가 없다. 그런데 바트 에르만이 지은 《성경 왜곡의 역사》에서 주장하기를 마르코복음 1장 11절이 초기 그리스어 대문자 사본과 몇몇 라틴어 사본에는 하늘에서 들리는 소리가 "너는 내 아들이다. 오늘 내가 너를 낳았노라."로 기록되어 있다는 것이다. 이 사본의 말씀이 훨씬 마음에 와 닿는다. 세례 요한의 세례를 받는 그 순간에, 석가가 서른다섯 살 때 부다가야 보리수나무 아래에서 큰 깨달음을 얻었듯이 예수에게도 큰 깨달음이 온 것이다. 예수의 제나(自我)의 개체의식이 깨어지고 하느님의 전체의식으로 바뀐 것이다. 짐승인 제나(ego)로 죽고 하느님 아들인 얼나로 솟난 것이다. 석가 붓다가 말한 고집멸도(苦集滅道)를 체험하여 이를테면 성불(成佛)한 것이다. 예수가 마음의 귀로 소리 없는 하느님의 말씀 "너는 내 아들이다. 오늘 내가 너를 낳았노라."를 들은 것이다. 여기서 하느님 아들로서 공생애가 시작되었다. 그래서 마르코복음과 요한복음의 저자는 여기서부터 복음서를 시작하고 있는 것이다. 대단히 올바른 합리적인 생각이라고 아니할 수 없다. 하느님의 아들인 얼나로 솟나면(부활하면) 몸나는 실질적으로 아무 상관이 없다. 석가는 깨달음을 이룬 후 카필라 성에 돌아와서 육신의 아버지 정반왕에게 자신은 석가족이 아니고 붓다의 계통이라고 하였다. 용이 되었다면 그 전신이 미꾸라지든 구렁이든 관계치 않는 것이다.

예수가 어찌하여 요르단 강에 나가서 세례 요한에게 세례를 받았을까? 그것은 세례 요한을 선사(先師)로 예우하는 것임에 틀림없다. 예수를 따르는 무리들이 쓴 복음서라 예수를 높이고 요한을 낮추고 있음이 드러난다. "그분(예수)은 더욱 커지셔야 하고 나(세례 요한)는 작아져야 한다."(요한 3 : 30)는 말을 세례 요한이 말하였다면 그 사람도 큰 사람임에 틀림없어 보인다. 참스승에게는 뒤좇아 오는 제자에게 지는 것이 더없는 기쁨이요 보람인 것이다.

세례 요한의 3대 부정이라 하여 세례 요한 자신은 그리스도도 아니요, 엘리야도 아니요, 선지자도 아니라고 하였다. 그러나 세례 요한은 그 모습(차림)과 기백이 엘리야를 그대로 닮아 있다.

오므리 왕조 시대에 북왕국(이스라엘)에서 엘리야라는 놀라운 인물이 나타났다. 그는 요르단 강 동부 길르앗에 있는 사막 가장자리 어딘가에 있었을 것으로 추측되는 디셉 출신이다. 그는 레갑 족속 곧 매우 금욕적이며 열광적이고 근본주의적인 종파의 일원으로 털이 많고 허리는 가죽 띠를 띠고 있었다. 그는 마치 1천 년 뒤의 세례 요한과 유사하게 보인다.

—폴 존슨, 《유대인의 역사》

세례 요한은 엘리야를 본받고자 하였음이 분명하다. 다음 구절이 그것을 증언한다. "요한은 낙타 털옷을 입고 허리에 가죽띠를 두르고 메뚜기와 들꿀을 먹으며 살았다."(마르코 1 : 6) 세례 요한이 이스라엘 민족을 꾸짖는 어조는 선지자 예레미야와 닮아 있다. 사정없이 몰아치는 어조가 소름이 끼치리만큼 매섭다. 구 선지자 예레미야의 외침이다. "예루살렘 거리를 돌아다니며 너희 눈으로 찾아보아라. 장마당마다 찾아다녀 보아라. 바르게 살며 신용을 지키는 사람이 하나라도 있으면 나는 예루살렘을 용서하리라. 나를 두고 맹세하면서도 속에는 사기칠 생각밖에 없구나."(예레미야 5 : 1~2) 새 선지자 요한의 외침이다. "이 독사의 족속들아! 닥쳐올 그 징벌을 피하라고 누가 일러주더냐? 너희는 회개했다는 증거를 행실로써 보여라. 그리고 '아브라함이 우리 조상이나' 하는 말은 아예 할 생각도 말아라. 사실 하느님은 이 돌들로도 아브라함의 자녀를 만드실 수 있다. 도끼가 이미 나무 뿌리에 닿았으니 좋은 열매를 맺지 않은 나무는 다 찍혀 불 속에 던져질 것이다."(마태오 3 : 7~10)

세례 요한은 에세네 종파에 속한다. 에세네 종파에 비기면 바리사이파나 사두가이파는 당파이지 종파라 부를 수 없다. 이들은 사막 주변에 살았으며 일부는 동굴 속에 은둔하며 살았다. 쿰란의 호전적인 사도들도 에세네파의 일부였던 것 같다. 대개는 평화를 지켰다. 예수 당시에 팔레스타인 지경 안에 4천 명 가량의 에세네파가 있었다고 한다. 세례자 요한은 세례자 그룹에 속한 것으로 보인다. 불트만은 한 걸음 더 나아간 정보를 우리에게 주고 있다.

후기에 나타난 영지주의의 만디아파 종파 문헌에는 세례 요한도 그 범위에 그의 역사적인 자리를 가지는 바 세례 종파들에 소급되는 한 전통의 단편들이 많이 보존되고 있다. 괄목할 만한 것은 만디아파가 자신을 나자레언이라고 부르고 있는 점이다. 실로 예수는 초대 그리스도교 전승에서 여러 번 그렇게 불리어진다. 이 호칭은 예수의 고향 마을의 이름 나자렛에 소급될 수 없기 때문에, 그리고 그리스도교 전승은 예수가 원래 세례 요한 종파에 속해 있었으며 예수 종파는 세례 요한 종파의 한 분파라 추측해볼 수 있다. 복음서 전승에는 예수가 세례 요한과의 일치성을 강조하는 말들이 있는가 하면 때로는 세례요한에 대한 예수의 우위성을 내세우는 말들이 있고 때로는 정통 유대교에 대립된 두 종파의 연대성을 지적하는 일들이 있으며 때로는 두 종파의 경쟁을 보여주는 말들이 있다.

—루돌프 불트만, 《예수》

여기에 예수가 영지주의와 깊은 관련이 있는 것을 암시하고 있다. 만디아파는 영지주의 종파인 것이다.

《사람의 아들 예수》(칼릴 지브란)에서는 예수의 입체적인 모습을 보여주고자 예수 주위에 있었다고 믿어지는 77사람을 내세워 예수를 이야기하게 한다. 그 77사람 가운데는 세례자 요한도 들어 있다. 그런데 예수와 세례 요한의 직접 대화는 없다. 세례 요한이 헤로데에 의해 사해 동쪽에 자리 잡은 천연요새 마케루스에 투옥된 뒤 옥중에서 스승을 찾아온 자기의 제자에게 한 말로 되어 있다. 세례 요한 자신은 예수의 신들메(들메끈) 풀 자격도 없다고 하였다.

옥중에서 처형되기만을 기다리던 세례자 요한에게는 예수가 유일한 희망이었을 것이다. 함석헌의 시 〈그 사람을 가졌는가〉에 이런 시구가 있다.

불의의 사형장에서
다 죽어도 너희네 빛을 위해
저만은 살려 두거라 일러줄
그 사람을 그대는 가졌는가

잊지 못할 이 세상을 놓고 떠나려 할 때
저 하나 있으니 하며
빙긋이 웃고 눈을 감는

> 그 사람을 그대는 가졌는가
> —함석헌, 《수평선 넘어》

세례자 요한만은 그 사람 예수를 가진 복된 사람이었다. 그러나 이제는 예수도 하느님으로부터 얼을 받아 하느님의 아들이 된 독립된 사람이 되었다. 그러니 예수는 예수대로 하느님의 부르심을 좇아야 한다. 세례자 요한은 사회 정의에 초점을 맞췄다고 한다면 예수는 하느님 아버지를 좇아가는 하느님 아들 노릇에 초점을 맞추었다. 그리하여 예수는 영원한 생명을 가르쳤다. 그것이 차이가 나는 것이다.

예수는 메시아도 랍비도 아니었다

이스라엘 민족에게 메시아란 이스라엘의 나라를 재건하여 다윗이나 솔로몬보다도 월등한 힘으로 주변 국가를 멸망시킬 정치적인 영웅이다. 랍비는 유대 종교의 권위 있는 스승으로서 정신적인 지도자이다. 그러나 그 당시 예수는 이스라엘 민족의 정치적인 영웅도 아니었고, 종교적인 지도자도 아니었다. 예수는 오로지 모든 사람들에게 하느님 아버지의 존재를 알게 하려 하였고 하느님 아버지의 생명인 얼(성령)을 받아 하느님 아들이 되는 길을 가르치고자 하였을 뿐이다. 예수가 말하는 생명은 영원한 생명인 얼나를 말한다. 어버이가 낳아준 멸망의 생명인 제나에서 하느님이 낳아주시는 영원한 생명인 얼나로 솟나야 한다는 것을 깨우쳐주고자 하였다. 그러나 예수의 말씀(가르침)을 바로 알아듣는 이가 거의 없었다. 예수를 알아주는 사람이 없고 예수를 알아주는 이는 공자(孔子)의 말대로 하느님 아버지밖에 없었다.

예수를 메시아로 받아들인 그리스도교인들은 다른 사람들에게 자신들의 믿음을 확신시키는 데 틀림없이 정말 힘든 시간을 보냈을 것이다. 왜냐하면 예수는 권세 있는 군인도 아니었고, 천상의 심판자도 아니었기 때문이다. 예수는 떠돌아다니는 설교자로 널리 알려져 있었다. 예수는 유대인들의 법률에 걸려 결국 한낱 하층 범죄자가 되어 십자가에서 처형당한 인물이 아닌가? 예수를 메시아로 간주하는 것은 그야말로 유대교인들에게는 바보 같은 짓이었다. 예수는 결코 유대교인들의 강력한 지도자가 아니었다. 유대인들의 눈에 예수는 미약하고 무능하고 보잘것없는 사람일 뿐이었다. 게다가 로마인들이 만들어낸 가장 굴욕적이고 고통스러운 방법으로 처형당했다. 로마인들이야말로 강력한 사람들이 아니었던가! 그런데 기독교인들은 예수를 메시아라고 주장했다.
—바트 에르만, 《성경 왜곡의 역사》

그런데 예수가 골고다 언덕에 세워진 십자가에 못 박혀 죽은 지 60년이 지나서 씌어진 요한복음서에는 예수가 사람들로부터 대단한 존경을 받은 것으로 각색되어 있는 것을 보게 된다. 예수가 단순한 신앙의 길라잡이가 아니라 이미 신앙의 대상으로 떠받들어지는 변화를 읽을 수 있다. 우리는 예수로부터 하느님 아버지에 대한 신앙을 배워야지 예수를 하느님 아버지의 자리에 올려놓고 신앙의 대상으로 삼아서는 안 된다. 그것은 예수가 가장 언짢게 생각할 일인 것이다.

"보자마자 그 맘속에 참이 있음을 알게 된다(目擊道存)."는 말이 없는 것은 아니지만 "냇물도 건너봐야 그 깊이를 안다(涉川知深)."는 말도 있다. 사람들이 예수를 만나서 몇 마디 말을 주고받지도 않았는데 예수를 보고 랍비라, 메시아라, 하느님 아들이라 머리를 숙이는 것을 보면 의아할 수밖에 없다. 하긴 보육원에서 부모 없이 자라는 어린이들은 부모에 대한 그리움이 사무쳐 남자만 보면 아버지라 부르고, 여자만 보면 어머니라고 부른다고 한다. 이스라엘 사람들은 메시아를 너무나 일구월심으로 고대하여 언행에 조금이라도 이색(異色)적인 데가 보이면 메시아라고 외치게 되었는지도 모르겠다. 복음서 저자들이 예수가 이스라엘 사람들로부터 함부로 무시당하고 박해를 입은 것이 너무나 분통하여 예수를 사후에나마 권위의 자리에 모시고 싶었는지도 모르겠다. 그러나 복음서가 우리에게 전해주는 예수의 말씀으로 보나 예수의 행동을 보면 예수는 권위주의적인 것을 가장 싫어한다는 것을 알 수 있다.

너희도 알다시피 세상에서는 통치자들이 백성을 강제로 지배하고 높은 사람들이 백성을 권력으로 내리누른다. 그러나 너희는 그래서는 안 된다. 너희 사이에서 높은 사람이 되고자 하는 사람은 남을 섬기는 사람이 되어야 하고 으뜸이 되고자 하는 사람은 종이 되어야 한다. 사실은 사람의 아들(예수)도 섬김을 받으러 온 것이 아니라 섬기러 왔고 많은 사람들을 위하여 목숨을 바쳐 몸값을 치르러 온 것이다.

—마태오 20 : 25~28

예수는 사람으로서는 가장 낮은 자리에서 가장 높은 자리에 계시는 하느님 아버지를 우러르며 산 사람이다. 그런데 예수가 죽어서는 추종하는 사람들에 의해 차차 권력화하고 귀족화되었다. 그리하여 만왕의 왕이라고 칭송하기에 이르렀다. 이것은 하느님 아버지의 뜻도 아니고 하느님 아들의 뜻도 아니다. 송구한 말이지만 일차적인 책임은 복음서 저자들에게 있다고 아니할 수 없다. 복음서 저자 다음에는 복음서 필사자들의 책임이 있다.

옛날에는 인쇄가 없었으므로 책을 대량으로 배포하는 일은 상상할 수도 없었다. 모든 책은 모조리 손으로 직접 베껴야 했고 한 번에 딱 한 권밖에 제작할 수 없었다. 그래서 책을 만드는 과정은 참으로 지루하고 힘든 작업이었다. 거의 모든 책은 대량 생산할 수 없었다. 경우에 따라서 한꺼번에 여러 권이 필사된 일도 있었겠지만 그렇다고 해서 각각의 필사본들이 똑같은 본문을 가질 수는 없다. 손으로 베끼다 보면 어쩔 수 없이 본문이 달라지는 경우가 생기지 않겠는가? 어떤 때는 우연히 또 어떤 때는 고의적으로 본문이 변경되었다. 우연한 변개는 글자를 잘못 베끼는 실수나 부주의로 본문이 변경된 경우를 말한다. 반면에 고의적인 변개란 필사자가 자신이 베끼는 대본의 본문을 의도적으로 바꾸는 것을 말한다. 고대 사회에서는 독자가 책을 읽는 중에 이 내용이 과연 저자가 쓴 대로인지 아닌지 그 여부를 확인할 방법이 전혀 없었다. 사본에 쓰인 단어들이 바뀔 가능성은 얼마든지 있다. 사본에 따라서 변개된 부분이 많은 것도 있고 적은 것도 있다.

―바트 에르만, 《성경 왜곡의 역사》

필사자 다음에는 교회가 책임을 면할 수 없다.

복음서의 자료들이 우리에게 제공하는 것은 실로 우선 교회의 선포이고 교회가 자료들을 대부분 예수에게 소급시키고 있는 것이다. 그러나 이 사실은 말할 것도 없이 교회가 예수의 말로 전한 말이 실제로 예수가 말한 것은 아니라는 것을 증명해주는 것이다. 많은 예수가 한 말들의 경우 그것들이 오히려 교회에서 비로소 생긴 것이며 다른 경우에는 교회에 의해 제작된 것임을 입증할 수 있다.

―루돌프 불트만, 《예수》

그러면 예수에게 본 이름인 예수보다 더 중요하게 붙어 다니는 그리스도의 히브리어인 메시아는 어떤 관계가 있는가? 마하트마 간디에게 붙어 다니는 마하트마보다 예수에게 붙어 다니는 그리스도가 더 밀접한 관계에 있는 것이 사실이다. 이 그리스도를 잘못 말해 날벼락을 맞은 사람이 어디 한두 사람이었던가?

    이스라엘 민족은 무한한 발전과 영광에 대한 야훼 하느님의 약속을 받았다고 믿었다. 그리고 냉혹한 현실이 그들을 멸망의 계곡으로 헤매게 할 때 기이한 방향 전환을 시도하였다. 포로 시대 이전에 지상에서 민족의 미래가 이스라엘 북방 민족들의 분리로 말미암아 온통 사라져 버렸을 때 유대 민족은 다윗 왕가의 부흥으로 둘로 갈라진 민족의 화해, 신정(神政) 정치의 승리 및 우상교에 대한 야훼 신앙의 승리를 꿈꾸었다. 포로 시대에 아름다운 가락으로 넘치는 한 시인이 뭇 민족과 먼 섬나라들로부터 공물을 받게 될 미래 예루살렘의 영광을 보았다.
                                                   —에르네스트 르낭,《예수의 생애》

  이 영광을 구현하는 인물이 이스라엘의 구세주인 메시아인 것이다. 그래서 사람들이 예수에게 이따금씩 물었다. "주님, 주님께서 이스라엘 왕국을 다시 세워주실 때가 바로 지금입니까?" 예수는 이렇게 대답하였다. "그 때와 시기는 아버지께서 당신의 권능으로 결정하셨으니 너희가 알 바 아니다."(사도행전 1:6~7) 예수의 대답은 나는 메시아가 아니라는 말과 같은 대답인 것이다.
  지금은 예수가 메시아의 자의식이 없었다는 쪽으로 기우는 신학자들이 늘어나고 있다. "윌리엄 브레데는 《신학에서의 메시아의 비밀》에서 예수는 종말론적 사상을 전혀 가지고 있지 않았다는 철저하고도 거창한 주장을 시도한 사람이다. 이 주장을 논리적으로 일관하기 위하여 그는 불가피하게 예수는 스스로 메시아라고 생각한 것이 아니라 사후 제자들이 그렇게 만들었다고 주장하는 자리에 나아가지 않을 수 없었다."(슈바이처, 《나의 생애와 사상》) 불트만도 이렇게 말하였다. "예수는 자신을 메시아로 생각하지 않았던 것 같다."(루돌프 불트만, 《예수》)

예수가 예수 그리스도라고 일컬어지기 전에는 나자렛 사람이라 일컬어졌다.

> 나자렛 사람이란 표현은 테르툴리아누스에 따르면 예수를 따르는 무리의 가장 오래된 호칭 중의 하나이거나 가장 오래된 호칭이다. ······ 나자렛 사람과 그리스도인은 어쩌면 서로 다른 그룹을 가리키는 것일 수도 있다. 나자렛 사람이 히브리인(유대인) 그리스도교인을 나타내고 그리스도인(크리스천)은 그리스인(이방인) 그리스도교인을 나타내듯 말이다.
> ―제롬 프리외르, 《예수 후 예수》

예수가 랍비라는 존칭을 듣게 된 데 대해서 불트만은 아주 긍정적인 태도를 취하였다.

예수가 랍비로 호칭되고 있는 것이다. 이 칭호는 예수를 서기관 계급에 속하는 자로 표현한 것이다. 그리고 이 칭호를 진지하게 고려한다면 예수가 서기관 계급에 속했고, 그 계급에 합당한 교육을 받았고, 지정 시험에 합격했었다는 것을 말해줄 것이다. 우리가 랍비 문헌에서 알 수 있는 서기관의 수학(修學) 체제가 어느 정도 예수 시대에 이미 확고하게 정비되어 있었는지는 확실히 알 수 없을지라도, 그리고 아마도 그것이 당시에는 약 100년 후보다는 아직 짜임새가 없었음을 인정할 수밖에 없을지라도 예수의 랍비 명칭을 무시하는 것은 허락되지 않는다.

―루돌프 불트만,《예수》

그러나 불트만은 또한 랍비와는 다른 예수의 모습을 지적한다.

일반적으로 랍비의 주변에는 여인들이 없었던 것 같다. 죄인들, 창녀들, 세리들과의 교제는 랍비에게서는 극히 기이한 것이다. 이 점에서 전승이 신뢰할 만한 것이라면 예수는 아이들에게도 호의를 가졌을 것이고, 그리고 이것도 전형적인 랍비 상에는 부합하지 않는다.

―루돌프 불트만,《예수》

예수가 랍비였다면 예루살렘 성전에서 사람들을 가르칠 때에 "저 사람은 배우지도 않았는데 어떻게 저렇듯 아는 것이 많을까? 하고 기이하게 여겼다."(요한 7 : 15), 또 갈릴래아 고향 회당에서 가르칠 때에 "저 사람이 저런 지혜와 능력을 어디서 받았을까? 저 사람은 그 목수의 아들이 아닌가? …… 그런데 저런 모든 지혜와 능력이 어디서 생겼을까? 하면서 도무지 믿으려 하지 않았다."(마태오 13 : 54~57)는 이야기가 나올 수 없는 것이다. 더구나 예수의 권위에 상처를 주는 이런 이야기를 일부러 지어 넣을 까닭도 없는 것이다. 유대교의 랍비는 유대교의 토라나 탈무드를 가르친다. 예수는 유대교의 가르침은커녕 유대교를 뒤집어엎는 말씀만 골라 가면서 하고 있으니 랍비라고 할 수 없다. 하긴 돌연변이 랍비도 있을 수는 있겠지만 그런 것 같지는 않다. 바울로는 유대교의 랍비였다.

　예수는 사람이 사는 데 필수품인 의·식·주는 최하 수준이었다. 두 벌 옷도 없었고 밥은 빌어먹었고, 머리 둘 곳도 없었다. 지극히 낮은 자리에서 지극히 높은 님을 머리에 이고 살았다. 어버이로부터 짐승인 제나로 태어났으나 제나로 죽고 얼나로 솟나 하느님 아들이 되었다. 하느님 아들이 곧 인류의 스승이다. 인류의 스승이 된 하느님 아들(붓다)들은 지난날에도 앞으로도 지극히 낮은 자리에 온다는 것이다. 그들이 기존의 세속적인 권위를 가졌다면 석가 붓다처럼 다 버리게 된다. 소로는 하버드대학을 나왔지만 그 졸업장을 써먹지 않았다. 미국에서 역대 가장 존경받는 이는 링컨이다. 그런데 링컨은 교육을 제대로 받지 못한 서부 출신의 촌뜨기 대통령이라는 온갖 모욕과 수모를 참아냈다.

예수를 좇으려고 모여든 아름다운 사람들

요한복음 1장은 참으로 바쁘다. 얼(성령)로 안 계시는 데 없이 계시는 하느님께서 그 일부의 얼로 물질세계를 이룩하시고 사람을 내었다. 그 사람 가운데 예수라는 사람에게 하느님의 얼을 넣으니 그리스도가 되었다. 그러나 세상 사람들은 짐승인 제나의 사람들이라 얼나의 하느님 아들을 몰라보았다. 그 가운데 세례 요한이 예수를 알아보고 세상에 소개하고 증언하였다. 그러자 갈릴래아 시골 젊은이들 네댓 사람이 예수를 좇게 되었다. 이것을 요한복음 1장 총 51절 안에다 실어놓았다. 번갯불에 콩을 구워 먹는다는 소리가 있지만 그보다 더 빠른 것이 요한복음 1장의 내용이다.

그러니 예수와 제자들의 첫 만남도 전광석화(電光石火)처럼 빠르다. 첫 제자라 할 안드레아는 예수를 만난 지 몇 시간이 안 되어 형 시몬(베드로)에게 "우리가 찾던 메시아를 만났소."라고 말하고, 예수도 시몬을 만나자마자 게파(베드로)라는 법명(세례명)을 지어준다. 길가에서 필립보를 만나자마자 나를 따르라고 한다. 필립보가 친구 나타나엘에게 예수를 만나보라고 한다. 예수가 나타나엘을 보고 거짓이 없어 보인다고 하자 나타나엘은 내뜸 선생님을 하느님의 아들로 생각한다는 고백을 하였다. 요한복음에서는 공관복음에서 힘주어 주장하는 12제자의 이름도 다 나오지 않았다.

마태오복음에 나오는 12제자의 이름은 이러하다. "열두 사도의 이름은 이러하다. 베드로라고 하는 시몬과 그의 동생 안드레아를 비롯하여 제베대오의 아들 야고보와 요한 형제, 필립보와 바르톨로메오, 토마와 세리였던 마태오, 알패오의 아들 야고보와 타대오, 가나안 사람 시몬, 그리고 예수를 팔아 넘긴 가리옷 사람 유다이다."(마태오 10 : 2~4) 시몬이 두 사람이고 야고보가 두 사람이다. 동명이인(同名異人)인지 이명동인(異名同人)인지도 확실하지 않다. 12사람이 덜 될 수도 있고 더 될 수도 있을 터인데 12에 맞추려고 하는 것도 저의가 엿보인다. 또 남자 못지않은 여성 제자들을 쑥 빼내버린 것도 잘못된 일이라고 지적하지 않을 수 없다.

복음서에 나타난 제자들의 이름은 분명히 일치하지 않는다. 확정된 네다섯 명을 제외하면 제자들이 몇 명인지 가변적이다. 그들이 때로는 열둘이었지만 때로는 더 많거나 적었다. 핵심은 다른 데 있다. 복음서 저자에게 열두 사도는 상징적인 역할을 수행하였다. 확실히 열두 사도는 사라진 이스라엘의 통일성을 상징적으로 다시 짜 맞추고 있다. 복음서의 저자들은 과거의 영광을 현재에 결부시키면서도 도래할 왕국을 예시하고 있다.

―제롬 프리외르, 《예수 후 예수》

우리가 하느님께로 가는 것이 삶의 목적인 것은 예수, 석가가 가르쳐준 그대로이다. 하느님께로 이르는 데는 세 단계를 거쳐야 한다. 아버지[父], 스승[師], 하느님[天]의 세 단계이다. 어릴 때는 아버지[父母]가 하느님이다. 젊어서는 스승[師]이 하느님이다. 늙어서는 하느님이 하느님이다. 사도 바울로는 셋째 하늘(삼층천)까지 끌려 올라간 일이 있다고 자랑하였다.(II고린토 12 : 2) 바울로의 삼층천은 무슨 소리인지 모르겠으나 부천(父天) 사천(師天) 천천(天天)은 분명한 삼층천이다. 에베레스트 뫼 꼭대기에 오르자면 베이스 캠프가 있고 중간 캠프가 있어야 하듯 하느님께 오르는 데도 마찬가지다. 가정이 베이스 캠프이고 교회가 다음 캠프이다. 그러고는 바로 하느님께로 올라가야 한다. 아래서 보면 삼층천이지만 위에서 보면 천(天)·사(師)·부(父) 일체인 것이다. 그래서 예수가 땅에 있는 아버지를 아버지라 말라 하고 땅에 있는 스승을 스승이라고 하지 말라는 것이다. 하느님이 우리의 참스승이요, 참아버지인 것이다.

그런데 두 번째 캠프인 교회(학교)가 문제이다. 스승이 있고 제자가 모이면 저절로 에크레시아(교회, 학교)가 된다. 그런 모습(모델)을 보여준 것이 예수와 그 제자, 석가와 그 제자들의 사귐인 것이다. 오늘날 교회(학교)는 이것을 본받아야 한다.

글(말)이라는 것은 절대자(하느님) 그이에게로 통한다. 그이를 그리워하여 그리는 글이라야 한다. 짐승인 제나의 바탈[獸性]을 태워버리고 아버지의 뜻에 잇대어 놓고 자꾸 나아가는 것이다. 그렇지 않고 무엇으로 하느님 아버지의 아들이라고 할 수 있겠는가? 하느님 아버지의 아들이 되고자 아버지의 뜻을 받들어 나아갈 때 그 글(말)은 하느님 아버지가 그리울 수밖에 없다. 이것을 배워야 한다. 나로서는 오늘날의 학교에 다니는 것을 반대하는 사람이다. 하느님 아버지를 그리는 글을 배우고 가르쳐야 한다. 공자(孔子)는 가르치는 데 게으를 수 없다고 하였다. 예수는 제자들을 가르치기에 목숨까지 바쳤다. 오늘날 학교에서 가르치는 글은 글이라고 할 수 없다. 하느님 아들인 얼나를 깨우치는 온전한 글을 가르치고 있지 않다.

―류영모, 《다석어록》

스승과 제자는 하느님의 성령인 얼줄로 이어져야 한다. 그래서 지혜와 사랑의 얼줄(래포, rapport)로 일치를 이루는 완전한 만남을 이루어야 한다. 이것을 예수는 다음과 같이 말하였다.

아버지, 이 사람들이 모두 하나가 되게 하여 주십시오. 아버지께서 내 안에 계시고 내가 아버지 안에 있는 것과 같이 이 사람들도 우리들 안에 있게 하여 주십시오. 그러면 아버지께서 나를 보내셨다는 것을 세상이 믿게 될 것입니다.

―요한 17 : 21

그러나 예수와 제자들의 만남 속에 가르치고 배우는 일은 쉬운 것이 아니었다. 그것은 복음서가 우리에게 잘 일러주고 있다. 예수가 죽음의 궁지에 몰리자 예수의 좌우에 자리하게 해 달라던 제자, 예수를 위해 목숨을 내놓는다고 큰소리치던 제자 모두가 도망가버리지 않았는가? 예수 자신도 빈천한 가정에서 태어났지만 예수의 제자들도 거의가 무식하였다.

 기독교 운동 초기의 대다수의 기독교인들은 신분이 매우 낮고 배우지 못한 하위 계층 출신 사람들이었다. 신약성서의 저자들은 분명히 잘 훈련된 저술가들이었다. 그렇지만 대개의 경우 기독교인들은 문맹인들 가운데서 나왔다. 예수의 제자들이었던 최초의 기독교인들 즉 열두 사도들 역시 마찬가지였다. 복음서의 보도에 따르면 예수의 제자들은 대개 갈릴래아 출신의 보잘것없는 시골뜨기였다. 예를 들면 몇몇은 글을 배우지 못한 어부들이었다. 그들 가운데 두 사람 베드로와 요한은 사도행전에서 명백하게 학문 없는 사람들이라고 소개된다.(사도행전 4 : 13)

—바트 에르만,《성경 왜곡의 역사》

 학문이 많다고 꼭 신앙생활에 유익한 것도 아니지만 학문이 없는 것도 신앙생활에 유익하지는 않다. 학문이 있으면 자만에 빠지기 쉽고 학문이 없으면 미신에 빠지기 쉽다. 그런데 거의 모든 사람이 고등교육을 받게 된 오늘에도 사정은 달라진 게 별로 없는 것 같다. 류영모는 이렇게 한탄한다.

요즘에는 스승의 얼나를 본받겠다는 택덕사(擇德師)가 어렵다. 얼나를 깨달은 스승을 만나기가 어렵다는 말이다. 그것은 스승다운 스승이 없기 때문이다. 옛날에는 스승을 하늘같이 모셨다. 동서양을 막론하고 스승의 얼나를 좇아서 제자들이 모였다. 제자는 스승의 뒤를 따라야 한다.

—류영모, 《다석어록》

레닌 정부에 의해 조국에서 추방당하여 유럽에서 신비주의 철학자로 명성을 얻은 베르자예프지만 사람과의 사귐이 쉽지 않다는 것을 고백하였다.

종교적 생활에서는 다른 사람과의 만남에다 큰 의의를 두게 된다. 남과의 사귐은 경험적 인식의 길이다. 나는 인생을 통하여 남들과의 사귐을 바랐다. 그러나 그 사귐은 내 일생을 통하여 어려웠다. 나는 전달이 막힌 고독한 사람이다. 그러나 나 자신 속에 갇혀 사는 것을 좋아하지 않는다. 남과의 사귐에 그리움을 애태우는 사람이다.

—니콜라이 베르자예프, 《거대한 그물》

한 스승을 좇는 제자들끼리는 그래도 생각이 뚫리고 사랑이 이어져 일치감을 느끼며 기쁨을 느껴야 할 터인데 그것도 제대로 이루어지지 않았다. 원수보다도 더 싫어하고 미워하는 사이가 이단인데 이단이라는 말이 한 스승인 예수를 좇겠다는 무리 가운데서 쓰던 낱말인 것임을 생각할 때 입맛이 쓰다.

비교적 최근에 발견된 '이단자들'의 문헌들을 읽으면 이 사실을 분명히 알 수 있다. 이들의 작품을 읽어보면 소위 이단이라는 자들은 자신들의 견해가 옳으며 오늘날 우리가 정통이라고 인정하는 초기 기독교 지도자들의 견해가 잘못되었다고 주장하고 있다.
―바트 에르만, 《성경 왜곡의 역사》

대승불교가 석가 붓다의 가르침을 그대로 좇는 상좌불교를 소승불교라며 무시하듯이 사도 바울로의 속죄신앙이 예수의 가르침인 영성신앙을 이단이라고 배척하였다. 대승불교가 소승불교를 비하하는 것은 곧 스승인 석가 붓다를 비하하는 것임을 몰랐고, 속죄신앙이 영성신앙을 박해하면 예수를 박해하는 것임을 몰랐다. 편협해지면 그렇게 생각이 비뚤어지는 것이다.

왜 2세기경 정통파 기독교인들은 부활을 문자 그대로만 해석하고 다른 시각은 이단이라 배척했을까? 이는 사도 베드로의 계승을 자처하며 여러 교회 위에 군림하려 하는 사람들의 권위를 정당화해준다. 2세기부터 이 교리는 주교들이 사도를 계승함을 입증하는 데 활용했다. 부활을 다른 견지에서 해석한 영지주의자들은 그만한 권위를 가지고 있지 못했다. 정통파보다 우위에 있다는 주장이라도 할라치면 당장 이단이라는 비난이 쏟아진다.

―일레인 페이절스,《영지주의》

어떠한 부패와 추락이 있다 하여도 스승과 제자들이 이루는 거룩한 모임[聖會]은 우리를 가정지상주의라는 미혹에서 구원해주는 유일한 구원의 길인 것은 분명한 일이다. 우리는 가정을 도약대로 삼아 성회로 도약하고, 성회를 도약대로 삼아 하느님 나라로 솟나야 한다. 가정지상주의에 빠지거나 교회지상주의에 빠져 하느님 나라를 멀리하면 가정은 감옥이 되고 교회는 지옥이 된다.

2장

요한복음 2장

(예수께서) 성전 뜰에서 소와 양과 비둘기를 파는
장사꾼들과 환금상들이 앉아 있는 것을 보시고
밧줄로 채찍을 만들어 양과 소를 모두 쫓아내시고
환금상들의 돈을 쏟아버리며 그 상을 둘러 엎으셨다. ……
"이것들을 거두어 가라. 다시는 내 아버지의 집을
장사하는 집으로 만들지 말라."

— 요한 2 : 14~16

맹물로 포도주를 만드는 게 기적인가?

공관복음에는 장(章)마다 이적 기사가 실려 있다고 할 만큼 이적 기사 이야기가 주류를 이루는 데 비하여 요한복음에는 총 21장에 일곱 번 실려 있으니 적은 편이다. 솔직히 말해서 이 일곱 번의 이적 기사가 옛날 사람들에게는 어느 정도나 효과를 보았는지 모르지만 요즘 사람에게는 사실상 먹혀들지 않는 이야기이다.

요즘에는 성경책을 손에 넣기가 쉽지만 옛날에는 개인이 성경책 지니기가 쉽지 않았다. 종교 개혁가 마르틴 루터도 초기에는 성경이 없어서 도서관에 가서 성경을 읽었다고 한다. 류영모는 열다섯 살에 교회에 나가기 시작하여 스무 살에 가서야 신약전서를 입수하였다. 그때는 아직 우리말 구약성경은 없었다. 그리고 그 신약전서를 일생동안 소중히 간직하면서 읽지 않는 날이 없었다. 그야말로 하루라도 복음서를 읽지 않으면 입에 가시가 돋을 지경이었다. 그런 류영모가 말하기를 "성경에도 무엇인지 말이 많습니다. 솔직하게 말하면 이 사람도 처음에는 거짓말을 듣고 속았습니다. 하느님 말씀은 참말씀으로 거짓이 없습니다."(류영모, 《다석강의》)라고 하였다. 톨스토이는 4복음 통합 복음서를 만들면서 이적 기사 이야기는 다 뽑아버렸다. 거짓말이라 진리 공부에 아무런 도움이 되지 않는다는 것이다. 톨스토이는 외경에도 수많은 이야기가 있지만 정경(canon)에서 제외시켜버렸듯이 4복음 안에도 외경으로 내보내야 할 이야기가 남아 있다고 보았다. 그런데 류영모는 이왕에 적혀 있는 것이라면 내버려두는 것도 괜찮다고 하였다. 복음서 저자들이야 무슨 생각으로 만들어 넣었는지는 모르지만 우리가 거기에서 어떤 교훈을 얻을 수 있다면 밑지는 일은 아니다. 종교라는 형이상학은 하늘에서 뜬구름 잡는 것 이상으로 막연한 것이다. 오직 생각을 청정하고 심오하게 함으로써 영(靈)적인 체험을 하게 된다. 낱동인 내가 온통[쥬—]인 하느님을 느끼게 된다는 말이다. 그것은 말(글)로 할 수 없는 것이다. 그것을 말로 나타내자니 다섯 감각을 초월한 체험이라 비유로 나타낼 수 있을 뿐이다. 그야말로 신화(神話)를 만들어내는 것이다. 그런 때는 이 세상에서 거짓말 같은 이야기를 자료로 요긴하게 쓸 수 있게 된다. 예수의 이적 기사도 진리를 나타내는 자료로 얼마든지 활용 가치가 있다는 말이다. 이적 기사를 그대로 믿으면 어리석은 사람이 되지만 그것을 활용하여 진리를 나타내면 슬기로운 사람이 된다.

여느 사람이 맹물로 포도주를 만들면 마술일 것이다. 그렇지만 예수가 맹물로 포도주를 만들면 기적인가? 이 사람이 보기에는 예수가 하여도 기적이 아니라 마술이다. 이래도 저래도 사람을 속이는 일이기 때문이다. 그래서 르낭은 복음서 저자들이 예수를 위대하게 만들려다가 더 품격을 떨어뜨렸다고 애석하게 생각하였다. 그러나 농부들이 밭 가는 이야기, 씨 뿌리는 이야기, 김매는 이야기, 수확하는 이야기처럼 맹물같이 담담한 이야기들이 예수의 입을 거쳐서 나오면 심오한 깨우침을 주는 형이상의 술이 된다. 새 술은 새 부대에 넣어야 한다는 것처럼 종교(신앙)를 술에 비유하였다. 그러니 예수가 맹물로 포도주를 만들었다는 이야기도 맹탕 거짓말만은 아닌 것이다. 예수는 갈릴래아 가나의 잔칫집에서만 맹물로 포도주를 만든 것이 아니라 공생애 동안 줄곧 맹물 같은 사실로 포도주 같은 말씀을 만들어 사람들을 심취(心醉)케 하였다. 이것을 그 누가 부인할 수 있단 말인가.

예수는 "하늘나라는 어느 임금이 자기 아들의 혼인 잔치를 베푼 것에 비길 수 있다."(마태오 22 : 2)라고 하여 혼인 잔치에 비유하였다. 류영모도 "이 지구 위의 잔치에 다녀가는 것은 너 나 다름없이 미련을 갖지 말아야 한다. 자꾸 더 살자고 애쓰지 말아야 한다. 여기는 잠깐 잔치에 참여할 곳이지 본디 여기서 산 것도 아니요, 늘 여기서 살 것도 아니다. 이 잔치만 쳐다보고 있을 수 없으니 이를 생각으로라도 좀 초월해보자는 것이다."(류영모, 《다석어록》)라고 하여 우리가 이 세상에 온 것은 잔치에 온 것이라고 말하였다.

예수도 2,000년 전 이 세상 잔치에 참여하였다가 묵은 술인 유대교가 하느님의 말씀을 전하는 제 기능을 못하니까 직접 그리스도교라는 새 술을 만들어서 사람들에게 대접하였다고 보아도 좋을 것이다.

어떻든 예수는 맹물로 포도주를 만들었다고 아니할 수 없다. 그 맹물로 만든 포도주를 이 사람도 마시고 취했으니 이 이상 무슨 증거가 필요하겠는가?

남의 말 만들기 좋아하는 이들이 있다. 4복음서 가운데 요한복음에만 쓰여 있는 가나 잔치의 주인공, 곧 새신랑은 누구이겠는가이다. 복음서 저자가 이름을 안 밝혔으니 온갖 상상이 일어나는 것은 자연스러운 일이다. 예수의 어머니까지 잔치에 오신 것을 보니 예수의 친지일 수도 있고 예수의 제자일 수도 있다. 그런데 심지어 예수 자신의 혼인일 수 있다고 말하는 이도 있다. 하긴 남의 집 잔치에 예수의 어머니 마리아가 술 떨어진 것을 걱정할 필요가 없을 터이니 말이다. 그러나 비둘기같이 순결하고 뱀처럼 지혜로운 예수가 이른바 공생애를 시작했을 때 자신이 그 일로 죽게 된다는 것을 몰랐을 리 없다. 죽기로 결심하고 진리 선포 운동에 나섰는데 무슨 혼인을 하겠는가? 예수의 일생을 살펴보면 예수는 그렇게 충동적으로 무책임하게 사는 이가 아니라는 확신이 든다. 그리스인 니코스 카잔차키스의 《예수 최후의 유혹》이나 포르투갈인 주제 사라마구의 《예수의 제2복음》, 미국인 댄 브라운의 《다빈치 코드》에서 예수가 연애 대장이나 되는 것처럼 그리고 있는 것은 예수 아닌 자신의 내면을 세상에 드러내는 것에 지나지 않는다.

넘겨짚기 좋아하는 이들이 사도 바울로가 말한 몸에 '가시'를 성기능 상실이라고 단정하는 것을 보고 놀라지 않을 수 없다.

바울로는 위통이나 류마티스성 관절염으로 인한 고통을 별 생각 없이 고백했다. 피부병이나 멈추지 않는 딸꾹질의 괴로움도 호소하지만 유독 무력한 성기능에 대해서는 '가시'라는 은유적 표현 속에 감춰버린 듯하다. 성기능을 상실한 바울로는 성욕을 사회적으로 무력한 존재인 어머니와 여성에게 쏟아냈다. 프로이트적 의미에서 본다면 일종의 성도착이 아닐 수 없다. 프로이트는 히스테리의 원인을 성욕 억압으로 인한 고통과의 싸움에서 찾으며 그 고통이 경우에 따라 회심이란 형태로 나타난다고 말했다. 물론 프로이트는 정신분석학적 의미에서 회심이라 말했지만 바울로는 다른 방향으로 회심한 것이 아닐까? 성적 관계를 죽도록 혐오하는 방향으로 말이다.

—미셸 옹프레, 《무신학의 탄생》

과도한 성생활로 실성하는 일은 있지만 금욕생활로 신경과민이 되는 일은 없다. 사랑을 받고 싶은데 상대방이 무관심할 때 히스테리를 부리게 되지만 그것은 성욕과 직접적인 관계가 없다. 그렇다면 석가는 일생을 신경과민으로 보냈어야 마땅하지 않을까? 석가에게 그런 일은 없었다.

이 장에서 그냥 넘어갈 수 없는 또 한 대목이 있다. 예수가 자신의 어머니에게 "여인이여, 나와 무슨 상관이 있나이까?"(요한 2:4, 개역)라고 한 말이다. 예수는 말 한마디라도 실없이 하는 이가 아니다. 예수의 어머니를 특별히 섬기는 가톨릭 쪽에서는 여인을 어머니라고 옮겨놓았다. 귀나이(γυναι)는 여인(woman)이지 어머니가 아니다. 이 세상에서는 동서양을 막론하고 어머니를 여인이라고 부르는 일은 없다. 그런데 인류로부터 성자로 받들어지는 예수가 어머니를 여인이라고 한 데는 단단한 까닭이 있을 것이다. 더욱이 예수는 "하늘에 계신 내 아버지의 뜻을 실천하는 사람이면 누구나 다 내 형제요 자매요 어머니이다."(마태오 12 : 50)라고 한 일이 있기 때문에 여인이라는 말에 마음이 쏠린다.

 석가는 카필라 성으로 돌아와서도 바릿대 들고 밥을 빌어먹었다. 부왕 숫도다나(정반왕)가 걸식을 못하게 막으며 "석가족에는 거지란 없었다. 왜 밥을 빌어 집안 망신을 시키느냐?"라고 하자 석가는 자신은 석가족이 아니라고 대답하였다. 그 말은 나는 당신의 아들이 아니란 말이다. 여기에서 예수와 석가의 생각에 뭔가 공통된 의식(意識)을 엿볼 수 있다. 예수와 석가는 혈연(血緣)에의 초월을 뚜렷이 내세우고 있는 것이다. 이 세상에서 쇠심줄보다 더 질긴 것이 혈연의 핏줄이다. 여기에 안 묶인 이가 없다. 그런데 예수와 석가는 여기에서 자유(해탈)하는 진리(얼나)의 사람이다. 그러니 하느님의 아들인 것이다. 예수는 자기가 "이 세상 누구를 보고도 아버지라 부르지 말아라. 너희의 아버지는 하늘에 계신 아버지 한 분뿐이시다."(마태오 23 : 9)라고 말한 그대로를 실천하고 있는 것이다. 여기 아버지에는 어머니도 포함된 것이다.

우리가 이 땅에 있을 동안은 어쩔 수 없이 땅에 부딪친다. 그러나 예수가 위로 오르신 것처럼 나도 올라감을 믿는다. 지극히 높은 데 계신 완전한 아버지께로 가자는 게 예수의 인생관이라고 생각된다. 나도 이러한 인생관을 갖고 싶다. 이런 점에서 예수와 내가 관계가 있는 거지 이밖에는 아무 관계가 없다. 그밖에 속죄니 하는 건 믿지도 않고 상관도 없다.

—류영모,《다석어록》

예수가 분연히 성전 정화에 나섰다

북아메리카의 원주민인 인디언들은 시간 개념이 분명치 않다고 한다. 그래서 사람의 나이를 물을 때도 몇 살이냐고 묻지 않고 겨울 눈을 몇 번 보았느냐고 묻는다는 것이다. 복음서 저자들도 옛 사람이 되어서 그런지는 몰라도 시간 개념이 없는 것을 보여준다. 몇 년도라는 것을 몇 곳에서만 밝혔다면 지금과 같이 시간적으로 오리무중(五里霧中)인 일은 없었을 것이다. 그리하여 예수의 공생애 기간도 확실한 것은 전혀 알 수 없다. 그래서 이스라엘 민족의 명절인 유월절(과월절)에 예수가 몇 번 활동하였는가를 두고 셈하기도 한다. 예수가 예루살렘 성전에 나타난 횟수를 근거로 예수의 공생애 활동 기간을 짐작하는 것이다.

그러나 예수가 예루살렘에 나타난 일이라고 질서정연한 것도 아니다. 요한복음 2장에 실려 있는 성전 정화 또는 성전 확청 사건도 공관복음에는 공생애 마지막에 있었던 것으로 기록되어 있다. 그런데 요한복음에만은 공생애 초기에 나온다. 목사 김우현(金禹鉉)은 아예 두 번 있었던 것으로 보려고 하지만 예수의 성품으로 보아서 그런 일을 두 번씩이나 벌일 사람이 아니라고 생각된다. 예수가 행한 예루살렘 입성, 성전 확청, 제자들의 발 씻기 같은 의식이 잇달아 이루어진 것은 의도된 고별의식으로 보인다. 따라서 공생애 말기로 보는 것이 합리적일 것이다.

예수께서 대제관 가야바의 저택에서 심문을 받으셨을 때 유대교인들이 성전 모독죄를 뒤집어씌운 일로 미루어(마르코 14 : 58, 15 : 29) 성전 정화 사건은 마르코복음의 기록대로 예수 생애 말기에 일어났다고 보겠다.

─정양모,《요한복음 이야기》

상한 갈대도 꺾지 않고 꺼져 가는 등불도 불지 않는 예수가 비록 짐승을 잡아 바치는 제사라, 살벌하지만 엄숙히 제사의식이 진행되고 있는 성전에서 성전 마당에 있는 제물이 될 짐승들을 몰아내고 환전상의 집기를 뒤집어엎는 대소란을 일으켰으니 작은 사건일 수는 없다. 명절 중에도 추수감사절은 풍성한 먹을거리를 주신 하느님께 감사하는 인류 공통의 명절이다. 거기에 이스라엘 민족은 민족적인 대시련을 이겨낸 출애굽을 기념하는 의식이 어울려 큰 명절이 되었다. 유월절(과월절), 오순절, 초막절이 모두 출애굽과 관련이 있다. 아슬아슬하게 높이 솟은 단애 절벽이 있는 곳이 명승지가 되듯이 민족적 존망의 위기를 극복한 일이 명절이 되는 것이다.

명절에는 열세 살 이상인 남자는 예루살렘 성전을 찾아 제의를 치러야 할 의무를 지게 된다. 일종의 국민 총동원령이라 하겠다. 그러니 민족 대이동이 일어나는 것이다. 그리하여 예루살렘 성전은 명절 절기 내내 사람들로 몸살을 앓았다. 국내 거주자는 물론이고 국외에 사는 유민들도 고국을 찾아왔던 것이다.

성전은 절기 내내 사람들로 몸살을 앓았고, 자정부터 문이 열려 있었다. 1년에 한 차례 대속죄일에 오직 대제사장만이 지성소에 들어갈 수 있었으나 절기 내내 휘장을 걷어놓았기 때문에 유대인 남자 순례객이라면 누구나 성소의 문을 통해 그 내부를 볼 수 있었다. 순례자들은 최소한 한 차례 이상 희생제의를 드렸는데—그 결과 엄청난 수의 짐승들이 소비되었으며—이방인들에게도 같은 기회가 주어졌다. 그리하여 성전은 약탈의 시대에도 불구하고 막대한 부를 축적했다. 많은 양의 금이 성전 내부에 있는 창고에 보관되었다.

—폴 존슨, 《유대인의 역사》

예수의 성전에 대한 생각은 "다시는 내 아버지의 집을 장사하는 집으로 만들지 말라."(요한 2 : 16)라는 한마디 말씀에도 잘 나타나 있다. 민주화 운동을 하는 이들이 폭력 시위를 변명하려 할 때에 예수의 성전 정화에서 물리적인 행동을 들먹이지만 예수의 행동은 어느 한계를 벗어나지 않았다. 사람에게는 폭력을 행사한 일이 없기 때문이다. 류영모는 의분(義憤)은 있어야 된다고 하였다.

의분이 있어야 한다. 우리 사회에는 도무지 의분이 없다. 불덩어리가 자기 발등에 떨어지지 않으면 오불관언 가만히 있는다. 어떤 뜻에서는 예수, 석가, 공자 같은 이는 그 시대에 대단히 의분을 낸 사람이라고 볼 수 있다. 못된 세상에 도무지 참을 수 없어서, 그냥 둘 수 없다고 해서, 세상을 바로잡고자 한, 불의를 불사르자고 한 말씀이 경전으로 되어 나온 것이라고 볼 수 있다. 과거의 철학 종교가 다 무엇인가? 의분의 발로 그것이 아닌가? 이를 본받아 옛 성인이 하였듯이 우리들도 의분을 느끼라고 하는 것이 그들 성인들의 뜻이 아니겠는가? 그러나 지금은 어떻게 된 일이 의분을 도무지 모르고 있다. 학교에서 교육한다는 것이 무엇을 가르치는지 모르겠다. 불의를 보고도 노여워할 줄 모르면 참이 아니다.

―류영모, 《다석어록》

성전의 제사종교의식이 이스라엘 민족이 응집할 수 있는 구심점 역할을 한 것은 부인할 수 없는 사실이다. 그러나 유대 민족의 정신적인 향상을 가로막는 역할을 한 것도 사실이다. 명절이 되면 제물로 쓸 짐승(소, 염소, 양, 비둘기)을 사고파느라 성전 마당이 가축시장처럼 웅성거렸다. 명절 동안 장사꾼 한 사람이 양과 염소를 3,000마리 넘게 팔았다고 한다. 성전의 이방인 마당에는 외국 돈을 바꾸어주는 환전상(換錢商)들이 즐비하였다. 외국 은전에는 그 나라 임금의 초상이 들어 있어 성전세로 직접 쓸 수 없었다. 수수료를 받고 이스라엘의 세겔로 바꾸어주었다. 이들의 자릿세만도 엄청났으니 제사의식을 관장하는 유대교 지도자들에게는 이 제사의식이 황금알을 낳는 거위였다. 그러나 예수처럼 차원 높은 영적인 신앙인이 볼 때 유대교는 백해무익한 종교일 뿐이었다. 이를 두고 노자(老子)는 "거룩한 체를 끊고 옳은 체를 버리면 씨알(백성) 좋아지기가 일백 곱절일 것이다(絶聖棄智民利百倍)."(《노자》 19장)라고 하였던 것이다.

    예수가 유대교의 명절 때마다 예루살렘 성전을 찾았으나 물론 한 번도 제물을 제단에 바치는 제사는 올린 적이 없었다. 예수가 예루살렘 성전을 찾은 것은 그곳을 찾아온 많은 사람들에게 자신이 깨달은 진리의 말씀을 전하기 위해서였다. 예루살렘 성전을 찾아온 것은 같으나 찾아온 목적은 하늘과 땅만큼 달랐다. 예수는 유대교를 좇는 신자로서 온 것이 아니라 유대교를 허물어버리기 위한 종교 혁명가로 왔던 것이다.

예수는 성전을 설교하기 위한 광장으로 사용함과 동시에 성전을 향한 심판의 말씀을 전했던 선지자 이사야와 예레미야 같은 모습을 보였다. 성전이 필요 없다는 사상은 새로운 것이 아니었다. 오히려 그러한 사상은 매우 오래된 것이다. 사실상 성전이 건축되기 전에는 이러한 생각을 하는 것이 일반적인 경향이었다. 유대교는 보편주의적이었으며 하나의 지역에 국한된 것은 아니었다. 다른 많은 경건한 유대인들처럼 예수 또한 기초 학교를 겸한 회당을 중요하게 생각하였다. 예수는 이에 만족하지 않고 더욱 급진적으로 성전을 악의 근원으로 여겼으며 이로 인해 성전이 파괴될 것을 예언하였다. 성전의 지도자들과 유대교 제도 자체와 그 율법에까지 모욕을 가하게 된 것이다.

―폴 존슨,《유대인의 역사》

예수의 유대교에 대한 도전은 사마귀가 수레바퀴에 대드는 당랑거철(螳螂拒轍)의 모습이었다. 르낭은 예수의 도전을 두고 말하기를 이슬람 신도가 이슬람의 하람(Haram, 이슬람교에서 금지한 일)에 도전한다고 가정해보라고 하였다. 거기에는 죽음이 있을 뿐이라는 것이다.

유대교의 성지 순례를 그대로 본받은 종교가 바로 이슬람교이다. 유대교 · 기독교 · 이슬람교는 일신교(一神敎)로서 한 뿌리이다. 이슬람교인들은 이슬람교를 세운 무함마드의 탄생지인 아라비아의 메카를 순례한다. 2007년도 하지에는 160여 개국에서 300만 명의 무슬림들이 모여들었다고 한다. 모든 무슬림은 평생 한 번 이상 성지 순례를 실천해야 한다는 것이다. 수백만의 인파가 한꺼번에 몰리다 보니 매년 압사 사고로 수백 명이 숨진다.

  이 땅 위에 성지(聖地)란 없다. 위인들의 연고지가 있을 뿐이다. 거룩한 곳은 하느님이 계시는 얼의 나라뿐이다. 그러므로 하느님 나라에 이르기 위해 제나(自我)로 죽고 얼나로 솟나야 할 뿐이다. 어떤 목사가 예루살렘에 일곱 번 다녀왔다고 자랑 아닌 자랑을 하는 글을 읽었다. 그래서 뭣이 어쨌다는 것인가. 예수의 가르침대로 얼나로 솟나지 않으면 예루살렘을 7천 번을 갔다 온다고 하여도 여행비만 들 뿐 아무 쓸데가 없다. 티베트의 셰르파 텐진 노르가이는 최초로 에베레스트 등반에 성공한 힐러리와 함께 에베레스트 정상에 올랐다 하여 평생을 티베트 사람들에게 존경을 받았다고 한다. 무슬림들도 메카 성지를 다녀오면 하지(Haji)라 하여 존경을 받는다고 한다. 그러나 그 존경은 부질없는 것이다. 영원한 생명인 얼나를 깨달아 하느님 나라에 이르러야 참으로 존경 받을 자격을 얻었다고 하겠다. 성지에 다녀오는 것으로 훌륭하다면 성지에 사는 사람들은 어떻게 되겠는가? 모두가 성자의 대접을 받아야 하겠고 성자가 되어야 하지 않겠는가? 그런 일은 없었다. "하느님 나라는 너희 가운데 있다."(루가 17 : 20)

성전을 헐면 사흘 안에 짓겠다

용 머리에 뱀 꼬리(龍頭蛇尾)라는 속담이 있다. 시작할 때는 크게 시작했는데 끝에는 보잘것없이 끝날 때 쓰는 말이다. 유대교의 경전인 구약이 용두사미로 되어 있다. 처음 천지창조를 하는 야훼는 우주적인 하느님인데 뒤에 가서는 이스라엘 민족만을 편애하는 씨족신으로 끝이 났다. 그것으로 끝났으면 구약은 우리와 별 상관이 없었을 것이다. 그런데 예수가 나타나서 창세기의 신관보다 차원이 높은 신관을 제시하여 인류를 감동시켰다. 그리하여 예수의 종교 사상의 어머니 역할을 한 구약을 안 볼 수 없게 된 것이다. 그래서 신구약을 성경으로 함께 읽게 된다.

예수로 인하여 환히 밝아진 영성신앙인들은 창세기의 신관과 예수의 신관이 다르다는 것을 알게 되었다. 그리하여 창세기의 하느님을 반 쪽짜리 제작자라는 뜻의 데미우르고스(Demiurgos)라 하고 예수의 하느님을 우월한 하느님이라 하였다. 하느님이 어찌 둘이 있단 말인가. 하느님은 하나일 뿐이다. 창세기의 하느님이 따로 있는 것이 아니라 창세기의 신관이 유치하였을 뿐이다. 예수는 차원 높은 신관을 제시한 것이다. 어릴 때에 본 아버지와 자라서 본 아버지가 다르다고 해서 아버지가 여럿 있는 것이 아닌 것과 같다. 아버지에 대한 나의 인식이 심화된 것이다.

이스라엘 민족에게 성전의 시초라고 할 수 있는 것은 야곱에게서 찾을 수 있다. 야곱이 하란으로 가던 중에 베델 빈 들에서 돌베개를 베고 자다가 꿈속에서 야훼 하느님을 만나 축복을 받았다. 꿈을 깬 야곱이 "이 얼마나 두려운 곳인가? 여기가 바로 하느님의 집이요, 하늘문이로구나."(창세기 28 : 17) 하고는 베고 자던 돌을 세워 석상(石像)으로 삼고 그 꼭대기에 기름을 부었다. 그리고 기도하기를 "무사히 아버지 집으로 돌아가게만 하여주신다면, 저는 야훼님을 제 하느님으로 모시고, 제가 세운 이 석상을 하느님의 집으로 삼겠습니다."(창세기 28 : 22)라고 한 일이 있다. 야곱의 생각은 지극히 유치하지만 지극히 충성스럽다.

예루살렘에 처음으로 성전을 세운 이는 솔로몬이다. 인도의 신전처럼 신상(神像)을 세운 신전이 아니라 모세가 시나이 산에서 10계명을 새긴 석판(길이 1.2미터, 폭 75센티미터) 두 개를 넣은 법궤를 보관하는 곳이다. 예루살렘 성전은 7년 동안에 완공한 대역사(大役事)였다. 솔로몬은 사역을 시작할 때 하느님께 이렇게 아뢰었다. "하느님께서 이 땅에 사람과 같이 자리 잡으시기를 바라겠습니까? 저 하늘, 저 꼭대기 하늘도 주를 모시지 못할 터인데 소인이 지은 이 전이야말로 말해 무엇하겠습니까?"(역대기하 6 : 18)

사실 성전은 당시 이스라엘 사람들에게는 완전히 새로운 것이었으며 오히려 몇 가지 점에 있어서는 지중해 해안 지역이나 이집트의 나일 강 계곡의 이방 문화를 모방한 것으로 보인다.

—폴 존슨, 《유대인의 역사》

솔로몬이 쓸데없는 것인 줄 알면서 성전을 세운 것은 지혜롭다는 솔로몬이 지혜롭지 못한 일을 한 것이다. 솔로몬이 성전을 지어놓고 나니 성전에 대한 애착이 생긴지라 성전과 야훼를 연결짓고 싶어 하느님께 호소하였다.

이곳은 주께서 이름을 두시겠다고 약속하신 곳입니다. 소인이 이곳을 바라보며 올리는 기도를 부디 들어주십시오. 소인과 당신의 백성 이스라엘이 이곳을 바라보며 간절히 기도할 때 부디 들어주십시오. 당신께서 계시는 곳, 하늘에서 들어주십시오.

—역대기하 6 : 20~21

가장자리 없는 빔(허공)을 체(體)로 하고 무궁한 얼(성령)을 용(用)으로 하는 하느님이신데 구슬만 한 지구 위에 먼지만 한 집을 지어놓고 하느님의 집이라는 것은 그야말로 웃기는 일이다. 예수는 하느님께서 만유보다 크시며 온전[仝一]하시다는 것을 알았다. 예수는 지극히 겸손한지라 제자들에게도 벗이라 하고 제자들의 발까지 씻어주었다. 그것은 지극히 겸손한 이가 아니고는 할 수 없는 일이다. 예수는 권위적인 데가 전혀 없었다. 그런 예수가 말하기를 "심판 날이 오면 남쪽 나라의 여왕도 이 세대와 함께 일어나 이 세대를 단죄할 것이다.

그는 솔로몬의 지혜를 들으려고 땅 끝(아프리카)에서 왔던 것이다. 그러나 여기에 솔로몬보다 더 큰 사람이 있다."(마태오 12 : 42)

"너희가 이 성전을 허물어라. 내가 사흘 안에 다시 세우겠다."(요한 2 : 19) 얼마나 시원스런 말인가! 예수에게는 이 우주가 그대로 하느님의 성전이요 기도하는 골방일 것이다. 그러니 성전을 지어놓고 하느님을 기억케 하려는 생각은 가상하나 쓸데없는 일을 한 것이다. 이 우주에 무엇 하나도 하느님을 드러내지 않는 것이 없다. 설악산에 올라가 보아도 사람이 지은 성전들이 얼마나 초라한지 느낄 수 있다. 설악산 자체가 그대로 웅장한 성전인 것이다. 밤하늘에 찬란히 빛나는 수많은 별빛을 보면 이 우주가 설악산을 수만 개 모은 것보다 훨씬 더 웅장한 성전인 것이다. 사람이 지은 이 땅 위의 모든 성전은 다 헐어라. 바로 이 우주가 성전인 것이다. 그 사실을 가르치는 데는 아무리 미련한 사람이라도 사흘이면 충분할 것이다. 그래서 예수가 "너희가 이 성전을 헐라. 내가 사흘 동안에 일으키리라."라고 말하였던 것이다.

솔로몬이 7년 걸려 세운 성전을 바빌론의 느브갓네살 왕이 파괴했고, 느헤미야가 52년 만에 재건하였다. 그러나 솔로몬 때의 성전보다 규모가 작아서 초라해 보였다. 헤로데는 자신의 세력과 권위를 높이기 위하여 성전을 새로 크게 지었는데, 46년이나 걸려서 완공되었다. 캄보디아의 앙코르와트는 47년이 걸려서 다 지었다고 하니 비교가 된다. 앙코르와트는 어리석은 지도자가 힘 없는 백성을 부려 돌산을 옮겨 인공으로 천신(天神)들이 산다는 수미산을 세운 것이었다. 그 일로 얼마나 많은 백성들이 얼마나 많은 땀과 피를 흘렸을지 우리는 상상도 할 수 없다. 그 많은 돌 하나하나가 사람들의 두개골로 보인다. 그들의 고귀한 생명을 바쳐 이룩한 예술품이라 오늘날에는 많은 관광객이 찾아오는 덕택에 관광 수입으로 나라 예산의 40퍼센트를 충당한다니 다행이다.

소로가 음악에 대해서 이렇게 말하였다.

어떤 사람이 어떤 것들을 얼마나 중요하게 여기느냐에 따라 그 사람이 어떤 음악을 좋아하는지 판단할 수가 있다. 기억에 남는 고귀한 가락들은 언젠가는 값싼 믿음을 뿌리째 흔들어 그것을 고귀한 믿음으로 대체시키게 마련이다. 사람들은 음악 애호가라고 자칭하기를 좋아한다. 그러나 사람들의 생각을 들어보거나 삶을 관찰해보면 십중팔구 그들이 음악을 들어 왔다는 증거를 전혀 찾을 수 없다. 음악을 들어 왔다면 그렇게 속이 좁고 편협한 인물이 되지는 않았을 것이다.

―소로, 《소로의 일기》

이스라엘 민족이 참으로 하느님의 말씀을 들어 왔다면 다른 민족과는 식사도 같이 하지 않고 혼인도 하지 않으려는 그렇게 속이 좁고 편협한 민족이 되지는 않았을 것이다. 다른 민족도 모두가 하느님에 의해 이 세상에 온 하느님의 자녀인 것이다. 하느님을 받든다면 어떻게 그렇게 배타적이고 공격적일 수 있단 말인가? 야훼신은 전쟁신이었다. 예수쯤은 되어야 그래도 하느님을 바로 알았다고 할 수 있을 것이다. 예수가 성전 정화를 하면 예수의 진리 정신을 헤아려주어야 할 터인데 겨우 한다는 소리가 선지자의 증표 곧 이적 기사를 보여달라는 것이었다. 예수가 이적 기사를 보여줄 리가 없다. 예수는 본디 광야에서 마귀의 시험을 받을 때 이적 기사가 필요 없다는 것을 깨달은 사람이다. 복음서에 이적 기사를 행한 것처럼 나오는 것은 복음서 저자들이 지어서 끼워 넣은 이야기들일 것이다. 순진한 슈바이처는 예수가 기적을 행해야 할 때 행하지 않고 행하지 않아도 좋을 때는 이적을 행한 것은 예수의 실수라고 하였다. 슈바이처도 교의신학의 최면에서 덜 깨어난 것이다.

사마리아 여인이 묻기를 "우리 조상은 저 산(그리짐 산, 해발 881미터)에서 하느님께 예배 드렸는데 선생님네들은 예배 드릴 곳이 예루살렘에 있다고 합니다."(요한 4 : 20) 예수가 대답하기를 "내 말을 믿어라. 사람들이 아버지께 예배를 드릴 때에 '이 산이다' 또는 '예루살렘이다' 하고 굳이 장소를 가리지 않아도 될 때가 올 것이다. …… 그러나 진실하게 예배하는 사람들이 영적으로 참되게 아버지께 예배를 드릴 때가 올 터인데 바로 지금이 그때다. 아버지께서는 이렇게 예배하는 사람들을 찾고 계신다. 하느님은 영적인 분(얼)이시다. 그러므로 예배하는 사람들은 참되게 하느님께 예배 드려야 한다."(요한 4 : 21~24) 신앙의 핵심은 기도(예배)에 있다. 예수의 말씀대로 얼나로 기도 드려야 바른 예배이다. 얼나를 깨닫지 못한 이는 얼나부터 깨달아 하느님 아들이 되어야 한다. 하느님 아들이 되어야 예배 드릴 자격이 있는 것이다. 탐(貪)·진(瞋)·치(痴)의 수성(獸性)을 지닌 제나 [自我]로 하느님께 복덩어리만 달라는 것을 어찌 예배라 할 수 있겠는가. 예배 드리기 전에 먼저 짐승의 나를 버려야 한다. 바르게 예배 드릴 줄 알았던 마하트마 간디는 짐승인 제나를 버리고 하느님 아들인 얼나로 태어나는 체험을 이렇게 말하였다.

우리는 자신을 버리기 전에는 우리 가슴속에 있는 악의 흔적을 정복할 수 없다. 하느님은 가치 있는 하나의 자유를 주는 대가로 우리에게 완전한 자기포기를 요구한다. 우리가 스스로 제나를 버리게 되는 바로 그 순간 우리는 살아 있는 모든 것을 위해 봉사하고 있음을 알게 되며, 그것은 얼나로 다시 태어남이기도 하다. 우리는 새로운 생명(얼나)으로 하느님의 창조를 위해 봉사하면서 결코 희망을 버리지 않게 된다.
— 마하트마 간디, 《간디문집》

지엄한 심판

짐승이란 하나같이 먹고는 싸는 것
사람도 짐승이라 똑같이 먹고서 싸

옛 임금은 매화틀에 볼일을 보았고
오늘의 우주인은 특제 변기로 일 본다는데
사람은 누구나 먹고 똥을 누지 않을 수 없어
나서 죽는 멸망의 존재라 심판받음이라
똥 누면서 하느님의 행세를 해서는 안 되며
똥 누는 이를 하느님으로 섬겨선 안 돼
이것은 크게 잘못하는 어리석은 짓.

똥 누는 사람은 반드시 알아야 할 것
나라는 존재는 똥보다도 더 더러운 것
그러므로 제나가 없어짐이 가장 깨끗해
똥 눌 때마다 이 생각을 잊어서는 안 돼
여러 동식물을 잡아먹은 죄를 씻기는
내가 없어지도록 지극히 겸손해져야만
똥 누면서 하느님의 행세를 해서 안 되며
똥 누는 이를 하느님으로 섬겨선 안 돼
이것은 크게 잘못하는 어리석은 짓.

몸 벗고 떠난 선조께 음식 제사를 지내는 일은
몸 입었을 때처럼 먹고 똥 싸라는 불경이지
하느님에게 짐승 잡아 천제를 올리는 건

하느님을 멸망의 존재로 아는 망동이라
예수가 하느님께는 참인 얼로 예배하라고
하느님의 신령함을 아는 지혜로운 말씀
하느님을 모른다는 것은 정신이 어린 탓이나
하느님이 아닌 것을 하느님으로 받드는 것은
자신을 그릇되게 하고 하느님을 욕되게 해.
－2007. 7. 17. 박영호

3장

요한복음 3장

하느님은 이 세상을 극진히 사랑하셔서 외아들을 보내 주시어
그를 믿는 사람은 누구든지 멸망하지 않고
영원한 생명을 얻게 하여 주셨다.
—요한 3:16

니고데모가 밤에 예수를 찾았다

니고데모에 대한 이야기는 다른 공관복음서에는 전혀 없는 이야기다. 요한복음서를 지은 이는 공관복음서를 읽고서 거기에 실리지 않는 이야기를 일부러 모은 것 같다. 《삼국유사》가 정사 《삼국사기》에 실리지 않은 이야기를 모아서 책을 지은 것과 같다. 요한복음은 예수가 가르친 사상의 핵심을 밝히려고 하였다. 예수의 가르침의 알맹이는 멸망의 생명인 제나로 죽고 영원한 생명인 얼나로 솟나는 것이다. 이것이 영성신앙이다. 그런데 이 신앙이 사도 바울로의 속죄신앙에 밀려 이단 사상이 되었다. 그리스도교회에서 예수가 이단이 되는 어이없는 일이 일어난 것이다.

그리스도교인들은 처음부터 신앙의 진리에 대한 다양한 해석들이 그리스도교인들 사이에 존재한다는 사실을 잘 알고 있었다. 예를 들어 일찍이 사도 바울로는 갈라디아서에서 거짓 교사들을 꾸짖었다. 오늘날 전해지는 이야기들을 읽어보면 적대자들은 결코 교회 밖에 있는 외부인들이 아니었다는 것을 분명히 알 수 있다. 그들 역시 그리스도교인들이었다. 다만 그들의 신앙이 근본적으로 달랐을 뿐이다.

―바트 에르만,《성경 왜곡의 역사》

사도 바울로가 비난하고 저주한 이단자들이 바로 예수가 가르친 영성신앙을 따르는 이들이었다. 예수가 가르쳐준 영성신앙을 믿는 이들의 공동체 사람들은 영성신앙의 복음서가 필요하였다. 그들이 사도 요한을 따르는 무리가 아닌가 짐작한다.

요한복음 필자들이 영지주의의 영향을 얼마나 받았는가 또는 얼마만큼 영지주의와 투쟁하였는가 하는 문제는 아직도 논란거리다. 요한복음이 씌어질 무렵에는 영지주의 이론이 한창 형성되고 있던 중이었다. 또 이 시대의 영지주의자들이 남긴 문헌은 전해 오지 않아 우리는 다만 교부들의 전언에 따라 영지주의의 사상을 어림짐작할 뿐이다.

―정양모,《요한복음 이야기》

영성신앙은 예수로 말미암았는데 사도 바울로가 나타나 엉뚱하게 예수를 제물로 삼아 하느님과 화해했다는 속죄신앙을 부르짖었다. 이것은 유대교의 변형이지 예수의 가르침이 아니다. 하느님 아버지가 자기 외아들을 잡아먹고 화를 푸는 웃기는 존재가 된 것이다. 그 신앙이 요원의 불길처럼 퍼져 나가니 그야말로 정통 예수의 가르침을 따르는 이들에게는 황당하기 그지없는 일이었다. 그리하여 반격에 나선 것이 요한복음의 등장이라고 생각된다. 그래서 그렇게 교의신학에서 중요시하는 동정녀 탄생설을 빼버렸다. 육체 부활도 마르코복음처럼 뒤에 사람들이 추가했을 가능성이 크다. 그러므로 요한복음이 영성신앙적인 것은 공인된 사실이다.

불교에서도 종파에 따라 이른바 소의경전(所依經典)이 다르다. 법화종은 법화경이 주경전이고 화엄종은 화엄경이 주경전이다. 그리스도교에서도 초기에 그 공동체에서 지은 복음서가 그 공동체의 주경전이 될 수밖에 없었다.

율법의 지속적인 타당성을 주장하는 유대 기독교인들은 마태오복음서만 사용했다. 예수가 진정한 그리스도가 아니라고 주장한 그룹은 마르코복음서만 받아들였다. 마르시온과 그의 추종자들은 루가복음서만 받아들였는데 그것은 우리가 가지고 있는 형태와는 다른 것이었다. 발렌티누스파로 불리는 영지주의 그룹은 요한복음서만 받아들였다.
―바트 에르만, 《성경 왜곡의 역사》

멸망의 생명인 제나를 초월해 영원한 생명인 얼나를 깨달아야 한다는 영성신앙의 알맹이가 바로 예수와 니고데모의 대화에 분명히 나타나 있다. 예수와 니고데모의 이야기가 사실인지 또는 꾸민 것인지는 문제가 안 된다. 거기 나온 말씀은 참으로 사람에게서 나온 말이 아니라 하느님에게서 나온 것이라고 믿어진다.

  니고데모는 유대교 최고의회(산헤드린)의 한 사람이라고 한다. 산헤드린은 사두가이파와 바리사이파의 원로 70명으로 구성된 최고결정기관인 것이다. 예수가 니고데모를 보고 "당신은 이스라엘의 선생(지도자)인데 그런 것도 모르는가?"라고 한 것을 보면 산헤드린 회원 가운데서 사람들을 가르치는 차캄이 아닌가 짐작을 한다.

  그런데 그야말로 비록 로마의 식민지 지배 아래에 있었지만 부와 귀를 갖춘 니고데모가 배운 것 없고 가진 것 없는 무명 청년인 예수를 찾아와 가르침을 듣고자 하였다는 것이 참으로 드문 일이 아닐 수 없다. 그렇다고 예수와 대화를 나누었다 하여 남다른 정의감이나 신앙심을 가진 것 같지는 않다. 왜냐하면 그 뒤로도 예수의 가르침을 받으려고 한 것이 아니기 때문이다. 그리하여 예수가 죽게 되었을 때 변호하였다느니 죽은 뒤에 장례 치르려 하였다는 것은 믿어지지 않는 이야기들이다. 니고데모란 이름의 뜻이 승리라고 하는데 모든 사람들로 하여금 승리의 길로 이끈 것은 사실인 것 같다. 사람이 영원한 생명을 깨닫는 것밖에 승리의 길은 없기 때문이다.

  예수와 니고데모와의 대화를 이 사람이 그리스어 성경에서 직접 옮겨보았다.

  니고데모에게 예수가 말하였다. "암요, 암요. 내가 말하는데 위(하느님)로부터 오는 (얼로) 나지 않으면 하느님 나라를 볼 수 없습니다."(요한 3 : 3) 니고데모가 예수에게 말하였다. "사람이 다 자란 몸으로 어떻게 다시 날 수 있습니까? 다시 태어나기 위해 어머니 뱃속에 두 번 들어갈 수 없지 않습니까?"(3 : 4) 예수가 대답하였다. "암요, 암요. 누구라도 (위에서) 드리우시는 얼로 나지 않고는 하늘나라에 들어갈 수 없습니다.(3 : 5) (어버이의) 몸에서 난 것은 몸나이고 (하느님의) 얼로 나야 얼나입니다.(3 : 6) 내가 위(얼)로부터 나야 한다는 말을 듣고 놀라지 마시오.(3 : 7) 얼은 (얼의) 뜻대로 움직이므로 말씀을 들을 수는 있어도 어디로부터 와서 어디로 가는지는 모릅니다. 얼로 난 사람은 이러합니다."(3 : 8)

니고데모가 대답하였다. "어찌 이런 일이 일어날 수 있습니까?"(3 : 9) 예수가 (니고데모의) 말을 받아서 니고데모에 말하기를, "그대는 이스라엘의 지도자로서 이런 것을 아직도 모르시오."(3 : 10)

―박영호 옮김

류영모가 1961년 서울 종로 YMCA 연경반 모임에서 강의하기를 "어머니가 낳아준 나는 참나가 아닙니다."라고 하였다. 그때만 하여도 어머니가 낳아준 나밖에 모를 때라 그 말을 듣고 나니 나 자신이 공중분해가 되는 것 같아 어리둥절하였다. 류영모의 그 말을 뒤집으면 "위(하느님)로부터 오는 얼로 나지 않으면 하느님 나라를 볼 수 없다."라는 예수의 말씀이 된다. 마하트마 간디는 "제나가 죽을 때 얼나로 깨어난다."(마하트마 간디,《날마다 한 생각》)라고 하면서, "몸과 맘이 얼나에 일치되지 않는 동안에는 아무것도 바르게 되는 것이 없다(Nothing turns out right so long as there is no harmony between body and mind and soul).*"* (마하트마 간디, 《날마다 한 생각》)라고 하였다.

위(하느님)로부터 난다는, 위로부터(아노셴 $ανωθεν$, from above)를 중생(重生)으로 옮기면 뜻이 바로 전달되지 않는다. 거듭나다[重生]는 사실은 부활(아나스타시스, $αναστασις$)인 것이다. "나는 부활이요 생명이니 나를 믿는 사람은 (몸은) 죽더라도 (얼나로) 산다."(요한 11 : 25)는 것이다. 영원한 생명인 얼나는 제나로 죽고 부활한 영원한 생명인 것이다. 몸의 부활은 소생이지 부활이 아니다. 부활한 얼생명은 영원히 살지만 소생한 몸생명은 다시 죽게 마련이다. 예수가 살렸다는 라자로도 죽었지 지금까지 살아 있는 것이 아니다.

류영모는 "예수는 핵심을 간결하게 말하였다. 영원한 생명이란 얼나로 죽지 않는다. 이 껍데기 몸이 죽는 것이지 참나인 얼은 죽지 않는다. 그러므로 몸나의 죽음을 무서워하고 싫어할 까닭이 없다. 우리가 죽는다는 것은 이 껍질인 몸이 퍽 쓰러져 못 일어나는 것밖에 더 있는가? 이 껍데기 몸이 그렇게 되면 어떤가? 진리의 생명인 얼나는 영원하다."(류영모, 《다석어록》)라고 분명히 말하였다.

사람의 아들[人子]은 얼나이다

"하늘에서 내려온 사람의 아들 외에는 아무도 하늘에 올라간 일이 없다."(요한 3 : 13) 하늘에서 내려온 사람의 아들[人子]이라고 하였다. 하늘이란 하느님 아버지를 뜻한다. 하느님 아버지는 얼(성령)로 계신다. 그러므로 하느님의 생명인 얼이 왔다는 것이다. 불교에서는 이것을 여래(如來)라고 한다. 하느님의 얼이 사람의 마음(생각)속에 왔다는 것이다. 그 이름이 여래면 어떻고 인자(人子)면 어떻고 독생자(獨生子)라면 어떠한가? 모두가 얼나인 것이다. 얼나는 하느님의 생명이라 없는 곳이 없으니 오고 가는 것이 없다. 그러나 내 마음(생각)을 기준으로 하니 얼이 오고 가고 하는 것으로 느껴지는 것이다. 얼이 내 마음(생각)에 감응을 일으켜 의식화(意識化)되는 것이 하느님의 얼이 내게 와서 사람의 아들이 되는 것이다. 내 마음에 의식화된 하느님의 얼이 사람의 아들[人子]인 것이다. 하느님의 생명인 얼에는 하늘나라, 땅의 나라 구별이 있을 리 없다.

기독교 교회사 초기에는 이러한 엉뚱한 생각을 한 이들이 있었다고 한다. 예수가 십자가 위에서 숨지기 전에 큰소리로 "엘로이, 엘로이, 레마 사박타니(나의 하느님, 나의 하느님, 어찌하여 나를 버리셨나이까)?"(마르코 15 : 34)를 두고 하느님이신 얼나가 떠나가니 제나(ego)의 예수가 왜 나를 버리시나이까라고 말하였다는 것이다. 그럴듯하게 갖다 붙이기는 하였으나 아니다. 하느님께서 주신 생명인 얼나만

이 하느님을 아버지라 부르고 사모한다. 얼나가 떠났으면 하느님 아버지하고는 끝난 것이다. 그런데 짐승인 제나가 "나의 하느님, 나의 하느님, 어찌하여 나를 버리시나이까?"라고 할 까닭이 없다. 이 말은 시편 22장 1절에 있는 다윗의 시이다. 예수가 평소에 좋아하지 않는 다윗의 시를 유언으로 부르짖을 까닭이 없다. 예수의 후광(後光)으로 삼고자 구약성경과 연계하기를 즐기는 복음서 저자들의 저술일 뿐이다. 이미 예수는 "제 뜻대로 마시고 아버지의 뜻대로 하소서."(마르코 14 : 36)라고 결심한 상태였는데 하느님 아버지께서 자신을 버렸다고 원망하다니 말이 안 된다. 공자도 "하느님 원망도 않고 사람 탓도 않는다(不怨天不尤人)."라고 하였다. 예수는 공자보다 하느님을 더 적극적으로 사랑한 사람이다. 그런 예수가 십자가의 죽음을 원망한다는 것은 예수를 모르는 소리다. 예수는 하느님의 뜻이라면 십자가에 열두 번이라도 더 죽을 수 있는 사람일 것이다.

얼나를 깨친 인자(人子)는 하느님 아들이다. "하느님께서 보내신 분이 하시는 말씀은 곧 하느님의 말씀이다. 하느님께서는 그 분에게 성령을 아낌없이 주시기 때문이다."(요한 3 : 34) 얼나를 깨친 사람의 아들은 예수만이 아니다. 사람의 아들(人子)이란 말은 예수만의 전용 낱말이 아닌 것이다. 짐승 성질(獸性)을 버리고 하느님의 뜻으로 좇아 살고자 하는 이는 모두가 짐승의 새끼가 아닌 사람의 아들인 것이다. "사람의 아들은 섬김을 받고자 함이 아니라 섬기려고, 그리고 그 삶을 많은 사람들이 (짐승에서) 자유롭게 하는 데 바치려고 온 것이다."

(마태오 20 : 28, 박영호 옮김) 이 한마디로도 삶의 참목적이 잘 나타나 있다. 예수는 그렇게 살았고 다른 사람도 그렇게 살아야 한다는 본보기가 된 것이다.

예수는 사람의 아들(人子)이라고만 한 것이 아니라 소인(小人, 어린 아이)이라고도 하였다. "그때에 예수께서 이렇게 기도하셨다. '하늘과 땅의 주인이신 아버지, 안다는 사람들과 똑똑하다는 사람들에게는 이 모든 것을 감추시고 오히려 철부지 어린아이들에게 나타내 보이시니 감사합니다.'"(마태오 11 : 25)라는 예수의 기도 말씀에서 철없는 어린아이들이라고 옮긴 것은 잘못이다. 그리스어 네피오스(νηπιος)는 어린아이를 뜻하는데, 여기서는 진짜 어린이를 말하는 것이 아니라 예수 자신을 가리키는 것이다. 그러므로 소인(小人)이라고 옮겨야 한다. 어른들도 알기 어려운 하느님을 어린이들이 어떻게 알 수 있단 말인가?

맹자는 말하였다. "어진 이라야 사람이다. 합하여 말하면 참이다(仁也者人也 合而言之道也)."(《맹자》진심 하편) 이는 예수의 사람의 아들 인자(人子)를 잘 설명해주고 있다. 예수의 인자(人子)는 곧 인자(仁子)인 것이다. 짐승의 성질인 삼독(三毒)의 수자(獸子)로 살아서는 멸망이 있을 뿐인 것이다.

맹자가 말하기를 "사람이 새, 짐승과 다른 것이 아주 적다. (그 적은 것도) 여느 사람은 버리고 군자는 간직한다(人之所以異禽獸者 幾希 庶民去之君子存之)."(《맹자》이루 하편)라고 했다. 짐승과 다른 것이 인

(仁)인 것이다. 그러므로 예수의 인자(人子)는 곧 인자(仁者)요, 군자(君子)이다. 바꾸어 말하면 하느님 아들인 것이다.

구리뱀이 광야에서 모세의 손에 높이 들렸던 것처럼 사람의 아들[人子]도 높이 들려야 한다.

―요한 3 : 14

출애굽 때 광야에서 이스라엘 사람들이 불뱀에 물려 죽는 일이 많아 출애굽의 총지도자인 모세에게 원망이 자자함으로 모세가 놋뱀을 만들어 장대 위에 달아 물린 이들이 장대 위에 놋뱀을 쳐다보아 낫더라는(민수기 21 : 9) 이야기를 인용한 것이다. 우리는 내 맘속에 오신 하느님의 생명인 얼나를 항상 바라보아야 한다. 마음의 눈을 잠시도 떼지 말고 바라보아야 한다. 얼나를 바라보는 것이 기도인 것이다. 공자는 밥 먹는 동안에도, 넘어진 동안에도 인(仁)을 떠나서는 안 된다고 하였다. 사람은 잠자는 동안에도 하느님이신 얼나를 바라보는 것을 놓쳐서는 안 된다. 사람이 잘못을 저지르는 것은 순간이다.

"하느님은 이 세상을 극진히 사랑하셔서 한 나신 아들[獨生子]을 주시니 이를 얻는 자마다 멸망치 않는 영원한 생명을 얻게 하여주셨다." (요한 3 : 16, 박영호 옮김) 하느님께서 사람마다 그 맘속에 보내주시는 얼나를 참나로 깨달아 믿는 이는 그 얼나로 영원한 생명을 얻은 것이다.

류영모는 하느님께서 할 일이 없어서 사람을 내어놓고 괴롭게 사는 일을 구경하며 좋아하자는 것이 아니라고 하였다. 오히려 우리들에게 영원한 생명을 주시려고 하는 것이라고 말하였다.

사람의 자식으로 이 땅에 난 이상에는 멸망해 없어진다는 게 허전도 하지만 괴롭습니다. 나는 데도 괴롭고 자라는 데도 괴롭고 죽는 데도 괴롭습니다. 끝까지 괴롭습니다. 괴로운 가운데 나서, 괴로운 가운데 자라서, 괴로운 가운데 지내서 괴로운 끝에 멸망하고 맙니다. 이것이 견딜 수 없는 일입니다. 멸망할 몸뚱이를 우리가 가졌습니다. 그래서 영원히 멸망하지 않는 영원한 생명인 얼을 받아 우리 마음이 온전히 길러지면 몸뚱이는 종당에는 내버리는 것입니다. 몸뚱이는 입었다가도 벗어버리는 것입니다. 몸은 벗어버렸는데도 아무것도 없으면 그건 멸망입니다. 벗어버릴 것 벗어버리고 속에 기른 이 속알은 하늘로 쑥 올라갑니다. 거기선 영원히 가는 목숨을 받습니다. 거긴 영원히 가는 목숨의 근원 되는 우리 모든 존재의 아버지가 계십니다. 생명의 근원은 아버지입니다.

―류영모, 《다석강의》

4장

요한복음 4장

내가 주는 물을 마시는 사람은 영원히
목마르지 않을 것이다.
내가 주는 물은 그 사람 속에서
샘물처럼 솟아올라 영원히 살게 할 것이다.
― 요한 4 : 14

사마리아인에 대한 차별의식을 허물다

예수는 천한 사마리아 사람을 선한 사마리아 사람으로 회복시켰다. 예수는 혈연의식을 깨뜨리고 영연(靈緣)의 의식을 회복하려 하였다. 그것이 제나로 죽고 얼나로 솟나는(부활하는) 일이다. 얼나는 하느님의 생명이라 하느님의 자리에서 전체의식을 가짐으로 어떠한 차별의식도 있을 수 없다. 공간적인 울타리도, 시간적인 울타리도, 핏줄의 울타리도, 생각(관념)의 울타리도 있을 수 없다. 예수는 하느님의 자리에서 전체의식을 가지고 개체의식을 깨뜨려버리는 것을 "하늘에 계신 아버지께서 완전하신 것같이 너희도 완전한 사람이 되어라."(마태오 5 : 48)고 한 것이다.

사마리아 사람들이 천대를 받게 된 데에는 역사적인 연유가 있다. 12지파로 되어 있던 이스라엘 민족은 다윗이 왕이 되면서 처음으로 민족적인 통일 왕국을 이루었다. 다윗의 뒤를 이은 솔로몬이 죽자 곧 북왕국 이스라엘과 남왕국 유다로 나뉘었다. 크지도 않은 나라가 남북의 두 나라로 나뉘었으니 더욱 약소한 나라가 될 수밖에 없었다.

사마리아 지역은 북왕국인 이스라엘 남부에 자리하였다. 그래서 예수가 남왕국 유다에 있는 예루살렘에서 북왕국 이스라엘 북쪽에 있는 갈릴래아 지방으로 가자면 언제나 사마리아 지역을 거쳐야 했다. 남왕국 유다는 바빌론에게 정복되었고 북왕국 이스라엘은 아시리아에 점령당하였다. 그리하여 많은 사람이 포로가 되어 적국에 끌려가는 포수(捕囚)시대가 된 것이다. 그때가 기원전 721년의 일이었다. 이스라엘 사람 3만여 명이 살해되었고 많은 이스라엘 사람들이 포로가 되어 아시리아로 끌려갔다. 아시리아 왕은 아시리아 사람들을 사마리아 지역에 있는 여러 성읍에 이주시켜 살게 하였다. 그야말로 식민지화하였다. 그러니 사마리아 지역에 남아 살던 이스라엘 사람들은 아시리아 이주민들과 혼인하게 되어 혼혈이 되었다. 예로부터 유난히 순수 혈통을 따지는 이스라엘 민족이라 아시리아인들과 피가 섞인 사마리아인들을 천시하여 상종하지 않게 된 것이다. 사마리아 사람은 이스라엘의 달리트(인도의 불가촉천민)가 된 것이다.

사마리아의 세겜은 완전히 초토화되었고 다른 도시도 마찬가지였다. 이스라엘 역사상 초유의 이 엄청난 비극으로 이스라엘 북부 사람들이 대량 학살됨과 동시에 아시리아로 끌려갔다. 그리하여 북왕국에 살던 10개 지파는 역사와 신화 속으로 사라져버렸다. 둘레의 아람인들에게 동화되어 자신들의 신앙과 언어도 잃어버렸다. 그리하여 아시리아 왕국의 일상 언어였던 아람어가 서쪽으로 확산되면서 그들의 덧없던 삶의 흔적마저 사라져버렸다. 사마리아에는 이스라엘 농부들과 장인들이 남게 되었고 그들은 새로 이주해 온 아시리아인들과 통혼할 수밖에 없었다. 그리하여 혼혈이 된 것이다.

—폴 존슨,《유대인의 역사》

편협하여 배타적인 유대인들은 이민족인 아시리아 사람들의 피가 섞인 사마리아 사람들이 예루살렘 성전에 출입하는 것을 금하였다. 사마리아인들은 궁여지책으로 사마리아 지역에 자리한 그리심 산(게르짐 산, 해발 881미터)에 제단을 쌓아 하늘에 제사를 올렸다. 사마리아 사람들은 그리심 산이 아브라함이 이삭을 하느님께 바치려 했던 유서 깊은 곳이라 예루살렘보다 더 나은 성지라고 하여 유대인들의 미움을 더 사게 되었다. 사마리아인들은 유대인들의 천대에 이어 이슬람의 개종 압력에 시달리게 되었다. 한때 150만 명에 달했던 사마리아인들은 현재 700여 명만 남아 있다고 한다.

이스라엘 민족은 이교도에 의해 더럽혀진 곳이라 하여 사마리아 지역에는 발 들여놓기조차 꺼리고 사마리아 사람들과는 아예 상종하지를 않았다. 그런데 예수는 그런 차별의식은 털끝만큼도 없었다. 그리하여 사마리아 지역을 다니고 사마리아 사람과도 상종하기를 이스라엘 사람과 똑같이 하였다. 이스라엘 사람들은 예수의 그러한 태도가 못마땅하여 예수를 비난하기를 "당신은 사마리아 사람이며 마귀 들린 사람이오. 우리 말이 틀렸소?"(요한 8 : 48)라고 하였던 것이다. 예수는 선한 사마리아 사람이라는 예화(루가 10 : 25~37)까지 만들어 사마리아 사람들을 감쌌다.

갈릴래아가 고향인 예수와 그 제자 일행은 예루살렘에서 사마리아 지역을 통과하여 고향 갈릴래아에 돌아가고 있었다. 사카르 동네에서 1킬로미터쯤 떨어진 야곱 우물이 있는 곳에 이르렀을 때 정오가 되었다. 야곱 우물은 바로 그리심 산 산기슭에 있었다. 제자들은 마을로 먹을거리를 구하러 가고 예수 혼자 목이 말라 우물물을 길어 마시고자 하였으나 두레박이 없었다. 야곱의 우물은 깊이 30미터가 넘는 깊은 우물이다. 그때 사카르 성에 사는 사마리아 여인이 물동이를 이고 물을 길러 왔다. 그리하여 예수와 사마리아 여인의 역사적인 만남이 이루어지게 되었다. 역경(易經)에 이견대인(利見大人)이란 말이 있다. 이 세상에서 얼나로 솟난 하느님 아들을 만나는 것보다 더 유익한 일은 없다.

이 사마리아 여인은 남편이 다섯이나 되는 정숙하지 못한 여인이라고 복음서 저술자는 밝히고 있다. 그런데 예수는 그 사마리아 여인을 여느 사람과 다름없이 만났을 뿐만 아니라 영원한 생명에 관한 하느님 말씀을 아무런 대가 없이 들려주었다. 이러한 한사랑이야말로 속죄라 할 것이다. 예수가 십자가에 피를 흘리는 것과는 관계없이 이미 속죄가 이루어지고 있는 것을 본다. 예수가 십자가에 못 박혀 피를 흘리지 않았어도 예수는 이미 모든 사람들의 죄를 용서하여 구속하여 준 것이다. 한사랑으로 남의 죄를 탓하지 않는 것이 진정한 속죄인 것이다.

그런데 더욱 놀라운 것은 예수와 사마리아 여인 사이에 오고 간 대화의 내용이다. 선불교의 교과서라 할 벽암록에 나오는 고승들의 선문답 뺨치는 차원 높은 진리의 대화를 주고받은 것이다. 예수는 인류 역사에 으뜸 가는 선사(禪師)라 할 수 있지만 사마리아 여인은 글 모르는 비천한 여인에 지나지 않는다. 두 사람의 대화는 어찌 보면 진검 승부처럼 아슬아슬하기도 하고 어찌 보면 스텝이 잘 맞는 춤과 같아 신나기도 하다. 물론 역사적으로 큰 스승이신 예수가 대화를 이끌어 간 것이지만 사마리아 여인의 호응도 가볍게 볼 수 없다.

"내가 주는 물을 마시는 사람은 영원히 목마르지 않을 것이다. 내가 주는 물은 그 사람 속에서 샘물처럼 솟아올라 영원히 살게 할 것이다."
…… "선생님, 그 물을 저에게 좀 주십시오. 그러면 다시는 목마르지도 않고 물을 길러 여기까지 나오지 않아도 되겠습니다."

—요한 4 : 14~15

예수가 형이상(形而上)의 정신적인 목마름을 이야기하면 사마리아 여인은 형이하(形而下)의 육체적인 목마름을 이야기한다. 그야말로 하늘에는 솔개가 날고 연못에는 고기가 뛰는(鳶飛戾天魚躍于淵)(《중용》) 어울림이다. 예수는 맘속에서 얼(성령)이 생수처럼 샘솟아 오르면 그것이 곧 영원한 생명이라 했다. 사마리아 여인이 그 말의 뜻을 알아들을 리 만무한 것이다. 그러니 동문서답식으로 말을 주고받을 수밖에 없을 것이다.

그러면 사마리아 여인이 예수의 말씀(내가 주는 물)을 듣고서 여인의 마음속에서 영원한 생명인 얼(성령)이 샘솟아 올랐는가? 예수의 말로는 예수의 말을 듣기만 하여도 바로 얼(성령)이 샘솟아 오를 것처럼 말하였기 때문이다. 그러나 사마리아 여인의 대답을 보면 그 여인의 가슴속에서 얼샘이 터진 것이 아님을 알 수 있다. 그러면 어찌하여야 내 맘속에 영원한 생명인 얼샘이 터지는가? 류영모는 이렇게 말하였다. "불경이니 성경이니 하는 것은 마음을 죽이는 것이다. 살아 있어도 죽은 거다. 제나[自我]가 한번 죽어야 마음이 텅 빈다. 한번 죽은 마음이 빈탕[太空]의 마음이다. 빈 마음에 하느님 나라, 니르바나님 나라를 그득 채우면 더 부족이 없다."(류영모,《다석어록》) 예수의 말씀을 듣고 읽어도 영원한 생명인 얼(성령)샘이 터지지 않는 것은 제나[自我]가 죽지 않아서인 것을 알아야 한다. 멸망의 생명인 제나가 죽어야 영원한 생명인 얼나가 다가온다.

제자들이 먹을 것을 구해 와서 잡수시기를 청하자 "나를 보내신 분의 뜻을 이루고 그분의 일을 완성하는 것이 내 양식이다."(요한 4 : 34)라고 하였다. 짐승은 식색(食色)이 삶의 목적이지만 하느님의 아들은 하느님의 뜻을 이루는 것이 삶의 목적이다. 그래서 예수에게는 하느님을 느끼는 것이, 곧 하느님의 얼(말씀)이 참된 먹거리인 것이다.

예수가 사마리아 여인에게 가서 네 남편을 불러오라고 한 것은 사마리아 여인에게 하느님의 말씀을 가르칠 수 있다는 가능성을 보았기 때문이라고 본다. 그리하여 앞으로는 부부를 함께 가르쳐 볼 생각이 있었던 것으로 짐작된다. 굳이 사마리아 여인의 아픈 상처를 건드리고자 하였다고 생각되지 않는다. 그 뒤에 사마리아인들 가운데 예수의 가르침을 좇고자 한 이가 많이 나온 것으로도 알 수 있다.

요한복음 4장 끝에 관리의 아들 병 고친 이야기가 나온다. 예수가 말하기를 앓는 이에게 의원이 필요하고 성한 이에게는 의원이 필요 없다고 하였다. 예수도 스스로 자신을 병든 마음을 고치는 의원이라고 생각한 것 같다. 예수는 많은 사람들의 마음의 병(잘못)을 고쳐주었다. 예수는 겉옷을 달라면 속옷까지 주라고 하는 이라 맘의 병을 고쳐주면서 몸의 병까지 고쳐주었는지도 모르겠다. 거의 모든 병이 마음에서 먼저 일어나는 것이다. 그리고 예수는 섬김을 받으려 하지 말고 섬기라고 하였다. 남을 섬기고 사랑하는 이는 부지런할 수밖에 없다. 부지런한 사람은 활동을 많이 하기 때문에 건강하다. 옛날에 섬김을 받기만 하면서 산 이가 임금이다. 임금은 거의가 단명요절(短命夭絶)하였다. 섬김을 받기만 하는 일이 건강에 좋지 않은 것이 명백한 것이다.

예수가 사람들의 병을 낫게 하였다니 자기도 예수처럼 병을 고치고자 한 종교인들이 적지 않다. 이는 아주 어리석은 일이다. 신앙은 하느님의 말씀을 가르치는 것이지 몸의 병을 고치는 것이 아니다. 마음에 하느님의 말씀을 받아들여 안심입명(安心立命)한 결과 몸의 병도 저절로 사라질 수가 있다. 그것은 어디까지 신앙생활을 올바르게 한 데서 오는 부산물적인 은혜이다.

류영모는 종교인들이 병 고친다고 떠드는 것을 아주 못마땅하게 생각하였다.

박 장로가 세수한 물을 마시고 바르면 병이 낫는다고 합니다. 그래서 큰 통에다 세수를 하고 그 물을 병자들에게 먹인다고 합니다. 그런 식으로 병이 낫는다면 예수가 왜 지중해 같은 데서 세수를 하지 않았겠습니까? 예수가 지중해에서 세수를 했다면 오늘날까지 만백성이 병을 고치는 데 효험이 있을 게 아니겠습니까? 예수를 믿으면 장사가 잘 되고 병이 낫고 복도 받는 줄로 안다면 예수 믿기를 애초에 그만두어야 합니다.

―류영모, 《다석강의》

사랑 노래

아리따운 몸매에 끌려 홀리었나
보고지고 닿고 싶고 헤어지기 싫어
주고받은 몸사랑에 깨가 쏟아진다지

뒷날에야 홀딱했음을 알고 뉘웃지만
이미 돌이킬 수 없는 어리석은 업을 지었네.
부질없는 몸사랑에서 보람 찾으나 헛것이라
모든 게 덧없으니 남는 건 시름과 한숨뿐
슬기로운 이들은 아예 몸사랑은 안 하는 것을
늦었지만 이제라도 몸사랑은 그만두리라
저 높은 곳을 바라보니 참님이 반기신다.

낯선 삶의 길을 홀로 가야 하는 나그네인가
외롭고 두렵고 고달프기 산 넘어 산 내 건너 내
어디로 가야 할지도 몰라 헤매이기 그 얼마냐
가엾은 나그네끼리 측은히 여겨야 할 터인데
시새우고 속이고 다투니 더욱 서글퍼지기만
차라리 모진 목숨 끊어버리고 싶기도 했지
캄캄한 절망의 어둠 속에 지혜의 등불 비추이니
참과 믿음과 우애심으로 이어진 맘사랑이라
참뜻 얻어 새 사람 되어 보람된 삶을 열었지
그이 몸나 가셔도 맘은 날로 새로워 잊을 수 없다.

태초 전부터 하느님과 함께한 참 나라
속눈 뜨자 황홀한 얼의 나라 펼쳐 보이네.

슬픔 없는 기쁨만이 바다처럼 넘실거리고
죽음 없는 생명만이 대기처럼 가득히 찼고
다툼 없는 평화만이 은하처럼 반짝이네.
붓다 석가가 니르바나님이라 이름하였고
인자 예수가 하느님 아버지의 나라라 가르쳤지
하느님이 주신 얼나로 하느님 아버지와 하나되어
하느님과 영원한 얼사랑에 깊이 들고 보니
땅나라에서 잠시 동안의 고통도 더없이 즐겁다.
－2007. 4. 16. 박영호

요한복음 5장

나는 무슨 일이나 내 마음대로 할 수 없고
그저 하느님께서 하라고 하시는 대로 심판할 따름이다.
내가 이루고자 하는 것은 내 뜻이 아니라
나를 보내신 분의 뜻이기 때문에 내 심판은 올바르다.
―요한 5:30

베짜타 못에서 38년 기다린 환자

예루살렘 성전 동북쪽에 있는 양문(羊門) 밖에 베짜타(베데스다) 못이 있었다. 문 밖에 바로 제물(祭物)로 쓰일 양을 파는 시장이 있어서 양문이라 불린 것이다. 베짜타 못은 긴 네모꼴 모양인데 긴 쪽이 17미터 정도 되었다. 긴 네모로 된 못 둘레에 행각 넷이 서 있고 못 가운데 못을 가로질러 행각이 있어 날 일(日)자 모양의 쌍못이었다. 행각이란 기둥을 세워 위 지붕만 덮은 건물을 가리킨다. 예루살렘 성전 뜰에서 예수기 목청을 높여 사람들에게 가르침을 베푸는 법보시(法布施)를 할 때 베짜타 못 행각에는 몸이 불편한 환자들이 누워 있었다. 병자들 가운데는 소경, 절름발이들이 있었다고 복음서는 전한다. 그렇다고 성전에 무슨 병원이 있는 것도 아니었다. 베짜타 못 물이 움직일 때 그 속에 먼저 뛰어들면 무슨 병이라도 나을 수 있다고 믿는 사람들이었다. 일부 사본에는 3절 끝부분과 4절이 추가된 것이라 하여 복음서에 괄호 안에 기술되어 있다(그들은 물이 움직이기를 기다리고 있었다. 이따금 주님의 천사가 그 못에 내려와 물을 휘젓곤 하였는데 물이 움직일 때에 맨 먼저 못에 들어가는 사람은 무슨 병이라도 다 나았던 것이다). 병자들이 그 행각에 모여 있는 까닭을 밝히는 것이 좋겠다고 생각하여 필사자들이 추가한 것이다.

베짜타 못 물이 이따금씩 움직였다는 것을 보면 베짜타 못 물이 간헐온천이었던 것 같다. 그런데 하늘에서 내려온 천사들이 물을 휘저었다고 한 것을 보면 복음서 저자를 비롯한 옛 사람들의 과학적인 상식이 어느 수준이었다는 것을 능히 헤아릴 수 있다. 이렇게 과학적 지식이 없다 보니 복음서에 적혀 있는 이적 기사도 감안해서 읽어야 할 것이다. 그러나 구경각에 이른 절대지(絕對知)는 다르다. 그것은 사람이 쌓은 지식이 아니라 하느님이 주시는 얼(성령)에서 오는 깨달음인 것이다. 그것은 시간과 공간을 초월하기 때문에 불변의 지혜인 것이다. 그것을 불교에서는 반야바라밀다(prajna paramita)라 하며 절대에서 온 지혜라고 한다. 그러므로 앞으로 몇백 년, 몇천 년이 가도 하느님을 바로 알고자 하는 이가 있다면 예수, 석가의 신앙 사상을 먼저 배우지 않으면 안 되게 되어 있는 것이다.

베짜타 못 물이 움직일 때 먼저 물 속에 뛰어드는 이가 병이 낫는다는 말은 수긍이 간다. 비교적 건강한 사람일수록 일시적으로 더운 물이 샘솟을 때 먼저 뛰어들 수 있을 것이기 때문이다. 그러니 쉬 낫는 것은 당연한 일인 것이다. 그와 반대로 병이 무거울수록 움직이기가 어려울 테니까 그들은 계속 기다릴 수밖에 없었을 것이다. 사람들의 생각이 바로 되었다면 온 차례대로, 움직이는 더운 물 속에 넣어주어야 할 것이다. 이 세상 일이 다 그래야 하는 것이다. 행각에서 38년이나 기다리고 있는 환자도 있었다고 한다. 그렇다면 평생을 기다렸다고도 할 수 있을 것이다. 예수가 그 병자에게 측은지심을 일으켰다. 예수가 아니더라도 평상심을 가진 이라면 누구라도 38년 동안 기다려 온 이를 가엾게 생각하였을 것이다. 류영모가 말하기를 "몸 성하면 다른 것은 바라지 말아라. 나에게 감투를 줄 터이니 병들라 하면 나는 싫다고 하겠다. 아침저녁으로 끙끙 앓고 있는 것은 나는 싫다. 몸 성하면 다른 것은 더 바라지도 말자. 몸이 성하면 몸이 성하지 않은 사람을 도와주어야 한다. 나보다 성하지 못한 사람을 도와주지 않으면 안 된다."(류영모, 《다석어록》)라고 하였다.

복음서에 예수가 그 병자에게 말하기를 "낫기를 원하느냐? 일어나 요를 걷어 들고 걸어가거라."(요한 5 : 6~7)라고 하자 그 환자가 벌떡 일어나 요를 들고 38년 동안 꾀병 앓았던 사람처럼 멀쩡한 사람이 되어 걸어가더라고 적어놓았다.(요한 5 : 9) 이런 이야기는 듣기만 하여도 시원한데 38년이나 행각에 누워서 기다린 본인이야 얼마나 기뻤겠는가. 류영모도 예수에게 은혜를 입은 그 환자가 부러웠던지 '38년 만에 믿음에 들어간 이'라는 제목으로 글을 써서 김교신(金敎臣)이 발행한 〈성서조선〉이라는 월간 잡지에 기고하여 김교신을 비롯한 여러 〈성서조선〉 구독자들에게 큰 감동을 준 일이 있었다. 베짜타 못의 이 설화는 읽을 때마다 그 광경이 영상으로 떠오르리만큼 감동적인데 그냥 지나가고 싶지만 따질 것을 따지지 않을 수 없는 것이 집필자의 의무이다. 어찌하여 이렇게 아름답고 중요한 사건이 다른 공관복음서에는 몽땅 빠져 있는가라는 것이다. 공관복음 저자들이 알고서 빠뜨렸을 리는 없을 터인데 말이다. 그렇다면 사실이 아닐 수 있다는 추리를 안 할 수 없다. 그리고 예수가 그러한 치유의 능력을 지녔다면 베짜타 행각에 누워 있는 다른 병자들도 몽땅 고쳐주어야지 왜 38년 기다린 그 병자 한 명만 고쳐주었는가라는 의문이 없을 수 없다. 예수가 자기 선전을 위해서 중환자 한 사람만 고치면 된다고 생각할 사람이 아닌 것을 우리가 알기 때문이다. 예수가 사람의 병을 낫게 하는 데 많은 시간이 걸린다면 시간 관계상 한 사람밖에 할 수 없었다고 이해할 터인데 예수는 말 한마디로 고치는 것이다.

중국 선불교에는 석가 붓다의 염화미소(拈華微笑) 또는 염화시중(拈華示衆)이라는 유명한 이야기가 전해져 온다. 석가 붓다가 여느 때와 마찬가지로 영취산에서 설법을 하게 되었다. 석가 붓다의 말씀을 듣고자 많은 무리들이 모여 석가 붓다의 얼굴을 쳐다보면서 무슨 말씀을 하시나 두 귀를 쫑긋거렸다. 그런데 붓다는 입은 다문 채로 산에 난 꽃 한 송이를 꺾어 들고 무리에게 보여주고 서 있었다. 뭇사람들은 붓다가 평소에 안 하던 그 행동에 의아해할 뿐이었다. 그런데 청중 가운데 마하 가섭이 붓다가 꽃 한 송이를 쳐든 의미를 알고 빙그레 미소를 지었다. 마하 가섭의 미소를 보고는 붓다도 환하게 웃었다 하여 '염화미소'라 한다. 그런데 이 이야기는 실화가 아니라 중국의 선불교에서 지어낸 이야기라는 것이 공론화되어 있다. 이 이야기는 말(글)로 전할 수 없는 비의의 진리를 석가 붓다가 제자 마하 가섭에게 말없는 가르침으로 전수하였다는 것이다. 그 맥을 중국 선불교가 이어 내려오고 있다는 주장을 하기 위해서 그 이야기를 지어내어 사실 이상의 사실로 전하고 있다는 것이다.

중국의 선종불교에서는 가르치지 않고 스스로 깨닫게 한다. 가르치는 교종(敎宗)을 아주 낮은 불교로 생각한다. 그들 선종의 권위와 정통을 내세우자니 염화미소와 같은 이야기도 지어냈어야 했던 것이다.

그런데 류영모는 염화미소에서 석가 붓다와 마하 가섭 사이에 말없이 오고 간 가르침을 밝히고 있다. 꽃 한 송이를 쳐든 것은 꽃을 보란 것이 아니고 꽃의 윤곽을 드러내는 허공을 보라는 것이라고 하였다. 물질세계가 한 송이 꽃이라면 그 꽃은 꽃을 보라는 것이 아니오, 꽃을 있게 한 허공 곧 하느님(니르바나님)을 드러내자는 것이라고 하였다. 류영모의 생각이 옳다고 생각한다. 류영모는 톨스토이처럼 사실이 아닌 이야기는 잘라버리자는 주장이 아니었다. 거짓에 속지는 말되 그대로 두고 거기에서 깨우침을 얻자는 생각이었다. 베짜타 못 이야기도 이쯤 알고 넘어가는 것이다. 예수는 이 세상에 몸뚱이 병 고치러 온 이가 아니라 영원한 생명을 가르쳐주려고 왔다. 예수가 38년 된 환자의 병을 고친 것은 인공위성을 만드는 과학자가 집에서 벽에 액자 걸려고 못질한 정도에 지나지 않는 것이다. 그 일에 눈이 휘둥그레질 것이 전혀 없다.

그 뒤 베짜타 못은 예수의 아름다운 꿈을 간직한 채 흔적 없이 사라져버렸다. 기원후 70년에, 그러니까 예수가 세상을 떠난 지 40년이 될 때 로마제국의 티투스(Titus)가 이끄는 로마 군인들에 의해 예루살렘 성전이 폐허가 되어버릴 때 매몰되어버렸던 것이다. 19세기에 25년(1863~1888) 동안의 발굴로 베짜타 못의 자취를 찾아내었다. 'Bethzetha'라 새겨진 비석이 나왔다고 한다.

베짜타(베데스다)란 '은혜의 장소'란 뜻이다. 이 지구가 그대로 은혜의 장소 베짜타라고 생각된다. 태평양, 대서양이 쌍못이고, 쌍못 둘레에 이래저래 길게 뻗은 대륙을 행각이라 생각할 수 있을 것이다. 인류는 그 행각에서 평생 동안 물이 움직이기를 기다리는 환자들인지도 모른다. 이 베짜타에 역사적으로 위대한 진리를 깨달은 정신인이 나타나서 정신(성령)운동을 일으킨다. 그 상징을 보여주느라고 두 바다에서 태풍이 불고 허리케인이 부는 것인지 모른다. 베짜타 못이 요동치는 것이 아니겠는가? 예수도 바로 그러한 정신인이었다. 그리하여 정신적인 성령의 물이 크게 요동쳤다. 그때 용기 있게 뛰어든 이는 정신적으로 온전함을 얻었다. 예수가 하느님 나라는 들이치는 자가 얻는다고 한 것은 바로 이것을 말한 것이라고 믿는다. 인공위성을 우주로 쏘아 올리자면 서울에서 인천까지의 거리를 1초 안에 통과하는 속도 이상이 아니면 지구의 중력권을 벗어나지 못한다고 한다. 우리가 세상에 대한 집착을 끊고 하느님 나라에 솟나자면 예수의 '들이치는 이'라는 표현을 알 수 있을 것이다.

호사다마(好事多魔)라는 말이 있다. 예수가 38년 된 병자를 고쳐준 일로 인해서 바리사이인들이 안식일을 범했다고 시비를 걸어온 것이다. 이런 억지가 어디 있으며 이런 생떼가 어디 있는가? 이런 억지와 생떼를 옛날 사람만 부리는 것이 아니다. 미국 사람 리처드 바이가르트는 《다윈에서 히틀러까지》에서 다윈의 적자생존에 의한 진화론 때문에 히틀러가 끔찍한 만행을 저지르게 되었다면서 다윈의 진화론은 인간 존엄을 해치게 한 잘못된 생각으로서 인간의 윤리와 도덕성의 신성한 기초를 손상시켰다는 주장을 하였다. 가장 보수적이라 할 로마 교황도 공식적으로 다윈의 과학적인 이론을 승인한 지금에 와서도 이런 소리를 하는 이가 있다니 어이가 없다. 다윈은 동물의 법칙, 생물의 법칙을 말한 것이지 사람의 인성을 말한 것이 아니다. 사람도 하느님이 주시는 얼(성령)로 솟나지(부활하지) 않으면 탐(貪), 진(瞋), 치(痴)의 수성(獸性)을 쫓아 사는 짐승인 것이다. 류영모는 말한다. 사람이 몸으로 짐승이지만 얼로 솟나 짐승 노릇을 하지 말자는 것이 예수와 석가의 가르침이라고 하였다. 히틀러를 좇는 무리들이 얼로 솟나지 못한 것이 잘못이지 동물의 생존 법칙을 밝힌 다윈에게 무슨 잘못이 있는가. 다윈은 동물의 생태와 화석(化石)을 읽어낸 것이지 자기가 진화의 법칙을 만든 것이 아니다.

모세가 안식일(安息日)을 정한 것은 그 나름대로 의미가 있었다. 사람이 자신과 자신의 가족을 위하여 일하느라 골몰하다 보면 하느님을 잊어버리기 쉽다. 일주일에 하루만이라도 하느님 아버지를 생각하는 날로 삼자는 것이 본 취지일 것이다. 하느님을 사랑하자는데 반대할 사람이 누가 있겠는가? 하느님을 사랑하고 또 그처럼 사람(이웃)을 사랑하자는 것은 인류가 존속하는 한 없어지지 않고 없애도 안 되는 천훈(天訓)인 것이다.

창세기에 하느님께서 천지를 창조할 때 엿새 동안 일하고 이레째에 안식했다는 이야기는 신화에 지나지 않는다. 우주 안팎으로 무소부재(無所不在)하신 하느님께서 은하 우주 태양계에 있는 지구의 날을 좇을 까닭이 없다. 하느님께서는 사람들처럼 낮에 일하고 밤에 자고 하지 않는다. 하느님께서는 일을 하시되 전자동으로 하시기 때문에 일 안 하신다. 노자(老子)가 말한 대로 아무것도 하지 않으면서 안 하는 것이 없다(無爲無不爲). 예수가 바리사이 사람들에게 말한 "내 아버지께서 언제나 일하고 계시니 나도 일하는 것이다."(요한 5 : 17)라는 말씀은 이런 뜻에서 한 말씀일 것이다. 언제나 우주의 대자연이 질서정연하게 운행되는 것을 하느님께서 일하시는 것으로 보았을 것이다.

하느님을 사랑하자는 안식일에 38년이나 병석에 누워 앓는 사람의 몸을 성하게 하였다고 그게 어찌하여 안식일을 위반한 일이 되는가 말이다. 하느님 아버지에게 물어볼 일이 아니겠는가? 하느님의 대답은 불문가지가 아니겠는가? 예수를 보고 너는 과연 내가 사랑하는 아들이라고 칭찬을 할 것이다. 그런데 바리사이파 사람들은 엉뚱한 잣대로 예수가 모세 율법을 어긴 것이라고 한다. 안식일의 취지가 본말이 뒤집힌 것이다. 예수는 하느님의 뜻을 분명히 밝혔다. "내가 바라는 것은 동물을 잡아 나에게 바치는 제사가 아니라 이웃에게 베푸는 자선이다."(마태오 9 : 13)

모세의 율법은 낭떠러지나 깊은 물가에 사람이 조심하라고 말뚝을 박아놓은 것이지 그 이상도 이하도 아닌 것이다. 그 말뚝을 뽑아 사람을 치라는 것이 모세의 뜻이 아닐 것이다. 그런데 소갈머리 없는 바리사이 사람들은 모세 율법으로 사람들을 살리는 것이 아니라 괴롭혔다. 그래서 공자가 지나친 것은 모자라는 것(過猶不及)이라고 한 것이다. 유대인들은 안식일을 철저히 지킨다고 39가지 금지 사항을 만들었다. 그것도 모자라 39가지 조항마다 또 39가지의 세목을 만들어 총 1,521가지의 금지 조목을 만들었다. 1,521가지 가운데는 안식일에는 사람이 방귀를 뀌어서도 안 된다는 규정은 안 들어 있는지 모르겠다. 뉴질랜드에서 소 방귀 때문에 공기가 오염된다고 세금을 매기려 했다지 않는가? 세금이 두려워 소가 방귀를 덜 뀌게 될까?

강압된 선(善)은 선이 아니다. 모든 게 자율적이며 성심이라야 한다. 그것을 잘 가르쳐주는 것이 예수의 탕자 비화이다. 아버지를 배신한 불효자인 탕자를 아버지께서는 날벼락 꾸중은커녕 슬쩍하는 나무람도 없었다. 잘못을 뉘우친 탕자가 말했다. "아버지, 저는 하늘과 아버지께 죄를 지었습니다. 이제 저는 감히 아버지의 아들이라고 할 자격이 없습니다."(루가 15 : 21) 뉘우친 아들에게 사랑의 아버지께서는 더욱 크게 기뻐하였다. "죽었던 내 아들이 다시 살아 왔다. 잃었던 아들을 다시 찾았다."(루가 15 : 24) 탕자 이야기로 예수와 하느님 사이의 부자 관계를 잘 읽을 수 있다. 예수는 말하였다. "아버지께서는 아들을 사랑하셔서 친히 하시는 일을 모두 아들에게 보여주신다. 그뿐만 아니라 아들을 시켜 이보다 더 큰일도 보여주실 것이다."(요한 5 : 20)

얼나를 깨달으면 사망에서 생명으로 옮긴다

요한복음 5장 24절의 말씀은 아무나 할 수 있는 말이 아니고 어디서나 들을 수 있는 말이 아니다. 멸망의 생명인 제나로 죽고 영원한 생명인 얼나($\pi\nu\varepsilon\upsilon\mu\alpha$)로 솟나(부활한) 하느님 아들이 된 사람만이 할 수 있는 말이다. 이 사실을 바로 알았다면 복음서 저자들이 예수로 하여금 그렇게 메시아의 증표라는 이적 기사(異蹟奇事)를 지어내기에 애쓸 필요가 없었을 것이다. 요한복음 5장 24절의 말씀은 석가 붓다의 핵심 사상인 4성제(四聖諦)인 고(苦), 집(集), 멸(滅), 도(道)의 사상과 완전히 일치한다.

$A\mu\eta\nu\ \alpha\mu\eta\nu\ \lambda\varepsilon\gamma\omega\ \upsilon\mu\iota\nu\ o\tau\iota\ o\ \tau o\nu\ \lambda o\gamma o\nu\ \mu o\nu\ \alpha\kappa o\upsilon\omega\nu$
Truly truly I say to you? The[one] the word of me hearing

και πιστευων τω πεμψαντι με εχει ζωην
and believing the[one] having sent me has life

αιωνιον, και εις κρισιν ουκ ερχεται αλλα
eternal, and into judgment comes not but

μεταβέβηκεν εκ του θανατου εις την ζωην
has passed over out of- death into-life.

암요, 암요. 여러분께 말씀드립니다. 이 사람이 하는 말을 알아듣고서 (아버지께서) 내게 보내신 님(얼나)을 믿는(깨닫는) 이는 영원한 생명을 얻어 막다름에 이르지 않고 사망(의 생명, 제나)에서 (영원한) 생명(얼나)으로 옮겨집니다.(요한 5 : 24, 박영호 옮김)

'나 보내신 이'(개역) '나를 보내신 분'(공동번역)이라고 옮기는 것은 잘못된 번역이라고 생각한다. '내게 보내신 님(the one)'이라고 해야 한다. 하느님께서 내게 보내신 하느님의 생명인 얼나를 믿으면(깨달으면) 영원한 생명을 얻게 된다. 그런데 나를 보내신 분이라고 하면 나의 정체인 얼나가 가려져 아버지와 아들 관계가 명확해지지 않게 된다. 또 심판으로 번역되는 크리시스(κρισις)는 영어로 'judgement'로 옮겨지는데 심판보다는 막다름이라고 하는 것이 좋겠다. 사람에게 막다름은 죽음이다.

예수 그리스도의 정체(正體)는 예수의 마음속에 하느님이 보낸 하느님의 생명인 얼나(성령)이다. 그 얼나를 받아들이는 것이 바로 예수 그리스도의 정체를 받아들이는 것이다. 류영모는 이렇게 말하였다. "내 마음에 예수 그리스도를 스승님으로 받아들이는 것은 평생 심장에 칼날을 받아들이는 것이나 마찬가지인지도 모른다. 알아준다는 뜻의 인(認) 자는 말씀 언(言)변에 칼날 인(刃)과 마음 심(心)으로 되어 있다. 심장에 칼날을 받아들이는 아픔이 있고서야 예수 그리스도(얼나)를 알게 되는지 모르겠다."(류영모,《다석어록》) 심장에 칼날을 받아들인다는 것은 제나(自我, ego)로는 죽는 것이다. 제나가 살아 있어서는 예수(얼나)를 바로 알기 어려운 것이다.

하느님의 생명인 얼나는 의식화(意識化) 전은 하느님이시고 의식화되면 하느님 아들(예수 그리스도)이다. 그래서 예수는 "아버지와 나(얼나)는 하나이다."(요한 10 : 30)라 하였다. 예수도 마음속에 하느님이 보내신 하느님의 생명인 얼나를 받아들여 님으로 모신 이다. 그래서 예수는 말하기를 "나는 무슨 일이나 내 마음대로 할 수 없고 그저 하느님께서 하라고 하시는 대로 심판(판단)할 따름이다. 내가 이루고자 하는 것은 내 뜻이 아니라 나를 보내신 분의 뜻이기 때문에 내 심판은 올바르다."(요한 5 : 30)라고 하였다.

하느님을 내 맘속에 모신다는 것은 개체의식이 온전히 깨뜨려지고 하느님의 뜻인 전체의식으로 사는 것이다. 그렇게 전체의식으로 사는(산) 모습을 보여준 이가 예수요, 석가이다. 그들은 제나로는 죽고 하느님의 아들인 얼나로 산 것이다.

"정말 잘 들어 두어라. 때가 오면 죽은 이들이 하느님의 아들의 음성을 들을 것이며 그 음성을 들은 이들은 살아날 터인데 바로 지금이 그때이다."(요한 5 : 25)

이 말씀에서 죽은 이를 무덤 속의 송장으로 알면 안 된다. 언제 무덤 속에서 송장들이 예수의 목소리를 듣고 살아난 적이 있는가? 그러면 어떤 이는 '무덤 속에 라자로가 살아나지 아니하였는가'라고 하겠지만 여기서 라자로 한 사람만 두고 하는 소리가 아닌 것이다. 어떤 이는 예수가 재림하면 무덤의 송장들이 살아난다고 하지만 예수 초림 때 없었던 일이 재림 때 있을 리도 없는 것이다.

제나로만 살고 얼나를 깨닫지 못한 이를 예수는 산 사람으로 보지 않고 죽은 사람으로 보았다. 예수는 말했다. "죽은 자들의 장례는 죽은 자들에게 맡겨두고 너는 나를 따르라."(미태오 8 : 22) 죽은 이의 장례를 어떻게 죽은 이들이 치른단 말인가? 송장들이 살아나서 장례를 치른단 말인가? 아닌 것이다. 예수는 얼나를 깨닫지 못한 이들을 산 사람으로 보지 않았다. 예수는 이처럼 얼나의 부활을 가르친 것이지 결코 송장의 부활을 가르친 일이 없다. 하느님의 생명인 얼나를 깨닫지 못한 이는 살아도 죽은 자들이라 얼나를 깨달음으로 살아나니 부활인 것이다. 예수는 육체의 부활을 말한 적이 없다. "육적인 것은 아무 쓸모가 없지만 영적인 것은 생명을 준다.(영원히 사는 것은 얼나이니 몸나는 부질없다)"(요한 6 : 63)라고 말하였다. 영원한 생명인 얼나를 깨닫지 못한 이는 예수의 기준으로 말하면 살아도 죽은 것이다. 이들은 하느님 아들의 음성을 듣고 영원한 생명인 얼나로 부활해야 한다.

　내 맘속에 있는 하느님의 씨인 독생자를 믿지 않으면 이미 멸망한 것이다. 죽을 몸을 참나로 착각하고 있는 것이다. 위(하느님)로부터 난 생명인 독생자(얼나)를 알지 못하면 그게 이미 심판받고 정죄하고 멸망한 것이다. 얼나로 솟날 생각을 안 하니까, 그것을 모르니까 이미 죽은 거다. 몸의 숨은 붙어 있지만 벌써 멸망한 것이다.

―류영모, 《다석어록》

　예수는 분명히 말하였다. "아버지께서 (내게) 보내신 이를 믿지 않으므로 마음속에 아버지의 말씀이 들어 있지 않다."(요한 5 : 38) 저 높은 곳에 계시는 하느님 아버지만 우러러보고 있으면 되는 것이 아니다. 하느님 아버지께서 내게 보내주시는 하느님 아버지의 생명인 얼나를 마음속에 간직해야 하는 것이다. 얼나가 바로 아버지의 말씀인 것이다. 아버지께서 보내신 이를 믿지 않으므로 마음속에 아버지 말씀이 들어 있을 리가 없다. 마음속에 하느님의 말씀인 얼나를 간직하고 있는 이는 기쁜 일이 있어도 슬픈 일이 있어도 언제나 하느님의 말씀이 승용차에 단 네비게이터에서 네비게이션이 들려오는 것과 같다.

예수는 사람들을 일깨우기를 "너희에게는 하느님을 사랑하는 마음이 없다는 것을 나는 잘 알고 있다."(요한 5 : 41)라고 하였다. 그 사람에게 하느님을 사랑하는 마음이 없으면 이미 죽은 생명인 것이다. 그러나 그 사람의 마음속에 하느님을 사랑하는 맘이 있으면 그는 영원한 생명을 얻은 사람이다.

롱펠로의 시에 〈화살과 노래〉가 있다. 허공을 향해 화살을 쏘았으나 땅 위 어디에 떨어지는지는 몰랐다. 그런데 뒷날 참나무에 부러지지 않은 채로 박혀 있는 화살을 발견하였다. 또 허공을 향해 노래를 뽑았으나 땅 위 어디에 떨어지는지는 몰랐다. 그런데 뒷날 친구의 맘속에 그 노래가 고스란히 담겨 있는 것을 발견하게 되었다. 내가 이 세상에서 하느님께 올리는 사랑의 기도와 감사의 찬양은 어디로 사라지는지 모른다. 그러나 뒷날 하느님의 마음속에서 찾아볼 수 있다는 것을 의심 없이 믿는다. 하느님의 품에 쌓인 것은 잃는 것이 없다. 예수가 말하였다. "재물을 땅에 쌓아두지 말아라. 땅에서는 좀먹거나 녹이 슬어 못 쓰게 되며 도둑이 뚫고 들어와 훔쳐 간다. 그러므로 재물을 하늘에 쌓아두어라. 거기서는 좀먹거나 녹슬어 못 쓰게 되는 일도 없고 도둑이 뚫고 들어와 훔쳐가지도 못한다. 너희의 재물이 있는 곳에 너희의 마음도 있다."(마태오 6 : 19~21) 마음으로 하느님을 사랑하는 것이 하늘에 보물을 쌓는 것이다.

6장

요한복음 6장

내가 바로 생명의 빵이다.
나에게 오는 사람은 결코 배고프지 않고
나를 믿는 사람은 결코 목마르지 않을 것이다. ……
아버지께서 내게 맡기시는 사람은 누구나 나에게 올 것이며
나에게 오는 사람은 내가 결코 외면하지 않을 것이다.
― 요한 6 : 35~37

5병 2어로 5천 명을 배부르게 먹이다?

사람의 몸은 어쩔 수 없이 누구나 시간·공간·인간 세 가지 사이(間)에 갇혀 산다. 예수도 정신적으로는 오늘날에도 우리와 함께 살지만 몸으로는 한정된 시간·공간 안에서 제한된 사람들과 접촉하면서 일생을 보낼 수밖에 없었다. 솟난 얼나로는 영원한 생명을 지닌 예수, 석가, 노자, 공자도 몸나로는 여느 사람과 다른 것이 없었다. 다만 크게 다른 것이 있었으니 짐승인 몸을 지녔으나 짐승 성질을 온전히 죽여 여느 사람처럼 짐승 노릇을 하지 않았다.

석가 붓다의 언행(言行)을 적은 불교 경전에 강가(황허, 갠지스) 강 이름이 드물지 않게 나오듯이 예수 그리스도의 언행을 적은 4복음서에는 갈릴래아 호수 이름이 자주 나온다. 석가 붓다가 강가 강에 자리한 사위국을 중심으로 활동하였듯이 예수는 갈릴래아 호수 근처에 자리한 가파르나움을 근거로 활동하였기 때문이다. 갈릴래아 호수는 남북의 길이가 20킬로미터, 동서의 길이가 12킬로미터나 되는 큰 호수이다. 우리나라 백두산 천지(天池)의 5배나 된다. 그리하여 갈릴래아 바다(Sea of Galilee)라고 부른다. 가파르나움 남쪽과 갈릴래아 호수 서안에 자리한 티베리아 사람들은 갈릴래아 호수를 티베리아 호수라고 부른다. 갈릴래아 호수 동편 팔레스타인 쪽은 오늘날 골란 고원이라 부르는 곳이다.

예수 일행이 티베리아 쪽으로 움직이자 많은 사람들이 예수 일행을 좇아 따라왔다. 모인 사람들이 무려 5천 명쯤 되었다고 하였다. 일본의 기독교 사상가 가가와 도요히코(賀川豊彦)는 그의 신약성서 주석서에 이 일화가 그 당시의 혁명적인 사회 분위기를 증거한다고 하였다. 시대적으로 종교나 정치 할 것 없이 미운 놈들이 거룩한 자리를 차지하고 있었으니 역사의 수레바퀴를 굴려야겠다는(revolution) 민심이 움직인 것이다. 예수는 "너희는 황폐의 상징인 흉측한 우상이 거룩한 곳에 선 것을 보게 될 것이다. 그때에는 유다에 있는 사람들은 산으로 도망가라."(마태오 24 : 15)라고 하였다. 이럴 때 외적의 침략이 없으면 내부의 혁명이 임박하였다는 경고인 것이다. "너희는 사람들 앞에서 옳은 체한다. 그러나 하느님께서는 너희의 마음보를 다 아신다. 사실 사람들에게 떠받들리는 것이 하느님께는 가증스럽게 보이는 것이다."(루가 16 : 15)

그런데 예수는 홀몸조차 머리 둘 곳 없고 두 벌 옷도 없는 처지인데 왜 5천 명의 먹을거리를 걱정하느냐는 것이다. 점심밥을 대접하겠으니 나의 강연을 들으러 오라고 초대한 일도 없는데 말이다. 사실 무리가 예수에게로 몰려 온 것은 배가 고파서가 아니라 말이 고파서 온 것이다. 그러므로 예수는 무리의 몸의 배를 배불리 먹일 걱정을 할 필요가 없었다. 무리의 맘의 주림을 채워줄 정신적인 양식인 하느님의 말씀을 마련하면 그만인 것이다. 이 사실은 예수도 잘 알고 무리도 잘 알고 있었다. 그러니 이 이야기도 만든 이야기일 가능성이 많은 것이다.

예수가 제자 필립보와 더불어 무리들에게 먹일 먹을거리 걱정을 하는 것을 보던 안드레아가 말하기를 "여기 웬 아이가 보리빵 다섯 개와 작은 물고기 두 마리를 가지고 있습니다마는 이렇게 많은 사람들에게 그것이 무슨 소용이 되겠습니까?"라고 말하였다.

톨스토이는 그의 저서《교의신학 해부 비판》에서 말하기를 모든 사람들은 이 아이처럼 모두가 제 먹을 것을 준비하게 마련이며, 그것을 내놓고 서로 나눠 먹으면 오히려 남게 된다는 것이다. 톨스토이는 예수가 5천 명 먹인 기적을 가장 합리적으로 풀었으니 박수를 보낼 만하다고 생각된다. 우리 사회가 넉넉하게 되려면 욕심을 줄이고 서로를 아끼는 사랑의 마음이 있어야 하는 것이다. 물질이 오늘날처럼 풍부한데도 서로 더 가지겠다고 욕심을 부리면 모자라게 된다.

예수, 석가를 비롯한 정신인들은 눈으로 볼 수 없는 얼의 세계를 말로 하자니 비유를 잘 쓰게 된다. 상징적인 비유, 은유적인 비유, 사실적인 비유 등 비유에도 여러 가지가 있다. 5병 2어는 예수의 상징적인 비유로 소화하는 것이 가장 좋을 것 같다. 이것을 사실대로 믿고 예수를 초능력 소지자(메시아)의 표적으로 삼는다는 것은 예수나 우리나 함께 어리석은 이가 되고 말기 때문이다. 선인들이 그런 어리석음을 저질렀다고 나까지 거기에 따라갈 필요는 없는 것이다.

예수는 "썩어 없어질 (몸의) 양식을 위하여 힘쓰지 말고 영원히 살게 하며 없어지지 않을 (얼나의) 양식을 얻도록 힘써라."(요한 6 : 27)라고 말하였다. 그러니 멸망할 몸나의 먹거리 때문에 마음 쓸 필요가 없다. 더구나 빵을 주고 나서 "너희가 지금 나를 찾아온 것은 내 기적의 뜻을 깨달았기 때문이 아니라 빵을 배불리 먹었기 때문이다."(요한 6 : 26)라는 나무라는 투의 이야기를 할 필요가 없다. 복음서를 지은 이들은 예수가 행한 이적 기사를 가지고 예수를 메시아의 증표로 삼고자 하려는 저의가 보이나 예수는 자신이 메시아임을 인정받고자 한 일이 없다. 예수는 자신이 깨달은 얼나로 하느님 아들임을 알아주기를 바라고 다른 이들도 얼나를 깨달아 얼나로 하느님 아들이 되기를 바랐을 뿐이다. 이에 5병을 예수의 5계명으로 보고자 한다.

1. 남에게 성내지 말라.
2. 음심을 품지 말라.
3. 나쁜 맹세는 하지 말라.
4. 악에 앙갚음하지 말라.
5. 외국인(이교도)을 사랑하자.

—마태오 5 : 21～48

예수의 이 5계명을 가장 철저하고 가장 올바르게 연구한 이가 톨스토이이다. 그의 저서 《종교의 요체》는 바로 그가 5계명을 연구한 내용이 실린 저서이다. 간디, 류영모 등이 감명 깊게 읽은 책이다. 예수의 5계명이란 말은 톨스토이가 처음으로 썼다. 다른 이는 예수의 가르침을 좇는다면서 모세의 10계명만 알고 예수의 5계명은 모른다. 모세의 10계명은 잊어도 되지만 예수의 5계명만은 잊어서는 안 된다.

2어는 구약에서부터 내려오며 예수도 큰 계명으로 인정한 2대계명이다.

서기관(율법 교사) : 선생님 율법서에서 어느 계명이 가장 큰 계명입니까?
예수 : 네 마음을 다하고 목숨을 다하고 뜻을 다하여 주님이신 너희 하느님을 사랑하라. 이것이 가장 크고 첫째 가는 계명이고 네 이웃을 네 몸과 같이 사랑하라는 둘째 계명도 이에 못지않게 중요하다. 이 두 계명이 모든 율법과 예언서의 골자이다.
—마태오 22 : 36~40

이 첫째 계명은 신명기 6장 5절에 나온다. 이 둘째 계명은 레위기 19장 18절에 나온다. 이 두 계명을 5병 2어의 2어로 알자는 것이다. 그러면 5병 2어로 하느님 말씀의 근간을 붙잡은 것이 된다. 미국의 링컨 대통령은 미국의 역대 대통령 가운데 가장 존경받는 인물이다.

링컨은 비둘기처럼 순결하고 뱀처럼 지혜로운 훌륭한 크리스천이었다. 그는 대통령 당선 축하 연회에도 술을 쓰지 않을 정도로 철저하였다. 그런데 그는 도무지 교회에 나갈 생각을 하지 않았다. 링컨은 자신이 하느님을 사랑하고 예수님을 본받고자 하면서도 교회에 나가지 않는 까닭을 밝혔다. "교회들이 내거는 교리들을 치우고 이 두 큰 계명만 내세운다면 나도 교회에 나가겠다."(김교신,《링컨 전기》) 이 사람도 그 생각에 아멘이다.

예수는 5병 2어로 5천 명이 아니라 2천 년 동안 5천억도 더 되는 많은 사람들의 마음의 주림을 채워주었다. 복음서에서 5병 2어는 5천 명을 배불리 먹이고도 주운 부스러기만도 열두 바구니라고 하였다. 5계명 이외에 수많은 금언의 단장(斷章)들이 부스러기일 뿐이다. 영어의 프래그먼트(fragment)에는 부스러기와 함께 단장(斷章)이란 뜻도 있다.

또 복음서에 예수가 갈릴래아 호수 물 위를 맨발로 걸어 다녔다는 기록이 나온다. 베드로도 스승 예수를 따라 물 위를 걷다가 거센 바람을 보고 무서운 생각이 들자 물에 빠지고 말았다. 베드로가 '주님 살려주십시오.' 하고 비명을 질러 예수가 곧 손을 붙잡아 살려주었다는 것이다. 이것도 상징적인 비유이다. 그대로 사실이라 믿는다면 어리석은 사람이 될 뿐이다. 예수그리스도도마뱀은 참으로 물위를 걸어서 달리기까지 한다. 그래서 이름도 예수그리스도도마뱀이라 불린다. 물에도 수막이 있어 물엿장수는 수막 위로 곧잘 뛰어다닌다. 그러나 물과의 비중 상 사람이 물 위를 걷는다는 것은 불가능한 일이다. 사해(死海)같이 염도가 여느 바다보다 10배 높은 곳에서는 물에 빠져 죽고 싶어도 빠져 죽을 수 없다. 부력이 너무 세어 빠지지 않기 때문이다. 그러나 예수가 사해에 갔다는 말은 없다.

강원도 소양호에는 소아마비로 지체가 자유롭지 못한 한 장애인이 배를 타면서 물고기를 잡아 생계를 꾸려 가고 있다. 이 사람은 물 속에 드러누워 몇 시간이고 평안히 쉰다. 결코 헤엄을 치는 것이 아니다. 그런데 그 비법이 마음을 비우면 몸이 저절로 붕 뜬다고 한다. 반대로 욕심을 내거나 성을 내면 물에 뜨지 않고 빠져 들어간다는 것이다. 1969년 '세계종교연합법황청'을 창설한 방수원은 작은 배 모양의 물신을 신고 한강을 건너려다가 실패하였다. 사람들은 일찍부터 배를 만들어 물 위에 띄어 지구 위 못 가는 데 없이 다니고 있다. 새삼스럽게 물 위를 걸어 다니려는 어리석은 생각을 할 필요가 없다.

그러나 참으로 두려워해야 할 것은 오욕의 물결이 넘실대는 이 세상이라는 욕망의 바다에 빠져 패가망신하는 것이다. 예수는 이 욕망의 바다에 발목도 빠지지 않고 걸어갔다. 그리하여 짐승 노릇을 하지 않았다. 참으로 존경스러운 것은 갈릴래아 호수 위를 걸어가서가 아니라 세상이란 욕망의 바다 속으로 빠지지 않고 성큼성큼 걸어갔다는 사실이다. 예수가 이룬 형이상의 이적 기사는 오늘 우리의 눈앞에도 보이는 사실이라 찬탄을 금하지 못한다. 그 앞에 고개가 절로 숙여진다.

보내신 이를 믿는 것이 하느님의 일

사람들이 예수에게 물었다. "우리가 어떻게 하여야 하느님의 일을 하오리까?" 예수가 대답하였다. "하느님께서 보내신 이를 믿는 것이 곧 하느님의 일을 하는 것이다."(요한 6 : 28~29) 이 말은 예수가 한 말씀 가운데서도 소중한 말씀이다. 그러나 아무리 소중한 말씀을 들었어도 바로 알아듣지를 못하면 못 들은 것과 다름없다. 그런데 이 말씀을 바로 알아들은 이가 몇 사람이나 될까? 이 사람이 보기에는 안타깝게도 몇 사람 안 되는 것 같다.

하느님이 보내신 이는 과연 누구일까? 많은 크리스천들은 왜 그런 것을 묻느냐고 할 것이다. 그리스도인 예수이기 때문이다. 예수가 과연 이렇게 말할 수 있을까? 예수가 스스로 자기 자신을 '하느님이 보내신 이'라고 믿는 것이 하느님의 일을 하는 것이라고 큰소리칠 수 있을까? 선한 선생님이라고 부르기만 하여도 "왜 나를 보고 선하다고 하느냐. 하느님 한 분만이 선하시다."라고 한 지극히 겸손한 예수이다. 예수는 누구보다 먼저 하느님께서 보내신 이를 믿고 하느님의 일을 하고 있는 사람이었다. 나도 예수처럼 하느님께서 보내신 이(얼나)를 참나로 믿어야 한다. 이것이 예수의 가르침을 바로 알아듣는 것이다. 예수의 보혈로 속죄 받는 것을 믿는다고 보내신 이를 믿는 것이 아닌 것이다.

예수를 비롯한 모든 사람의 몸나는 비록 어머니를 통해 이 세상에 나왔지만 하느님이 보내신 이라고 할 수 있을 것이다. 내 몸이지만 몽땅 거저 받았기 때문이다. 어머니의 수고가 크다면 크지만 하느님의 은혜에 비기면 그 수고가 아무것도 아니다. 그러므로 지혜로운 어버이는 자신들이 낳아 기르는 자식도 내 자식이라고 생각하지 않고 하느님의 자녀를 맡아 기른다고 생각한다. 그러나 사람의 몸을 '하느님이 보내신 이'라고 해서는 안 된다. 하느님이 보내신 이는 하느님의 생명인 성령의 얼나를 말하는 것이기 때문이다. 류영모가 이를 분명하게 밝히고 있다.

예수의 생명과 하느님의 생명은 얼생명으로 한 생명이다. 예수의 몸나는 몸의 어버이가 낳았지만 예수의 얼생명은 광야에서 기도하는 동안에 스스로 깨달았다. 깨달았다는 것은 하느님으로부터 받은 것이다. 예수의 얼을 씨라고 하면 하느님의 얼은 나무에 비길 수 있다. 씨는 어디서 왔느냐 하면 나무에서 왔다. 나무가 씨의 근원이다. 이처럼 예수의 얼생명은 하느님으로부터 왔다. 씨는 싹트면 나무가 되듯이 예수의 얼은 하느님의 씨다. 예수도 나도 얼로는 모두 하느님의 씨다. 씨가 싹터 자라서 나무가 되어 하느님께로 돌아가야 한다. 형이상(形而上)에는 하느님이신 나무가 한 그루 있을 뿐이다. 예수의 얼나를 믿으니 내 얼나도 믿어야 한다. 얼나를 믿으니 하느님 아버지도 믿어야 한다. 얼생명으로는 한생명이다. 얼나를 믿는 것이 예수를 믿는 것이고 하느님을 믿는 것이다. 예수와 나는 얼로는 같은 하느님으로부터 온 씨다. 예수가 먼저 익은 열매라면 나도 익어서 영근 열매가 되어야 한다.

—류영모, 《다석어록》

  예수가 광야에서 깨닫고 석가가 부다가야에서 깨달은 것이 하느님이 보내신 이, 얼나가 참나인 것을 깨달은 것이다. 그래서 사람들에게도 하느님께서 보내신 이를 믿는 것이 하느님의 일이라는 것을 가르쳐주었다. 그런데도 하느님께서 보내신 이, 곧 영원한 생명인 얼나를 믿는 사람이 지극히 적다. 그것은 무엇보다도 예수의 가르침을 바로 가르치지 않고 바로 배우지 못한 까닭이다. 하느님께서 영원한 생명인 얼나를 예수, 석가에게만 보내고 간디, 류영모에게만 보낸 것이 아니다. 모든 사람에게 똑같이 보낸다. 그런데 깨닫는 사람이 극소수에 지나지 않는 까닭은 사람들이 어버이가 낳아준 제나[自我]가 참나가 아니라는 것을 알지 못하였기 때문이다. 반드시 거짓나인 제나로는 죽어야 얼나를 깨닫게 된다.

  자기의 짐승 바탈[獸性]을 태워버리고 다른 새 하늘 바탈[靈性]을 잇대놓고 자꾸 나가는 것입니다. 그렇지 않고 무엇으로 하느님 아버지의 아들이라고 자처할 수 있겠습니까? 자꾸 하느님 아버지를 내세우는 것은 자기가 하느님의 아들로 인정받으려고 노력하는 것입니다.

—류영모, 《다석강의》

하느님이 보내신 영원한 생명인 얼나를 '참나'로 깨달으면 짐승인 제나[自我]에 대한 사랑(집착)은 자꾸만 줄고 하느님 아버지에 대한 사랑은 자꾸만 늘어난다. 하느님 아버지에 대한 사랑을 맹자는 존심양성(存心養性)이라고 하였다. 줄여서 양심(養心)이라고 한다. 양심 막선어과욕(養心 莫善於寡欲, 마음을 수양하는 데는 욕심을 적게 하는 것보다 좋은 것이 없다)이라고 하였다. 하느님에 대한 사랑의 마음을 기르는 데는 욕심을 적게 하는 것보다 더 좋은 것이 없다는 말이다.

하느님이 보내신 이 얼나가 참나임을 깨달으면 하느님 아들이다. 하느님 아들이 되어 하느님 아버지와 부자유친(父子有親)의 천륜(天倫)을 회복하는 것이다. 이것이 하느님의 일이다. 하느님이 보내신 이 얼나를 참나로 깨달아 하느님 아들이 된 예수는 사람들이 본받기 어려우리만큼 하느님 아버지에게 효도를 다하였다.

> 나는 내 뜻을 이루려고 하늘에서 내려온 것이 아니라 나를 보내신 분의 뜻을 이루려고 왔다. 나를 보내신 분의 뜻은 내게 맡기신 사람을 하나도 잃지 않고 마지막 날에 모두 살리는 일이다. 그렇다. 아들을 보고 믿는 사람은 누구나 영원한 생명을 얻게 하는 것이 내 아버지의 뜻이다. 나는 마지막 날에 그들을 모두 살릴 것이다.
> ─요한 6 : 38~40

하느님 아버지의 뜻은 모든 사람이 얼나를 깨달아 하느님 아들이 되는 것이다. 얼나는 하느님의 생명인 영원한 생명이다. 모든 사람이 멸망의 생명에서 벗어나 영원한 생명을 얻기를 바라는 것이다. 그 뜻을 이루는 데 먼저 영원한 생명을 깨달은 이가 앞장서게 된다. 예수가 본을 보여준 것이다.

우리 앞에는 영원한 생명인 얼(성령, 진리)줄이 드리워져 있다. 이 우주에는 도(道)라 해도 좋고 법(法)이라 해도 좋은 얼줄이 영원히 드리워져 있다. 우리는 이 얼줄을 버릴 수도 없고 떠날 수도 없다. 이 한 얼줄을 생각으로 찾아 잡고 좇아 살아야 한다. 이 얼의 줄, 정신의 줄, 영생의 줄, 말씀의 줄에 따라 살아가야 한다.

―류영모,《다석어록》

류영모가 영원한 생명인 얼줄이라 한 것은 없는 곳이 없는 하느님의 얼이지만 하느님의 얼이 내 맘속에 와 닿는 깨달음의 긋(點)이다. 절대의 생명이 상대세계(마음)에 분출하는 돈오의 순간이다. 그 긋이 시간상으로는 선(줄)으로 느껴지게 된다. 그래서 얼줄이라고 한다. 벽암록에도 "얼굴 앞에 한 올은 오랫동안 틈이 없다(面前一絲長時無間)."고 하였다.

마지막 날에 모두 살린다는 말에서 마지막 날을 유대 민족의 종말관 신앙에서 온 대심판의 날로 아는 것은 크게 잘못 아는 것이다. 지구의 종말이 오는 것은 과학자들도 인정하지만 이스라엘 민족이 말하는 그런 마지막 날은 오지 않는다. 그것은 이스라엘 민족의 백일몽에 지나지 않는다. 예수가 말한 마지막 날은 짐승인 제나(自我)가 거짓나인 줄 아는 날이요, 짐승인 제나로 죽고 하느님 아들인 얼나로 솟나는(부활하는) 날이다. 류영모가 이 마지막 날에 대하여 시원스러운 말을 하였다.

> 시작해서 끝나는 것은 몸의 세계다. 그러나 상대(相對)를 끝맺고 시작하는 것은 얼의 세계다. 나서 죽는 것이 몸나이다. 얼나는 제나(自我)가 죽어서 사는 삶이다. 말하자면 형이하(形而下)의 생명으로 죽고 형이상(形而上)의 생명으로 사는 것이다. 몸나로 죽을 때 얼나가 드러난다. 그러므로 몸나의 인생을 단단히 결산하고 다시 얼나의 새 삶을 시작한다. 몸삶을 끝내고 얼삶을 시작한 얼삶에는 끝이 없다. 그래서 얼나는 영원한 생명이다.
> ─류영모,《다석어록》

짐승인 제나로 죽고 하느님 아들인 얼나로 솟나는 것이 하느님의 일을 하는 것이다. 하느님의 일을 하는 것이 하느님 아버지를 섬김이다. 일 사(事)가 섬길 사(事)이다. 하느님의 일을 하는 것은 곧 기도하는 일이다. 제나로 죽고 얼나로 솟나는 기도를 하는 이를 하느님이 찾는다고 하였다. 달걀을 품은 어미닭이 깨 나온 병아리를 찾는 것과 같이 하느님 아버지께서는 아버지께서 보내신 얼로 솟난 하느님 아들을 찾으신다. 그것은 너무나 당연한 일인 것이다.

  석가도 그러하였지만 예수는 언제나 조용한 곳을 찾아 하느님 아버지께 기도하였다. 오늘날 요란을 떠는 사람들처럼 명상 기도를 기술적으로 가르치지 아니하였다. 갓난아기는 가르치지 않아도 어머니 젖을 빨 줄 알듯이 하느님 아들은 아버지의 얼(성령)을 마실 줄 안다. 예수는 제자들이 기도하는 법을 가르쳐 달라고 조르자 기도의 말씀을 가르쳤다. 거기에 '나라이 임하옵시며'라는 말이 나온다. 그 나라가 하느님의 생명인 얼인 것이다. 우리 가정에 수돗물이나 전깃불이 줄곧 오듯이 하느님의 얼이 줄곧 오고 있는 것이다.

  예수가 가르쳐준 기도문에 나라는 얼의 나라, 얼의 나이다. 얼에는 나라와 나가 다르지 않다. 얼이란 유일(唯一) 절대(絕對)하기 때문이다. 땅 위에서 이루는 나라는 쫓아갈 필요가 없다. 세상의 나라를 쫓아간 것이 오늘날 이러한 나라를 만들고 말았다. 본 생명의 자리인 얼나를 세워나가야 한다. 그러지 않으면 나라는 서지 않는다. 자기의 참나(얼나)를 찾은 다음에야 그 나에서 떠날 수 없다. 그렇게 되면 영원한 생명을 붙잡은 것이다.

―류영모, 《다석어록》

내 살 먹고 내 피 마셔라

기상천외(奇想天外)한 이야기를 많이 들려주는 사람으로는 중국의 장자(莊子)가 가장 으뜸일 것이다. 장자의 나비 꿈 이야기, 포정 이야기 등 수많은 이야기에 망연자실(茫然自失)해진다.

그런데 예수, 석가도 파천황(破天荒)의 말씀을 누구 못지않게 많이 하였다. 예수의 말씀 전체가 다른 사람에게서는 들을 수 없는 미증유(未曾有)의 금언들이다. 그 가운데도 여기에 "내 살을 먹고 내 피를 마시는 사람은 영원한 생명을 누릴 것이며 내가 마지막 날에 그를 살릴 것이다. 내 살은 참된 양식이며 내 피는 참된 음료이기 때문이다." (요한 6 : 54~55)는 지금 우리가 들어도 섬뜩하기까지 하다. 그러나 이런 이야기는 역사적으로 예수밖에 한 사람이 없는 놀라운 말씀이다. 예수는 "상한 갈대도 꺾지 않고 꺼져 가는 심지도 끄지 않으리라."(마태오 12 : 20)고 한 사람인데 어찌 이런 끔찍한 말을 하였는지 모르겠다. 그때의 사람들도 예수의 이 말씀을 감당치 못하여 예수를 떠나갔다고 복음서 저자가 전하고 있다.

예수의 이 말씀을 알아듣기 어렵기는 요즘 사람들도 마찬가지다. 예수의 말씀을 쉽게 알아들을 수 있는 열쇠는 마지막 날에 얼나로 산다는 말이다. 그 마지막 날은 앞에서 언급한 바와 같이 제나[自我]가 멸망의 생명인 것을, 아무것도 아닌 것을 아는 날이다. 이제까지는 몸에서 피 한 방울만 솟아도, 가시 하나만 박혀도 몸이 어떻게 될까 봐 어쩔 줄을 모른다. 그러나 영원한 생명을 깨닫고 나면 거짓나인 몸나는 언제 죽어도 상관없는 것이다.

То πνευμα εστιν το ζωοποιουν η σαρξ ουκ
The spirit is the[thing] quickening the flesh not

ωφελει ουδεν τα ρηματα α εγω
profit nothing the word which I

λελαληκα υμὶν πνεμα πνευμα εστιν και ζωη εστιν
have spoken to you spirit and life is.

얼나를 깨달아야 한다. 몸나는 부질없다. 나는 너에게 얼생명에 대해서 말한다.(요한 6 : 63, 박영호 옮김)

예수는 몸과 맘으로 된 멸망의 생명인 제나(自我)를 극복하고 초월하라는 이야기를 내 살을 먹고 내 피를 마시라고 한 것이다. 다시 말하면 제나의 극복(克服)이다. 피와 살, 곧 혈육(血肉)은 제나의 몸을 가리키는 말로 자신(自身)이다. 거짓나인 자신을 극복하는 것이 내 살 먹고 내 피 마시는 것이다. 내 몸만 극복할 것이 아니라 예수의 몸, 석가의 몸도 극복해야 할 대상이다. "만일 내 몸을 보거나 내 목소리를 듣는 이는 잘못 보는 어리석음이다. 이 사람은 붓다를 모른다(其有見我色 若以音聲聽 斯爲愚邪見)."(《불설이구시경》)고 한 석가의 말이 바로 예수가 내 살 먹어라, 내 피 마시라는 말과 같은 말이다.

류영모는 같은 뜻의 말을 이렇게 표현했다. "이 껍데기 몸으로 말하면 어쩔 수 없이 어머니 모태(母胎)에서 나왔다. 이 몸은 땅에서 나와 땅으로 간다. 위에서 온 얼은 위로 간다. 하느님의 얼이 영원하면 하느님이 주신 우리의 얼도 영원하다는 생각을 가져야 한다. 하느님께서 내게 보내주신 하느님의 얼(싱령)이 나의 얼나(영혼)이다."(류영모,《다석어록》) 예수나 석가는 자신의 몸조차도 맘의 눈으로 넉어치우고 몸(혈육) 너머에 있는 영원한 생명인 얼나를 보아 달라는 것이다. 그러기 위해서 먼저 각자 자신의 제나를 넘어서서 얼나를 깨달아야 한다. 그러나 예수의 가르침을 좇겠다는 이들 가운데 몇 사람이나 이 말을 바로 알아들었을까? 오늘날까지도 예수의 얼나는 못 보고 몸뚱이 둘레만 돌고 있다. 내가 떠나가는(죽는) 것이 좋다고 한 예수를 몸으로 다시 살리기까지 하는 헛수고를 한 것이다.

류영모의 이 말은 더욱 폐부를 찌르는 바른 말이다. "서로의 속알(얼나)을 내놓는 것같이 좋은 일이 없다. 동지(同志) 지기(知己)라는 게 서로의 속나인 얼나를 내놓는 것이다. 얼굴 속의 얼나를 보이야 하지 않겠는가? 우리는 남의 얼나를 못 보고 그저 가긴가?"(류영모,《다석어록》) 이제라도 예수를 바르게 믿으려면 예수의 말씀대로 혈육(血肉)의 예수를 극복해야 한다.

몸은 증자(曾子)처럼 소중히 간직할 줄도 알아야지만 예수처럼 버릴 줄도 알아야 한다. 하느님께서 주신 것이라 소중히 간직해야 하지만 하느님께서 필요하시다면 성큼 돌려드릴 줄도 알아야 한다. 조선조 선조 시대에 기생 홍랑이 고죽(孤竹) 최경창을 사랑하였다. 사랑하는 님이 살았을 때는 님을 위해 자기 얼굴에 화장을 하였다. 그러다가 사랑하는 님이 먼저 세상을 떠나자 자기의 얼굴에 상처를 내어 절개를 지켰다. 제 얼굴을 꾸민 것도, 상처낸 것도 님을 사랑하기 때문인 것이다. 제나(自我)는 몸과 마음으로 되어 있다. 몸뿐 아니라 맘도 죽여야 얼나가 나타난다.

그리스도 교회에서는 그래도 예수가 말한 "내 살을 먹고 내 피를 마셔라."라는 끔찍한 말이 중요한 줄은 알고 오늘날에도 빵을 예수의 살로, 포도주를 예수의 피로 알고 성찬의식을 하고 있다. 그런데 그 바른 뜻을 헤아리지 못하면 아무리 여러 번 성찬의식을 한다 하여도 실효가 없는 헛일에 지나지 않는다. 예수 말씀대로 제나의 혈육(血肉), 곧 몸나를 극복하였으면 영원한 생명인 얼나를 깨달아 찾았을 것이다. 그런데 성찬의식이 의식으로 그치니 아무리 여러 번 성찬의식을 하여도 무의미할 뿐이다.

몸나의 예수를 아는 것과 얼나의 예수를 아는 것은 아주 다른 것이다. 몸나의 예수를 예수로만 아는 이는 예수를 모르는 이지 아는 이가 아니다. 예수가 내 살 먹어라, 내 피 마셔라라고 자극적으로 말한 것은 잊지 말라고 그렇게 말한 것으로 보인다. 그렇게 자극적으로 말을 하여 잊어버리지 않는 것까지는 좋은데 그 뜻을 모르고 있으니 잊어버린 것보다 낫다고 할 것도 없다. 예수의 말씀대로 제나를 극복하고 얼나를 깨달은 이가 적으니 말이다.

예수는 말하였다. "그렇다고 해서 아버지를 본 사람이 있다는 것은 아니다. 하느님께로부터 온 이밖에는 아버지를 본 사람이 없다. 정말 잘 들어두어라. (얼나를) 믿는(깨달은) 사람은 누구나 영원한 생명을 누린다."(요한 6 : 46~47) '하느님께로부터 온 이'란 얼나이다. 얼나는 하느님의 생명인 얼(성령)인 것이다. 그러니 하느님을 모를 수 없는 것이다. 예수가 하느님의 존재에 대해서 말하지 않은 것은 말할 필요를 느끼지 못했기 때문이다. 얼나를 깨달으면 계시는 것은 하느님뿐인데 무슨 말이든 할 필요가 없다. 하느님이 있느니, 없느니라는 말을 하는 것은 자신이 있느니 없느니 하는 것보다 더 웃기는 일인 것이다. 계시는 것은 하느님뿐이고 만물은 모두가 하느님의 속물인 것이요, 하느님의 변태인 것이다. 오직 우리가 얼나를 깨달아야 한다는 것은 하느님의 정체(正體)에 이르기 위한 것이다. 그러기 위해서 몸을 극복하고 또한 몬[物]을 극복해야 한다.

류영모는 한 걸음 더 나아가 밥 먹는 데, 식욕(食慾)의 노예가 되지 않기 위하여 예수의 성만찬 정신을 살리고자 하였다.

하느님 아들 예수가 지내온 것을 생각해보면 예수가 하느님의 참 아들 노릇을 하였음을 알 수 있습니다. 하느님의 아들 노릇을 하는데 아주 몸까지 희생하였습니다. 하느님께 바치는 제물이 되었다는 말입니다. 그 후에 무엇을 먹을까, 무엇을 마실까 하는 생각이 나와야 합니다. 우리가 먹고 마시는 것은 욕심에서 나옵니다. 이러한 욕심 때문에 먹고 마시는 정신은 버려야 합니다. 우리가 먹고 마시고 지내는 것은 희생의 제물이 된 예수의 피요, 살입니다. 이것을 알고 먹는 것이 곧 성찬입니다. 성만찬이라고 능청스럽게 그 시간만 무엇을 느끼는 것같이 하는 것은 안 됩니다. 전에는 성찬을 애찬 또는 회식이라고 하였습니다. 먹을 때마다 성찬으로 생각해서 먹고 감사할 줄 알아야 합니다. 이 사람이 이 세상을 떠나면 이 사람의 얼굴과 몸은 다 잊어도 좋은데 상의극치일정식(嘗義極致日正食) 이 한마디만큼은 기억해주십시오. '상의극치일정식'은 제사이고 성찬입니다. 애식과 회식의 정신으로 먹는 것이 상의극치인데 성찬은 제사의 근본입니다. 우리가 날마다 성찬처럼 먹고 마시는 것을 결국 예수의 살과 피로 알면 체증을 모르고 속이 거북한 것도 모를 것입니다. 전부 피가 되고 살이 될 것입니다.

―류영모,《다석강의》

님께 영생의 말씀이 있사온데 어디로 가나?

예수는 나를 잡아먹으라고 하였지만 불교에서는 석가를 죽이라(殺

佛)는 말을 곧잘 한다. 몸의 예수를 예수로 알면 참 예수인 얼의 예수를 모르게 된다. 몸의 붓다를 붓다로 알게 되면 참 붓다인 얼의 붓다를 모르게 된다. 자기 자신도 마찬가지다. 어버이가 낳아준 몸을 참나로 알면 참나인 얼나를 모르게 된다. 그래서 제나를 잡아먹고 죽이라는 것이다. 그렇다고 말 그대로 잡아먹고 죽이라는 말이 아니다. 아무것도 아닌 것으로 알라는 것이다. 그 말을 귀가 번쩍 뜨이게 과격한 표현을 쓴 것뿐이다.

슬기로운 이는 우리가 애지중지하는 몸이 방귀보다 나을 것이 없는 것을 안다.

우리의 삶이란 사형수의 집행유예 기간이다. 사형수가 향락을 하다니 요절복통할 일이다. 이 몸은 비눗방울 같은 거다. 어떤 것은 일찍 꺼지고 어떤 것은 좀 오래 있다가 터진다. 이 몸뚱이란 그런 거다.

―류영모, 《다석어록》

석가 붓다가 태자일 때 출가하여 6년 동안 고행하면서 한 일이란 방귀보다 못한 이 '나'란 무엇인가를 생각한 것이다. 그리하여 깨달은 것이 생멸무상(生滅無常)한 이 현상의 물질세계 너머에 무변영생의 얼의 나라가 있다는 것이다. 그것이 니르바나님의 세계이다. 이 사람도 방귀보다 덧없는 몸나 너머에 니르바나와 이어진 영원한 생명인 다르마(Dharma, 얼나)가 참나인 것을 깨달았다. 몸나는 나서 죽지만 얼나는 오고 가지를 않는 영원한 생명인 것이다. 류영모는 이렇게 말하였다.

학문의 시작은 자각(自覺)부터이다. 자각이 없는 사람은 아무리 학문이 많다고 해도 죽음의 노예에 불과하다. 우선 남을 보기 전에 나를 보아야 한다. 거울을 들고 나를 보아야 한다. 거울은 옛날부터 내려오는 말씀이다. 경(鏡)은 경(經)이다. 이 거울 속에 비춰지는 참나(얼나)가 있다. 말씀(로고스)이 바로 참나(얼나)이다. 가온찍기(「·」)이다. 말씀을 풀어보는 동안에 가온찍기는 생각 속에 말씀(로고스)이 나타나는 것이다. 하느님의 생명인 얼나가 나타나는 것이다. 이 세상에 많은 사람들이 참나(얼나)를 무시한 채로 살고 있다. 참으로 기막히는 일이다. 이 세상에서 참나처럼 값비싼 것이 없는데 이를 무시하고 덧없이 살고 있다.

―류영모, 《다석어록》

예수의 말씀이 어렵다, 지나치다 하여 많은 사람들이 떠나갔다. 밀물처럼 밀려온 무리가 썰물처럼 빠져 나가고 가까이 지내던 제자들 여남은 사람만이 남아 있었다. 그러자 예수가 그 제자들에게 물었다. 너희들도 가려느냐. 그때 시몬 베드로가 나서서 대답하기를 "주님, 주님께서 영원한 생명을 주는 말씀을 가지셨는데 우리가 주님을 두고 누구를 찾아가겠습니까?"(요한 6 : 68)라고 하였다.

베드로를 비롯한 몇 사람의 제자는 그들이 좇는 스승인 예수가 여느 사람과는 다르다는 것을 느끼는 정도인 것이다. 그러니 '우리가 스승님을 두고 누구를 찾아가겠습니까'라고 하고도 스승을 버리고 나 혼자 살겠다고 달아나기도 했다. 류영모는 이렇게 말하였다. "당나귀 귀는 로고스(말씀)를 못 듣는다. 우리의 귀가 당나귀 귀와 같이 지어졌다. 귀 있는 자의 귀는, 하느님의 아들인 참나의 귀는 하느님의 말씀을 듣는 귀다. 여인과 꽃이 아름답다고 모여들고 진리의 불꽃이 뜨겁다 하여 물러서는 일은 참으로 슬픈 일이다."(류영모,《다석어록》)

불가(佛家)의 사람들이 흔히 입에 올리는 말이 있다. '오는 이 막지 않고 가는 이 잡지 않는다'는 것이다. 본디 떠날 리(離)자는 뱀과 새가 만난 것을 그려놓은 회의문자이다. 뱀과 새는 사이가 좋지 않다. 서로 제 갈 길을 가는 것이 제일 좋은 것이다. 나 보기가 역겨워 가실 때는 말없이 고이 보내드리는 것이다. 함께 있어 보아야 갈등만 일으킨다.

얼나를 깨달은 사람은 아주 적다. 60억 인류 가운데 백 사람이 안 될 수도 있고, 열 사람이 안 될 수도 있다.

묵은 떡 덩어리에 낀 곰팡이 한 알갱이 같은 존재인데 내 속에 으뜸인 하나(절대)에서 나온 이상한 것, 바른 것, 근본인 것이 하나 있는데 이는 하느님 씨인 얼나이다. 이것을 인식하려고 하는 것이 삶의 지상(至上) 목표다. 그런데 이 세상에는 이 하느님의 씨를 싹틔운 사람이라고는 몇 안 된다. 얼나의 씨를 싹틔운 사람을 이 사람은 별로 보지 못했다. 이 세상에 몇천 년의 역사가 흘렀어도 얼나의 씨가 싹튼 사람이 있는 것 같아 보이지 않는다. 최후의 승리를 한다는 이것이 아직 그 참뜻이 어디에 있는지 모른 채 멸망할 제나만을 바라보는 이러한 세상에 싹튼 사람이 있을 리가 없다. 사람들의 얼씨가 싹트고 안 트고는 별 문제로 하고 이 사람도 싹이 텄는지 안 텄는지 모르겠다. 싹이 트는지 안 트는지도 모르는 가운데 정신적인 살림이 구차하나마 이렇게 사는 것을 자랑하고 싶다. 언제나 마음이 평안하다.

—류영모,《다석어록》

그래서 얼나로 솟난 진인(眞人)들은 얼나로 솟난 진인을 찾는다. 공자는 찾다 찾다 못 찾으니 "나를 알아주는 분은 하느님뿐이로다(知我者天乎)."라 하였다. 그 심정은 예수도 공자와 다를 바 없었을 것이며 류영모도 그랬다. "죽은 사람 앞에서 통곡할 것은 이 사람도 아무도 못 만나고 갔구나, 나도 누구 하나 못 만나고 갈 건가 하는 생각이다. 알아주는 사람을 하나도 못 만나고 거저 왔다 간단 말인가? 먼저 자기를 알아야 한다. 참나를 안다면 남도 알 수 있다."(류영모,《다석어록》) 불교에서는 얼나를 깨달은 붓다를 만나기가 얼마나 어려운지 3천 년에 한 번 꽃이 핀다는 우담바라(Udambara) 꽃 보기처럼 어렵다는 말이 있다. 장자는 아예 "만세 뒤에 대성자를 한 번 만나 그 말씀을 풀어 안다면 이것은 아침저녁에 만나는 것이다(萬世之後一遇大聖

知其解者 是旦暮遇之也)."(《장자》 재물론 편)라고 하였다. 얼나를 깨닫는 성자들은 얼나를 깨닫기 전에도 외롭고, 깨달은 뒤에도 외롭다. 외롭기 때문에 더욱 오로지 하느님 아버지를 사랑하게 된다. 하느님의 아들이 된 성자들은 하느님 아버지와 부자유친(父子有親)을 이루어 내 속에 아버지가 계시고 아버지 속에 내가 있어 하나(一致)를 이루었기 때문에 외로움이란 없다. "홀로 서도 두렵지 않고 세상을 등져도 걱정이 없다(獨立不懼遯世無悶)."(《주역》) 하느님과 하나 되는 것이지 사실은 혼자가 되는 것이 아니다. 무문관(無門關)에 들어가거나 사막에 간다고 하느님과 하나 되는 것이 아니다. 제나로 죽고 얼나로 부활해 하느님과 하나 되어야 한다.

하느님의 전체 의식(意識)이 빛이요, 소금이다. 목사(한기총 회장 정진경)가 한국 교회를 두고 "소금은 많은데 맛을 잃었고 등잔은 많은데 불은 꺼지고 심지만 남았다."(〈조선일보〉 제26786호)고 하니 할 말이 없다. "너희는 하늘나라의 문을 닫아놓고는 사람들을 가로막아 서서 자기도 들어가지 않으면서 들어가려는 사람마저 못 들어가게 한다."(마태오 23 : 13) 물론 자신이 먼저 영원한 생명인 얼나로 솟나야 하고 따르는 신도들도 얼나로 솟나게 도와야 한다. 자신이 없으면 스스로 노력하여야 한다. 어느 책을 읽으라, 누구를 찾아가라고 일러주는 훌륭한 신부, 목사도 있다. 참된 목자라면 훌륭한 스승을 찾아가라고 소개를 해주어야 하는 것이다. 그것이 세례자 요한의 정신이고 예수의 정신이다. 세례 요한은 자신을 따르던 제자를 예수에게 보내

면서 "그분은 더욱 커지셔야 하고 나는 작아져야 한다."(요한 3 : 30)
고 하였다. 예수는 제자들에게 나는 떠나가는 것이 좋다 하면서 하느
님(보혜사)에게로 보냈다. "사실은 내가 떠나가는 것이 너희에게는 더
유익하다. 내가 떠나가지 않으면 그 협조자가 너희에게 오시지 않을
것이다. 그러나 내가 가면 그분을 보내겠다."(요한 16 : 7~8) 예수(스
승)가 떠나가지 않으면 협조자(보혜사, 성령)가 오시지 않는다는 것은
절대적인 말씀이 아니다. 스승(예수)이 있어도 제자에게 성령이 올 수
있다. 그러나 스승(예수)이 계시면 스승에게 의지하던 버릇이 있어 성
령(보혜사)에게 의지하지 않게 되기 쉬울 뿐이다. 스승(예수)이 안 계
시면 죽기 살기로 성령에게 매달릴 수밖에 없다. 그런 뜻에서는 예수
의 말씀도 일리가 있다고 하겠다. 또 예수가 가야만 성령이 오는 것
은 아니다. 예수가 오시기 전이나 가신 뒤에나 계실 때나 줄곧 오는
성령이다. 복음서에 예수의 말씀으로 쓰여 있다고 완전무결한 것은
아니다. 《성경 왜곡의 역사》에서 바트 에르만의 주장은 이렇다. "예
수의 말씀을 구전되는 이야기로 곧장 쓴 것도 아니고 돌아가신 지 수
십 년이 지나서 복음서를 썼다. 그러므로 직제자들이 쓴 것처럼 이름
을 빌렸으나 직제자들이 썼다는 증거는 없다. 거기에 오랜 세월 동안
필사자들이 성경을 베끼고 또 베끼는 과정에 사본들 사이에 차이가
생겼다. 실수로 잘못 베낀 것도 있고 고의로 고친 것도 있다. 이러한
이문(異文)이 한두 군데가 아니라 놀랍게 수천 수만 군데나 된다. 신
약전서에 있는 낱말의 수보다 이문(異文)의 수가 더 많을 정도라는 것

을 알아야 한다." 이것은 결코 과장된 말이 아니다.

스토아 사상의 창시자라 할 제논은 크세노폰이 쓴 《소크라테스 회상》을 읽고 소크라테스를 경모하여 견유학파의 크라테스의 도제가 되었다. 크라테스는 유명한 걸인 철인인 디오게네스의 제자이다. 그런데 제논이 자기 스승 크라테스를 떠나 그 당시 이름 높은 메가라 학파를 찾고자 하였다. 견유학파의 크라테스는 자기의 후계자가 될 것으로 믿었던 제논이 자기의 곁을 떠난다니 낙담하지 않을 수 없었다. 크라테스는 제논의 손목을 잡고서 못 가게 막았다. 그때 제논이 스승 크라테스에게 "손을 잡지 말고 귀를 잡으십시오. 철학자는 말로 가는 길을 막아야지, 힘으로는 막을 수 없을 것입니다. 힘으로는 나의 몸을 붙잡을 수 있으나 말이 아니면 나의 마음을 붙잡을 수가 없을 것입니다."라고 말하였다. 이 말에 크라테스는 어쩔 수 없이 제논을 놓아주었다.

예수처럼 제자들을 하느님께로 보낼 줄 알아야 한다. 하느님께로 보내는 것을 귀일(歸一)신앙(사상)이라고 한다. 귀일신앙은 바꿔 말하면 자율신앙인 것이다. 스승(목사, 신부)이 필요 없는 자율신앙인을 길러야 한다. 오늘의 교회는 이런 생각은 털끝만큼도 없다. 신도들이 잘못된 길로 빠지지 않게 해야 하지만 매어만 두려고 해서도 안 된다. 이 사람이 스승 류영모를 잊지 못하는 것은 스승이 이 사람에게 단사(斷辭)를 해야 한다며 자신을 찾아오지도 말고 편지 하지도 말라고 하였기 때문이다. 내가 떠나가는 것이 유익하다는 예수의 정신이 바로 단사(斷辭)의 정신이다. 예수의 말대로 하느님이 참 아버지요 참 스승이시다. 땅 위에 있는 아버지나 스승은 임시의 거짓 아버지요 스승일 뿐이다.

요한복음 7장

너희는 나를 알고 있으며 내가 어디에서 왔는지도 알고 있다.
그러나 나는 내 마음대로 온 것이 아니다.
나를 보내신 분은 정녕 따로 계신다.
너희는 그분을 모르지만 나는 알고 있다.

— 요한 7 : 28

너희가 어찌하여 나를 죽이려 하는가?

예수는 한마디로 말하자면 옳은 말을 하고 바르게 산 사람이다. 가장 존경을 받아야 할 사람인데도 모진 박해를 받았다. 이 세상이란 바로 그러한 곳이라 살고 싶은 생각이 없어진다. 이 세상에서 종교가 바로 서지 못하면 바로 되는 일이 없다. 예수는 유대교가 유일신이라는 진리의 모습을 지녔으나 민족신의 한계를 벗어나지 못하였을 뿐 아니라 타율성이 지나친 것을 알고 있었다. 헛된 제사의식으로 이른바 유대교 지도자라고 하는 위선자들의 배만 불리고 있는 것을 너무나 잘 알고 있었다. 예수는 유대교를 그대로 두어서는 안 되겠다는 결심을 하게 되었다. 아니 하느님의 명령을 받은 것이다.

이스라엘의 제사의식은 아벨과 카인에게서부터 시작되었다. 모세는 이것을 지양하지 못하고 한층 강화하였다. 이것이 솔로몬에 의해 정책화되고 기업화된 것이다. 예수가 깨달은 성령(진리) 정신에서 보면 가증스러운 허위요, 위선이었다.

예수는 유대교 성전에 직격탄을 날렸다. "잘 들어라. 성전보다 더 큰 이가 여기에 있다. '내가 바라는 것은 나에게 동물을 잡아 바치는 제사가 아니라 이웃에게 베푸는 자선이다' 하신 말씀이 무슨 뜻인지 알았더라면 너희는 무죄한 사람들을 죄인으로 단정하지는 않았을 것이다. 사람의 아들이 바로 안식일의 주인이다."(마태오 12 : 6~8)

예수는 유대교를 박살내는 것으로 끝내지는 아니하였다. 앞으로 신앙(종교)은 어떠해야 한다는 것을 선명하게 밝혔다. "낡은 옷에다가 새 천 조각을 대고 깁는 사람은 없다. 그렇게 하면 낡은 옷이 새 천 조각에 켕기어 더 찢어지게 된다. 또 낡은 가죽 부대에 새 포도주를 담는 사람도 없다. 그렇게 하면 부대가 터져서 포도주도 쏟아지고 부대도 버리게 된다. 새 포도주는 새 부대에 담아야 둘 다 보존된다." (마태오 9 : 16~17) 유대교와 타협의 손을 잡아서는 안 된다는 선언인 것이다. 이 말은 유대교에 대한 사형 언도요, 폐기 처분이었다. 예수가 명절 때마다 예루살렘 성전을 찾았지만 예수와 그 제자들이 성전에 제물을 바쳤다는 이야기는 없다. 말로만 한 것이 아니라 실천하고 있었던 것이다.

유대교 자체를 전면 부정한다는 사실을 알아차린 유대교 지도자들의 모임 산헤드린은 대노하지 않을 수 없었을 것이다. 그리하여 저 시골 젊은이 예수를 죽이자는 것이 공론이 된 것이다. 예수도 그들의 속셈을 잘 알고 있었다. 예수가 말하기를 "세상이 너희는 미워할 수 없지만 나는 미워하고 있다. 세상이 하는 짓이 악해서 내가 그것을 들추어내기 때문이다."(요한 7 : 7)라고 하였다. 세상이 하는 짓이란 바로 유대교의 성전에서 이뤄지는 제사의식을 가리키는 말이다. 예수는 "'예' 할 것은 '예' 하고 '아니오' 할 것은 '아니오'만 하여라." (마태오 5 : 37)라고 하였다. 예수는 자신의 말처럼 유대교는 아니라고 선언한 것이다.

유대교의 중심인 예루살렘 성전의식이 어떠하였기에 예수가 아니라고 하였는가 알아볼 필요가 있다. 예수 때에는 헤로데 성전이 46년 동안 걸려서 완성된 때이다.

이렇게 완성된 성전에는 팔레스타인 전역에서 온 순례객들과 대축제 기간 동안에 방문하려는 유대인들로 가득 찼다. 담장 내부에 있는 바깥 뜰은 모두 개방되었고 성전 문안 회랑에서는 성전세를 내려는 사람들을 위해 환전상이 세계 각처의 동전들을 거룩한 세겔 돈으로 바꾸어주었으며 희생제사를 위한 비둘기들이 매매되었다. 안쪽에는 그리스어와 라틴어로 비유대인들이 더 들어온다면 죽음의 고통을 겪을 것이라는 경고가 여인의 뜰을 둘러싸고 있는 벽과 문마다 새겨져 있었으며 수도자와 나환자를 위한 특별한 공간도 준비되었다. 여인의 뜰 안쪽에는 유대인 남자들을 위한 이스라엘의 뜰이 있었다. 뜰 안쪽은 지대가 높아 계단을 통해서만 들어갈 수 있었으며 보다 더 높은 계단이 희생제사를 드리는 제사장의 뜰과 그 안쪽의 성소로 인도했다.

수천 명의 제사장들, 레위인들, 서기관들 그리고 경건한 유대인들이 성전 안팎에서 활동했다. 제사장들은 의식(儀式)을 책임졌으며 레위인들은 성가대원이나 음악가, 청소부 혹은 건축기사로 활동하였다. 그들은 24개의 순찰조나 교대조로 나뉘었는데 축제와 같이 큰 행사 기간에는 팔레스타인 전역과 국외에서 온 디아스포라 가운데서 제사장 계열인 레위지파 출신 남자들로 충원되었다. 제사장의 1차적인 의무는 성소를 돌보는 것이었다. 유대인들은 이집트로부터 영원한 제단의 불이라는 개념을 가져왔는데 이를 통해 제사장들은 성소의 램프들을 항상 밝히고 계속해서 기름을 채워야 했다. 또한 가장 비밀스러운 제도 가운데 하나인 정기적인 분향제도를 이집트로부터 받아들였다. 성전에서는 1년에 272킬로그램의 향을 소비하였다. 그 향은 아브티나 제사장 가문에 의해 비밀스러운 방식으로 만들어졌다. 그 집안의 여성들은 타락했다는 비난을 피하기 위해 향수를 사용할 수 없었다. 알려진 바에 따르면 향은 곱게 빻은 바다조개, 소돔의 소금, 특별한 시클라멘 몰약(장뇌수지), 유향(테레빈 나무수지), 계피나무, 카시암(계피나무의 일종), 감송향, 사프란, 서향 박하나무 수지, 그리고 독특한 형태로 연기를 올라가게 하는 미알라아산이라고 하는 신비로운 물질로 만들어졌다고 한다.

당시에는 상번제가 있어서 매일 동틀 무렵에 두 마리의 양이 바쳐졌고 또 다른 두 마리가 해질녘에 바쳐졌다. 이를 위해 각각 13명의 제사장들이 필요했다. 물론 일반인들은 성소에 들어갈 수 없었으나 그 의식이 진행되는 동안에는 문이 열려 있었기에 지켜볼 수는 있었다. 그 제의(祭儀)는 포도주를 마시는 의식과 성경 낭독, 그리고 찬양과 시편을 부름으로써 끝이 났다. 피리와 열두 줄 하프, 열 줄 수금 그리고 청동 심벌즈로 구성된 악단이 성가대를 위해 반주했으며 각각의 의식의 순서를 알리기 위해 은으로 만든 트럼펫과 쇼파르라는 양각나팔을 불었다. 희생제사는 방문객들에게는 이국적이며 심지어 야만스러워 보여 놀라움을 사기도 했다. 이방인들은 대부분 축제 기간에 성을 방문하였는데 왜냐하면 그 기간에 가장 많은 희생제물이 바쳐지기 때문이다. 그때가 되면 성전은 무서운 장소로 변했다. 놀란 가축들의 울음 소리와 찬양 소리, 양각나팔과 트럼펫의 거대한 연주 소리들이 뒤섞였고 도처에서 피가 흘렀다. 이곳에서 7백 명의 제사장들이 조용히 숙련된 전문가의 솜씨로 육중한 짐승의 몸통을 다루고 그것들을 제단의 온전한 위치에 정확하게 놓았다.

엄청난 수의 동물들이 베어지고 도살되었기에 이를 통해 나오는 고깃덩어리들과 많은 양의 피를 신속하게 처리하고 제거해야 했으며 그 뜰은 하나의 거대한 정화 시스템같이 움직였다. 그 뜰 안에 34개의 수조가 있었는데 그 가운데 바다 모양의 물통으로 알려진 가장 큰 수조에는 약 백만 리터의 물을 저장할 수 있었다. 겨울철에는 빗물을 저장했고 여름에는 실로암 샘으로부터 물을 공급 받았다. 셀 수도 없이 많은 배수관을 통해서 동물에서 나오는 핏물을 처리하였다.

성전 절기 내내 사람들로 몸살을 앓았고 순례자들은 최소한 한차례 이상 희생제의를 드렸다. 헤로데의 친구 마르쿠스 아그리파는 황소 백 마리를 제물로 드리기도 했다. 성전은 막대한 부를 축적했다. 많은 양의 금이 성전 내부의 특별히 마련된 창고에 보관되었다. 디아스포라 유대인들은 성전에 엄청난 양의 헌금을 했으며 이는 확실히 이스라엘에 도움이 되었다. 그러나 성전의 정규적인 수입원은 20세 이상의 유대인 남자들에게 부과된 반 세겔의 성전세만이 있을 뿐이었다.

—폴 존슨, 《유대인의 역사》

성전이란 이름이 아깝지 이게 무슨 성전인가? 괴이한 도살장일 뿐이다. 아무도 안 보고 아무도 없는 산 속이나 골방 같은 곳에서 기도하라는 예수가 아닌가? 그러니 예수가 그 짓을 곱게 볼 수 있었겠는가. 이런 제사의식은 집단 최면에 지나지 않는다. 하느님 아버지께서도 참을 수 없었을 것이다. 하느님이 무슨 야차가 되어서 선혈이 흐르는 날고기를 좋아하기라도 한단 말인가? 예수가 얼나를 깨달아 얼나로 하느님 아들이 되어 하느님 아버지를 사랑하는 것이 참예배라고 한 말씀의 배경에는 유대교의 제사의식은 참예배가 아니라는 것이 전제되어 있는 것이다.

예수처럼 류영모도 제사종교를 관습의 종교로 보아 촛불 켜놓는 것을 나무랐다. 그러나 현실은 아직도 촛불 켜놓는 것을 당연한 것으로 생각하고 있다. 그것도 제사종교 마지막 찌꺼기인 것이다. 불을 붙여도 마음의 심주(心柱)에 성령의 불을 붙여 말씀의 향내를 피워 올려야 한다.

이 세상에 교육하려는 것은 좋은 버릇에 버릇 들고 나쁜 버릇은 버릇 들지 말게 하는 것이다. 그러나 진선미의 버릇은 없다. 아무리 해도 더 진선미한 게 있다. 예수도 선(善)은 하느님께로 돌렸다. 영원한 진리는 습관된 게 아니다. 선(善)도 습관이 되면 좋지 않다. 익숙해서 재주 부리는 것 보자는 하느님이 아니다. 제 뜻과 성(誠)을 다하는 게 도덕의 원칙이다. 집회는 습관이 되면 안 된다. 성당 불당에 촛불을 켜야 한다는 버릇 그 무슨 놈의 버릇인가?

―류영모, 《다석어록》

7장에 나오는 초막절에는 축제 내내 이스라엘 백성들이 초막을 짓고 집을 두고서 그 초막에 산다. 그렇게 불편하고 번거로운 일을 하는 것은 그 옛날 출애굽 시에 40년 동안 민족 이동을 하느라 천막살이를 한 역사적인 인고(忍苦)의 시기를 회상하자는 것이다. 초막절은 양력 9월에서 10월이라 지중해 지역의 특산품인 포도, 올리브, 무화과 따위가 풍성하여 추수감사도 겸한 것이다.

예수는 핏줄의 오라를 끊은 자유인이다

유대교의 최고의회(산헤드린)에서 예수를 잡아 죽이기로 결의한 것을 안 예수는 한동안 몸을 피하여 갈릴래아로 돌아와 가파르나움에 있는 고향집에 머물고 있었다. 그러자 예수의 아우들이 예수에게 말하기를 "이곳을 떠나 유다로 가서 당신이 행하시는 그 훌륭한 일들을 제자들에게 보이십시오. 널리 알려지려면 숨어서 일해서는 안 됩니다. 이런 훌륭한 일들을 할 바에는 자신을 세상에 드러내는 것이 좋겠습니다."(요한 7:3~4)라고 하였다.

이 말 자체는 조금 주제넘어 보이기는 하지만 꼭 못할 소리만은 아닌 것 같다. 그런데 이어지는 복음서 저자의 뒷 말이 시사하는 바가 크다. "이렇듯 예수의 형제들조차도 그분을 믿지 않았던 것이다."(요한 7:5) 그리하여 복음서를 주석하는 학자들은 예수 형제들에 대한 불신이 더 깊다. 유대교 지도자들이 예수를 죽이려고 예수의 동생들에게까지 마수를 뻗쳤다고 말한다. 《예수의 생애》를 쓴 르낭도 유대교 지도자들이 예수의 동생을 매수한 음모가 있으며, 예수의 아우들이 예수를 사지(死地)인 예루살렘으로 보내려고 등을 떠밀었다고 말한다. 어떤 이는 예수의 형제들이 형 예수가 예루살렘에 올라가서 출세하기를 바랐다고 한다. 물론 동생들은 출세한 형의 덕을 보겠다는 생각을 했을 수도 있다. 예수가 일찍부터 하느님에 대한 신앙 생활에 열중하느라 가족에게 소홀하였는지 모르겠으나 동생들이 형인 예수를 사랑하는 마음이 모자랐던 것은 분명해 보인다. 예수가 하는 일에 친동생들의 협조가 없었던 것처럼 보이기 때문이다. 그 까닭을 밝힐 수는 없으나 이부동복(異父同腹)의 형제일 수도 있다는 추리를 할 수도 있다.

르낭은 예수의 형제를 두고 이렇게 말하였다. "예수의 가족은 어머니 마리아가 한 번 결혼해서인지 여러 번 결혼해서인지는 모르겠으나 하여간 형제 수가 퍽 많았다. 예수에게는 여러 형제 자매가 있었는데 그 가운데 예수가 맏이였던 것 같다. 예수의 동생들과 누이들에 대해서는 분명히 알려진 것이 없다. 예수의 동생이라 하여 이름이 나온(마태오 14 : 55) 네 사람은(야고보, 요셉, 시몬, 유다) 그의 이종사촌 형제들이다. 예수의 어머니 마리아에게는 이름이 같은 마리아란 동생이 있었다. 이 동생은 알패오(마태오 10 : 3) 혹은 글로바라 하는 사람의 아내였으며, 예수의 최초 제자들 가운데 중요한 역할을 한 여러 아들의 어머니였다. 예수의 친동생들은 형인 예수를 반대했지만 이종사촌 형제들은 젊은 스승인 예수를 정성껏 좇아 주님의 형제로 불렸다."(에르네스트 르낭, 《예수의 생애》)

주님의 형제라 불린 가운데 야고보는 유대국 내에서 예수를 좇는 무리의 으뜸이 되었다. 거기에 베드로가 고문 역할을 하였다. 유대국 밖에서 예수를 좇는 무리 가운데 우두머리가 된 바울로조차도 야고보의 인정을 받고자 예루살렘을 찾아오기도 하였다. 그러나 인정을 못 받았다. 속죄신앙을 가진 바울로와 뜻이 맞을 리 없었다. 기원후 62년에 야고보가 바리사이인들에 의해 돌에 맞아 죽은 뒤로 유대국 내의 나자레언들은 쇠약해지기 시작하였다. 반대로 유대국 밖의 바울로의 세력이 커졌다. 최근에 야고보의 기념 비석이 발견되었다고 한다.

이슬람교에도 무함마드(마호메트)의 뒤를 이은 두 갈래가 있다. 무함마드 혈연의 친족이 이어오는 수니파와 혈연을 떠난 제자들이 이어오는 시아파가 그것이다. 수니파와 시아파는 참외 한 알을 훔쳐 먹은 일로 두 교파 신도 사이에 싸움이 벌어진 이래로 불구대천지 원수가 되어 서로 죽이기를 일삼고 있다. 이슬람교에서 그런 일이 벌어진 이유는 정교(政敎)가 나누어지지 않고 이른바 신정(神政)을 해 오고 있기 때문이다. 권력 투쟁일 뿐 진리와는 아무런 관계가 없다.

그리스도교도 로마의 콘스탄티누스 황제와 손을 잡기 시작하면서 급속하게 권력화되어 바울로의 속죄신앙이 예수의 영성신앙을 박해하였다. 그리하여 예수의 가르침을 좇는 나자레언들은 도망가거나 신앙을 버렸다. 1945년 쿰란에서 발견된 항아리 속의 영성신앙 문헌들은 박해를 피하여 이집트까지 도망간 이들이 숨겨놓은 것이다.

자기 가족(자녀)보다 제자들을 더 사랑한 예수와 석가는 핏줄을 초월한 사람들이다. 그것은 그들이 이미 어버이가 낳아준 제나의 사람이 아닌 것을 보여주는 것이다. 하느님이 낳아준 얼나의 사람이 되었다. 멸망의 생명인 제나에서 영원한 생명인 얼나로 옮긴 것이다. 그러니 얼로 이어진 영연(靈緣)의 형제들이 있을 뿐이지 피로 이어진 혈연(血緣)의 형제들이란 아무런 의미가 없는 것이다. 출가(出家)란 핏줄에서 얼줄로 뛰어넘는 것이다. 류영모가 "나는 신출가(身出家)는 못하였지만 심출가(心出家)를 하였다."라고 한 것은 의미심장한 말이다. 류영모는 핏줄로 이어진 가족밖에 모르는 사람은 얼나로 솟나지 못한 못난이라고 하였다.

주역(周易)에 주일무적(主一無適)이란 찾아갈 다른 님이 없다는 말이다. 주일(主一)의 하나(一)에는 큰 하나와 작은 하나가 있다. 큰 하나(一)는 전체인 하느님을 말한다. 전체인 하나(一)는 설명할 수가 없다. 전체인 하나는 무엇이냐고 물어도 대답하지 못한다. 상대세계의 근원이 되는 태원(太元)을 찾아 쫓아가겠다는 것이 주일무적이다. 작은 하나(一)는 젊어서는 집 한 채 없다가 부모 생전에 집 한 채 마련해서 부모님 섬기겠다는 것이 작은 하나를 쫓는 주일(主一)이다. 이 주일이 없으면 자수성가(自手成家)를 하지 못한다. 작은 주일(主一)만 아는 얌전한 사람은 대성(大成)을 하지 못한다. 관청에 가서 착실한 사무원이 될 것이다. 전일(全一)의 하느님을 위하여 주일(主一)하겠다는 이는 보기 어렵다. 나라와 민족의 발전을 위하여 주일정신을 마지막까지 가지고 나갈 사람도 극히 드물다. 자기 아내나 자식에게 주일(主一)하자는 이들이 거의 모두다. 전일(全一)의 하느님을 알아야 한다. 얌전만 해서는 못쓴다. 그래서는 데릴사윗감밖에 안 된다. 하느님 아버지를 찾아야 한다.

— 류영모, 《다석어록》

깬 사람만이 하느님 아버지를 찾는 것이 삶의 목적인 줄 안다. 깨지 못한 사람은 짐승들처럼 종족 보존이 삶의 목적인 줄 안다. 그리하여 무슨 일이 있더라도 핏줄을 이어가려고만 한다. 그러나 깬 사람은 삶의 목적이 오로지 하느님 아버지를 찾는 것임을 안다. 그 본을 보여준 이가 예수요, 석가이다. 그들은 종족 보존을 하려고 한 것이 아니라 혈족 종단을 실현하였다. 공자는 78손이 이어져 왔으나 예수와 석가는 당대로 끝났다. 예수와 석가의 높은 깨달음에 고개가 숙여질 뿐이다.

하느님을 우리 머리에 이는 것이 이 세상에 나선 목적이요 이길 내용이다. 하느님의 참빛과 거룩한 사랑을 드러내기 위해서, 하느님을 더욱 빛나고 뚜렷하게 하기 위해서, 하느님을 우리 머리 위에 받들고 이기 위해서 우리가 이 세상에 나온 것이다. 그리하여 이 세상을 이기는 것이다.

―류영모,《다석어록》

석가는 외아들 라훌라를 부자(父子)관계에서 사제관계로 바꾸었다. 석가의 아내 야소다라 또한 부부관계에서 사제관계로 바꾸었다. 류달영(柳達永)은 이것을 아주 존경하고 부러워하였다. 석가는 이복동생 난다도 형제관계에서 사제관계로 바꾸었다. 이것이야말로 참으로 바람직한 사이를 이룬 것이다. 예수는 비록 친동생들과 그 관계를 승화시키지 못하였으나 이종사촌들은 사제관계로 바꿀 수 있었다.

류영모는 이렇게 말하였다. "우리는 세상에서 가정이라는 것을 이루어 살림을 하지만 세상을 지나간 뒤에 보면, 빈껍데기 살림을 가지고 실생활로 여기고 산 것이다. 물질생활은 변하여 지나가는 것뿐이다. 예수, 석가는 가정에 갇혀 살지 않고 하느님의 속인 무한대 허공에서 살았다."(류영모,《다석어록》)

예수는 자기를 찾아온 어머니와 동생들을 못 본 체하고 제자들을 향하여 말하였다. "누가 내 어머니이며 내 형제들이냐? 바로 이 사람들(제자)이 내 어머니이며 내 형제들이다. 하늘에 계신 내 아버지의 뜻을 실천하는 사람이면 누구나 다 내 형제요 자매요 어머니이다."(마태오 12:48~50) 예수의 이 말씀은 그렇게 통쾌할 수가 없다. 내 몸을 꽁꽁 동여매고 있는 오라 같은 핏줄이 동강동강 다 끊어지고 자유로운 내 얼이 춤추며 하늘로 날아오르는 것 같다.

예수처럼 말한 사람은 없었다

《논어(論語)》에 실린 말이라고 다 옳은 말은 아니다. 이따금 이것이 공자의 한세로구나 싶은 말이 나온다. 그러나 그야말로 이 지구가 없어져도 없어지지 않을 말도 있다. 그 가운데 한 말씀이 "옛것을 잘 익히고 새것을 알게 되면 스승이 되어도 좋을 것이다(溫故而知新可以爲師矣)."(《논어》술이 편)이다. 옛것이란 경전이라 일컬어지는 고전을 말한다. 고전을 잘 익혀야 한다. 병아리가 되려면 어미닭이 남겨준 흰

자위, 노른자위의 먹이를 먹어야 하듯 사람이 되려면 옛사람이 남겨놓은 고전을 반드시 읽어야 한다. 고전을 안 읽고서는 사람이 될 수 없다. 톨스토이도 《인생론》에서 말하기를 책 많이 읽으려고 하지 말고 고등 종교의 경전만 읽으면 된다고 하였다. 거기에는 꼭 예수의 말씀도 들어간다. 옛 경전의 말씀을 내 마음에 담아서 생각하는 양식으로 쓰는 것이 온고(溫故)하는 것이다.

그렇게 되면 이제는 남의 소리가 아니라 제 소리가 나오게 된다. 그것이 새것을 아는 지신(知新)함이다. 앵무새처럼 남의 소리나 흉내 내는 것이 아니라 나만의 제 소리가 나와야 한다는 것이다. 함석헌이 말하기를 그 글을 읽으면 이름을 안 보아도 누구의 글이라는 것을 알 수 있는 글(말)이라야 한다는 것이다. 새것이란 결국은 하느님을 한 치라도 더 깊게 인식하는 것이다. 신관(神觀)의 심화(深化)인 것이다. 사람이 사는 목적은 이러한 온고지신을 하자는 것이다.

예수가 "옛 사람들에게 하신 말씀을 …… 나는 이렇게 말한다."(마태오 5 : 21~22) 이것이 온고지신 그대로이다. 그래서 예수는 인류의 스승이 될 만한 이다. 내 스승은 예수 그리스도 한 사람이라고 한 류영모의 말이 공연한 소리가 아닌 것이다. 그런 훌륭한 스승인 예수에게 배우고자 해야 할 사람들이 오히려 미워하여 잡아 죽일 생각만 하고 있었으니 그들은 한밤중같이 어둠[無明]을 헤매는 사람들인 것이다. 대제사장과 바리사이인 지도자들이 오히려 그들의 하속(경비병)들보다 못하였다. 예수를 잡아오라고 보낸 하속들이 예수는 잡아오지 않고 맨손으로 온지라 어찌하여 잡아오지 않았느냐고 나무랐다. 그런데 하속들의 입에서 놀라운 대답이 나왔다. "저희는 이제까지 그분처럼 말하는 사람을 본 적이 없습니다."(요한 7 : 46) 이것은 예수가 제 소리(새 소리)를 하였다는 말이다. 그들에게 성경(구약)이 있었지만 예수처럼 말한 사람은 없었다. 그런데 욕심에 마음의 눈이 먼 바리사이인 지도자들은 "너희마저 속아넘어갔느냐?"(요한 7 : 47)라고 하였다.

그런데도 예수의 말대로 겉모습으로, 아니 외부 조건으로 사람을 평가하는 세상 사람들은 예수를 두고 "이 사람은 배우지도 않았는데 어떻게 저렇듯 아는 것이 많을까?"(요한 7 : 15)라고 하였다. 얼마나 어이없는 소리인가? 하긴 미국에 가서 유학까지 하고 왔다는 어떤 이가 동경고등사범학교 출신인 함석헌을 추켜세우면서 동경물리학교를 나온 류영모는 학벌이 낮다고, 아마추어리즘이라 하면서 낮게 평가하였다. 그러면 왜 함석헌이 백발이 된 긴 수염을 드리운 채 빠지지 않고 매주 금요일마다 서울 종로 YMCA 연경반에 류영모의 강의를 들으러 다녔으며, 일주일에 선생님(류영모)만큼 정신적인 생산을 하는 이가 없다고 하였는지 그이에게 물어보고 싶다. 류영모는 대학에 가서 사람(교수)에게 배우지는 아니 하였으나 하느님에게 직접 배웠다. 그러므로 하느님을 아는 절대지에 있어서는 그렇게 말하면 그 자신이 무지를 드러내는 것이 될 뿐이다. 프랑스에서 4년, 독일에서 6년 동안이나 신약성경을 전공하고 온 정양모는 류영모의 강의록을 읽으니 현대 신학의 숙제가 풀리더라고 말하였다. 다석 강의록에는 온 고지신한 류영모의 지혜가 번뜩이기 때문인 것이다.

예수는 "하느님의 뜻을 실천하려는 사람이면 이것이 하느님으로부터 나온 가르침인지 또는 내 생각에서 나온 가르침인지를 알 것이다." (요한 7 : 17)라고 분명히 밝혔다. 이것은 오늘의 우리들에게 묻는 말이기도 하다. 우리는 예수의 말씀이 예수 자신(제나)에게서 나온 것이 아니라 하느님(얼나)에게서 나온 것임을 확인할 수 있다. 예수의 학력에 대해 르낭은 이렇게 말하였다.

작은 유대 마을의 서당 훈장들은 '하잔', 즉 회당의 일을 보는 사람들이었다. 하잔에게 토라(모세 5경) 공부를 하였을 것이다. 율법학자(soferim)가 가르치는 상급학교에는 가지 못했다. 나자렛에는 상급학교가 아예 없었을 것이다. 예수가 히브리 글을 잘 알았다는 것은 의심스럽다. 팔레스타인 지역에서 쓴 히브리 말이 섞인 시리아 방언인 아람어를 썼을 것이라고 한다. 그리하여 예수는 자신의 권위를 나타내는 직함은 하나도 없었다. 더구나 헬라 말을 알 까닭이 없다.

—에르네스트 르낭, 《예수의 생애》

집이 가난하여 학교 공부를 못 하기는 공자도 마찬가지다. 공자도 예수처럼 누구에게 배웠다는 스승이 없다. 그래서 공자는 말하기를 "세 사람이 가면 반드시 나의 스승이 있다(三人行必有我師焉)."(《논어》

술이 편)라고 하였다. 인류의 스승이요 성자라 일컬어지는 이들이 집이 가난하여 학교 공부를 못하였다는 것은 시사하는 바가 크다. 성자는 학교를 많이 다닌다고 되는 것이 아니다. 학교 공부를 많이 했다고 성인이 된다면 오늘날 서울대나 하버드대 같은 유명 대학에서는 성자들이 쏟아져 나와야 할 터인데 눈 씻고 찾아보아도 성자라고는 한 사람도 없다.

그런데 예수와 석가에게도 위대한, 아니 거룩한 스승이 있었다. 그 스승은 하느님이시다. 예수가 말하였다. "너희는 스승 소리를 듣지 마라. 너희의 스승은 오직 한 분(하느님)뿐이고 너희는 모두 형제들이다."(마태오 23 : 8) 그래서 예수도 세상을 떠날 때 즈음해서는 제자들에게 스승이라는 호칭은 하느님 아버지께 돌려 드리고 벗(친구)이라고 하였다.(요한 15 : 14) 예수는 하느님께서 직접 가르쳐주시는 것을 협조자(보혜사)라고 하였다. 하느님의 생명인 성령의 별칭인 것이다.

예수는 자신이 가르치던 제자들이 인격적으로 온전히 성숙하지 못하였다는 것을 잘 알고 있었다. 그런데도 자신이 제자들을 두고 떠나지 않을 수 없게 된 것이다. 그래서 이제는 하느님께 직접 배우라고 당부한 것이다. "내가 떠나 가는 것이 너희에게는 더 유익하다. 내가 떠나 가지 않으면 그 협조자(보혜사)가 너희에게 오시지 않을 것이다. 그러나 내가 가면 그분을 보내겠다."(요한 16 : 7)

이 말은 잘못 표현되었다. 성령(보혜사)을 예수가 죽은 다음에 비로소 오는 것으로 아는 것은 잘못된 것이다. 성령은 하느님이신데 예수

오기 전에 왔고 예수 오고서도 왔고 예수가 간 다음에도 온다. 성령은 시간, 공간을 초월하여 있기 때문에 유비쿼터스적인 존재이다. 불교의 관세음보살은 성령의 인격화이다. 니르바나님(하느님)이 바로 관세음보살인데 불교에서는 니르바나님이 관세음보살의 정체임을 아무도 모르고 있다. 기독교에서는 조금 나은데 하느님 따로 계시고 성령 따로 계시는 줄 안다. 하느님의 정체가 무소부재하신 성령으로 계시는 것이다. 협조자(보혜사)도 마찬가지로 하느님의 별칭인 것을 명심해야 된다. 잘못하면 다신(多神)에 빠지게 된다.

나 류영모가 예수를 이야기하는 것은 예수를 이야기하자는 것이 아니고, 공자를 말하는 것은 공자를 말하자는 것이 아니다. 예수나 공자처럼, 톨스토이나 간디같이 하느님이 주시는 성령의 국물을 먹고 사는 것이 좋다고 해서 비슷하게 그 짓을 하려고 말한 것뿐이다. 그들처럼 하느님이 주시는 성령의 국물을 먹지 않겠다면 예수, 석가, 공자, 간디를 추앙하는 것이 무슨 의미가 있겠는가? 나와 아무 관계가 없는 것이다.
— 류영모, 《다석어록》

나는 어디서 와서 어디로 가는지 안다

7장에서 예수의 출신을 놓고 사람들이 쑥덕거리는 것과 예수가 거기에 대응하는 것을 본다. 사람들은 예수의 말 그대로 출신(出身), 곧 몸이 나온 데를 두고 쑥덕거린 것이다. 예수는 복음서 저자들이 맞춰 보려고 애쓴 것처럼 다윗 왕의 후손이 아니다. 복음서 저자들이 깜박하였지 하느님의 성령으로 잉태하였다고 하려면 다윗의 족보는 무엇 때문에 끌어왔는지 알 수 없다.

갈릴래아에서 무슨 선한 것이 날 수 있겠느냐는 말을 들었듯이 예수는 시골뜨기이다. 배운 것이 없다는 말을 들었듯이 상급 학교에도 다니지 못하였다. 서기에 십자가도 제 힘으로 지고 가지 못할 정도로 몸도 허약했던 것 같다. 그래서 "겉모양을 보고 판단하지 말고 (얼나를 보고) 공정하게 판단하여라."(요한 7 : 24)고 하였다.

그러나 그 모든 사람들은 역사의 뒤안길에 묻혔으나 눈에 안 보이는 예수의 인격은 지금도 살아서 활동하고 있다. 이름 없이 보잘것없던 예수의 가르침이 전 세계 곳곳에 알려졌다. 그 당시의 그 누구도 이렇게 되리라는 것을 몰랐을 것이다. 그러면 예수의 가르침의 핵심은 무엇인가. 예수는 한마디로 내가 어디서 와서 어디로 가는가를 아는 사람이었다. 곧 하느님을 바로 알고 참되게 사랑한 사람이다. 예수를 보고 시골 서민 출신이라 보잘것없는 존재라고 쑥덕거리자 "내 출신 성분을 가지고 비웃는 모양인데 나는 하느님께로부터 와서 하느님께로 돌아가는 얼나로는 하느님 아들이다. 너희들이 예수라고 생각하는 몸의 나는 참나와는 아무 상관이 없다."라고 말하는 것이다. 그런데 공관복음서 저자들은 스승인 예수의 몸으로 비천한 출신임을 감추려고 성령으로 잉태하였느니, 다윗 왕의 혈통이니 쓸데없는 수고를 하고 있는 것이다. 복음서 저자들이 예수의 가르침을 제대로 파악하지 못한 데서 저지른 일이라 나무랄 것은 없다.

예수는 분명히 밝히고 있다. "나는 내가 어디에서 와서 어디로 가는지 알고 있다."(요한 8 : 14) 이 말은 바꾸어 말하면 예수는 생(生)과 사(死)를 안다는 말이다. 생사를 안다는 말은 곧 전체(All, Whole)인 하느님을 안다는 말이다. 낱동[個體]인 내(몸나)가 온 것은 온통[숲一]인 하느님을 알고 사랑하기 위한 것이다. 낱동은 온통인 하느님을 위해 기쁘게 나고 기쁘게 살고 기쁘게 죽어야 한다. 그것이 하느님을 영광되게 하는 일이다. 이밖에 이 세상에서 성공이란 부질없는 일일 뿐이다. 한 낱동인 나는 살아서도 죽어서도 온통인 하느님을 벗어날 수 없다. 잃어지지 않는다는 말이다. 그러니 맘 놓고 살고 맘 놓고 죽는다. 시름이나 의심이 끼어들 틈이 없다. 장자가 말하기를 "때 이름을 즐거워하고 뜻 따름에 나를 두면 슬픔과 즐거움이 끼어들지 못한다."(《장자》 대종사 편)라고 하였다. 하느님은 전체이다. 하느님은 얼이기 때문에 무소부재(無所不在)하신 전체인 것이다. 하느님은 전일(숲一)인데 홀(whole)이다. 홀은 홀(獨)과 관련이 있는 것 같다. 홀(mono, 獨)이 하느님이시다. 낱동은 누구나 무엇이나 온통이라는 어머니(하느님)의 태집에 든 태아와 같아 산지사방을 두드려도 하느님뿐인 것이다. 다른 무엇이 있다면 잘못 안 것이다.

노자(老子)는 "도가 하나를 낳고 하나가 둘을 낳고 둘이 셋을 낳고 셋이 만물을 낳았다(道生一 一生二 二生三 三生萬物)."(《노자》 42장)라고 하였다. 사실 전체인 하느님이 변하여 만물이 된 것이다. 도변만물(道變萬物)이다. 변한 모습은 오래 갈 수 없어 모든 것이 본모습인 하느님으로 돌아가는 것이다. 낳았다고 하면 별개(別個)인 것 같은 착각을 일으키게 된다.

문제는 많은 낱동으로 나뉘어 있는 지금이 문제이다. 본디 전체로 하나이던 것이고 다시 전체인 하나로 돌아갈 것이면 지금 나뉘어 있는 개체의 낱동들도 하나처럼 사는 것이 바로 되는 것이라고 아니할 수 없다. 그런데 너와 내가 막혀서 서로 미워하고 서로 죽이고 있으니 이것이 문제이다. 류영모가 이에 대한 해답을 내놓았다.

우리는 정신을 바짝 차려서 지나간 무지(無知)를 바로 보고 잊은 전체(全體)를 찾아야 한다. 하나[全一], 이것을 찾아야 한다. 하나[一]는 온전하다. 모든 것이 하나를 얻자는 것이다. 어떻게 하면 하나(전체)를 얻을 수 있는가? 큰나속[大我中] 참나속[眞我中]에 이것이 있다. 그러므로 하나[一] 되시는 하느님 아버지 속으로 들어가는 수밖에 없다. 하느님 아버지에게 매달려야 한다. 그런데 온통(전체)을 생각하는 사람이 없다. 절대를 생각하는 사람이 없다. 모두가 중간에다가 희망을 걸어놓고 거기에 맞는 진선미(眞善美)를 만들어놓고 거기에 다다르면 만족해 버린다. 못난 짓이다.

— 류영모, 《다석어록》

사람은 하나를 느낄 때 사랑의 마음이 일어난다. 개체의식이 깨지고 전체의식으로 솟난 이는 큰 하나를 느끼기 때문에 미운 사람이 없고 남이 없다. 그러나 개체의식에 매달린 이는 겨우 자기 가족에게 하나를 느껴 가족 사랑만 안다. 그외에는 다 남이다. 그래서 자기가 힘이 세면 힘이 약한 이를 얕보고 놀린다. 자기가 재주가 있으면 재주 없는 이를 깔보고 비웃는다. 재물을 가진 이는 재물이 적은 이를 낮춰보고 업신여긴다. 모두가 나보다 못한 이를 도우라는 것임을 전혀 모른다.

사람은 이해타산으로 싸우기를 좋아하는데 싸울 대상은 자기이지 남이 아니다. 자기를 이겨야지 남을 이기면 무얼 하나. 그런데 세상에서는 남 위에 서려고 하는 사람이 참으로 많다. 온 세상을 깔고 앉아 보아도 자기를 이기지 못하면 무슨 유익이 있는가? 자기를 이기지 못하면 영원한 생명은 멀다.

남을 이기는 것은 나와 남을 죽이는 일이요, 나를 이기는 것은 승리요 생명이다. 참을 찾아 올라가는 길이 나를 이기는 승리의 길이다. 남을 비웃고 사는 것을 자꾸 익히고 남 위에 서기를 자꾸 익히고 있다. 위(하느님께)로 올라가는 옳은 길을 버리고 남 비웃기를 자꾸 익히는 씨알[民]들이 모인 나라는 불행한 나라이다. 이 나라가 그러한 나라가 되어 가고 있다.

―류영모, 《다석어록》

우리 모두가 서로 사랑하지 않으면 안 되는 까닭이 있다. 우리는 전체요 하나인 전일(全一)의 하느님으로부터 나왔으며, 또 전일의 하느님께로 돌아가는 하나인 것이다. 잠시 개체로 각기 나뉘었으나 본디 하나였고 다시 하나로 돌아가는데 개체로 나뉘어 있는 지금도 하나로 지내는 것이 당연한 일이다. 하나로 사랑하면서 지내자는 것이 대동정신(大同精神)이다.

대동(大同)이라는 말 또는 대동주의, 대동정의라는 말을 쓴다. 대동이라는 말은 하나(一)라는 뜻이다. 응당히 '하나다' 라는 말로써 하나는 옳고 가를 수 없다는 것이다. 자기 편이라 옳으니 위해주고 자기 편이 아니면 그르니 미워해 없애야겠다고 하는 것은 대동의 하나가 아니다. 하나(大同)를 바로 알면 그런 생각을 할 수가 없다. 자기주장만 옳고 다른 이는 그르니까 멸망시켜야 한다는 소견을 가지고는 대동을 찾을 수 없다. 대동은 온통 하나가 되는 지혜이다. 예외라는 것 없이 누구나가 하나 되자는 것이다.

어떻게 대동이 될 수 있느냐고 할지 모르겠다. 대동하자는 이가 어디 있겠느냐고 할지 모르겠다. 그러나 마침내는 하늘이 되고 하나가 된다. 모두가 하나(전체)인 하느님께로 들어가야 한다. 너와 나로 갈라져 있어야 하는 상대세계에서는 잠깐 지내다가 마침내 이것을 벗어버리고 절대자(하느님) 앞에 나서야 한다. 하느님이 정의(正義)이므로 최후의 승리를 한다는 것은 하느님께 들어간다는 것과 같은 것이다. 하느님께

들어간다는 것은 이길 것 다 이기고 하나가 된다는 말이다. 이 사람의 주장은 대동하자는 것이다. 사람은 누구나 하느님을 떠나와서 다시 하느님께로 들어가는 대동의 길을 걷는 것이다. 대동이 이루어지지 않으면 다 그만두는 것이 된다.

―류영모,《다석어록》

사람들은 우리가 어디서 와서 어디로 가는지를 알지 못한다. 그러나 예수는 어디로 와서 어디로 가는지를 알았다. 그 사실이 여러 말씀 가운데 잘 드러나 있다. "너희는 나를 알고 있으며 내가 어디에서 왔는지도 알고 있다. 그러나 나는 내 마음대로 온 것이 아니다. 나를 보내신 분은 정녕 따로 계신다. 너희는 그분을 모르지만 나는 알고 있다. 나는 그분에게서 왔고 그분은 나를 보내셨다."(요한 7 : 28~29) "내가 아직 얼마 동안은 너희와 같이 있겠지만 결국 나를 보내신 분에게 돌아가야 한다."(요한 7 : 33) "나는 내가 어디에서 와서 어디로 가는지 알고 있으니 내가 비록 나 자신을 증언한다 해도 내 증언은 참되다. 그러나 너희는 내가 어디서 와서 어디로 가는지 모른다."(요한 8 : 14)

예수는 전일(全一)의 하느님으로부터 와서 전일의 하느님께로 돌아가는 것을 분명히 알았다. 그것을 잘 아는 이는 이 세상에 온 것을 기뻐하지도 않고 이 세상에서 죽는 것을 싫어하지도 않는다. 하느님 아버지를 멀리 떨어져 오는 것이 기쁠 리도 없고 하느님께로 돌아가는 것이 싫을 리도 없는 것이다. 하느님 아버지를 떠나 개체로 있는 동안에도 하느님께서 하느님의 생명인 얼(성령)을 보내주어 얼로 교통하여 하느님 아들임을 깨우쳐주신다. 그 깨우침을 이루지 못하면 내가 누구인지 내가 어떻게 살아야 하는지 내가 죽어서 어떻게 되는지 몰라 답답하고 우울하고 불안하고 두렵다. 톨스토이는 이렇게 말하였다.

> 종교란 사람과 영원무한(하느님)의 관계를 설정하는 데 있다. 다시 말하면 종교란 우주만물의 근원인 하느님과 사람의 관계, 그 관계에서 생기는 사명, 다시 말하면 그 사명으로부터 나오는 행동의 규칙을 결정하는 것이다.
> —톨스토이,《종교론》

예수만이 하느님과 나의 관계를 밝힌 것이 아니다. 큰 깨달음을 얻은 이는 모두가 알았다. 장자의 말을 들어보자.

> 누가 아는가. 말로 할 수 없는 말씀을, 나타낼 수 없는 참을 만일 알 수 있다면 이는 하느님 나라라 할 것이다. 하늘나라에는 개체를 아무리 쏟아 부어도 차지 않는다. 아무리 개체를 떠내도 마르지 않는다. 그런데 하느님 나라의 유래를 모르겠다(孰知不言之辯, 不道之道 若有能知 此之謂天府 注焉而不滿 酌焉而不竭 而不知其所由來).
> —《장자》재물론 편

하느님 나라는 감각으로 감지되거나 표현할 수 없는 영원무한한 것으로서 모든 개체들의 근원이며 돌아갈 곳이라는 말을 어렵게 나타내었다. 하느님 나라는 처음도 없고 마침도 없는 영원무한인 것을 알 뿐이다. 이 영원무한의 하느님을 떠난 개체란 아무런 의미가 없다. 그래서 장자는 말하기를 "개체의 사람이란 붙은 혹이요, 달린 사마귀다. 죽음으로써 부스럼을 째고 헌데를 짜는 것이다(生爲附贅縣疣 以死爲決疣潰癰)."(《장자》 대종사 편)라고 한 것이다.

그러므로 개체인 우리는 어버이로부터 받은 멸망의 생명인 제나가 거짓나임을 알고 하느님이 주시는 얼나로 솟나 영원한 생명으로 들어서야 한다. 류영모는 예수의 가르침을 좇아 제나를 버리고 얼나로 솟남을 쉰두 살에 이루었다.

성령을 받고 성령을 증거하는 것이다. 성령이 그리스도요 성령이 말씀(로고스)이요 성령이 참나이다. 참나인 얼나를 증거하는 것뿐이다. 진리의 얼을 받아 진리의 나로 솟나 생사(生死)에 매인 제나에서 자유함을 보여주는 것이다. 우리가 하느님의 성령을 받는 것은 영원한 생명을 얻기 위해서다. 영원한 생명이란 하느님으로부터 받은 성령으로 하느님의 아들이 되는 것이다.

―류영모, 《다석어록》

요한복음 7장에서 복음서 저자가 실수한 것을 보게 된다. 7장 37

~38절에서 '성서의 말씀대로'란 잘못 쓴 것이다. 요한복음 4장 13~14절에 비슷한 말씀이 있는데 예수 자신이 한 말을 성서의 말씀대로라고 할 수는 없는 것이다. 그러면 예수가 돌아간 지 50년이 더 되는 기원후 90년경에 지은 요한복음서를 읽어보았다는 말이 되기 때문이다.

요한복음 8장

너희는 아래에서 왔지만 나는 위에서 왔다.
너희는 이 세상에 속해 있지만
나는 이 세상에 속해 있지 않다.
—요한 8 : 23

너의 죄를 묻던 이들은 다 어디 있는가?

요한복음 8장에 실려 있는 간음하다 현장에서 붙잡힌 여인의 이야기는 요한복음 고사본에는 빠져 있었다. 어느 사본에는 루가복음 21장에 실려 있었다.

재기 넘치는 매혹적이고 흥미로운 이야기임에도 불구하고 이 이야기는 결정적이면서 치명적인 문제를 안고 있다. 결론부터 말하자면 이 이야기는 본디 요한복음서에 들어 있지 않았다. 사실 이 이야기는 4복음서 가운데 그 어느 복음서에도 들어 있지 않았다. 말하자면 후대의 필사자들이 덧붙인 부분이다.

이 이야기는 현존하는 대단히 오래되고 매우 훌륭한 요한복음서 사본에는 나오지 않는다. 또한 이 이야기의 문체는 이 이야기 앞뒤에 보도되는 이야기들을 포함해서 요한복음서의 나머지 부분의 문체와는 사뭇 다르다. 또한 전체 요한복음서와는 다른 이질적인 단어와 문구가 많이 나온다. 이제 분명한 결론을 피할 수가 없다. 본디 이 단락은 요한복음서의 일부가 아니었다.

　이 이야기는 아마도 예수에 대해 구전(口傳)으로 회자되던 유명한 이야기였으며 어느 시기에 복음서 사본의 본문 밖에 덧붙여졌으리라고 생각된다. 그 뒤에 어느 필사자가 요한복음 7장 52절에 끝나는 기사 다음 본문에 삽입했을 것이라고 추정한다. 일부 필사자들은 요한복음 21장 25절 다음에, 또 다른 필사자들은 아주 흥미롭게 루가복음 21장 38절 다음에 이 내용을 삽입했다. 누가 이 기사를 썼는지는 알 수 없지만 분명한 것은 요한복음의 저자가 아니라는 것이다.

―바트 에르만,《성경 왜곡의 역사》

　이제까지 사목(司牧)하는 이들의 입에서 나오는 성경의 축자영감설(성경의 모든 글자는 성령의 가르침으로 쓰여져 있어 전혀 오류가 없다는 주장)이나 성경 무오류설을 귀에 딱지가 앉도록 들어 왔고 거기에 최면이 걸렸던 사람들은 이 이야기를 처음 듣게 되면 침대 위에서 자다가 방바닥에 떨어진 것처럼 어리둥절할 것이다. 사실은《성경 왜곡의 역사》를 쓴 바트 에르만도 마찬가지였다. 그런데 성서를 연구하면서 옛날의 최면에서 깨어난 것이다. 분명한 것은 교황 무오류설이 거짓이듯이 성경 무오류설도 잘못임이 분명하다는 사실이다. 바트 에르만의 말을 더 들어본다.

　나는 성경의 축자영감설과 성경의 무오류설을 믿고 있었다. 그렇지만 이제는 성경을 그렇게 보지 않는다. 이제 성경은 나에게 매우 인간적인 책으로 보이기 시작했다. 필사자들이 성경 본문들을 베껴 쓰면서 변개시킨 것과 마찬가지로 처음 성경 본문을 쓴 이들도 어디까지나 사람이었다. 그러니까 처음부터 끝까지 인간이 만든 책인 성경은 서로 다른 필요에 따라 각기 다른 시기에 서로 모르는 사람들이 저작한 것이다. 성경을 저작한 사람들 가운데 다수는 의심할 여지도 없이 자신들이 하느님의 영감을 받아 쓴다고 느꼈을 것이다. 그런 가운데 그들 자신들의 시각과, 자신들의 믿음과, 자신들의 견해와, 자신들의 필요와, 자신들의 소망과, 자신들의 이해와, 자신들의 신학을 가지고 있었다. 그리고 이와 같은 믿음과, 견해와, 필요와, 소망과, 이해와, 신학은 그들이 말하는 모든 밑바탕에 깔려 있었다. 이런 모든 면에서 그들은 서로 달랐다. 그렇기 때문에 마르코복음서와 루가복음서의 보도는 똑같을 수가 없었다. 마르코복음서 저자의 의도와 루가복음서 저자의 의도가 달랐으므로 그것은 당연한 일이다. 마찬가지로 요한복음서와 마태오복음서는 같을 수가 없다. 성경은 매우 인간적인 책이다.

—바트 에르만, 《성경 왜곡의 역사》

그런데 여기서 분명히 할 것이 있다. 복음서가 9할의 인위(人爲)와 1할의 영감으로 되어 있다고 하여도 1할의 값어치는 무한하다. 다이아몬드 광산에서는 수십 톤의 자갈돌을 선별해서 단 몇 캐럿의 다이아몬드를 얻는다고 한다. 우리가 복음서에서 단 몇 마디의 결정적인 하느님의 말씀(진리)을 찾는다면 그 복음서는 경전의 값어치를 훌륭하게 간직하고 있다고 하겠다. 사람은 많은 말로 참나인 얼나를 깨닫게 되는 것이 아니다. 한마디 말씀에 하느님의 문이 열린다. 하늘나라 문을 여는 데는 키워드 하나면 되는 것이다. 소로는 "천국의 문을 여는 것보다 더 숭고한 인생의 목적은 없다."(소로, 《소로의 일기》)고 말하였다. 하늘나라 문을 여는 열쇠는 경전을 읽거나 기도하는 동안에 얻은 영지(靈知)인 것이다. 불교에서 말하는 '반야바라밀다'인 것이다.

간음하다 들켜 붙잡혀 온 여인의 이야기는 이렇다. 간음 현장에서 붙잡혔으면 남자도 있었을 터인데 남자는 그림자도 없다. 율법에 의하면 경우에 따라서는 남자도 처벌받게 되어 있다. 예수를 함정에 빠트리기 위해 꾸민 연극일 수도 있다. 석가 붓다를 모함하기 위하여 브라만들이 어떤 여인을 매수하여 석가 붓다가 묵는 정사 둘레에 왔다 갔다 하다가 나중에는 석가가 제자들 앞에서 설법하는 자리에 나타나서 석가 붓다에게 내가 산월이 다 되었는데 애기 아빠 되는 당신이 해산 준비를 안 해줘서야 되겠느냐면서 석가 붓다를 향하여 큰소리쳤다. 석가 붓다가 어이가 없어 아무 말 없이 그 여인을 보고 있는데 그 여인의 치마 속에 넣어 임신한 것처럼 위장한 바가지가 떨어져 누명을 쓰지 않게 되었다는 이야기가 있다. 예수에게 올가미를 씌우기 위한 것이라면 그들이 무슨 짓인들 못하겠는가 말이다. 바리사이 사람들이 그 여인과 짜고 사기극을 벌였을 수도 있다는 것이다.

복음서에는 성전 뜰에서 예수가 대중을 상대로 하느님의 말씀을 가르치고 있는데 유대교의 율법학자들과 바리사이파 사람들이 간음하다 현장에서 붙잡힌 여자 한 사람을 데리고 와서 앞에 세워놓고는 예수에게 질문을 던졌다고 씌어 있다. "선생님, 이 여자가 간음하다가 현장에서 잡혔습니다. 우리의 모세 율법에는 이런 죄를 범한 여자는 돌로 쳐죽이라고 하였는데 선생님 생각은 어떻습니까?"(요한 8 : 4~5) 예수가 남의 잘못은 일곱 번씩 일흔 번이라도 용서하라는 소신대로 그 여인의 죄를 용서하라고 하면 모세의 율법을 파기하는 중대한 결과를 가져올 것이다. 또 모세의 율법대로 정죄하라고 한다면 예수의 이제까지의 가르침을 뒤집는 결과를 가져올 것이다. 그러면 예수의 진리운동은 수포로 돌아가게 될 수 있다. 유대인들도 이 사실을 잘 알기 때문에 진퇴양난의 덫을 놓은 것이다. 예수는 제자들에게 "너희는 뱀같이 슬기롭고 비둘기같이 양순해야 한다."(마태오 10 : 16)라고 하였다. 지혜롭기만 하고 순진하지 않으면 거짓말쟁이가 되기 쉽고 순진하기만 하고 지혜롭지 못하면 어리석게 되기 쉽다. 그러나 예수는 그야말로 뱀처럼 총명하고 비둘기처럼 순진하였다. 예수는 거침없이 그들에게 대답하였다. "너희 중에 죄 없는 자가 먼저 돌로 치라."고 하였다. 이는 로마 총독부에게 세금을 내야 하느냐 말아야 하느냐고 물었을 때, "카이사르의 것은 카이사르에게 돌리고 하느님의 것은 하느님께 돌려라."(마태오 22 : 21)라고 한 말을 연상시키는 놀라운 지혜가 담긴 말이다.

예수는 죄 없는 이가 돌로 먼저 치라고 한 뒤에는 혼자 땅 위에 앉아서 땅 위에 글을 썼다고 하였다. 예수는 무함마드처럼 까막눈(문맹자)이 아님이 분명하다. 예수의 가르침을 그노시스(영지)라고 한 것을 보면 더욱 그렇게 생각된다. 예수가 땅에 쓴 글씨는 예수가 입으로 말한 "죄 없는 이가 먼저 돌로 치라."였을 것이다.

안하무인이던 율법학자들과 바리사이 사람들이 간음한 여인을 내버려 둔 채로 슬금슬금 모두가 달아나버렸다. 그들은 낯가죽이 두꺼운 사람들임에는 틀림없었으나 자기에게 죄가 있는 줄 아는 정도의 양심은 지니고 있었던 것이다.

가장 높은 차원의 도덕의식을 지녀 하느님 아들이 된 예수와 가장 낮은 차원의 도덕의식을 지닌 짐승보다 못한 여인의 만남은 대비가 되어 역사적이면서도 운명적이다. 이 두 사람이 주고받은 대화가 궁금하지 않을 수 없다.

    예수 : 그들은 다 어디 있느냐? 너의 죄를 묻던 사람들은 아무도 없느냐?
    여인 : 아무도 없습니다, 주님.
    예수 : 나도 네 죄를 묻지 않겠다. 어서 돌아가라. 그리고 이제부터 다시는 죄 짓지 마라.

이 글을 쓰는 내 눈앞에 그 대화를 나누는 장면이 선명하게 떠오른다. 석가 붓다는 꼭 자신이 하루에 한 차례씩 시내로 나가 밥을 빌러 다녔다. 제자들을 시켜도 되는데 그런 일은 없었다. 석가는 밥 빌어 먹는 자신의 모습을 사람들에게 보여 그 사람들에게 평안과 기쁨과 은혜를 느끼게 하려는 것이었다. 간음하다가 들켜 돌로 맞아 죽을 뻔한 운명이었던 그 여인에게는 예수를 만난 것이 그대로 축복이요, 은혜였다. 예수는 "누구든지 여자를 보고 음란한 생각을 품는 사람은 벌써 마음으로 그 여자를 범했다. 오른 눈이 죄를 짓게 하거든 그 눈을 빼어 던져버려라."(마태오 5 : 28~29)라고 하였다. 그런 엄격한 도덕의식을 지닌 이라면 간음하다 들긴 여인에게 침이라도 뱉으면서 썩 꺼지라고 할 것 같지만 예수는 그러지 않았다. 누이동생을 대하듯 인간적으로 대하였다. 내게는 엄격하고 남에게는 관용적인 이것이 하느님 아들이라 일컬어지는 인간 예수의 진면목인 것이다.

석가 또한 마찬가지였다. 남근을 독사의 입 안에 넣을지언정 여인의 음부에 넣지 말라는 석가 붓다이다. 출가하여 6년 만에 득도한 뒤에 처음으로 고향 카필라 성으로 돌아왔다. 모든 가족, 친지들이 석가 붓다에게 나와 인사를 하는데 오직 석가 붓다의 아내인 야소다라 부인만이 자기 방에서 나오지 않았다. 그리하여 석가 붓다가 제자 한 사람을 대동하고 그 방에 들어가 자기 이내를 만났다. 이미 부부의 인연은 다하였다는 것이다. 그렇게 철저한 금욕의 수도자인 석가 붓다가 암바팔리라는 이름난 미인 창녀의 초대를 사양하지 아니하였다. 여러 제자들을 대동하여 궁궐 같은 창녀의 집으로 가면서 제자들에게 일렀다. "비구들이여, 너희들은 이제 그 마음을 단정히 가져야 한다. 차라리 사나운 호랑이의 입에 들어가고 새파란 칼날 밑에 서거나 혹은 불 속에 묻었던 뜨거운 쇠창으로써 두 눈을 찌를지라도 음욕에 미혹하여서는 안 된다."(《반니열반경 상》) 그러나 창녀라고 멸시하거나 천시하지 않았다. 그 창녀는 뒤에 출가하여 비구니가 되어 석가붓다의 제자가 된다.

율법에는 남녀쌍벌죄가 있다. "이웃집 아내와 간통한 사람이 있으면, 그 간통한 남자와 여자는 반드시 함께 사형을 당해야 한다."(레위기 20 : 10) "약혼한 남자가 있는 처녀를 다른 사람이 성읍 안에서 만나 같이 잤을 경우에는 둘 다 그 성읍 성문 있는 데로 끌어내다가 돌로 쳐죽여야 한다. 그 처녀는 성읍 안에서 당하면서도 소리를 지르지 않았기 때문에 죽일 것이요, 남자는 이웃의 아내를 범했기 때문에 죽일 것이다."(신명기 22 : 23~24)

맹자(孟子)는 "사람이 부끄럼을 모르면 안 된다. 부끄럼 모르는 것을 부끄러워하면 부끄럼이 없겠다(人不可以無恥 無恥之恥 無恥矣)."(《맹자》 진심 상편)라고 말했다.

너희는 아래서 왔지만 나는 위에서 왔다

맹자는 사람이 타고난 바탈(人性)은 착하다고 말한 것으로 알려져 있다. 그런데 맹자가 하는 말이 기가 막힌다. "사람이 새나 짐승과 다른 것은 아주 작다. (그 작은 것을) 군자는 가졌으나 여느 사람들은 버렸다."(《맹자》이루 하편) 그러니 맹자가 말한 새나 짐승과 다른 점이 바로 사람의 천성인 인성인데 그 인성을 군자만 가지고 다른 사람들은 다 버렸다면 사람이 지닌 인성이 착하다고 한 말씀은 좋다가 만 셈이 된다.

만약 공자(孔子)를 심사위원장으로 하여 사람들을 심사한다면 군자(君子)로 뽑힐 사람이 몇 사람이나 있겠는가? 공자는 그 당시에도 안회(顔回)만을 군자로 인정한 것 같다. 공사 때나 오늘이나 인성을 지닌 군자(君子)는 별로 없다. 그렇다면 맹자가 사람의 바탈[人性]은 착하다고 한 말이 쓸데없는 말일 뿐이다. 그렇다고 맹자의 말이 틀린 것은 아니다. 사람이 지닌 인성(人性)이 착한 것은 맞다. 그런데 많은 사람들은 사람인데도 선한 인성은 놓치고 악한 수성(獸性)만 지니고서 짐승 노릇만 하였지 사람 노릇은 못하고 있는 것이다.

예수가 말한 "너희는 아래서 왔지만 나는 위에서 왔다. 너희는 이 세상에 속해 있지만 나는 이 세상에 속해 있지 않다."(요한 8 : 23)라는 구절은 '너는 수성(獸性)이고 나는 인성(人性)이다'란 의미이다. 인성은 예수가 말한 인자(人子)와 같다. 히느님이 보내신 영성(靈性)이 와서 수성(獸性)을 죽이니 제나는 영성을 좇는 인성(人性)을 회복하였다. 이것을 공자는 극기복례(克己復禮)라고 하였다. 인성을 회복하여 하느님 아버지와 아들의 관계를 회복하였다는 말이다.

예수가 '나는 위에서 왔다'고 하였으나 예수의 몸까지 위에서 왔다고 말한 것이 아니다. 하느님께서 보내주신 영성인 얼나만 위에서 온 것이다. 영성인 얼나가 수성을 다스려 인성(人性), 곧 하느님의 아들이 된 것이다. 영성으로는 하느님 아버지와 아들이 하나인 것이다. 영성은 하느님의 생명이기 때문이다. 인성을 회복한 이가 하느님 아들로서 붓다요, 성자인 것이다.

나는 위에서 왔다는 것은 하느님이 나를 낳으셨다는 말이다. 공자가 말한 "하느님께서 내게 속나(얼나)를 낳으셨다(天生德於予)."(《논어》 술이 편)는 말과 같다. 여기에 '나'는 얼나를 말하는 것이지 짐승인 제나를 말한 것이 아니다. 이것을 가려볼 줄 알아야 한다. 그리스도교는 예수가 말한 '나'를 얼나인지 제나인지 구별할 줄 몰라서 잘못된 것이다. 얼나는 프뉴마($\pi\nu\varepsilon\upsilon\mu\alpha$, soul, spirit)이고 제나는 에고($\varepsilon\zeta\omega$, ego)이다. 복음서 저자들도 헷갈리고 있기 때문에 읽는 이가 똑바로 읽어야 한다. "아버지와 나는 하나이다."(요한 10 : 30)와 "나는 길이요 진리요 생명이다."(요한 14 : 6)의 '나'는 얼나이다. 그러나 "왜 나를 선하다고 하느냐."(마르코 10 : 18), "하느님의 뜻을 실천하려는 사람이면 이것이 하느님으로부터 나온 가르침인지 또는 내 생각에서 나온 가르침인지를 알 것이다."(요한 7 : 17)의 '나'는 제나로 보아야 한다. 얼나는 하느님이 우리에게 보낸 하느님의 생명이라 영원한 생명으로 이 상대세계인 세상에 속하지 아니하였지만 아래, 곧 어버이에게서 난 제나는 상대세계인 이 세상에 속하였기 때문에 반드시 나서 죽는다.

 복음서 저자들을 낮춰보자고 하는 말이 아니라 예수의 가르침을 올바르게 알기 위하여 하는 말이다. 복음서 저자들은 그들대로 애를 많이 쓴 사람들이다. 그러나 그들은 예수를 하느님 아들로 받들 줄은 알았지만 예수의 말씀을 바로 알아듣지는 못하였다. 바꿔 말하면 그들은 예수처럼 구경각(究竟覺)에 이르지 못하였던 것이다. 그래서 예수가 나는 위에서 왔다고 하니까 예수의 몸나까지 위에서 온 줄로 잘못 알아듣고는 예수의 몸도 위에서 온 것으로 만들기 위해 동정녀 탄생설을 생각해낸 것이다. 예수가 "영원히 사는 것은 얼나이니 몸나는 부질없다."(요한 6 : 63, 박영호 옮김)고 한 말씀을 바로 알았다면 동정녀 탄생설을 생각해내는 수고는 하지 않아도 되었을 것이다. 그것 때문에 오늘날까지 많은 사람이 헷갈리게 되었다. 나부터도 내가 하는 말이 꼭 옳다고 하지는 않겠다. 다만 내가 생각하는 바를 말하는 것이다. 신앙은 어디까지나 자율적인 것이다.

 그렇게 중요한 동정녀 탄생을 마르코복음서와 요한복음서에서 전혀 언급하지 않은 것은 무엇 때문일까? 오늘에는 4복음서가 한데 묶여 있지만 4세기 이전만 해도 그렇지 않았다. 요한복음서만 보는 공동체는 요한복음만 보고 마르코복음을 읽는 이들은 마르코복음만 보았다. 요한복음과 마르코복음만 읽은 이들은 마태오복음이나 루가복음에만 나오는 동정녀 탄생설을 전혀 몰랐던 것이다. 신앙은 자유인데 자기가 진실이라고 믿는다면 믿는 것이지 누가 말리겠는가? 사실에 근거하지 않고 제가 믿고 싶어서 진실이라 믿는 것을 트루시니스(truthiness)라고 한다는데 그러한 자유도 보장되어 있는 것이다. 그러나 이 한마디만은 말해주고 싶다. "신앙은 이성(理性) 이상이다. 그러나 비이성적이 되어서는 안 된다. 미신이 되기 때문이다."(마하트마 간디, 《날마다 한 생각》)

　21세기에 들어선 오늘날에도 정월 대보름이나 한가윗날 보름달을 보고 절하는 이들이 적지 않다. 양력 설날이나 음력 설날 바닷가나 산마루에 올라가서 돋는 해를 보고 절하는 사람들도 적지 않다. 아직도 해와 달을 하느님으로 숭배하고 싶은 것이다. 하루아침에 하느님을 깨닫기는 쉽지 않고, 불안하고 고통스러운 삶을 살아야 하니 사람보다는 위대하게 느껴지는 해와 달에게라도 나의 간절한 소망을 이루어 달라고 빌고 싶은 것이다. 지금도 이따금씩 덜 돼먹은 열성파 크리스천들이 절에 모셔진 불상에 못된 짓을 하는 훼불 사건이 일어나곤 한다. 그리고 불교를 폄하하기를 우상 종교라 한다. 그것은 석가 붓다의 가르침을 전혀 모르고 하는 말이다. 석가 붓다처럼 철저한 비우상 신앙은 없을 것이다. 그것은 5백 년 동안의 무불상 시대가 웅변한다. 그러나 지금 석가 붓다가 와서 저 불상들을 치우라고 하면 못 치우겠다고 석가 붓다에게 대드는 스님이 많을 것이다. 그 까닭은 말하지 않아도 여러분이 짐작할 것이다.

　"나는 세상의 빛이다. 나를 따라오는 사람은 어둠 속을 걷지 않고 생명의 빛을 얻을 것이다."(요한 8 : 12) 또 "너희는 나를 알지 못할 뿐

더러 나의 아버지도 알지 못한다. 너희가 만일 나를 알았더라면 나의 아버지도 알았을 것이다."(요한 8 : 19) "나를 보내신 분은 나와 함께 계시고 나를 혼자 버려두시지는 않는다."(요한 8 : 29) 여기에 나오는 '나'는 모두가 얼나를 가리키는 것이다. 얼나는 영원한 생명인데 우리의 맘을 환히 밝혀주는 것 같이 빛으로 나타내기도 한다. 얼나는 하느님이 보내주신 하느님의 생명이라 하느님을 모를 까닭이 없다. 얼나는 하느님의 생명이라 하느님과 이어져 있으니 늘 하느님과 함께한다. 예수의 제나가 하느님 아들이 아니라 예수의 얼나가 하느님 아들이다. "아들이 너희에게 자유를 준다면 너희는 참으로 자유로운 사람이 될 것이다."(요한 8 : 36)에서 이 '아들'도 얼나이다.

짐승인 제나의 개체의식이 깨어지고 하느님 아들인 얼나(靈我)의 전체의식으로 전환하는 것이 예수가 말한 솟남(부활)이요, 석가가 말한 깨달음(각도)인 것이다. 그래서 모든 판단을 개체인 제나의 자리에서 하지 않고 전체인 얼나의 자리에서 하게 된다. 그것을 예수가 구체적으로 보여주는 장면은 스승에게 죽어서는 안 된다고 말하는 베드로에게 "사탄아 물러가라. 너는 나에게 장애물이다. 너는 하느님의 일을 생각하지 않고 사람의 일만을 생각하는구나."(마태오 16 : 23)라고 한 말씀, 또 예수가 마지막 죽기로 결심할 때 "아버지, 아버지께서는 하시고자만 하시면 무엇이든 다 하실 수 있으시니 이 잔을 저에게서 거두어주소서. 그러나 제 뜻대로 마시고 아버지의 뜻대로 하소서."(마태오 26 : 39)라는 말씀이다. 그래서 예수가 말하기를 "혹시 내가 무슨 판단을 하더라도 내 판단은 공정하다. 그것은 나 혼자서 판단하지 아니하고 나를 보내신 아버지와 함께 판단하기 때문이다."(요한 8 : 16)라고 하였다. 이것이 제나로 죽고 얼나로 사는 것이다. 사망의 제나에서 생명의 얼나로 옮긴 것이다. 이 사실을 길희성은 다음과 같이 말하였다.

부처님과 예수님은 자기 중심적 삶에서 초월의 실재 중심의 삶으로 전환함으로써 자기로부터 완전히 해방된 분들이었으며 나를 포기함으로써 온 세상을 얻고 자기 부정을 통해 영원한 생명을 얻는 길을 보여준 분들이었습니다.

—길희성, 《보살예수》

예수와 석가가 가르친 핵심을 말하라고 한다면 거짓되고, 짐승이고, 멸망할 생명인 제나를 버리고, 죽이고, 잊고서는 영원하고, 진리이고, 빛인 얼나로 솟나라는 것이다. 거기에 비하면 공자는 그렇지 못한 것이 사실이다. 《논어》를 읽어보아도 그런 말이 별로 눈에 띄지 않는다. 이 세상을 어떻게 다스려야 하는가에 초점이 맞춰져 있다. 그런데도 제나를 없애라는 구체적인 말이 있다. 즉 "내 뜻을 없애고, 반드시를 없애고, 고집을 없애고, 제나를 없애라(母意 母必 母固 母我)."(《논어》자한 편)고 하였다. 이것으로 공자도 이르러야 할 때까지 간 것을 알 수 있다. 한마디 말로 그 사람을 평가할 수 있기 때문이다. "우리가 쓰는 한두 마디의 말이 우리를 훌륭하게 판단한다."(류영모,《다석어록》)는 류영모의 말은 이런 것을 말하는 것이다.

공자가 제나를 죽이라고 말한 것을 장횡거(張橫渠, 張載)는 "살아서는 일 따라 좇고 죽으면 평안하리(存吾順事, 沒吾寧也)."(장횡거,《서명》)라고 나타냈다. 살게 하면 살고 죽으라면 죽겠다는 것이다. 왜 살아야 하는가? 왜 죽어야 하는가? 따위는 없다는 말이다. 장자도 예수, 석가에 못지않게 하느님 아버지를 꽉 믿은 이다. "하느님께서 나를 몸에 실어주어 삶에 나를 힘쓰게 하고, 늙어서 나를 편하게 하고, 죽어서 나를 쉬게 한다. 그러므로 내 삶을 좋게 하는 이(하느님)가 이에 죽음도 잘해줄 것이다."(《장자》 대종사 편)

류영모는 분명하게 말하였고 그렇게 살았다. "제 맘속에 나라는 생각이 아직 남았다면 불안을 못 면한다. 제나는 작아져야 한다. 제나는 없어져야 한다."(류영모,《다석어록》)

나는 아브라함 나기 전부터 있었다

이스라엘 민족이라면 모두가 믿음의 조상인 아브라함의 자손임을 자랑스럽게 생각한다. 아브라함은 위대한 사람임에 틀림없다. 아브라함의 피를 이어받은 후손에서 세계적인 종교인 유대교, 기독교, 이슬람교가 나온 것이다. 세계적인 종교가 하나만 나와도 대단한 일인데 3대 종교가 나왔으니 놀라운 민족이라고 아니할 수 없다. 그런데 사실은 아브라함의 자손에서 3대 종교만 나온 것이 아니라 4대 종교가 나왔다. 세상에서는 공산주의라 부르지만 공산주의는 사실은 마르크스교인 것이다. 마르크스도 아브라함의 자손이며 마르크스교는 유대교에서 파생한 엄연한 종교인 것이다. 이 사실을 잘 아는 이가 한때 열렬한 공산주의자로 볼셰비키혁명에도 참여하였던 신비주의 철학자 베르자예프이다.

한 가지 영역에 있어서만은 공산주의는 불변하게 되어 있으며 무자비하고 광신적이며 또한 그곳에서는 어떤 양보도 인정하지 않을 것이다. 그것은 바로 세계관의 영역이며 철학이나 또한 종교의 영역이 되고 있다. 공산당원은 교회와의 여하한 종류의 관계도 단절할 것을 요구당하고 있다. …… 정치가 정통성의 깃발 아래 놓이게 될 때 국가는 교회로 보일 것이며 이단에 대한 박해는 불가피할 것이다. 중세의 그리스도교적 신정(神政)정치가 이것과 비슷하다.

─니콜라이 베르자예프,《거대한 그물》

이단에 대한 박해는 유대교, 기독교, 이슬람교, 마르크스교가 다 꼭 같다. 다만 예수만이 그러지 아니하였는데 예수의 가르침은 오히려 톨스토이, 간디, 류영모에 의해 이어졌다고 볼 수 있다. 류영모는 '모든 종교는 다르면서 같다'고 보았다. 앞으로는 열린 종교, 너그러운 종교, 사랑의 종교라야 한다. 배타적인 종교는 거룩함이란 탈을 쓴 삼독(三毒)의 수욕(獸欲)인 것이다.

아브라함은 예수보다 1,850년 전의 사람이다. 지금으로부터 약 4천 년 전의 옛 사람이다. 아브라함은 방주로 유명한 노아의 10대 후손이다. 그런데 예수가 아닌 밤중에 홍두깨로 "아브라함이 나기 전부터 내가 있느니라."라고 하였다니 믿을 수 없는 소리다. 이 사람이 나는 단군보다 먼저 있었다고 하면 사람들이 미친 놈이라고 할 것이다.

예수가 아브라함보다 먼저 있었다고 하면 어떤 이는 예수는 하느님이라 그럴 수 있다고 말한다. 예수가 하느님이었다면 바리사이 사람들이 어떻게 "당신이 아직 쉰 살도 못 되었는데 아브라함을 보았단 말이오?"라며 따질 수 있었겠는가? 나서 밥 먹고 뒤 보다가 죽는 그런 하느님이란 없다. 요즘도 밥 먹고 뒤 보는 인간이 제법 하느님 행세하려 드는 일들을 보는데 그야말로 마귀의 짓이다. 예수도 먹고 마셨는데 어찌 뒤를 보지 않았겠는가?

류영모는 '하느님은 없이 계신다'라고 하였다. 가톨릭 쪽의 원로 신학자 정양모와 개신교 쪽의 원로 신학자 심일섭은 류영모의 이 표현에 매혹되었다고 말하였다.

하느님은 어디 있다면 하느님이 아니다. 언제부터 있었다고 하면 하느님이 아니다. 언제부터 어디서 어떻게 생겨 무슨 이름으로 불려지는 것은 하느님이 아니다. 상대세계에서 절대(絶對) 하나라면 하느님이다.

하느님이 없다면 어떤가? 하느님은 없이 계시는 분이다. 물질로는 없고 얼(성령)과 빔(허공)으로 계시기 때문에 없이 계신다. 그러나 모든 물질을 내시고 거두신다. 하느님은 없이 계시므로 언제나 시원하다. 하느님은 물질을 지녔으나 물질이 아니다. 하느님은 모든 물질을 이룬 얼이요 모든 물질을 담은 빔이다. 모든 물질을 거둘 얼이요 빔이기도 하다.

―류영모,《다석어록》

이런 기준에서 볼 때 예수를 하느님이라고 하는 것은 예수에 대한 모독이요 하느님에 대한 불경이다. 예수는 선한 선생님이라고 부르기만 해도 깜짝 놀라며 "왜 나를 선하다고 하느냐? 선하신 분은 오직 하느님뿐이시다."(마르코 10 : 18)라고 하였다. 그런 예수에게 하느님이라고 하다니 예수를 십자가에 못 박는 이상의 잘못이다. 가령 태자에게 임금님이라고 부르면 태자를 역적으로 만드는 일인 것이다. 그러면 결국 태자를 죽이게 된다.

사람은 제나에서 얼나로 솟으면 하느님의 얼나(얼의 굿, 얼의 빛)를 지니게 된다. 예수도 하느님의 얼굿을 가지고 있었기에 그 얼나로는 아브라함 나기 전부터 있었다고 말할 수 있다. 얼나는 하느님의 생명이기 때문에 시간, 공간을 초월한다. 그러므로 얼마든지 그럴 수 있는 것이다. 예수와 비슷한 말을 류영모는 이렇게 나타냈다.

영원한 생명인 얼나가 있는 것은 틀림없다. 예수, 석가에게 나타났던 영원한 생명인 얼나가 나에게도 나타났으니 얼나는 시간, 공간을 초월하여 존재하는 것만은 틀림없다.

―류영모, 《다석어록》

얼나는 하느님에게서 왔으므로 "나는 위에서 왔다."라고 하였는데 "나는 위에서 왔다."의 '나'에 얼을 붙여서 얼나라고 하면 아브라함보다 먼저 있었다는 말도 쉽게 알아들을 수 있다.

하느님에게서 온 사람은 하느님의 말씀을 듣는다. 너희가 그 말씀을 들으려 하지 않는 것은 너희가 하느님에게서 오지 않았기 때문이다.

―요한 8 : 47

이 말씀을 보아도 예수 혼자만 하느님에게서 온 이가 아니라는 것을 알 수 있다. 예수의 말씀을 알아듣는 이는 하느님으로부터 온 얼나를 간직하고 있다는 말이다. 류영모는 얼나는 하느님의 생명으로서 공통의 생명이라 이름이 필요 없다고 말했다. 얼나야말로 사(私)가 아닌 공(公)의 나인 것이다.

옛적부터 이름이 없는 참나를 알아야 합니다. 옛적부터 이름 없어 내 오직 나로 나입니다. 세상의 나는 아주 바쁘니까 인사는 나중에 하고 일부터 이야기해야 하기에 나의 멍텅구리 이름 석자를 알려고 합니다. 할 수만 있다면 이 사람의 이름도 몰라주었으면 좋겠습니다. 이 사람 (류영모)은 영원히 그만두고 하느님에게 이어진 한 끄트머리의 긋(얼나)을 보아준다면 다시 없이 아주 상쾌할 것입니다.

—류영모, 《다석강의》

이왕 아브라함의 이름이 나왔으니 아브라함에 대하여 조금 살펴볼 필요가 있을 것 같다. 이스라엘 민족은 아브라함의 자손임을 자랑하는 데 반하여 예수는 아브라함에 대한 시각이 이스라엘 사람들과 다른 것을 엿볼 수 있다. "너희의 조상 아브라함"(요한 8:56), 또 "나는 아브라함이 태어나기 전부터 있었다."(요한 8:58)라는 말은 아브라함의 혈통을 부인하는 말이다. 마치 석가 붓다가 자기 아버지 정반왕에게 나는 석가족이 아니라고 말하는 것을 연상시킨다. 예수나 석가는 얼나의 사람이지 짐승인 제나의 사람이 아닌 것을 분명히 하고 있는데 놀라움을 금할 수 없다. 참으로 가슴이 찡해지도록 감동을 금할 수 없다.

셈족인 아브라함은 본디 지금의 시리아 지방인 메소포타미아 갈대아 우르에서 살았다. 그런데 무슨 이유에서인지 고향을 떠나 지금의 팔레스타인 지역으로 옮겨온다. 말인즉 야훼 하느님의 지시를 받았다고 한다. 이 사실을 토인비는 멸망해 가는 구문화권에서 씨가 튀어나와 새 문화권을 이루었다고 말했다. 아브라함에 의하여 새로운 유일신 문화권이 생겼으니 말이다.

그런데 사실은 아브라함의 신앙도 아주 낮은 수준이었다. 늦둥이 아들 이삭을 하느님 제단에 바치려 하였다 하여 하느님에 대한 충성심을 높이 사 믿음의 선조라는 말을 듣게 되었지만 사실은 인신(人身)을 제물로 바치던 원시 신앙의 무지한 모습을 보이는 것에 지나지 않는다. 그러니 예수가 아브라함을 높이 평가할 리가 없다. 류영모는 말하였다. "짐승은 사람에게 고기를 바친다. 그러나 사람은 하느님에게 몸을 바치는 것이 아니다. 말씀을 바쳐야 한다."(류영모,《다석어록》)

바리사이파 사람들을 "우리는 아브라함의 후손이고 아무한테도 종살이를 한 적이 없는데 선생님은 우리더러 자유를 얻을 것이라고 하시니 어떻게 된 일입니까?"(요한 8 : 33)라고 물었다. 그러나 이것은 잘못 아는 소리다. 요셉에 의해 이집트로 건너가 그곳에서 6백 년의 세월을 보냈지만 거의 반노예 생활을 하였다. 그래서 모세가 보다 못하여 출애굽을 한 것이다. 통일 왕국은 다윗과 솔로몬 때문이고 남북 왕조로 갈렸다. 북왕국 이스라엘은 기원전 722년에 아시리아에 정복당하였고, 남왕국 유다는 기원전 586년에 바빌론에 점령당하였다.

요한복음 8장에서 빠트려서는 안 되는 말씀이 있다. "너희가 내 말을 마음에 새기고 산다면 너희는 참으로 나의 제자이다. 그러면 너희는 진리를 알게 될 것이며 진리가 너희를 자유롭게 할 것이다."(요한 8 : 31~32)

예수가 사람들에게 자유를 주는 것이 아니다. 각자가 깨닫는 영원한 생명인 얼나가 자유롭게 하는 것이다. 얼나로 자유하는 것이지 제나로 자유하는 것이 아니다. 제나는 생사(生死)와 애증(愛憎)과 식색(食色)의 노예이다. 제나로 죽고 얼나로 솟남으로써 생사를 초월하고 애증을 초월하고 식색을 초월하여 자유롭게 된다는 말이다. 이것을 석가는 해탈(moksha)이라고 하였는데, 예수의 자유와 같은 뜻이다. 얼나는 사랑·기쁨·평화의 영원한 생명이기 때문이다.

얼나를 깨달으면 얼나는 제나가 지닌 탐·진·치의 짐승 성질을 다스려준다. 그래서 예수, 석가는 우리와 같은 짐승인 몸을 지녔으나 짐승 노릇을 하지 않았다. 탐욕도 없고 다툼도 않고 음욕도 없었다. 탐욕은 주림(욕심을 주림)으로 다스리고, 다툼은 누김(너그러움, 부드러움)으로 다스리고, 음욕은 그늠(금욕)으로 다스렸다. 그리하여 사람들에게 하느님의 지혜와 하느님의 사랑을 베풀었다.

9장

요한복음 9장

내가 이 세상에 온 것은 보는 사람과 못 보는 사람을 가려,
못 보는 사람은 보게 하고
보는 사람은 눈멀게 하려는 것이다.
—요한 9 : 39

못 보는 사람은 보게 하고 보는 사람은 눈멀게

요한복음 9장은 소경이 눈 뜨는 이야기로 채워져 있다. 맹자는 사람의 눈을 이렇게 찬양하였다.

사람에게 있어서 눈동자보다 좋은 것이 없다.
눈동자는 그 모질음을 가릴 수 없다.
마음속이 바르면 눈동자가 빛나고
마음속이 바르지 못하면 눈동자가 흐리다.
그 말을 듣고 그 눈동자를 보면 사람이 어찌 속이랴?
―《맹자》이루 상편

그런데 이 세상에는 마음 아프게도 앞 못 보는 사람이 적지 않다. 오늘날에 소경이 있듯이 예수 때에도 소경이 있었다. 하루는 예수가 그의 제자들과 함께 걸어가다가 소경을 만나게 되었다. 제자들이 스승 예수에게 물었다. "선생님, 저 사람이 소경으로 태어난 것은 누구의 죄입니까? 자기 죄입니까? 그 부모의 죄입니까?"(요한 9 : 2) 예수는 대답하였다. "자기의 죄 탓도 아니고 부모의 죄 탓도 아니다. 다만 저 사람에게서 하느님의 놀라운 일을 드러내기 위한 것이다."(요한 9 : 3) 그 당시 이스라엘 사람들은 사람이 소경이 된 것은 그 사람이나 그 부모의 죄 때문이라고 생각했던 것이다. 그것이 "너는 죄를 뒤집어쓰고 태어난 주제에"(요한 9 : 34)라는 말에서 잘 알 수 있다.

헬렌 켈러가 앞 못 보고, 귀 못 듣고, 말 못하는 3중고로 태어난 것은 누구의 탓으로 돌리기에는 너무나 복잡한 의학적인, 환경적인, 인위적인, 운명적인 인과의 결과라 하겠다. 헬렌 켈러의 일생은 예수의 말씀이 옳다는 것을 증명해 보이는 것 같다. 헬렌 켈러가 소경이 된 것은 하느님의 놀라운 일을 드러내기 위한 것이라고 할 수밖에 없을 것 같다. 3중고의 헬렌 켈러는 하느님을 영광되게 하였고 보고 듣고 말하는 사람들을 부끄럽게 만들었기 때문이다.

의학의 아버지라는 히포크라테스가 모든 질병은 하느님에 의해 생기는 것이 아니라고 선언하였다. 하느님께서 할 일이 없어서 사람들을 찾아다니면서 병균을 퍼트리고 있겠는가? 그러나 건강보험공단에서 인정하는 질병 수만 해도 1만 2천여 가지나 된다는데 병(病)의 원천에 대해서는 뭐라고 설명하겠는가? 의사학자 헨리 지거리스트는 "질병은 문명을 만든다."라고 하였다. 질병이 사람으로 하여금 정신을 차리게 하고 심안(心眼)을 뜨게 한다. 어느 신앙인이나 사상가도 질병과 관계없이 구도(求道)한 일이 없다. 김교신은 "죽을 병이라도 한번 앓아본 사람이 아니면 대화할 상대가 안 된다."(김교신,《구약성경》)라고 하였다. 어느 화상(畵商)의 이야기이다. 중병으로 폐를 절단하는 대수술을 받았다. 회복 과정에서 여러 번 죽음의 문턱까지 이르는 어려움을 몇 차례나 겪으며 구사일생(九死一生)으로 겨우 목숨을 건졌다. 그런 후에 뜻밖에 미술품을 보는 안목이 생기더라는 것이다. 미술품을 보는 안목이 생긴 것은 죽을 고비를 넘기는 가운데 인생을 보는 눈이 열렸다는 말인 것이다. 그런데 병이 위대하지 않다고 하겠는가?

오경웅(吳經熊)은 예수는 마음의 병을 고치는 초의(招醫)라고 하였다. 분업이 뚜렷하지 않았던 2천 년 전 옛날에 예수가 사람의 병을 고쳐주었다고 특별히 이적 기사라고 할 것도 없다. 예수가 2천 년 전에 슈바이처 노릇을 좀 하였다고 생각하여도 좋을 것이다. 그런데 불우한 소경을 보고 하느님을 생각하였다는 것이 예수의 남다른 점이라 할 것이다. 왕양명(王陽明)은 "하늘 땅의 모든 것이 다 참의 나타남이다(天地萬物皆道之發現)."(왕양명,《전습록》)라고 하였는데, 예수에게는 세상의 모든 일이 다 참의 나타남(世上萬事皆道之發現)이었던 것이다.

병의 허준은 사람의 몸에 약이 안 되는 것이 없다고 하였다는데 예수도 그렇게 생각한 것 같다. 눈병을 고치는 데 예수는 침으로 흙을 개어서 소경의 눈에 바른 다음에 실로암 못에 가서 씻으라고 하였다는 것이다. 예수가 쓴 처방이 자연치료법이 될지 모르겠다. 마하트마 간디는 치료비가 없는 가난한 사람들을 생각해 자연요법에 관심이 많았다. 간디는 자신에게조차 자연치료법에 대한 확신을 품고 고집을 부려 간디를 치료하던 의사들이 골치를 앓았다. 이 사람이 보기에는 그 반대인 점도 있다고 생각한다. 오늘날은 건강 염려증으로 병원에 지나치게 의존하려 드는 것이 의료계의 골치 아픈 일이라고 한다.

실로암 못은 예루살렘 성 남쪽에 자리한 연못이다. 북쪽에 있는 연못이 베짜타 못이다. 실로암은 기원전 701년 유다왕국의 히즈기야 왕이 아시리아의 침략에 대비해서 예루살렘 성 밖 키드론 골짜기에 있는 기혼(처녀) 샘물을 성 안으로 끌어들인 것이다. 땅 밑에 525미터나 되는 긴 수로(水路)를 파서 끌어들인 물을 모아놓은 것이 실로암 못이다. 실로암 못의 크기는 길이 16미터, 폭 6미터 깊이 6미터이다.

예수가 눈병을 고쳤다는 데 의미가 있다기보다는 눈병을 두고 한 진리의 말씀이 더욱 값지다. "내가 이 세상에 온 것은 보는 사람과 못 보는 사람을 가려, 못 보는 사람은 보게 하고 보는 사람은 눈멀게 하려는 것이다."(요한 9 : 39) 이 말씀도 들을 귀 없이는 알아듣기가 어려운 말씀이다.

헬렌 켈러는 바울로의 "우리는 보이는 것에 눈길을 돌리지 않고 보이지 않는 것에 눈길을 돌린다. 보이는 것은 잠시뿐이지만 보이지 않는 것은 영원하기 때문이다."(II고린토 4 : 18)라는 말을 그대로 따랐다. 헬렌 켈러는 몸의 눈은 성치 못하여 세상 만물을 볼 수 없지만 마음의 눈을 떠 없이 계시는 하느님을 알아보았다. 헬렌 켈러는 있으나 없는 것과 같은 무상한 세상 만물은 보면서 없으나 참으로 계시는 영원한 하느님을 알아보지 못하는 사람들을 부끄럽게 만든 것이다. 이것을 예수는 세상을 못 보는 사람은 하느님을 보게 하고 세상을 보는 사람은 하느님을 못 보게 한다고 한 것이다. 그러므로 하느님을 볼 수 있게 맘눈[心眼]을 뜨려면 이 세상 만물은 있으되 없는 것으로서 아무것도 아닌 개체(個體)들이라는 것을 알아야 한다. 그러면 시간적으로 영원하고 공간적으로 무한한 눈에 안 보이는 얼로 계시는 전일(全一)의 하느님이 계심을 느껴 알게 된다. 그런데 보이는 것은 잠시뿐이요, 보이지 않는 것은 영원하다고 한 바울로가 뭣 때문에 예수를 몸(soma)으로 소생시켜 보이는 예수로 만들려고 애썼는지 모를 일이다. 바울로야말로 일이관지를 모르는 변덕쟁이인 것 같다. 말 뒤집기를 식은 죽 먹듯 한다.

사람이 하는 일은 거의 눈을 뜨고 하는 일이다. 그러나 사람에게 가장 소중한 일인 기도 명상은 눈을 감고 한다. 그것은 곧 봄의 눈이 소경이 되어 마음의 눈을 뜨고 하느님 아버지를 우러르는 것이다. 그럴 때 사랑과 영광으로 황홀한 하느님과 하나 될 수 있는 것이다. 그래서 예수가 "너희가 차라리 눈먼 사람이라면 오히려 죄가 없을 것이다. 지금 눈이 잘 보인다고 하니 너희의 죄는 그대로 남아 있다." (요한 9 : 41)라고 말하였다.

존 밀턴은 열두 살에 실명(失明)하였다. 지나친 학습이 실명의 원인이었다고 한다. 열두 살에 공부를 하면 얼마나 하였을까만 선천적으로 시력이 약하였던 것 같다. 그런 실명의 고통을 이겨내고 마음의 눈을 떴다. 그리하여 쉰아홉 살에 대서사시 《실락원》을 지었고 《삼손》이란 희곡을 썼다. 일본의 이와바시 다케오(岩橋武夫)는 실명을 한 끝에 비관한 나머지 방문을 걸어 잠그고 식음을 전폐하고 죽으려고 하였다. 그의 어머니가 방문 앞에서 눈물로 호소하였다. "얘야 사람에게 눈이 인생의 전부가 아니다."라는 말에 마음을 바꾸어 다시 삶의 의욕을 찾아 학문에 도전하였다. 그리하여 몸의 장애를 극복하여 일본 관서대학의 철학 교수가 되었다. 미국의 헬렌 켈러와도 친밀히 교통하였다. 시각 장애를 극복하고 미국에 가서 공부를 마치고 미 백악관 국방정책위원회 정책차관보가 된 강영우는 시각 장애가 자신의 가장 큰 자산이라고 하였다.

사람들은 스피노자를 하느님에 취한 무신론자라고 불렀다. 얼마나 웃기는 말인가? 하느님에 취한 이가 어떻게 무신론자이며 무신론자가 어떻게 하느님께 취한단 말인가? 스피노자는 유대교가 주장하는 유일신관에 만족할 수 없었다. 너무나 편협하고 유치한 신관이었기 때문이다. 그러자 유대인들은 스피노자를 야훼 하느님을 안 믿는 무신론자라며 온갖 끔찍한 저주를 퍼부으며 파문하였다. 예수가 유대교 야훼 신관을 취하지 않고 새로운 신관을 제시하여 미움을 산 것과 같다. 그때 일부에서는 유대교 하느님과 예수의 하느님 이렇게 두 하느님이 있는 것으로 말하였다. 두 하느님이 있는 것이 아니라 예수의 신관이 유대교의 신관보다 더욱 차원 높은 신관인 것이다.

"눈은 몸의 등불이다. 그러므로 네 눈이 성하면 온몸이 밝을 것이며 네 눈이 성하지 못하면 온몸이 어두울 것이다. 그러니 만일 네 마음의 빛이 빛이 아니라 어둠이라면 그 어둠이 얼마나 심하겠느냐?" (마태오 6 : 22~23) 마음의 눈은 곧 지혜의 눈이다. 지혜의 눈은 하느님의 얼이 와야 밝아진다. 전구가 있어도 전기가 오지 않으면 빛을 낼 수 없는 것과 같다. 이것이 영성을 깨닫는 지혜이다. 불교에서는 프라즈나(Prajna, 반야)라고 한다. 예수의 신앙은 영성이다. 유대교의 속죄신앙에서 영성신앙으로 개혁을 하고자 목숨까지 바쳤는데 바울로가 나타나 속죄신앙으로 도로 뒤집어버렸다. 2천 년 동안 속죄신앙이 기독교의 주류를 이룬 것은 통탄할 일이 아닐 수 없다. 이제라도 바울로의 속죄신앙에서 예수의 영성신앙으로 바로잡아야 한다.

마음의 눈은 사실은 얼눈이다. 얼의 눈이 밝아지면 이제까지 안 보이던 전체요 하나인[全一] 하느님이 보인다. 이것이 신관(神觀)이다. 우주관이라고 해도 좋다. 바른 신관을 지닌 이는 맘의 눈이 밝은 사람이다. 신관이 없는 사람은 어둠[無明]의 사람인 것이다. 시(視), 견(見)은 몸의 눈으로 보는 것이지만 관(觀)은 마음의 눈으로 본다는 뜻이다. 관(觀) 자는 밤에 잘 보는 올빼미의 상형과 볼 견(見)을 합친 글자이다. 남이 못 보는 것을 마음의 눈으로 본다는 뜻인 것이다. 기도할 때 눈을 감는 것은 세상을 보지 말고 마음의 눈을 떠서 하느님을 우러르자는 것이다. 예수가 "네 마음의 빛(눈)이 빛이 아니라 어둠이라면 그 어둠이 얼마나 심하겠느냐?"라고 한 말의 뜻이 이러한 것이다. 이 세상에 온 것은 신관(神觀) 하나 바로 지니자는 것이라고 할 수 있다. 신관 하나 제대로 지닌 사람이 60억 인류 가운데 몇 사람이나 되겠는가? 아직도 로마 시스티나 성당에 미켈란젤로가 그린 천장화에 흰 수염 달린 늙은이가 하느님인 줄로 아는 이가 많은데 참으로 답답하기 그지없다. 모두가 마음의 눈을 뜨지 못한 것이다.

류영모는 우리에게 가장 올바른 신관을 가르쳐주었다. 예수와 석가는 과학적 지식이 부족하던 옛 사람이라 그 표현이 서툰 곳이 있는데 류영모는 그것을 보완하였다. 그런데 이 세상 사람들은 류영모의 사상이 소중함을 알아주지 못한다.

서울 명예학교 복도에는 아름다운 동시를 많이 쓴 윤석중의 시 한 수가 걸려 있다고 한다.

사람 눈 밝으면 얼마나 밝으랴
사람 귀 밝으면 얼마나 밝으랴
산 너머 못 보기는 마찬가지
강 너머 못 듣기는 마찬가지
마음 눈 밝으면 마음 귀 밝으면
어둠은 사라지고 새 세상 열리네.

달리자 마음 속 자유의 길
오르자 마음 속 평화동산
남 대신 아픔을 견디는 괴로움
남 대신 눈물을 흘리는 외로움
우리가 덜어주자 그 괴로움
우리가 달래주자 그 외로움
―윤석중

10장

요한복음 10장

나는 착한 목자이다.
나는 내 양들을 알고 내 양들도 나를 안다.
이것은 마치 아버지께서 나를 아시고
내가 아버지를 아는 것과 같다.
나는 내 양들을 위하여 목숨을 바친다.
—요한 10 : 14~15

나는 양이 드나드는 문이다

예수가 사람들에게 말하기를 "나는 양이 드나드는 문이다. 나보다 먼저 온 사람은 모두 다 도둑이며 강도이다. 그래서 양들은 그들의 말을 듣지 않았다. 나는 문이다. 누구든지 나를 거쳐서 들어오면 안전할 뿐더러 마음대로 드나들며 좋은 풀을 먹을 수 있다."(요한 10 : 7~9)라고 하였다. 여기서 예수가 '나'라고 하는 '나'는 예수의 제나[自我]가 아니라 얼나[靈我]이다. 제나는 예수 개체의 나이지만 얼나는 하느님의 생명이라 모든 개체의 공통의 나로 영원한 생명이다. 영원한 생명인 얼나를 깨우치고 가르치지 않는 이는 모두가 도둑이며 강도라는 것이다. 그것은 굳이 예수보다 먼저 온 이에게만 해당되는 것이 아니라 뒤에 오는 이도 마찬가지다. 그러므로 바울로라도 영원한 생명인 얼나를 가르치지 않았다면 그도 도둑이요, 강도에 지나지 않는다고 보아야 한다. 얼나를 가르치는 이만이 참된 목자인 것이다. 얼나를 가르치지 않은 이는 삯군이다. 얼나의 일치를 느끼지 못하면 그 누구도 미워하지 않는 일시동인(一視同仁)하며 공평무사(公平無私)

한 얼사랑(하느님 사랑)에 이를 수 없다. 그러면 누구를 사랑하고 누구를 미워하게 된다. 얼사랑의 관계가 이루어지면 서로가 믿음에 다다른다. 그러면 "나는 착한 목자이다. 나는 내 양들을 알고 내 양들도 나를 안다."(요한 10 : 14)는 사이가 되는 것이다. 그렇지 못한 이라도 배척하지 않고 측은히 여겨 그도 얼나로 솟나도록 깨우치고자 애쓴다. 한 사람이라도 미워하는 사람이 있다면 그 사랑은 하느님의 사랑이 아니다. 그래서 맹자가 "어진 이는 미워하는 이가 없다(仁者無敵於天下)."라고 한 것이다.

 석가의 비유에는 코끼리가 자주 등장하듯 예수의 비유에는 양이 자주 등장한다. 눈에 안 보이는 형이상(形而上)의 사실은 비유로 말할 수밖에 없다. 비유는 사람의 생활 주변에서 얻는 소재가 좋다. 맹자는 말하기를 "말은 가까이서 먼 곳을 가리키는 것이 좋은 말씀이다(言近而指遠者善言也)."(《맹자》 진심 하편)라고 하였다. 예수가 이스라엘에 많은 양을, 또 석가가 인도에 많은 코끼리를 비유의 소재로 선택한 것이 바로 그 때문이다. 먼 곳을 가리킨다는 것은 참되신 하느님을 가리키는 것이다. 상대적 존재에게 절대적 존재만큼 먼 것이 없다. 류영모는 "좋은 스승이 되려면 비기기를 잘 해야 한다. 예수님, 부처님은 비기기를 잘한 좋은 선생님이었다."(류영모, YMCA 연경반 강의)고 말하였다.

 예수의 양 비유 가운데 잃어버린 한 마리 양 이야기는 참으로 감동적이다. 그런데 그 비유의 말씀은 아쉽게도 요한복음에는 빠져 있다.

　어떤 사람에게 양 백 마리가 있는데 그중의 하나가 길을 잃었다고 하자. 그 사람은 아흔아홉 마리를 산에 그대로 둔 채 그 길 잃은 양을 찾아나서지 않겠느냐? 나는 분명히 말한다. 그 양을 찾게 되면 그는 길을 잃지 않은 아흔아홉 마리 양보다 그 한 마리 양 때문에 더 기뻐할 것이다. 이와 같이 하늘에 계신 너희 아버지께서는 이 보잘것없는 사람들 가운데 하나라도 망하는 것을 원하시지 않는다.
―마태오 18 : 12-14

　예수는 하느님과 나의 관계를 선한 목자와 양의 관계로 비유하였다. "나는 착한 목자이다. 나는 내 양들을 알고 내 양들도 나를 안다. 이것은 마치 아버지께서 나를 아시고 내가 아버지를 아는 것과 같다. 나는 내 양들을 위하여 목숨을 바친다."(요한 10 : 14~15) 예수는 이 세상에서 누구 못지않은 가난과 고독 속에서 진리의 말씀을 가르치면서 박해와 시련을 모질게 겪었다. 그것은 오직 하느님 아버지의 뜻을 이루고자 함이었다. 그래도 하느님을 원망하거나 사람 탓을 하지 않았다. 우리가 예수의 가르침을 좇겠다면 오로지 예수의 신앙을 본받아야 쓸데없이 예수를 신앙의 대상으로 삼으려 하는 것은 모자라는 생각이다. 오늘날의 크리스천들은 자신의 몸나를 위해 물질생활이 좀 나아지면 그것이 하느님의 사랑인 줄로 안다. 그래서 류영모는 오늘날 크리스천들이 바라는 게 식색(食色)의 삶이 풍성해지는 것뿐이라며 한탄하였다. 몸나는 마침내 죽어 없어지고 만다. 예수는 하느님께서 멸망의 생명에서 영원한 생명인 얼나를 주신 것을 더없는 사랑으로 알았다. 그러니 몸 삶이 아무리 쓰라리고 고달파도 견디어 낼 수 있었다. 류영모는 이렇게 말하였다. "우리가 뭐라고 이 짐승 같은 우리에게 그 영원한 생명, 위로부터 난 생명(얼나)을 주셨으니 이게 정말 사랑 아닌가?"(류영모, 《다석어록》)

그래서 류영모는 어버이가 낳아주신 멸망의 몸생명이 참나가 아니고 하느님이 낳아주신 영생의 얼생명이 참나라고 말하였다.

우리의 숨은 목숨인데 이렇게 할딱할딱 숨을 쉬어야 사는 생명은 참생명이 아니다. 성령을 숨쉬는 얼생명이 참생명이다. 영원한 생명인 참나에 들어가면 코로는 숨쉬지 않아도 끊이지 않는 얼숨이 있을 것이다. 여기서 어쩌고저쩌고 하는 나는 쓸데없다. 공기의 숨을 안 쉬면 끊기는 이 목숨은 거짓 생명이다. 석가의 법신(法身), 예수의 아들은 같은 말로 영원한 생명인 얼나이다.

—류영모, 《다석어록》

영원한 생명인 얼나를 깨닫고 나면 모욕을 받아도, 박해를 입어도, 살해를 당해도 마음속에서 기쁨이 샘솟는다. 예수의 기쁨은 바로 이러한 기쁨이었다. 그러므로 사람들이 가장 두려워하고 치욕으로 아는 십자가의 죽음조차도 아무것도 아니었다. 거짓나에서 자유로워지는 일이라 기뻐하라고 하였다.

그런데 사람들은 예수의 가르침을 따른다고 하면서 이를 전혀 모르고 있으니 참으로 안타깝기 그지없는 일이다. 류영모도 통탄하기를 "이 몸뚱이 생명은 가짜 생명이다. 우리 참생명인 얼나를 찾아야 한다. 우리의 일이 참나(얼나)를 찾는 거다. 하늘나라에는 참나(얼나)가 들어간다. 가짜 생명은 죽어야 한다. 죽음이 있어야 한다. 사람들은 이 세상에서 가짜 생명을 연명시키는 데만 궁리하고 골몰하고 있다. 그래서는 안 된다."(류영모, 《다석어록》)라고 했다.

〈주의 기도문〉에서 '나라이 임하옵시고'는 내 빈 맘에 하느님 나라, 곧 참나인 얼이 오는 것이다. 얼나만 온다면 다른 모든 것은 버리고 포기할 수 있다. 예수는 그 상황을 이렇게 비유하였다. "하늘나라는 밭에 묻혀 있는 보물에 비길 수 있다. 그 보물을 찾아낸 사람은 그것을 다시 묻어 두고 기뻐하며 돌아가서 있는 것을 다 팔아 그 밭을 산다. 또 하늘나라는 어떤 장사꾼이 좋은 진주를 찾아다니는 것에 비길 수 있다. 그는 값진 진주를 하나 발견하면 돌아가서 있는 것을 다 팔아 그것을 산다."(마태오 13 : 44~46) 이 말은 영원한 생명을 얻기 위해서 다른 모든 것을 포기하는 것을 말한 것이다.

"아버지께서는 내가 목숨을 바치기 때문에 나를 사랑하신다. 그러나 결국 나는 다시 그 목숨을 얻게 될 것이다. 누가 나에게서 목숨을 빼앗아 가는 것이 아니라 내가 스스로 바치는 것이다. 나에게는 목숨을 바칠 권리도 있고 다시 얻을 권리도 있다. 이것이 바로 내 아버지에게서 내가 받은 명령이다."(요한 10 : 17~18) 말씀이 애매하게 되어 얼른 알아듣기가 쉽지 않지만 멸망의 생명인 제나를 버리고 하느님이 주신 영원한 생명인 얼나로 솟나 하느님 아들이 되면 하느님께서 기뻐하신다는 말이다.

"제 목숨을 살리려고 하는 사람은 잃을 것이며 나를 위하여 제 목숨을 잃는 사람은 얻을 것이다."(마태오 16 : 25, 마르코 8 : 35, 루가 9 : 24)와 같은 뜻의 말씀이 공관복음에도 있다. 예수를 위해 몸목숨을 잃으면 몸목숨을 도로 얻게 된다는 뜻으로 풀이해서는 안 된다. 그것을 톨스토이는 바로 알았다.

'너희는 새로 태어나지 않으면 아니 되느니라'고 예수가 말하였다. 이것은 사람이 얼나로 솟날 것을 누구에게서 명령받고 있다는 뜻이 아니라 사람은 반드시 그렇게 되지 않을 수 없다는 뜻이다.

—톨스토이,《인생론》

류영모도 같은 말을 하였다.

나서 죽는 것이 제나이다. 제나가 죽음으로써 사는 것이 얼나이다. 말하자면 형이하의 생명으로 죽고 형이상의 생명으로 사는 것이다. 제나로 죽을 때 얼나가 드러난다. 그러므로 제나의 인생을 단단히 결산을 하고 다시 얼나의 새 삶을 시작한다. 얼삶에는 끝이 없다. 그래서 얼나는 영원한 생명이다.

—류영모, 《다석어록》

사람들이 예수의 제나는 죽일 수 있었지만 예수의 얼나는 죽이지 못한다. 얼나는 하느님의 생명인 성령이 예수의 얼나인 것이다. 그 예수의 얼나는 오늘날까지 우리에게 가르침을 주고 있다.

이 껍데기(몸)로 말하면 어쩔 수 없이 어머니의 모태(母胎)에서 나왔다. 이 몸은 땅에서 나와 땅으로 간다. 위에서 온 얼은 위로 간다. 하느님께서 영원하면 얼나도 영원하다는 생각을 가져야 한다. 하느님이 보내시는 성령이 우리의 얼생명이다.

—류영모, 《다석어록》

아버지와 나는 하나이다

"때는 겨울이었다. 에루살렘에서는 봉헌절 축제가 벌어지고 있었다. 예수께서는 성전 구내에 있는 솔로몬 행각을 거닐고 계셨는데" (요한 10 : 22~23) 복음서 저자들이 예수의 직제자들이었다면 복음서에 기술된 예수의 언행이 보다 구체적이고 사실적일 수 있었을 것이다. 그런 구체성이 전혀 없기 때문에 직제자들의 저술이 아닌 게 드러난다. 그래도 여기서는 예수가 솔로몬의 행각을 다니는 모습을 그려 읽는 이로 하여금 그 당시의 모습을 떠오르게 해준다.

솔로몬이 처음 세운 성전은 바빌론의 느브갓네살 왕이 유대 나라를 침략하였을 때 부서지고 겨우 행각이 남아 솔로몬 행각이라 이름하였다. 솔로몬 행각은 이방인의 뜰 동편에 있으며 지붕이 덮인 긴 현관 통로였다.

수전절이란 성전을 수리한 것을 기념하는 명절이다. 공동번역에서는 봉헌절이라고 하였다. 수리아의 안티오쿠스 에피파네스왕이 예루살렘을 침략하여 점령하고서 예루살렘 성전에서 그리스의 제우스 신에게 제사를 올렸다. 이에 분노한 이스라엘 민족이 앞장선 유다 마카베오를 좇아 들고 일어나 수리아 군을 무찔러 쫓았다. 그리고 성전을 깨끗이 정화한 뒤에 야훼에게 제사를 올렸다. 이때 많은 등불로 성전을 장식하여 빛의 제사라고도 하였다. 말하자면 성전 광복이 수전절인 것이다.

예수가 몇 해 동안 하느님의 말씀을 펴고 예루살렘 성전을 들락거린 것은 하늘을 날아가는 솔개의 그림자가 지나간 것과 같다. 그곳에서 예수의 실체를 찾겠다는 것은 어리석은 일이다. 류영모는 예수의 실체인 얼나의 생명에 대해 이렇게 말하였다.

어머니 배에서 나온 것이 참나가 아니다. 속사람인 속알(얼나)이 참나다. 겉사람(몸)은 흙 한줌이요 재 한줌이다. 그러나 속알(얼나)은 하늘나라를 세울 수 있다. 얼나는 하느님의 생명이라 한없이 크고 한없이 강하다(至剛至大). 놓아두면 우주가 꽉 차고 움켜잡으면 가슴 세 치에 들어차는 나다.

―류영모, 《다석어록》

이러한 얼나를 깨달은 예수를 먼저 알고서 예수의 이 말씀을 알아야 한다. "아버지께서 내 안에 계시고 또 내가 아버지 안에 있다는 것을 확실히 알게 될 것이다."(요한 10 : 38) "아버지와 나는 하나이다."(요한 10 : 30) 이때의 나는 어머니가 낳아준 멸망의 생명인 제나를 두고 하는 말이 아니다. 하느님이 낳아주신 하느님의 생명인 얼나(성령)를 두고 하는 말이다. 예수만 그런 것이 아니라 그 누구라도 얼나로 솟난(부활) 이는 그 얼나로는 하느님 아버지와 하나인 것이다.

예수가 "아버지와 나는 하나이다."라는 말을 하였다고 유대인들이 분노하여 예수를 돌로 치려고 하였다. 한갓 사람이면서 하느님 행세를 하다니 천신에 대한 모독이라는 것이었다. 예수의 항변이 또한 묘하였다. "이렇게 (구약) 성서에서는 하느님의 말씀을 받은 사람들을 모두 신이라고 불렀다. …… 너희는 내가 하느님의 아들이라고 한 말 때문에 하느님을 모독한다고 하느냐?"(요한 10 : 35~36) 예수가 인용한 (구약) 성경 구절은 시편 82편 6절을 가리키는 것으로 본다. 가난한 자와 고아를 위하여 판단하며 곤란한 자와 빈궁한 자에게 공의를 베푸는 재판관은 하느님을 대신한 신(神)과 같다는 시구가 나온다.

　예수가 아버지와 나는 하나라는 말을 안 했다면 우리는 예수의 구경각(究竟覺)을 의심할 수 있을 것이다. 예수의 이 한마디로 예수가 이를 때까지 이른 것을 의심 없이 믿을 수 있다. 아버지가 내 속에 있고 내가 아버지 속에 있다는 말은 아버지와 내가 하나라는 말을 달리 나타낸 것이다. 그때는 아직 개체의 몸을 지니고 있으니 개체와 전체의 관계를 무슨 수수께끼처럼 말할 수밖에 없었던 것이다. 류영모는 아버지와 나는 하나라고 하는 '하나'라는 말조차도 불만족스럽다는 것이다. 무변허공에 얼생명으로 충만한 하느님의 속에서 개체의 몸을 뒤집어 쓴 채로 하느님의 얼생명을 받았으니 아버지 속에 내가 있고 내 속에 아버지가 있다고 말할 수밖에 없다. 그 얼로는 아버지와 나는 하나이다. 그 얼이 하느님의 생명인 얼(성령)이기 때문이다. 몸을 벗어버리면 하느님과 참으로 하나가 된다. 하느님으로 돌아가기 때문이다. 새로 하느님이 된다는 말이 아니다. 하느님께로 귀속이 된다는 말인 것이다.

　자유로이 오직 하느님을 찾는 궁신(窮神)하는 경지에 도달하면 참 좋겠다고 생각합니다. 하느님을 알려는 궁신을 하고 싶습니다. 하느님은 딴 것이 아니고 우리들이 신(神)입니다. 지금은 신의 능력을 나타내지 못하지만 이 다음에 신으로 돌아가는 것이 사실입니다. 궁극에는 내가 신이 되겠다는 것이 아니겠습니까? 신의 자리로 간다는 것입니다. 얼의 나로 하느님과 하나 된다는 것입니다. 하느님을 만나겠다는 생각이 마음에 꽉 차 있으면 삼라만상 중에도 하느님을 만날 수 있습니다.

―류영모,《다석강의》

《선의 황금시대》의 저자인 오경웅은 하느님과 하나 되는 단계를 셋으로 말하였다. 《삼정애도(三程愛道)》가 그것이다. 첫째가 깨끗함의 길(淨化道), 둘째가 밝아짐의 길(明化道), 셋째가 하나 됨의 길(一化道)이라고 하였다. 이것을 석가 붓다의 가르침에 연계시켜서 말하였다.

정화도(淨化道)는 계(戒)에 해당되는 것으로 사람이 지닌 탐·진·치의 짐승 성질을 죽인다. 삼학(三學)의 계(戒)가 6파라밀(대승불교의 주요 가르침. 니르바나님께 이르는 여섯 가지 주요 계율)에서는 보시(布施), 지계(持戒), 인욕(忍辱) 셋으로 나뉜다. 보시는 베풀어 탐욕을 없앤다. 지계는 부드러워져 성내지 않는다. 인욕은 정력을 정신적으로 발산하여 금욕한다. 이렇게 탐·진·치를 싸워 이기면 정화의 길에 이른다.

명화도(明化道)는 정화만으로 안 된다. 하느님께로 향하여 나아감으로 밝아지는 것이다. 하느님은 밝음이요, 기쁨이요, 생명이다. 하느님(니르바나님)을 향하여 나아가는 것이 지혜요 정진이다.

일화도(一化道)는 정충이 꼬리(몸나)를 잘라버리고 난자 속으로 침잠하여 하나가 되듯이 마침내 얼나가 전일(全一)의 하느님(니르바나님) 속으로 뛰어드는 것이다. 이것을 불교에서는 정(定)이라 한다. 산

스크리트어의 드야나(dhyanna)를 음역한 것이 단나[禪那]이다. 이것을 의역하여 정(定)이라 한다. 선(禪)이나 젠(zen)도 음역을 줄인 것이다.

하느님하고 나하고 무슨 관계가 있다. 삼독(三毒)이 들어 있는 몸 아닌 얼로는 나와 하느님이 하나이다. 이 얼나가 참으로 더없는 나, 대적할 것 없는 나이다. 배타적이 아닌 공통의 나다. 허공의 하느님과 하나인 얼나를 모르기 때문에 탐·진·치를 지닌 몸나를 나라고 내세운다. 이 삼독의 나는 온 세상을 다 잡아먹어도 배부르다고 말하지 않는다. 죄다 잡아먹고도 그만 두는 일이 없다. 그리하여 끝내는 마른 콩 먹고 배 터져 죽는 소 꼴이 된다.

—류영모, 《다석어록》

예수는 죽을 때 하느님께로 돌아간다고 하였고 석가는 죽을 때 니르바나님께로 돌아간다고 하였다. 류영모는 이를 귀일(歸一)이라 하였다. 하나(하느님)는 잃는 것이 없고 버리는 것이 없이 다 받아들인다. 하느님과 하나 되는 그 자리에 이르고자 죽기로 애쓴 삶이 참삶이다. 예수의 삶이 바로 그런 삶이었다.

11장

요한복음 11장

나는 부활이요 생명이니 나를 믿는 사람은 죽더라도 살겠고
또 살아서 믿는 사람은 영원히 죽지 않을 것이다.
너는 이것을 믿느냐?
—요한 11 : 25~26

부활한 생명인 얼나는 죽지 않는다

  요한복음 11장에는 라자로 이야기가 실려 있다. 라자로가 죽어 장사 지낸 지 나흘이 되어 송장 썩는 냄새가 났다. 그런데도 예수가 라자로야 나오라고 소리치니 염한 모습 그대로 걸어 나왔다는 것이다. 6·25 때 소설가 김팔봉이 공산당원에게 매 맞고 혼절해 죽어버리자 공산당원들이 시신을 창고에 버리고 가버렸는데 일주일 만에 깨어나 살아난 일이 있었다. 그러나 썩는 냄새가 나는 송장이 살아났다는 것은 있을 수 없는 일이다. 더구나 예수는 "육적인 것(몸나)은 아무 쓸모가 없지만 영적인 것(얼나)은 생명을 준다."(요한 6 : 63)고 말하였다. 그런 예수가 쓸데없는 죽은 몸을 다시 살린 일이야말로 쓸데없는 일을 한 것에 지나지 않는다. 그 일을 두고 대단한 이적 기사를 행한 것으로 기술하는 복음서 저자는 요한복음서의 진리 정신에서 벗어난 것이다. 이런 이야기는 예수를 위대하게 만들려고 쓴 이야기이지만 예수를 마술사로 만드는 이야기일 뿐이다. 예수가 자기와 친한 이라고 죽은 이를 살려낸다는 것은 일시동인(一視同仁, 멀고 가까운 사람을 친함에 관계없이 똑같이 대한다)의 예수 정신에도 맞지 않는다. 예수 때에 죽은 이를 다 살려냈어야 공평한 일이 아니겠는가? 예수는 혈연의 사정(私情)을 끊은 사람이다. 예수께서는 어머니와 동생들이 멀리까지 찾아와도 거들떠보지 않고 말을 전해준 사람에게 " '누가 내 어머니이며 내 형제들이냐?' 하고 물으셨다. 그리고 제자들을 가리키시며 '바로 이 사람들이 내 어머니이고 내 형제들이다. 하늘에 계신 내 아버지의 뜻을 실천하는 사람이면 누구나 다 내 형제요 자매요 어머니이다.' 하고 말씀하셨다."(마태오 12 : 48~50) 하긴 20세기에 산 마하트마 간디를 기적을 행하는 사람으로 생각하는 이들도 있었다. 간디는 이렇게 말하였다. "나에게 편지를 보내는 사람 중에는 내가 기적을 행하기도 한다고 생각하는 사람도 있다. 진리를 위해 몸을 바치려는 사람으로서 맹세하건대 나에게는 그런 능력이 없다." 이것은 간디의 말만이 아니라 예수의 말로도 여겨진다.

 예수가 위대한 까닭은 멸망의 생명(제나)으로 사는 사람들에게 영원한 생명(얼나)으로 솟나는 길을 가르쳐준 데 있지, 사람들의 몸의 병을 고쳐주고 죽은 이를 살린 데 있지 않다. 예수가 설사 병 고친 것이 사실이고 죽은 이를 살린 것이 사실이라 하더라도 그들이 몇 년이나 더 살았겠는가? 오늘날까지 살아 있기라도 한단 말인가? 톨스토이가 4복음서로 통일복음서를 만들 때 이른바 이적 기사 이야기를 몽땅 빼버린 그 정신은 높이 살 만하다. 아직도 예수의 이적 기사에 매력을 느껴 자기도 그런 짓을 해보기를 원해 질병 치유의 권능을 달라고 하느님께 떼쓰는 이들은 하느님의 말씀을 모르고 미혹된 탐욕스러운 사람들이다.

"나를 보내신 분(얼나)을 믿는 사람은 영원한 생명을 얻을 것이다. 그 사람은 심판을 받지 않을 뿐만 아니라 이미 죽음의 세계에서 벗어나 생명의 세계로 들어섰다."(요한 5 : 24) 이러한 예수의 말씀을 읽다가 갑자기 라자로를 살린 것 같은 이적 기사 이야기가 나오면 어이가 없다. 예수의 말씀을 전하다가 갑자기 복음서 저자의 얕은 주관이 끼어든 것이다. 이를 두고《예수의 생애》을 쓴 르낭이 합리적인 추리를 하였다. 라자로를 살린 이야기는 요한복음에만 나오고, 루가복음에는 예수가 말한 라자로 설화가 나온다.

예수가 말하였다.

한 부자가 있어 자색 옷과 고운 베옷을 입고 날마다 호화로이 연락(宴樂)하는데 라자로라 이름하는 한 거지가 헌데를 앓으며 그 부자의 대문에 누워 부자의 상에서 떨어지는 것으로 배불리려 하매 심지어 개들이 와서 그 헌데를 핥더라. 이에 그 거지가 죽어 천사들에게 받들려 아브라함의 품에 들어가고 부자도 죽어 장사되매 저가 음부에서 고통 중에 눈을 들어 멀리 아브라함과 그의 품에 있는 라자로를 보고 불러 가로되 아버지 아브라함이여 나를 긍휼히 여기사 라자로를 보내어 그 손가락 끝에 물을 찍어내 혀를 서늘하게 하소서. 내가 이 불꽃 가운데 고민하나이다. 아브라함이 가로되 애야 너는 살았을 때에 너 좋은 것을 받았고 라자로는 고난을 받았으니 이것을 기억하라. 이제 저는 여기서 위로를 받고 너는 고민을 받느니라. 이뿐만 아니라 너희와 우리 사이에 큰 구렁이 끼어 있어 여기서 너희에게 건너가고자 하되 할 수 없고 거기서 우리에게 건너올 수도 없게 하였느니라. 가로되 그러면 구하노니 아버지여 라자로를 내 아버지의 집에 보내소서. 내 형제 다섯이 있으니 저희에게 증거하게 하소서. 아브라함이 가로되 저희에게 모세와 선지자들이 있으니 그들에게 들을 찌니라. 가로되 그렇지 아니하나이다. 아버지 아브라함이여 만일 죽은 자에게서 저희에게 가는 자가 있으면 회개하리이다. 가로되 모세와 선지자들에게 듣지 아니하면 비록 죽은 자 가운데서 살아나는 자가 있을 찌라도 권함을 받지 아니하리라 하였다 하시니라.

—루가 16 : 19~31(개역)

르낭은 이 이야기에서 "비록 죽은 자 가운데서 살아나는 자가 있을 찌라도"라는 말로 인해 라자로 이야기가 탄생했다고 추정한다. 르낭의 그럴듯한 추리를 살펴본다.

예수는 그가 처음에 예언자적 활동을 한 여러 곳을 돌아보는 여행을 마치고 그의 사랑하는 사람들이 사는 베다니아로 돌아와 머물렀다. 예수의 갈릴래아 벗들은 예수가 예루살렘에서 받은 냉대에 섭섭하기 그지없어 예수가 예루살렘 사람들의 오만을 꺾는 큰 기적을 행하기를 가끔 바랐던 것 같다. 제자들이 저희들끼리 말을 주고받기를 스승인 예수가 죽은 이를 살리는 기적을 보이면 사람들이 예수가 하느님 아들임을 믿게 할 수 있을 것이라고 하였을 것이다. 제자들의 이런 생각을 마리아와 마르타 자매가 예수에게 이렇게 말하였다고 상상할 수 있다. "만일 죽은 자 가운데서 다시 살아나는 자가 있으면 아마도 살아 있는 자들이 회개하리라." 예수는 이에 대해서 이렇게 대답했을 것이다. "아니다. 죽은 자가 다시 살아나도 저희가 믿지 않으리라." 그러고는 그가 자주 들어서 익히 알고 있던 이야기 곧 몸이 종기로 덮여 고생하다가 죽은 거지 라자로 이야기를 덧붙여 말했을지도 모른다. "라자로가 되살아날지라도 사람들은 믿지 않을 것이다." 나중에 여기에 관해서 오해가 생겼다. 가정이 하나의 사실로 바뀐 것이다. 라자로의 종기와 문둥이 시몬의 나병이 바뀐 것이다.

―에르네스트 르낭, 《예수의 생애》

루가복음에서는 마리아와 마르타 자매와 라자로는 아무런 연관이 없는 것으로 되어 있다. 요한복음이 기원후 90년에서 100년 사이에 씌어진 것임을 감안할 때 르낭의 추리는 합리적인 추리로 보인다. 이 사람은 요한복음의 라자로 이야기를 르낭이 추리한 것 이상으로 복음서 저자가 전해 오는 자료를 꿰맞춰 만든 허구의 작품이라고 생각한다.

요한복음 11장에 눈이 번쩍 뜨이는 말씀이 있다. "나는 부활이요 생명이니 나를 믿는 사람은 죽더라도 살겠고 또 살아서 믿는 사람은 영원히 죽지 않을 것이다. 너는 이것을 믿느냐?"(요한 11 : 25~26) 얼른 들으면 논리적으로 맞지 않는 말이다. 이 말씀에 나오는 '나'도 몸나가 아니고 얼나이다. '나는 부활이요 생명'이란 말이 그것을 증거한다. 예수가 말한 부활은 기독교에서 말하는 예수의 몸 부활과는 아무런 상관이 없다. 멸망의 생명인 제나는 살아 있어도 죽은 것이나 다름없다. 이 죽음에서 영원한 생명인 얼나로 솟나는 것이 예수가 말한 부활이다. 이 말씀만은 바로 알아들어야 한다. 이 말씀을 알기 쉽게 의역하면 이렇다. "얼나는 부활한 영원한 생명이다. 얼나를 깨달은 사람은 몸나의 태어남과 죽음과는 아무 관계 없이 얼나로 하느님과 영원히 산다." 이것을 체득한다면 스스로 지은 돌집에서 기도하다가 깨달음을 얻은 중국의 유학자 왕양명처럼 그 순간 덩실덩실 춤을 추면서 마을을 한 바퀴 돌게 될 것이다.

류영모는 부활한 영원한 생명에 대해서 이렇게 말했다. "예수는 간단히 말하였다. 영원한 생명이란 죽음을 부정하는 것이다. 얼나에는 죽음이 없다. 이 몸은 죽는 생명으로 참나가 영원한 나이다. 이 몸은 나의 두루마기 옷이다. 언제든지 벗어버릴 때가 있다."(류영모,《다석어록》) 영성신앙의 문서로 알려진 필립보복음서에 이러한 말씀이 있다. "사람이 살아 있는 동안에 먼저 부활을 경험하지 않으면 그들은 죽어서 어떤 것도 받지 못할 것이다."(필립보, 말씀 79) 라자로의 송장이 살아나는 것이 부활이 아닌 것이다. 소생한 몸나는 머지않아 다시 죽는다. 그러나 부활한 얼나는 죽지 않는다. 이것을 잘못 알아 혼동하면 안 된다. 어느 교회 목사의 부인이 죽었는데, 그 목사가 죽은 부인이 부활할 것이라며 장례를 치르지 않고 주검을 교회 안에 그냥 두고 소생하기만을 기다렸다. 그러나 며칠이 지나자 시신이 썩는 냄새가 코를 찔러 사람들이 견딜 수 없게 되었고, 할 수 없이 장례를 치렀다고 한다. 목사이면서도 예수의 가르침을 바로 알지 못해 신문의 기삿거리가 된 것이다. 따지고 보면 그 목사는 순진하게 라자로 설화를 그대로 믿은 것이다.

죽지 않겠다고 야단쳐도 안 되고 죽으면 끝이라고 해도 안 된다. 몸이 죽는 것을 확실히 인정하고 죽음이 끝이 아니라는 것을 깨닫는 것이 신앙이다. 몸은 죽어도 얼은 하느님께로 간다고 믿는 것이다. 얼은 하느님의 생명이다.

―류영모, 《다석어록》

요한복음에는 마리아가 오라비인 라자로의 죽음을 알리며 눈물을 흘리자 "예수께서는 눈물을 흘리셨다."(요한 11 : 35)고 씌어 있다. 라자로의 이야기가 허구의 작문일진대 예수가 눈물을 흘렸다는 것이 무슨 의미가 있겠는가? 그러나 예수가 남의 아픔이니 슬픔을 보면 눈물을 흘릴 줄 아는 사람이었다는 것은 거짓이 아니다. 이곳 말고도 예루살렘 성을 굽어보면서 울었다는 이야기가 나온다. "예수께서 예루살렘 가까이 이르러 그 도시를 내려다보시고 눈물을 흘리시며"(루가 19 : 41), 그리고 겟세마네 동산에서 기도할 때 눈물을 흘리셨을 것이라 짐작한다.(히브리 5 : 7) 이렇게 복음서에는 예수가 눈물을 흘렸다는 기록이 세 번 나온다. 예수는 비록 마흔 살을 못 넘기고 몸옷을 벗어 던지고 하느님께로 돌아갔지만 눈물과 한숨으로 가득한 이 인토(忍土)의 세상에 머무는 동안 어찌 세 번만 눈물을 흘렸겠는가. 로마 황제 네로가 그랬던 것처럼 눈물 단지에 예수의 눈물을 받게 하였다면 공생애 동안만 하여도 안약 약병 몇 병은 될 것이리라 생각한다. 이 사람의 체험으로는 서른 살을 넘으니 눈물을 흘리는 횟수가 줄어드는 것 같았다. 이 사람은 스승 류영모가 하늘로 돌아갔을 때에도 울지 않으려고 하였다. 기쁜 마음으로 보내고 싶었다. 그런데 영구차 안에서 옆에 앉아 있던 스승의 친손녀 희슬, 희원, 희순, 희관 자매들이 훌쩍훌쩍 우는 것을 보자 이 사람의 눈시울이 뜨거워졌다. 네 자매는 밤을 새우며 할아버지를 간병하였다.

  공자는 사랑하는 제자 안연(顏淵)이 요절하였을 때 통곡을 하였다고 한다. 류영모는 지성스럽던 제자 현동완(玄東完)이 먼저 세상을 떠났을 때 조사를 하면서 눈물을 흘렸다. 가식적인 악어의 눈물이 아니라면 사람은 눈물을 흘릴 줄 알아야 한다고 생각한다. 더구나 하느님 앞에 눈물의 기도를 할 수 있어야 한다. 아니 자주 할 일이다.

  이 세상에 기도를 하는 것은 하느님을 우러러 우는 것입니다. 하느님 아버지를 부르면서 온전히 하나 되자 웁니다. 힘차게 울면서 기도

할 때 자기의 능력을 바라고 해서는 안 됩니다. 자기가 궁신지화(窮神知化) 하겠다고 울어야 합니다. 이것을 바라는 것이 성령을 바라는 것입니다.

―류영모,《다석강의》

마리아는 참 좋은 몫을 택하였다

류영모는 우리가 몸으로는 짐승이지만 짐승 노릇을 그만두는 게 삶에서 나아갈 길이라고 말하였다.

사람은 분명 짐승인데 짐승의 생각을 하지 않음이 얼나로 솟나는 우리의 길이다. 다시 말하면 사람이란 짐승과 다름없이 어버이로부터 태어나서 짐승들처럼 직접, 간접으로 다른 생물들을 잡아먹으면서 살고 있다. 그런데 위(하느님)로부터 얼나를 받고서 짐승이기를 거부하며 맘속에 수욕(獸欲)의 무명(無明)을 몰아내어 하느님의 아들이 된다. 하느님 아들인 얼나는 위로 솟나 하느님께 돌아가 하느님과 하나 되려는 게 참삶의 길이다.

―류영모,《다석어록》

우리는 '짐승 같은 놈'이라는 말을 가장 큰 모욕으로 생각한다. 그러나 사실은 짐승 같은 놈도 아니고 짐승 그 자체이다. 예수와 석가처럼 금욕 생활을 주장하면 대부분의 사람들이 아주 싫어하여 고개를 돌린다. 왜 그러냐 하면 짐승처럼 짝지어 자식 낳아 기르며 살고 싶기 때문이다. 얼나로 솟나기 전에는 톨스토이나 마하트마 간디도 호색(好色)하였다. 톨스토이의 아내 소피야는 톨스토이가 손님들을 초대하여 연회를 열고서 파연할 때가 되면 아직 손님들이 다 돌아가지도 않았는데 옆방으로 자신을 데리고 가 정사를 나누었다고 했다. 소피야 자신도 싫지 않았다고 하였다. 간디는 위독한 아버지를 간병하다가 자리를 떠나 아내 카스트로바이와 정사를 벌이다가 그만 아버지의 임종을 지키지 못하였다며 참회하였다. 톨스토이와 간디는 얼나로 거듭난 뒤로는 아내와도 성생활을 그만두고 금욕 생활을 하였다. 류영모는 자기의 여윈 골상이 호색하게 생겼다고 말하였다. 그러나 쉰두 살부터 아주 단방(斷房)을 하여 스스로 해혼(解婚)하였다고 말하였다.

  석가는 혼인을 하였다가 혼인을 풀어버렸으니 해혼을 한 것이다. 예수는 혼인을 안 하고 혼인을 멀리하였으니 원혼(遠婚)이라고 하겠다. 이처럼 여인을 멀리하였으나 그들 주위에는 여인들이 모여들었다. 여자들도 진리를 배우겠다니 사절할 수가 없었다. 석가 주위에 모여든 사람 가운데 비구(남승)가 886명, 비구니(여승)가 103명이었다. 또 우바새(남신도)가 128명이고, 우바이(여신도)가 43명으로 모두 1,160명이나 된다. 이것은 경전에 이름이 실린 사람만을 헤아린 것이다.

석가에 비하면 예수를 따른 사람은 비교가 안 될 정도로 적다. 예수를 따른 이 가운데 남자는 22명, 여자가 9명이다. 이름 없이 등장한 사람 36명을 합쳐도 겨우 67명밖에 안 된다. 석가의 공생애가 45년인 데 비해 예수는 4년(3년)도 안 된다.

예수의 공식적인 제자 열두 사람 가운데는 여자가 없다. 그러나 예수는 여인들에게 개방적이었다.

예수는 여자들과 공개적으로 이야기를 나눔으로써 유대교 관습을 저버렸고 또 여자들을 집단의 일원으로 받아들였다. 신약성서 루가복음을 보면 예수를 집으로 초대한 마르타가 동생인 마리아는 앉아서 예수가 하는 말을 듣기만 하고 자신이 혼자 집안일을 한다며 불평을 늘어놓는다. '제 동생이 저에게만 일을 떠맡기는데 아무렇지도 않으십니까? 마리아더러 저를 거들라고 해주십시오.' 그러나 예수는 오히려 마리아를 두둔하였다. 그러고는 너무 많은 욕심을 품고 있다며 마르타를 나무랐다. '꼭 필요한 것은 한 가지다. 마리아는 좋은 것을 택하였다. 그것을 빼앗지 말라.'고 대답한다. 예수가 죽고 10년에서 20년이 흐른 뒤 지역 그리스도교 집단에서 여자들이 지도층에 들어가게 되었다. 여자들이 예언자, 교사, 전도사의 역할을 수행하였다. 웨인 믹스 교수에 따르면 기독교 입교식을 진행할 때 절차에 따라 '그리스도 안에서는 …… 남자도 여자도 없다'는 구절을 읊었다고 한다.

— 일레인 페이절스, 《영지주의》

예수는 "여우도 굴이 있고 하늘의 새도 보금자리가 있지만 사람의 아들[人子]은 머리 둘 곳조차 없다."(마태오 8:20)고 하였다. 예수야말로 머물 곳(집)이 없는 무주(無住)의 삶을 살았다. 고향에서는 가파르나움에 있는 집에 머무른 것 같다. 예루살렘에 와서는 예루살렘 성전에서 3킬로미터 정도 떨어져 있는 베다니아 동네에 머문 것 같다. 그곳에 사는 마르타와 마리아 자매의 집에서 묵은 것이다.(루가 10:38~42) 예루살렘 성전에서 유대교인들의 따가운 눈총을 받으면서 말씀 들을 귀를 가지지 못한 뭇사람들을 향하여 말씀을 베풀기에 얼마나 지쳤겠는가? 그때 피로를 회복할 수 있는 쉼터를 마련해준 마르타와 마리아 자매에게 감사하고픈 생각이 절로 난다. 예수도 그 당시에는 오늘날과 같이 온 인류로부터 성인 대접을 받는 그런 인물이 아니었다. 사람들로부터 마귀 들린 놈, 미친놈이라는 핍박을 받으며 사람들이 잘 알아듣지도 못하는 말을 하는 시골뜨기 무명 청년에 지나지 않았다. 그래도 마르타와 마리아 자매는 어느 정도 예수의 비범함을 안 것 같다. "주는 그리스도시오 세상에 오신 하느님의 아들이신 줄 믿나이다."(요한 11:27, 개역) 이 말이 뒷날 교회에 의해 날조된 말인지는 알 수 없지만 어떻든 두 자매는 예수를 존경하고 사랑하였음이 분명하다. 그리고 두 자매는 정숙한 여인들이었음이 틀림없다고 생각한다.

"'간음하지 말라'고 하신 말씀을 너희는 들었다. 그러나 나는 너희에게 이렇게 말한다. 누구든지 여자를 보고 음란한 생각을 품는 사람은 벌써 마음으로 그 여자를 범했다."(마태오 5 : 27~28) 이 말씀이 예수의 입에서 나왔다는 것을 유념하면서 예수와 이 자매를 두고 멋대로 상상의 날개를 펼치지 말아야 할 것이다.

예수가 예루살렘에 왔을 때 마르타와 마리아가 그의 시중을 들었던 것 같다. 예수가 갈릴래아에 있을 때 시중든 여인들은 따로 있었다. 예수가 십자가에 못 박혀 죽을 때에 남자들은 매 본 꿩 새끼들처럼 다 숨어버리고 갈릴래아에서 온 여자들만 있었다.

"여자들도 먼 데서 이 광경을 지켜보고 있었는데 그들 가운데에는 막달라 여자 마리아, 작은 야고보와 요셉의 어머니 마리아, 그리고 살로메가 있었다. 그들은 예수께서 갈릴래아에 계실 때에 따라다니며 예수를 시중들던 여자들이다. 그밖에도 예수를 따라 예루살렘에 올라온 여자들이 거기에 많이 있었다."(마르코 15 : 40~41) 이 가운데서도 예수와 막달라 마리아의 관계는 오늘날까지 온갖 상상이 뒤따르고 있다.

《필립보복음서》에는 남자 제자들과 막달라 마리아 사이의 경쟁 관계가 묘사되어 있으며 여기에서 막달라 마리아는 예수의 가장 친밀한 동료이자 신성한 지혜의 상징으로 등장한다. "구세주의 동료는 막달라 미리아이다. 그리스도께서는 그녀를 나머지 제자들보다 더 사랑하셨으며 그녀의 입에 자주 입 맞추시곤 했다. 나머지 제자들은 이에 마음이 상하였다. 그들은 예수께 여쭈었다. 왜 우리들보다 저 여자를 더 사랑하십니까? 구세주께서는 왜 내가 저 여자를 사랑하는 만큼 너희를 사랑하지 않겠느냐? 라고 대답하셨다."《구세주와의 대화》에서 막달라 마리아는 특별한 가르침을 전수받도록 선택된 세 제자 가운데 하나일 뿐 아니라 다른 두 제자 곧 토마와 마태오보다 더 뛰어나다고 칭송받고 있다. 그녀는 삼라만상을 아는 여자로서 말했다. 여타 비전되는 문서들은 막달라 마리아를 내세워 여성의 활동이 베드로를 자신의 대변인으로 간주하는 정통파 공동체 지도자들을 위협했음을 시사하고 있다.《마리아 복음서》를 보면 예수가 십자가에 못 박혀 죽은 뒤 몹시 상심하고 두려워하던 제자들이 마리아에게로 가 주께서 그녀에게 은밀히 전수하신 내용을 알려주어 용기를 북돋워 달라고 요청하는 장면이 나온다. 그녀가 이를 수락하여 가르침을 전하기 시작했을 때 베드로가 화가 나서 다음과 같이 묻는다. "예수께서 우리보다 그녀에게로 향하여 모두가 그녀의 이야기에 귀 기울여야 하는가? 예수께서 우리보다 그녀를 더 아끼셨는가?" 베드로의 화내는 모습에 불쾌해진 마리아가 대답한다. "나의 형제 베드로여 어찌 생각하시오? 내가 이것을 마음속에서 스스로 꾸며냈거나 아니면 구세주에 대해 거짓을 고하고 있다 생각하시오?" 레위가 이때 중재를 위해 끼어든다. "베드로 그대는 늘 성급하였다. 내가 보기에 그대는 이 여인과 적이라도 된 듯 다투고 있다. 그러나 구주께서 그녀를 가치 있다 하신 터에 어찌 감히 그대가 그녀를 거부하는가? 확실히 주님께서는 이 여인을 알고 계셨다. 그래서 우리보다 그녀를 더 사랑하셨던 것이다." 그러자 다른 이들이 마리아의 가르침을 받아들이자며 동의했고 그녀의 말에 용기를 얻어 전도에 나섰다.

―일레인 페이절스,《영지주의》

어떻든 《마리아 복음서》까지 있는 것을 보면 막달라 마리아는 예수가 세상을 떠난 뒤에 신앙운동을 펼쳤으며 막달라 마리아 주변에 사람이 모여들어 어떤 정신적인 공동체가 이루어졌음에 틀림이 없다. 그 공동체에서 막달라 마리아로부터 나온 어록을 가지고 《마리아 복음서》를 만들었을 것이다. 제자들이 정신적으로 덜 성숙하였을수록 자신이 스승으로부터 각별한 사랑과 가르침을 받았다고 과장할 수 있을 것이다. 이것은 조심하고 경계해야 하는 일이다. 제나로 죽어 얼나로 솟나야 할 터인데 제나가 더 살아날 수 있기 때문이다. 그래서 예수가 "너희는 그저 '예' 할 것은 '예' 하고 '아니오' 할 것은 '아니오'라고만 하여라. 그 이상의 말은 악(제나)에서 나오는 것이다."(마태오 5 : 37)라고 말하였다. 제나는 아니오, 얼나는 예, 이것이면 그만이란 말이다. 인용문을 더 참고해본다.

《신앙 지혜》에는 베드로와 막달라 마리아 사이에 벌어졌던 또 하나의 논쟁이 소개되어 있다. 베드로는 마리아가 예수와 대화를 독점하고 있으며 자신과 여타 사도들이 응당 누려야 할 우위를 앗아 갔다고 불평한다. 예수께 마리아의 입을 다물게 하라고 요청했던 베드로는 즉시 책망을 받았다. 그러나 후에 마리아는 "베드로가 저를 주저하게 만듭니다. 그가 여성을 증오하기에 저는 그가 두렵습니다."라고 말하며 예수에게 베드로와 자유로이 말을 나누지 못함을 알렸다. 예수는 남녀 구분 없이 성령을 받은 자라면 누구든 하느님에 의해 말을 하도록 전해졌다고 대답했다.

—일레인 페이절스, 《영지주의》

하느님 아버지를 찾아가는 일에 남자와 여자의 성차별이 있을 수 없는 것은 기본이다. 그러나 어느 정도 남녀유별을 지키는 것이 자연스러운 일일 것이다. 류영모도 남녀 사이에 가로놓였던 만리장성을 치운 것은 잘한 일이지만 그 만리장성이 마음속에는 있어야 한다고 하였다. 어디까지나 성적인 문란을 경계한 말씀이다. 거기에는 스승도 제자도 다를 것이 없다.

사람과는 가까워질수록 졸라매야 한다. 고쳐 말하면 조심을 해야 한다. 몸을 뒤집어쓰고 사는 인생이란 이런 것이다. 혼인 전에는 널리 생각하다가 혼인 뒤에는 바싹 졸라매야 한다. 더욱 조심해야 한다. 혼인은 될수록 안 하는 것이 제일 좋다. 혼인을 했으면 성생활은 빨리 끝내야 한다. 자녀는 될수록 안 낳는 것이 좋다. 낳아도 적게 낳아야 한다. 자녀보다는 맘의 제자를 길러야 한다.

—류영모, YMCA 강좌

이대로 두면 누구나 다 그를 믿는다

사마리아 여인이 예수에게 예배의 장소를 궁금히 여길 때 예수는 거침없이 말하였다. "사람들이 아버지께 예배를 드릴 때에 '이 산이다' 또는 '예루살렘이다' 하고 굳이 장소를 가리지 않아도 될 때가 올 것이다. …… 진실하게 예배하는 사람들이 영적으로 참되게 아버지께 예배를 드릴 때가 올 터인데 바로 지금이 그때이다. 아버지께서는 이렇게 예배하는 사람들을 찾고 계신다."(마태오 4 : 21, 23)

예수의 이 말씀으로 제사종교인 유대교는 풍비박산이 되어 날아가 버린 것이다. 예수가 "내가 세상을 이겼다."(요한 16 : 33) "다 이루었다."(요한 19 : 30)라고 한 말씀에 아멘 하고 동의하고 싶다. 예수는 속으로 보면 영원한 생명을 얻은 이요, 겉으로 보면 종교의 혁명을 이룬 이다. 누가 예수를 실패한 사람이라고 말하는가? 인류 역사에서 예수보다 성공한 인생을 산 사람은 없을 것이다. 예수는 지금도 정신적으로 인류의 북극성 같은 존재가 되어 사람이 나아갈 길을 보여주고 있다. 이 사실을 모르고 유대교의 지도자라는 이들은 교활한 소리를 했던 것이다.

"그대로 내버려두면 누구나 다 그를 믿을 것이고 그렇게 되면 로마인들이 와서 이 거룩한 곳과 우리 백성을 짓밟고 말 것입니다." 하며 의논하였다. 그해의 대사제인 가야파가 그 자리에 와 있다가 이렇게 말하였다. "당신들은 그렇게 아둔합니까? 온 민족이 멸망하는 것보다 한 사람이 백성을 대신해서 죽는 편이 더 낫다는 것도 모릅니까?"

―요한 11 : 48~50

유대교의 지도자들도 이미 예수에게 패배했다는 심리를 드러내고 있는 것이다. 그대로 내버려 두면 누구나 다 그를 믿을 것이라는 말이 그 증거이다. 차라리 솔직하게 세상에서 우리의 높은 자리와 굳건한 밥통을 위협하는 예수를 죽여야겠다고 말하는 것이 양심적일 것이다. 역사적으로 볼 때 한 민족보다 한 사람이 더 귀할 수도 있다. 예수가 바로 그러한 사람이었다. 이미 멸망의 생명에서 영원한 생명으로 솟난(부활한) 예수를 어떻게 죽일 수 있단 말인가? 예수의 몸을 죽인 것은 예수의 그림자를 없앤 것이나 다름없다. 그것은 죽이는 것도, 죽는 것도 아니다. 영원한 생명인 예수 그리스도를 류영모는 이렇게 말하였다.

우리는 그리스도(얼나)를 만나보았다. 하느님께서 보내신 그리스도란 영원한 생명(얼나)이다. 우리에게 산소가 공급되듯이 성령(얼나)이 공급되는 것이 그리스도이다. 그리스도는 우리에게 줄곧 오는 영원한 생명이다. 기독교를 믿는 이들은 예수만이 그리스도라고 하지만 그리스도(얼나)는 예수만이 아니다. 그리스도는 영원한 생명인 하느님으로부터 오는 성령이다. 예수가 사람들을 위하여 십자가에 못 박혀 피 흘린 것을 믿으면 영생한다고 믿는 것은 나와 상관이 없다. 우리가 좀 더 길게 넓게 살 수 없는가 하는 문제가 이 사람이 말하는 것이다. 정신적인 진리의 생명으로 말이지 육체적으로는 그렇게 안 된다. 예수, 석가, 노자는 정신적으로 영생한다. 나도 그렇게 되고 싶어 말을 듣지 그렇지 않으면 그들하고 나는 아무 상관이 없다.

―류영모, 《다석어록》

헤르만 헤세는 말하였다.

 인류애도 있어야 한다. 하지만 사자나 매처럼 고고하고 독자적인 순수 개체도 있어야 한다. 동시에 둘 다 있어야 한다. 이 이중성(二重性)에 완성의 의미가 있을 수 있는 것이다. 사람은 다같이 창조적이고 행복하게 화합해야 한다. 이것이야말로 최고의 행복이다. 하지만 사람은 또한 독자적으로 개성을 지니며 불굴의 자만심에 불타오르기도 해야 한다. 이웃의 눈치를 보는 일 없이 자신만의 힘으로 움직여야 한다. 이 두 가지 행동은 서로 다르지만 그렇다고 상충하는 것은 아니다. 우리들은 두 가지 행동 사이에 완전한 균형을 취할 수 있다. 우리들은 고립된 단독자이면서 동시에 인류애라는 거대한 강물에 속해 있기도 하다.

―헤르만 헤세, 《자서전》

 헤세는 대중이 알지 못하는 단독자의 고독한 시련과 창조적인 진리의 위대함을 아는 사람이다.

　그런데 여기에서 우리는 요한복음서 저자에게까지 스며든 이스라엘 민족의식의 폐쇄성과 배타성에 아연실색하지 않을 수 없다. "이 말은 가야파가 자기 생각으로 한 것이 아니라 그해의 대사제로서 예언을 한 셈이다. 그 예언은 예수께서 유다(유대) 민족을 대신해서 죽게 되리라는 것과 자기 민족뿐만 아니라 흩어져 있는 하느님의 자녀들을 한데 모으기 위해서 죽는다는 뜻이었다."(요한 11 : 51~52)

　예수가 열두 사도들을 하느님의 말씀 전하는 것을 목적으로 하여 파견하면서 "이방인들이 사는 곳으로도 가지 말고 사마리아 사람들의 도시에도 들어가지 말라. 다만 이스라엘 백성 중의 길 잃은 양들을 찾아가라. 가서 하늘나라가 다가왔다고 선포하여라."(마태오 10 : 5~7)라고 분부한 말은 의아스럽다. 예수는 폐쇄적이고 배타적인 생각을 지닌 사람일 수 없다. 예수에게는 하느님의 뜻을 좇는 이는 다 형제요 자매이기 때문이다. 예수는 스스로 사마리아 사람들과도 말씀을 나누었고 헬라 사람들에게도 말씀을 들려주었다.(요한 12 : 20~26) 예수는 누구라도 귀 있는 자는 들으라고 하였지 누구는 못 듣는다고 한 적이 없다. 예수는 폐쇄적이고 배타적인 유대교인들을 닮지 말라고 하였다. "너희는 정신을 차리고 바리사이파 사람들과 사두가이파 사람들의 누룩을 조심하여라."(마태오 16 : 6) 그들의 폐쇄적이고 배타적인 것을 유대교의 방계에 속하는 이슬람교도 그대로 닮았다.

　르낭은 이렇게 말하였다.

제사 의식이 있는 성전에서 종교 혁명을 하려는 시도는 가장 성공하기 어려운 일이다. 이슬람의 성지 메카에서 종교 혁명을 하겠다고 나서보라. 그렇게 되면 어느 칼에 찔려 죽을지 어느 돌에 맞아 죽을지 모르는 일이다. 예수도 그것을 잘 알기에 십자가 위에서 죽은 골고다 산상에서보다 성전이 있는 갈보리 산상에서의 날들이 더 괴로웠을 것이다.

—에르네스트 르낭, 《예수의 생애》

예수가 유대교 정신의 근간인 모세의 종교 사상을 지양하여 비판하였고 유대교를 이끌어 가는 유대교 지도자들의 비도덕성을 바로잡으려 비판한 것은 사실이다. 그러나 그것은 어디까지나 하느님의 뜻을 전하려는 일이었지 종교를 혁명하여 스스로 종교의 지도자가 되려는 것은 아니었다. 예수는 새로운 종교를 세워 교주가 되려 한 적이 없다. 모든 사람이 영원한 생명인 얼나를 깨달아 하느님 아들이 되기를 바란 것뿐이다. 그런데 예수의 뒤를 이은 사람들은 예수와 나르게 자신들의 교권을 세우려 하였다. 교권을 세우기 위해서 세속의 정치 권력과 야합하는 일도 서슴지 않았다. 그 결과 다시 유대교 지도자들의 모습을 닮아 갔다. 아니 그보다 더 무섭게 변하였다. 그리하여 기독교 죄악사를 엮게 된 것이다. 르낭은 이렇게 한탄하였다. "자기의 시조를 죽인 제도를 폐기했더라면 그리스도교는 얼마나 더 본래의 정신을 따르는 것이 되었고 얼마나 더 인류에게 이바지했을

것이랴!"(에르네스트 르낭,《예수의 생애》)

공자가 말하기를 "소인동이불화(小人同而不和) 군자화이부동(君子和而不同)."이라고 하였다. 나 자신의 생각도 어제와 오늘의 생각이 다를 수 있는데, 하물며 개성이 다 다른 사람들끼리는 생각이 다른 것이 정상이다. 그런데 예수의 가르침을 좇는다는 바울로조차 예수와 달리 생각이 다른 사람을 용납하지 못하고 저주를 퍼부었다. 바울로는 셈족의 편협함과 독선을 그대로 물려받은 것이다. 그는 그리스도교인이라는 허울을 쓴 유대교인이었다고 하겠다.

그리스도의 은총으로 하느님의 자녀가 된 여러분이 그렇게도 빨리 하느님을 외면하고 또 다른 복음을 따라가고 있다니 놀라지 않을 수 없습니다. 사실 다른 복음이란 있을 수 없습니다. 다만 어떤 사람들이 여러분의 마음을 뒤흔들고 그리스도의 복음을 변질시키려 하고 있을 따름입니다. 우리는 말할 것도 없고 하늘에서 온 천사라 할지라도 우리가 이미 전한 복음과 다른 것을 여러분에게 전한다면 그는 저주를 받아 마땅합니다. 전에도 말한 바 있지만 다시 한 번 강조하겠습니다. 누구든지 여러분이 이미 받은 복음과 다른 것을 전하는 자가 있다면 그는 저주를 받아 마땅합니다.

―갈라디아 1 : 6~9

바울로가 다른 복음이라고 하는 것은 예수가 가르친 영성신앙으로서 베드로, 야고보로부터 전해 오는 히브리의 나자레언 신앙일 것이다. 이 얼마나 끔찍한 일인가? "바울로는 신약 4복음서를 본 적이 없었고 예수를 본 적도 없었다. 첫 복음서인 마르코복음이 씌어질 무렵 바울로는 죽기 직전이거나 죽은 뒤였다. 1세기가 시작될 무렵부터 타르수스의 바울로는 수많은 사람을 만나며 예수와 관련된 신화를 선전했다."(미셸 옹프레, 《무신학의 탄생》)

조태연이 바울로의 정체를 정확하게 읽었다.

케리그마적 배타성을 주장하는 바울로의 편지들은 신약성서의 4분의 1에 불과하고 신약성서의 다양한 메시지와 초대 교회의 많은 선포들 가운데 일부를 차지하고 있다. 나머지 책들은 각기 자신의 목소리로 읽혀지기를 바라고 있다. 그뿐만 아니라 바울로는 당시 사도로조차 인정받지 못하던 사람이었고(갈라디아 2 : 7~8), 이 절대 배타적·독선적 신앙 선언은 당시 범그리스도교적 획일성을 전제한 전체주의적 원칙의 확인이었기보다는 다른 강한 그리스도교 집단의 공격으로부터 자신의 작은 교회를 사수하고자 내놓은 고육지책이었다.

한국 교회 특히 개신교가 그동안 바울로의 그 케리그마적 복음만을 기독교 신앙의 전부로 생각하였다면 그것은 신학적 편견에 해당한다. 케리그마적 사건에 대한 믿음만이 인간을 구원한다는 배타적 신앙은 대화할 줄 모르는 독선적 그리스도교인을 양산하기에 알맞았다.

—조태연, 《예수운동》

소로는 이렇게 말하였다. "나는 불신자들과 회의론자들이 교회라는 형태를 이루어 종소리가 울리는 주일마다 함께 모이는 모습을 본다."(소로, 《소로의 일기》) 소로의 말을 불쾌하게 생각하기에 앞서 우리 스스로 반성해야 한다. 소로의 말이 예수의 말일 수 있기 때문이다.

대사제 가야파에 대한 르낭의 설명도 들어볼 필요가 있다.

대사제로 가야파의 이름이 나오나 그때 실권은 그의 장인인 하난(또는 안나스)에게 있었다. 하난은 은퇴한 노대사제인데 사실상 모든 권력을 장악하고 있었다. 사람들은 그를 정년 없는 대제사장이라 불렀다. 모든 중대한 문제에 관해서는 현직 대제사장도 그의 의견을 물었다. 50년 동안 대제사장직은 거의 중단 없이 그의 집안에서 차지했다. 당시 대제사장은 그의 사위인 가야파였지만 이후로 그의 아들 가운데 다섯이 연이어 대제사장이 되었던 것이다. 사람들은 마치 제사직(祭司職)이 이 집안의 세습으로 된 양 이 집안을 제사가족이라 불렀다. 성전의 요직도 거의 모두 그들의 차지였다. 성전의 모든 귀족들과 마찬가지로 그도 사두가이인이었다. 그의 아들들도 모든 열렬한 박해자들이었다. 그 중의 한 아들은 그 이름이 자기 아버지와 같이 하난이었는데, 이 사람은 예수의 죽음과 아주 비슷한 사정 속에 주님의 형제인 야고보를 돌로 쳐 죽이게 하였다. 이 집안의 정신은 오만하고 대담하고 잔인했다.

이 집안은 유대 나라 정치의 특색을 이루는 저 특별한 종류의 교만하고 음험한 악의를 지니고 있었다. 그러기에 예수를 박해한 일의 책임도 하난과 그 일가의 사람들이 몽땅 져야 할 것이다.

―에르네스트 르낭,《예수의 생애》

12장

요한복음 12장

밀알 하나가 땅에 떨어져 죽지 않으면
한 알 그대로 남아 있고 죽으면 많은 열매를 맺는다.
자기 목숨을 아끼는 사람은 잃을 것이며
이 세상에서 자기 목숨을 미워하는 사람은
목숨을 보전하며 영원히 살게 될 것이다.
— 요한 12 : 24~25

내가 이를 위하여 이때에 왔나이다

　석가 붓다가 부다가야에서 처음으로 얻은 큰 깨달음은 멸망의 생명인 제나[自我] 넘어(죽고) 영원한 생명인 얼나[法我]를 깨달은 것이다. 그것을 석가 붓다는 4성제(四聖諦)로 나타내었다. 4성제는 요한복음 6장 63절에 나오는 '육적인 것은 아무 쓸모가 없지만 영적인 것은 생명을 준다'라는 말과 같다. 고집멸도(苦集滅道)의 4성제는 석가의 핵심적인 깨달음이다. 괴로운 몸[苦]과 모인 마음[集], 즉 제나(自我, ego)를 없애는[滅] 것이 니르바나(하느님)에 이르는 길[道]인 것이다. 결국 제나를 없애는 것이 하늘나라에 이르는 길임을 말하는 4성제는 요한복음 6장 63절과 같은 뜻을 담고 있다.

　석가는 4성제를 다시 8정도(八正道)로 보충 설명하였다. 8정도는 앞쪽의 두 개 정견(正見)과 정사유(正思惟)가 중요하고 뒤쪽의 두 개 정념(正念)과 정정(正定)이 중요하다. 앞쪽의 정견과 정사유는, 몸나는 무상하여 죽는다는 사실을 바로 보고 바로 생각하는 것이다. 석가 붓다는 여기에서 몸나의 나고 죽는 연기(緣起)의 법칙을 알았다. 그리고 뒤쪽의 정념과 정정에서 나지도 않고 죽지도 않는 얼나(다르마)를 깨달은 것이다. 하느님인 니르바나님에게서 온 얼(성령 불성)이 곧 다르마(法我)이다. 가운데 있는 정어(正語), 정업(正業), 정명(正命), 정정진(正精進)은 멸망의 제나에서 영생의 얼나로 옮겨 가는 과정이다. 말은 바르게, 몸가짐도 바르게, 하는 일도 바르게, 힘쓰는 것도 바르게 해야 한다는 뜻이다.

예수는 자기 몸의 죽음을 직시(直視)하고 정견(正見)하여 깊이 생각하였다. 공관복음에서는 예수가 자신의 죽음을 세 차례나 예고하는 것으로 되어 있다. "나는 바로 이 고난의 시간을 겪으러 온 것이다." (요한 12 : 27) 류영모도 예수를 본받아 죽음을 바로 보고 산 사람이다. 훌륭한 권투선수가 상대방 선수의 주먹에서 눈을 떼지 않듯이 참사람은 늘 자신의 죽음을 의식하면서 산다. "죽음을 생각하여 언제 떠나도 미련이 없도록 준비와 각오를 하면 좀 더 생각을 깊이 하게 된다. 몸이 아프면 죽음을 생각하게 된다. 아픔이 없으면 죽음 생각을 안 하게 된다. 사람의 몸은 아끼고 아끼다가 흙이 된다."(류영모, 《다석어록》)

자신의 죽음을 바로 보기를 두려워하는 이들이 많다. 가능한 한 죽음에 대한 생각은 하지 않으려고 한다. 참으로 어리석은 일이다. 우리는 자신의 그림자를 따돌릴 수 없듯 죽음도 따돌릴 수 없다는 것을 알아야 한다. 참사람은 죽음을 타고 다니고 죽음을 베고 잔다.

류영모는 고별 강의를 여러 번 하였다. 류영모가 예순여섯 살 때 1

년 뒤에는 자기가 죽는다며 사망 예정일을 공표하였다. 그러고는 자기 주검의 초상을 자기가 치르고 자기의 대상(大祥)도 직접 치렀다. 인도의 시인 타고르도 그의 시 〈기탄잘리〉에서 자기 초상을 자기가 치르는 것을 시로 읊었다.

예수도 자기 장례식을 먼저 치렀다. 예수는 유대교 지도부 사람들의 요주의 인물 제1호가 되었으며, 그들은 호시탐탐 예수의 목숨을 노리고 있었다. 그런데도 예수가 평안히 쉴 수 있는 곳이 있었으니 마르타와 마리아 자매가 살고 있는 베다니아 마을이었다. 베다니아 마을은 예루살렘 성전에서 3킬로미터 거리에 있는 마을이었다. 예루살렘 성전에서 동쪽으로 기드론 계곡을 건너면 감람산으로 번역된 올리브 동산이 나온다. 감람은 중국과 인도차이나에서만 자생하므로 올리브라고 하는 것이 옳다. 올리브 동산에서 남쪽으로 내려가면 바로 베다니아 마을이 나온다. 예수의 기도로 유명한 겟세마네 동산이 바로 올리브 동산이다. 그곳에 올리브유 짜는 틀이 있어 겟세마네('기름을 짜다'라는 뜻)라는 이름이 붙었다. 공자는 논어에서 '이인위미(里仁爲美)'라는 말을 하였다. 베다니아야말로 아름다운 마을이다. 베다니아 사람들은 예수의 어진 마음에 머물고 예수는 베다니아 사람들의 어진 마음에 머물렀기 때문이다.

그날은 베다니아 사람들이 예수를 위하여 환영 잔치까지 베풀었다. 그 자리에서 마리아가 예수의 발에 나르드 향유를 붓고는 자신의 긴 머리털로 예수의 발을 닦았다. 대단한 경의를 나타내는 이색적인 의식이라 하겠다. 예수의 발에 부은 나르드 향유는 값으로 따지면 3백 데나리온이나 되었다고 한다. 그 당시 하루 품삯이 1데나리온이었다니 3백 데나리온이면 일꾼 한 사람의 한 해 품삯이었다. 그 도유(塗油)의 광경을 보고 있던 가리옷 사람 유다가 인색한 마음 때문인지 질투심 때문인지 알 수 없으나 투덜거렸다. 그 값비싼 향유를 팔아서 가난한 사람을 나누어주었으면 좋았을 터인데 부질없이 쏟아버렸다는 것이었다.

유다가 불평하는 소리를 들은 예수가 말하였다. "이것은 내 장례일을 위하여 하는 일이니 이 여자 일에 참견하지 말라. 가난한 사람들은 언제나 너희와 함께 있겠지만 나는 언제나 함께 있지는 않을 것이다."(요한 12 : 7~8) 이스라엘에서는 물로 귀빈의 발을 씻어주는 풍습이 있는데 마리아는 물 대신 나르드 향유를 쓴 것이다. 최고의 경의를 나타내려 한 것이지 스승 예수의 장례 의식으로 행한 것이 아니었다. 그러나 예수는 장례 의식으로 받아들인 것이니, 예수는 자신의 장례를 자신이 치른 것이다. 돌과 쇠가 부딪칠 때 불꽃이 튀듯 생(生)과 사(死)가 부딪칠 때 참된 생각이 섬광처럼 번쩍인다. 예수의 입을 통해 나오는 말씀이 거저 나오는 것이 아니다.

지금 우리는 예수의 십자가 죽음을 지극히 거룩한 죽음으로 여기지만 당시에는 가장 치욕스러운 일에 지나지 않았다. 반역을 꾀한 죄수로서 십자가에 못 박혀 참혹하게 처형되었기 때문이다. 그와는 반대로 마리아는 최고의 경의를 표하였으니 우리의 마음까지도 흐뭇하다. 마리아 자매에게 감사하지 않을 수 없다. 예수는 "온 세상 어디든지 이 복음이 전해지는 곳마다 이 여자가 한 일도 알려져서 사람들이 기억하게 될 것이다."(마태오 26 : 13)라고 예언 겸 칭찬을 하였다. 아멘.

예수의 몸에 나르드 향유를 붓는 도유사화(塗油事話)는 복음서마다 그 내용이 조금씩 다르지만, 마르코복음과 마태오복음의 내용은 같다. 마태오복음이 마르코복음의 자료를 그대로 옮겨 썼을 것이다. 이 두 복음서에는 여자의 이름이 빠지고 나르드 향유를 예수의 머리에 부은 것으로 되어 있다. "예수께서 베다니아에 있는 나병 환자 시몬의 집에 계실 때의 일이다. 마침 예수께서 음식을 잡수시고 계셨는데 어떤 여자가 매우 값진 순나르드 향유가 든 옥합을 가지고 와서 그것을 깨뜨리고 향유를 예수의 머리에 부었다."(마르코 14 : 3) 머리에 기름을 붓는 의식은 임금이나 성직자에게 하였다. 이는 예수가 메시아임을 암시하려는 저의를 보인 것이다. 메시아라는 말은 '기름 붓다'라는 뜻이다. 또 루가복음에는 죄지은 여인(막달라 마리아)이 나오고 요한복음에는 순결한 여인(마리아)이 나온다. 일부 학자들은 각기 다른 두 이야기로 보기도 하지만 한 사건을 달리 쓴 것으로 보는 것이 일반적인 견해이다.

사람은 사랑 받기 위해 태어나는 것이 아니라 사랑하기 위해 태어나는 것이다. 이 세상에 와서 누구를 사랑하였는가에 따라 그 사람의 삶의 값어치가 결정된다. 이 누리에 와서 맘과 뜻과 힘을 다해, 곧 목숨을 바쳐 하느님을 사랑한 사람이 가장 값지게 산 사람이다. 예수가 이르기를 "재물을 땅에 쌓아 두지 말아라. 땅에서는 좀먹거나 녹이 슬어 못 쓰게 되며 도둑이 뚫고 들어와 훔쳐 간다. 그러므로 재물을 하늘에 쌓아 두어라. 거기서는 좀먹거나 녹슬어 못 쓰게 되는 일도 없고 도둑이 뚫고 들어와 훔쳐 가지도 못한다. 너희의 재물이 있는 곳에 너희의 마음도 있다."(마태오 6 : 19~21) 보물을 땅에 쌓지 말고 하늘에 쌓으라는 말은 땅 위에 있는 것을 사랑하지 말고 하늘에 계시는 하느님을 사랑하라는 말이다. 마리아 자매는 예수를 지성으로 사랑하였으니 보물을 하늘에 쌓았다고 할 수 있다. 예수가 스스로 일컫기를 '나는 땅에 속한 것이 아니라 하늘에 속한 사람'이라고 하였기 때문이다. "너희는 아래에서 왔지만 나는 위에서 왔다. 너희는 이 세상에 속해 있지만 나는 이 세상에 속해 있지 않다."(요한 8 : 23) "하느님에게서 온 사람은 하느님의 말씀을 듣는다. 너희가 그 말씀을 들으려 하지 않는 것은 너희가 하느님에게서 오지 않았기 때문이다."(요한 8 : 47) 땅에 속한 사람과 하늘에 속한 사람의 판단 기준은 하느님이 보내 주시는 하느님의 생명인 얼나로 솟났느냐 못 났느냐에 있다.

류영모는 세상에서 귀하게 여기는 것은 아무것도 가지지 아니하였다. 권력도, 금력도, 학력도 가진 것이 없었다. 그러나 영원한 생명인 얼나를 깨달은 하느님 아들임에 틀림없다. 그래서 이 사람은 그를 경외하지 않을 수 없었다. 류영모가 예수를 가장 사랑한 것도 그 때문이었다.

예수가 새끼 나귀를 타고 입성하다

예수가 이미 죽을 것을 각오하였고 유대교의 지도자들은 예수를 죽이기로 결의하였다. 그러니 예수의 죽음은 그야말로 명약관화(明若觀火)한 일이었다. 예수가 죽지 않으려고 달아나지 않는 한 예수의 죽음은 기정 사실이었다. 노자(老子)는 죽음을 앞두고 검은 소를 타고 함곡관을 빠져나가 아무도 모르는 곳으로 가서 죽었다고 한다. 그러니 노자의 송장이 묻힌 무덤을 알 수 없다. 그런데 예수는 새끼 나귀를 타고 예루살렘 성으로 입성하였다. 노자나 예수나 이 세상을 결별하려는 마지막 행사로 의식(ceremony)을 치른 것으로 보인다. 옛날에는 장가 가는 신랑이 소를 타거나 나귀를 탔다. 노자나 예수는 죽음 길을 하느님께 가는 배천(配天)의 일로 알았는지도 모르겠다. 하느님께로 시집 가거나 장가 가는 마음가짐이었다는 말이다.

그런데 복음서 저자는 흔히 그랬듯이 구약성경에 갖다 붙이고 있다. "수도 시온아, 힘껏 기뻐하여라. 수도 예루살렘아, 환성을 올려라. 보아라 너의 임금이 너를 찾아 오신다. 정의를 세워 너를 찾아 오신다. 그는 겸비하여 나귀, 어린 나귀를 타고 오시어"(즈가리야 9 : 9) 예수가 이 성경 구절을 실현하려고 한 것일 수는 없다. 예수는 이 세상에 섬기려고 왔지 섬김을 받으려고 온 것이 아니라고 하였다. 예수는 왕을 가장 싫어하였다. 막말 쓰기를 삼가는 예수지만 헤로데 왕에게는 "그 여우에게"(루가 13 : 32)라고 말하였다. 예수는 하느님에게 미움받는 왕의 자리는 꿈에도 생각한 적이 없었을 것이다. 그런데 사람들은 왜 예수를 왕의 자리에 앉히려 애쓰는 것인지, 또 예수가 몸은 쓸데없다고 말하였는데 왜 예수를 몸으로 살아나게 하려고 안간힘을 쓰는지 모를 일이다. 한마디로 미숙하고 유치한 인생관 때문이다.

예수가 참으로 바란 것은 자신을 높은 왕으로 받들어주는 것도 아니고 자신이 몸으로 다시 살아났다고 믿어주는 것도 아니다. 예수가 바라는 일은 다른 데 있다. 사람들의 맘속에 하느님이 보내시는 얼(성령) 불이 타오르기를 바라는 것이다. 예수를 참으로 기쁘게 하고 싶다면 이제라도 제 맘속에 얼의 불이 성화로 타오르게 할 일이다. 예수는 간절히 말하였다. "나는 이 세상에 (성령의) 불을 지르러 왔다. 이 (성령의) 불이 이미 타올랐다면 얼마나 좋았겠느냐?" (루가 12 : 49)

류영모는 이렇게 말하였다.

사람이 정말 모른다고 하는 하느님의 영원한 영성(靈性)과 연결되어 하느님을 사랑하여 하느님이 무엇인지 모르는 일은 끝내야 한다. 하느님하고 사랑을 해야 한다. 하느님을 사랑하는 정신이 나와야 참으로 진리의 불꽃, 말씀의 불꽃이 살리어 나온다. 값어치 있는 것은 생각의 불꽃밖에 없다. 나를 생각의 불꽃으로 태울 때 하느님이 나에게 생각을 살리어준다. 생각이 잘 피어나도록 살리어주신다. 그 생각의 결집이 사상(思想)인 것이다.

—류영모,《다석어록》

조변석개(朝變夕改) 하는 군중심리가 발동하여 예수가 나귀 새끼 타고 입성하는 길에 대환영이 벌어졌다. 뜬구름을 믿을지언정 군중심리는 믿을 것이 못 된다는 것이 며칠 못 가서 사실로 드러나게 된다. 빌라도 총독 앞에서 바로 그 군중이 예수를 십자가에 못박으라고 소리를 지른 것이다.

명절을 지내러 와 있던 큰 군중은 그 이튿날 예수께서 예루살렘에 들어오신다는 말을 듣고 종려나무 가지를 들고 예수를 맞으러 나가, "호산나! 주의 이름으로 오시는 이여, 이스라엘의 왕 찬미 받으소서!" 하고 외쳤다.

—요한 12 : 12~13

종려나무는 아열대 식물로 베다니아에서 예루살렘으로 가는 길가에 많이 자라고 있었다. 그 종려나무 가지를 들고 흔들면서 호산나를 외쳤다는 것이다. 호산나는 우리가 두 손을 번쩍 들고서 외치는 만세 같은 것이다. '호산나'는 시편 118편 25절에 나오는 '구하소서' '도우소서' 라는 기원이 담긴 히브리어이다.

예수의 입성을 환영하는 것과 같은 일이 마카베오 가문의 영웅 시몬이 입성할 때도 있었다. 마카베오 가문은 유대교의 첫 순교자를 내었다. 이 세상에는 이따금 기묘한 일이 일어난다. 마카베오가는 유대교 수호의 순교자였지만 예수는 유대교 파괴의 순교자였다.

마카베오가의 이야기는 앞서 수전절(봉헌절)을 이야기할 때에 약간 언급했다. 기원전 332년에 마케도니아의 왕인 알렉산드로스가 고르디우스 노트(매듭)를 단칼에 자르듯 페르시아 제국을 무찌르고 아시아 대륙에 침입하였다. 알렉산드로스가 죽고는 그의 후계자들이 거대한 제국을 여러 왕국으로 분할하였다. 기원전 332~200년까지 유대인들은 처음에는 프톨레마이오스 왕조의 지배를 받았고, 그 이후에는 셀레우코스 왕조의 지배를 받았다. 유대인들에게 새로운 통치자들은 두려움 그 자체였다. 그리스 이주민들이 서아시아로 쏟아져 들어와 시리아와 팔레스타인 지역에 강력한 그리스 정착지가 세워졌고 그곳 원주민들도 급격하게 그리스화되었다.

그리스인들은 유일신론자가 아니라 다신론자들이었다. 기원전 167년에 모세의 율법이 폐기되고 대신 세속적인 법률이 그 자리를 대신하게 하는 칙령이 발표되었다. 이로 인해 예루살렘 성전은 보편적인 제의 장소로 격하되었다. 다시 말해 야훼 하느님만을 모시는 성전이 아니라 그리스의 신 제우스도 함께 모시는 장소가 된 것이다. 유대 사람들이 보기에는 그리스의 제우스 및 기타 여러 신을 모시는 일은 그들이 그렇게 비난하던 셈족의 신 바알을 섬기는 것과 다를 것이 없었다. 유대인 가운데 근본주의 신앙인들이 그들의 야훼 신앙을 지키기 위해 기꺼이 죽음을 택하기에 이르렀다. 옛 제사장 출신인 마티아스 하스몬과 그의 셋째 아들 유다 마카베오가 나머지 네 형제들을 이끌고 셀레우코스 왕국의 주둔군을 상대로 게릴라전을 시작하였다. 기원전 166~164년의 2년 동안 그들은 예루살렘 주변에서 그리스인들을 몰아낼 수 있었다. 그리하여 예루살렘 성전을 정화하여 기원전 164년 12월에 거행한 거룩한 의식을 통해 성전을 다시 야훼신에게 봉헌하였다. 유대인들은 지금까지도 하누카(Hanukkah)라는 이름으로 이 사건을 명절로 기린다. 우리말 성경은 수전절(봉헌절)이라 옮겼다.

이렇게 마카베오가는 예루살렘 성전을 지키기 위해 목숨을 걸고 공을 세웠는데, 훗날 예수는 성전이 필요 없다는 주장을 펼친다. 아이러니한 것은 둘의 주장이 전혀 다른데 똑같이 성전 정화를 하였고 군중의 대환영을 받았다는 점이다. 이 세상의 역사는 되풀이되는 것 같으면서도 반복만은 아닌 것이다.

이미 죽음을 예상한 예수는 예루살렘에 입성한 뒤 과월절 전날 제자들과 최후의 만찬을 들고 그날 밤 겟세마네 동산에서 기도하였다. 마르코복음에 겟세마네 동산의 마지막 고뇌를 이기는 기도가 좀 길게 나온다.(마르코 14 : 32~40) 그런데 요한복음에는 아주 간결하게 되어 있다. "내가 지금 이렇게 마음을 걷잡을 수 없으니 무슨 말을 할까? 아버지 이 시간을 면하게 하여 주소서 하고 기원할까? 아니다. 나는 바로 이 고난의 시간을 겪으러 온 것이다."(요한 12 : 27) 르낭은 요한복음 저자가 내용을 이렇게 줄인 데 의문을 제기하였다. 그는 요한복음을 예수의 직제자 요한이 쓴 것으로 잘못 알고 있었던 것이다.

겟세마네 동산에서 마지막 기도를 마치고 돌아온 예수는 잠든 제자들을 보았다. 마태오복음 26장 41절에는 제자들을 보며 예수가 이렇게 말했다고 씌어 있다. 예수 자신의 마음을 말한 것인지 아니면 제자들의 마음을 살핀 것인지 모르지만 "마음에는 원이로되 육신이 약하도다."(개역. 공동번역에선 "마음은 간절하나 몸이 말을 듣지 않는구나.")라고 하였다. 이것은 사람 마음의 실존상을 그대로 나타낸 것이다. 그런데 톨스토이는 이것을 이렇게 번역하였다. "얼나는 강하나 몸나는 약하다." 그리스어로는 톨스토이의 옮김이 더 낫다고 생각한다. 예수의 정신이 더 뚜렷하게 나타난다.

이 세상에서 자기 생명을 미워해야 한다

복음서에 나타난 예수의 행동 반경은 고향 갈릴래아와 수도 예루살렘 사이를 시계추처럼 왔다 갔다 한 것이 전부이다. 사해나 지중해에 가보았다는 말도 없다. 행동 반경에서 좀 벗어난 것이 예수의 모습이 바뀌었다는 변모산(다볼산)에 오른 것이다. 그래도 평생 고향을 벗어나지 않았다는 철학자 칸트에 비하면 예수는 엄청난 여행을 한 사람에 속한다. 해외 여행을 안 했으니 외국인을 만난 적이 없었는데, 예루살렘 성전에 찾아온 헬라인들이 무슨 소문을 들었는지 예수를 찾아와 만나게 되었다. 그들이 갈릴래아 베싸이다 사람 필립보에게 예수와 만나기를 청하였다니 필립보와 아는 사이였던 것 같기도 하다. 베싸이다는 갈릴래아 바다 북동쪽 연안에 있었던 도시로 추정된다. 그들과의 구체적인 만남의 동정은 기술된 것이 없고 그들에게 예수가 한 말씀만 기록되어 있다.

그 말씀 가운데는 사람들에게 널리 알려진 말씀인 "밀알 하나가 땅에 떨어져 죽지 않으면 한 알 그대로 남아 있고 죽으면 많은 열매를 맺는다."(요한 12:24)가 나온다. 사람들에게 솔선하는 희생 정신을 미화하거나 정당화하기에 좋은 말이라 세상 사람들의 입에까지 오르내리게 되었을 것이다. 그러나 사실은 다음에 오는 25절의 말을 뒷받침하는 말에 지나지 않는다.

"자기 목숨을 아끼는 사람은 잃을 것이며 이 세상에서 자기 목숨을 미워하는 사람은 목숨을 보존하며 영원히 살게 될 것이다."(요한 12:25) 이 말씀도 그대로 읽으면 무슨 뜻인지 알기 어렵다. 약간의 보충이 필요한 말이다. 이른바 복음서의 말씀은 한 글자 한 글자가 하느님 성령을 받아서 씌어졌기에 일점일획도 오류가 없다고 주장하는 사람들은 복음서의 말씀을 건드리는 것을 큰 불경죄를 저지르는 것으로 생각하지만 그것은 성경의 성립 과정을 전혀 모르고 하는 소리일 뿐이다.

오늘날에는 그리스어나 라틴어 또는 시리아어나 아랍어 등 그 어떤 언어로 된 신약성서 사본이든 진정으로 믿을 만하다고 할 수 있는 것은 없다. 어떤 언어로 되어 있든 상관없이 첨가된 본문이 하나도 없는 사본은 전혀 없기 때문이다. 그저 책에서만 기독교의 진리를 찾는 것은 옳지 않다.

―바트 에르만, 《성경 왜곡의 역사》

그러므로 궁극에는 진리(참)는 내 맘속에 있는 것이지 성경 속에 있는 것이 아님을 안다면 참을 깨달은 이는 내 맘속의 참을 기준으로 해서 복음서를 고칠 수도 있고 성경을 쓸 수도 있는 것이다. "자기의 생명을 사랑하는 자는 잃어버릴 것이다."라는 말씀에서 자기 생명을 사랑한다는 것은 제 몸뚱이를 아끼는 것을 말한다. 이기(利己)를 말하는 것이다. 속담에 아끼다가 똥질로 간다는 말이 있다. 아끼다가 오히려 잃어버리거나 변질되어 못 쓰게 되어버린다는 뜻이다. 몸을 애지중지 아끼다가 송장이 되어버리는 것이다.

이 몸을 지나치게 사랑하고 여기에다 전 목적을 두어서는 안 된다. 하느님의 얼[靈]을 기르기 위한 한도 안에서 몸을 건강하게 해야지 몸을 전 목적으로 해서는 안 된다. 적당히 쓰기 위해 적당히 길러야 한다. 그리하여 잠을 때 이 몸(짐승)을 잡아야 한다. 항상 얼생명은 위(하느님)로부터 왔다는 것을 잊지 말아야 한다.

―류영모, 《다석어록》

잃어버린다는 것은 제 몸을 잃게 된다는 뜻도 되지만 영원한 생명인 얼나를 잃어버리게 된다는 뜻이다. 몸나에 빠져 몸나만 위하다간 그 몸뚱이가 언젠가 비눗방울 꺼지듯이 죽고 만다. 그런데 이 세상살이는 거의 몸나를 위한 것이 대부분이다. 음식점이 많은 것도, 병원이 많은 것도, 미용실이 많은 것도, 옷가게가 많은 것도 모두 사람의 몸뚱이를 위한 것이다.

자본을 투자할 때는 그 회사의 가능성을 살펴보고서 한다. 장래성이 없어 보이면 투자를 하지 않는다. 우리의 삶도 일종의 투자라고 할 수 있다. 내가 이 삶에서 무엇을 위해 살아야 할지 잘 생각해서 결정해야 한다. 다시없는 삶이기에 천 배 만 배의 이익을 남겨야 한다. 멸망할 생명인 몸나를 위해 살다간 인생이 꽝(멸망)이 되어버린다. 영원한 생명인 얼나를 위해 살면 일생에 땡(영생)을 잡게 된다. 그래서 예수는 멸망의 넓은 길로 가지 말고 영생의 좁은 문으로 가라고 한 것이다. 어리석은 세상 사람들이 멸망의 생명인 몸나를 사랑하고 얼나를 무시할 때, 슬기로운 성현들은 몸나를 미워하고 얼나를 중시하였다.

류영모는 말하였다.

우리의 몸뚱이는 요망한 것이라 스스로가 채신을 갖추어야 참나인 얼나에 이른다. 몸나를 채신하여 희생함으로써 몸나의 어둠이 가시고 얼나의 아침이 온다. 이것이 궁극의 믿음으로 가는 길이다. 우주 안팎의 전체인 하나의 절대자가 하느님이다. 얼로 충만한 허공인 우주가 그대로 하느님이시다. 내 맘속의 얼나는 절대 허공인 하느님의 아들이다. 이 절대의 아들이 참나인 것을 깨닫고 요망한 몸나에 눈이 멀어서 애착함이 가시어지는가가 문제이다. 그래서 다시 하느님 아버지를 부르면서 위로 올라간다. 사는 것은 나가는 것이지 어디 틀어박히자는 게 아니다. 거주(居住)를 삶으로 알아서는 못쓴다. 이 더럽고 괴로운 것에서 벗어나자는 사나이는 집 속에는 없다. 어떻게 하면 이 더러움을 떠나 거룩한 데로 갈 수 있는가 하는 것이 우리의 기도다. 더러운 것을 떠나고 괴로움을 벗어나자는 운동이 종교다. 몸을 극복하고 집을 탈출하여 얼나로 솟나자는 것이 신앙이다.

—류영모,《다석어록》

우리는 하느님(하느님의 정체성正體性인 얼과 빔)이 아닌 것은 다 버려야 한다. 나도, 가정도, 나라도, 세계도 모두 버려야 한다. 하느님을 가리는 것이라면 우주조차도 버려야 한다. 석가가 우주의 천체(天體)도 모두 없어질 때가 있다고 한 것은 우주도 하느님의 실체가 아니라는 것이다. 없이 계시는 하느님을 만나러 온 것이지 우주를 보러 온 것이 아니기 때문이다. 좀팽이 같은 인간들이 가사(家事)에만, 국사(國事)에만 매달려 내 잘났다 너 잘났다 아옹다옹 다투고만 있으니 얼마나 답답한 일인가. 시원스레 다 버려야 한다.

자신과 가까운 것은 다 버려야 합니다. 이 사람은 집에 대해서도 버리고 싶습니다. 그러니까 이 지구도 우리에게는 집에 지나지 않습니다. 결국 이 집을 내버리고 나가야 합니다. 땅 위에 이룬 나라는 쫓아갈 필요가 없습니다. 세상의 나라를 쫓아간 것이 오늘날 이러한 나라를 만들고 말았습니다. 본생명의 자리인 얼나를 세워 나가야 합니다. 아버지가 아들을 보는 것은 자기가 자기를 아는 것인지 모르지만 니르바나에 들어간다는 의미에서는 아버지와 아들이 같은 자리를 보겠다는 뜻입니다. 절대자(하느님)를 생각할 때 이 땅의 아버지를 생각하듯 하려고 합니다. 아니면 이 세상의 왕처럼 생각하려고 합니다. 이것은 다 우리 소견으로도 잘 모르기 때문에 하는 짓들입니다. 절대자가 이 세상에 혼자만 있다면 또 이런 말이 나오지 않습니다. 아버지가 우리로 하여금 알고 싶은 생각을 일으키는 것입니다. 말로는 할 수 없는 일입니다. 우리가 무식하니까 하느님 아버지가 우리처럼 그저 가만히 앉아서 언제 한 번 아버지가 되고 싶어하는 것으로 알고 있습니다. 하느님을 이런 식으로 아는 것은 하느님에게서 멀어지기 시작하는 것입니다. 우리가 하느님을 느끼고 싶고 알고 싶고 보고 싶어하는 마음이 생기면 이 상대세계가 멀어지기 시작합니다.

류영모, 《다석강의》

예수가 자주 영광이란 말을 쓰는 것을 본다. 영광이란 말은 꼭 하느님과 관계가 있을 때 쓴다. 낱동인 내가 없어져 온통인 하느님과 하나 될 때 영광이라고 한다. "사람의 아들이 큰 영광을 받을 때가 왔다."(요한 12 : 23)라고 한 것은 예수가 제나로는 죽고 얼나로는 아버지 하느님과 하나 되는 것을 뜻하는 것임을 알 수 있다. 제나를 부정하는 것이 제나를 미워하는 것이고 제나가 소멸하는 것이 온통의 하느님을 영광되게 하는 것이다.

예수가 "그들은 하느님께서 주시는 영광보다도 인간이 주는 영광을 더 사랑하는 사람들이었다."(요한 12 : 43)라고 말한 것은 하느님에게 충성하기보다 사람에게 충성하기를 좋아하고 하느님의 사랑을 받기보다 사람의 사랑받기를 좋아한다는 말이다. 사람은 낱동이라 낱동의 근원이 되는 온통으로 돌아가야 하는 것이다. 낱동은 온통에 돌아가 온통과 하나 되는 것이 영광이다. 류영모는 영광을 빛월이라고 하였다. "이 세상의 모든 것은 하느님 아버지께 영광을 받으라는 것이다. 이 우주의 모든 것은 그분의 영광을 위해 있는 것이다."(류영모, 《다석어록》)

하느님의 명령이 영원한 생명이다

"나는 빛으로서 이 세상에 왔다. 그러므로 누구든지 나를 믿는 사람은 어둠 속에서 살지 않을 것이다."(요한 12 : 46) 여기에서 '나'는 예수의 '나'지만 예수의 제나가 아니라 얼나이다. 누구라도 예수처럼 얼나를 깨달으면 세상의 빛인 것이다. 예수가 말하기를 "네 마음의 빛이 빛이 아니라 어둠이라면 그 어둠이 얼마나 심하겠느냐?"(마태오 6 : 23)라고 하였다. 얼나를 깨닫지 못한 제나의 마음이 어둠이다. 예수를 믿으면 되는 것이 아니라 얼나를 내 맘속에서 깨달아야 한다. 얼나는 진리의 빛이라 마음이 밝아진다.
류영모가 말하였다.

예수가 말하기를 "나는 빛으로서 이 세상에 왔다. 그러므로 누구든지 나를 믿는 사람은 어둠 속에 살지 않을 것이다."(요한 12 : 46)라고 했다. 여기에 나는 어버이가 낳아준 제나가 아니라 하느님이 보내주신 하느님의 생명인 얼나를 말한다. 하느님으로부터 온 얼나의 빛이라는 것이다. 빛의 나가 있다는 것은 얼나를 깨달았단 말이다. 밝은 것이 빛이듯이 깬 것이 빛이다. 그 사람이 얼나를 깨달았는지 못 깨달았는지는 그 사람의 말로 심판한다. 하느님도 예수님도 심판하지 않는다. 그 사람의 말이 심판한다. 예수는 자기 말이 하느님의 명령이라고 했다. 이 명령이 영원한 생명을 준다는 것이다. 예수는 이(利)를 남겼는데 천 배 만 배의 이를 남겼다. 우리도 예수처럼 남겨야 할 진리 정신을 남겨야 한다. 그런데 남기지 못하고 걸러만지니 이 세상이 희망이 있는 세상이라고 할 수 있겠는가?

─류영모, 《다석어록》

예수는 하느님께서 보내주신 성령인 얼나를 깨달은 이다. 얼나는 하느님의 생명인 얼(성령)이므로 얼나로는 하느님 아버지와 하나이다. 그러나 몸을 뒤집어썼기 때문에 하느님 아들이라고 한다. 얼나는 하느님의 생명이라 얼나를 참나로 깨달은 사람이 아무리 많이 나와도 얼나로는 한 생명이다. 얼나를 깨달은 사람들의 언행이 같거나 비슷한 까닭이 여기에 있다. 60억의 사람이 모두 얼나로 솟난다면 제나로는 60억 제각각이지만 얼나로는 너와 나가 없는 하나이다. 이것을 귀일(歸一)이라고 한다. 귀일을 안다면 배타적일 수 없다.

하느님이 보내주신 얼나는 사람에게 와서 제나의 짐승 성질을 다스려 짐승 버릇을 없앤다. 그리고 한편으론 말씀으로 또 한편으로는 사랑으로 나타난다. 예수가 말씀에 대해서 말하였다. "내가 내 자의로 말한 것이 아니요 나를 보내신 아버지께서 나의 말할 것과 이를 것을 친히 명령하여 주셨으니 나는 그 명령이 영생인 줄 아노라. 그러므로 나의 이르는 것은 내 아버지께서 내게 말씀하신 그대로 이르노라 하시니라."(요한 12 : 49~50, 개역) 또 예수는 사랑에 대해서 말하였다. "나를 사랑하신 그 사랑이 그들 안에 있고 나도 그들 안에 있게 하려는 것입니다."(요한 17 : 26) 예수가 세상에서는 사랑을 받지 못하여도 예수의 사랑이 원수를 사랑할 만큼 차고도 넘치는 것은 하느님으로부터 무궁한 사랑을 받았기 때문이다. 공동번역 성경에는 "나는 그 명령이 영원한 생명을 준다는 것을 안다."고 되어 있는데 표현은 부드럽지만 뜻으로는 개역이 더 정확하다. "나는 그 명령이 영생인 줄 아노라." 명령이 영원한 생명을 따로 주는 것이 아니라 명령이 그대로 영원한 생명인 것이다. 이 말은 《중용(中庸)》에 나오는 '천명지위성(天命之謂性)'과 같은 뜻이다. 하늘의 명령이 바탈(영원한 생명)인 것이다. 하느님의 명령은 내게는 명령이 아니라 자율이다. 이미 제나에서 얼나로 삶의 중심을 옮겼기 때문이다.

하느님의 말씀은 소리 없는 소리로 마음의 귀로 듣는 것이다. 마치 오늘날의 자동차에 다는 네비게이션과 같다. 류영모는 이렇게 말하였다.

> 하나는 너무 커서 헤아릴 수 없는 불측(不測)입니다. 큰 태극은 하나[一]입니다. 이것을 원일(元一)이라고 합니다. 전체인 하나는 밑동[本]입니다. 그래서 주체에서 모든 개체에게 영(令)을 내립니다. 이 영(令)이 우리에게 직접 이렇게 하라 저렇게 하라는 것은 아니지만 하느님의 뜻을 느낄 때 우리가 부지중(不知中)에 움찔하는 것이 있습니다. 우리는 항상 이 하느님의 영을 받고 있는 것입니다. 바로 이 원일령(元一令)입니다.
>
> ─류영모, 《다석강의》

낱동에게는 온통인 하느님이 목적이요 생명이요 가치이다. 그러므로 낱동은 언제나 온통으로 돌아가야 한다. 낱동은 온통으로 돌아가 온통과 하나가 될 때 낱동의 생사(生死)를 초월하여 온통의 영원한 생명에 이르게 된다. 류영모는 이렇게 말하였다.

> 하느님은 고요히 사람의 귀를 여시고 마음에 인(印)치듯 교훈하신다. 마음속으로 들려오는 하느님의 말씀을 막을 길은 없다. 잠잘 때나 꿈꿀 때나 말씀하신다. 하느님의 소리를 들어라. 그것은 사람을 멸망(죽음)에서 구원하여 영원한 생명(얼나)을 주기 위해서다. 하느님 말씀은 공상(空想)이 아니라 구체적인 진실이다. 하늘에서 비가 와도 그릇에 따라 받는 물이 다르듯이 사람의 마음 그릇에 따라 하느님 소리를 듣는 내용이 다를지 모른다. 그러나 우주에 가득 찬 하느님 말씀(성령)은 하나이다. 하느님 말씀에 공손히 좇아야 한다.
> ―류영모,《다석어록》

하느님의 말씀을 이사야는 미세(微細)한 소리라 하고, 간디는 적미(寂微)한 소리라 하였지만 그 엄중함은 우주와 같다. 군인에게 군령은 태산 같다(軍令如泰山)는 말이 있지만 사람에게 천명은 우주와 같다(天命如宇宙). 류영모는 하느님께서 이르심이 우주와 같음을 이렇게 느꼈다.

그믐이나 초하룻날 밤에는 하늘에 그득한 밝은 별들을 볼 수 있다. 그때 우리 눈은 가까운 데서는 볼 것이 없다. 멀리 내다보는 우리 맘에는 어떤 정신의 빛이 별빛처럼 쏟아져 온다. 그것이 하느님의 얼이다.

석가가 새벽 샛별을 보고 진리를 깨달은 것이 그래서다.

—류영모, 《다석어록》

어떤 미련한 사람이 공자에게 진 치는 법을 묻는가 하면 농사짓는 법을 묻기도 했다. 그러자 공자는 그 물음을 언짢게 생각하였다. 공자의 전문 분야가 아니었기 때문이다. 진 치는 법은 군인이 잘 알 것이고 농사짓는 법은 농부가 잘 알 것이다. 공자는 젊을 때 나라의 목장을 관리한 적이 있고 나라의 창고를 맡아본 일도 있었다. 그러나 공자는 군인도 아니고 농부도 아니었다. 또 어떤 이가 공자에게 체(禘)의 뜻이 무엇이냐고 물었다. 그러자 뜻밖에도 공자의 대답은 모른다는 것이었다. 체(禘)는 황제가 지내는 천제(天祭)이다. 禘는 보일시(示) 변에 하느님 제(帝) 자로 되어 있는 회의문자이다. 보통 글자가 아닌 것이다. 공자의 다음 말이 더욱 놀랍다. 체의 뜻을 아는 이는 세상에 나아가는 것이 손바닥 들여다보는 것처럼 쉽다고 하였다. 사실 공자는 체를 모르는 것이 아니었다. 자신의 전문 분야인데 모를 리가 없었다. 그런데도 모른다고 한 것은 쉽게 말할 수 없다는 뜻이었다. 그런데 체의 뜻을 쉽게 가르쳐준 이는 예수이다. "하느님은 영적인 분이시다. 그러므로 예배하는 사람들은 영적으로 참되게 하느님께 예배드려야 한다."(요한 4 : 24)라고 하였다. 소를 잡아 제사를 지내는 구약식 천제를 지낸 공자라 체의 뜻을 모른다고 한 것도 이해가 된다. 그것이 공자의 한계였던 것이다. 공자는 세 가지 두려운 것이 있다고 하였다. 그 삼외(三畏)의 첫째가 천명(天命)이라 하였고, 둘째가 천명을 아는 대인(大人)이라고 하였으며, 셋째가 천명의 내용인 성인의 말씀이라고 하였다. 이쯤 되면 공자도 아는 만큼은 아는 사람이다. 그런데 뭔가 구경(究竟)에 못 미친 감을 준다.

체(褅)란 오늘로 치면 마음속에 설치한 형이상학적인 네비게이터(navigator)이다. 거기 하느님의 이르심인 네비게이션의 지시가 계속 이어진다. 초보 운전자도 네비게이션의 지시를 잘 따르면 목적지까지 가는 것이 공자의 말대로 제 손바닥 들여다보기처럼 쉬운 일이 된다. 네비게이션이 없으면 헤매게 된다. 사람들이 인생 길을 잘못 드는 것은 천명의 네비게이션이 없기 때문이다. 신앙 생활을 한다는 것은 형이상의 네비게이션을 갖는 것이다. 자동차의 네비게이션은 인공위성에서 정보를 받지만 마음속의 네비게이션은 하느님으로부터 오는 천명(天命)을 받는 것이다. 그것이 영원한 생명이다. 예수가 "나는 그 명령이 영원한 생명을 준다는 것을 안다."(요한 12 : 50)고 하신 말씀은 우리가 잊어서는 안 된다.

물에 용이 뛰듯이 참말 속에는 참뜻이 뛰어오른다. 영원히 사는 것은 참뜻뿐이다. 하느님의 뜻은 영원하다. 참뜻만은 가지고 가야 한다. 아버지의 참뜻 그것이 나의 본체인 참나다. 참뜻이 우주의 뿌리다. 하느님의 뜻만은 영원히 죽지 않는다. 참말씀만이 영원한 생명이다. 하느님의 뜻과 내 뜻이 하나가 되어 영원한 참뜻을 이루어간다. 하느님의 뜻이 참이다. 아버지 하느님의 뜻이 내 참뜻이다. 하느님의 뜻이 참된 것처럼 내 뜻을 참되게 해야 한다. 하느님 뜻의 영원함을 믿는 것이다. 영원을 믿는 사람에게는 바쁜 것이 없다. 생각도 유유하고 노래도 유유하다. 하늘이 무너져도 솟아날 구멍이 있다. 영원을 사는 사람은 언제나 유유하다. 생각도 유유하고 나도 유유하다.

―류영모, 《다석어록》

13장

요한복음 13장

나는 너희에게 새 계명을 주겠다. 서로 사랑하여라.
내가 너희를 사랑한 것처럼 너희도 서로 사랑하여라.
너희가 서로 사랑하면 세상 사람들이 그것을 보고
너희가 내 제자라는 것을 알게 될 것이다.
─요한 13 : 34~35

온몸은 깨끗하니 발만 씻으면 된다

우주선을 타고 지중해를 내려다본다면 사막 한가운데 있는 오아시스처럼 보일 것이다. 지중해는 유럽 쪽을 빼고는 거의 모래 덮인 들판 아니면 돌덩이 덮인 산지로 둘러싸여 있다. 그래서 어느 지리학자가 뼈는 많지만 살[肉]은 모자라는 땅이라고 하였다. 강우량도 많지 않은데 그것도 겨울에 편중되어 있어 물은 귀하고 먼지가 심할 수밖에 없다. 이 지역에 많이 거주하는 이슬람 사람들이 머릿수건이나 얼굴 가리개를 쓰는 것도 모래먼지가 많은 것과 관련이 있을 것이다. 그래서 이 지역에선 손님이 오면 반드시 먼저 손발 씻을 물부터 대접하는 것이 풍속이요 예절이다. 지체 높은 손님은 하인들이 발을 씻어 드리기도 한다. 집안에서도 하인이 주인의 발을 씻어준다. 아내가 남편의 발을, 자녀가 아버지의 발을 씻어 드린다.

제자가 스승의 발을 씻어 드리는 것이 아니라 거꾸로 스승이 제자들의 발을 씻긴 것은 예수가 처음이자 마지막이 아닐까 싶다. 예수가 세상일에 무관심한 것 같으면서도 챙길 것은 다 챙기는 것을 보면,

비둘기같이 순결하고 뱀같이 지혜로운 분임을 알 수 있다. 예수가 성전에서 상인들을 몰아낸 성전 확청, 예수가 나귀 새끼를 타고 한 도성 입성, 예수가 제자들의 발을 씻긴 세족(洗足) 의례, 이 모든 일이 용의주도한 기획과 불굴의 용기와 순수한 사랑으로 이루어진 일이었다. 성전 확청은 유대교 지도자들에 대한 경종이면서 동시에 고별인사였다. 도성 입성은 민중에 대한 긍휼인 동시에 고별인사였다. 제자 세족은 제자들에게 우애의 깨우침인 동시에 고별인사였다. 유대교 지도자들이 슬기로웠다면 정의를 배웠을 것이다. 유대 민중이 슬기로웠다면 희생을 배웠을 것이다. 예수의 제자들이 슬기로웠다면 사랑을 배웠을 것이다.

그러나 예수의 가르침을 제대로 배운 사람이 거의 없었다. 이를 두고 쇠귀에 경 읽기요 말귀에 샛바람이라 하는 것이다. 그래도 예수를 본받고 좇겠다는 제자들만이라도 스승의 우애 정신을 이어가야 마땅할 터인데 얼마 못 가서 아주 끊어져버린 것 같다. 공자는 '못난 이들은 같으면서 화애롭지 못하고(小人同而不和), 솟난 이들은 화애로우면서도 같지 않다(君子和而不同).'고 하였다. 이 세상에서는 한 스승에게 배워도 제자에 따라 생각의 깊이가 다르다. 자기의 역량만큼 이해하기 때문이다. 나 자신도 몇 년 전의 나와 오늘의 나가 다른데 남남끼리 다른 것은 조금도 이상할 것이 없다. 다른 것을 인정하면서 다 같이 하느님께로 다다르면 되는 것이다.

다 같이 예수의 가르침을 좇는다면서 야고보 중심의 국내 히브리파는 국외 디아스포라파의 중심 인물인 바울로를 인정하지 않고 대악인이라 비판하였다. 여기에 대해 디아스포라파의 중심 인물인 바울로는 국내의 히브리파를 저주하였다. 서로 이단이라고 하니 갈라설 수밖에 없었다. 갈라서면 그만인 것을 원수지간이 되어 끝내는 서로 죽여 없애는 불구대천의 원수지간이 되었다. 그러면서도 형제의 죄를 몇 번이나 용서해야 하느냐는 베드로의 물음에 일곱 번씩 일흔 번이라도 더 용서하라고 한 예수를 따른다고 하였으니 이만저만 철면피들이 아닌 것이다. 예수는 분명히 말하였다. "너희가 서로 사랑하면 세상 사람들이 그것을 보고 너희가 내 제자라는 것을 알게 될 것이다."(요한 13 : 35) 그런데 서로 미워하고 죽였으니 분명히 예수의 제자들이 아닌 것이다.

중요한 시기의 이야기를 포장하기 위한 사도행전의 노력에도 불구하고 야고보가 주도권을 잡은 이후로는 어느 누구도 바울로에 대해서 그리고 바울로가 멀어지는 것에 대해서 이의를 제기하지 못했다. 이전과 같은 것은 하나도 없게 되었다. 도식적인 방법으로 예수 그리스도의 제자들의 운동을 두 가지로 해석할 수 있다. 하나는 이스라엘을 향하며 야고보 주위로 해석을 돌리는 것이고 다른 하나는 바울로에 의해 추진되고 유대 국외에서 예수를 좇는 자들에게로 흐르는 것이다. 이 두 가지 흐름은 지속적으로 서로 멀어져 절대 결합하지 못하게 된다.

―제롬 프리외르, 《예수 후 예수》

차라리 베드로처럼 스승 예수를 모른다 하고 달아나는 것이 좋을 것이다. 아니면 가리옷 유다처럼 스승 예수를 저버리는 것이 나을 것이다. 이미 세상 떠난 예수를 두고 서로 차지하겠다고 싸우는 것이야말로 더 못난 짓이 아니고 무엇인가. 하느님을 어느 누가 독차지할 수 없듯이 예수도 누가 독차지할 수는 없다. 제나로 죽고 얼나로 솟난 이만이 예수의 제자가 될 수 있고 벗이 될 수 있다.

그런데 은전 서른 닢을 받고 스승 예수를 팔아넘겼다는 가리옷 유다의 행동도 여러 모로 석연치 않다. 예수는 이미 죽기로 결심한지라 몸을 숨기려 하지 않았다. 그 당시 예루살렘은 인구가 4만 내지 5만에 지나지 않은 크지 않은 성읍이었다. 거기에다 예수는 예루살렘 중심에서 3킬로미터밖에 떨어지지 않은 베다니아 마을에 머물렀다. 대제사장의 경비병들이 예수를 잡으려면 얼마든지 잡을 수 있었다. 구태여 유다에게 은전 서른 닢까지 주면서 길 안내를 받을 까닭이 없었다. 게다가 예수는 유다의 행동을 다 알고 있었을 뿐만 아니라 그렇게 하기를 바라는 듯하였다. 아니 오히려 그렇게 하기를 지시하는 듯하였다. 유다가 예수의 지시에 따랐다면 그는 아무 잘못이 없는 것이 된다. 예수의 전기를 쓴 르낭은 가리옷 유다의 행동을 이렇게 추리하였다.

베다니아에서 가리옷 유다의 입으로 흘러나온 불평의 소리를 미루어보면 그는 가끔 스승(예수)이 그 정신적 가족에게 생활비를 너무 많이 준다고 생각했던 것 같다. 이런 치사스러운 검약(儉約)은 이 조그마한 유기체 모임 안팎으로 많은 불쾌한 일을 생기게 했을 것이 틀림없다. 그러므로 가리옷 유다가 그의 스승의 체포에 조력했음을 부인하지 않으나 사람들(복음서 제자들)이 퍼붓는 저주에는 좀 부당한 데가 있다고 생각한다. 아마도 그의 행위에는 사악함보다는 옹졸함이 더 컸던 것이 아닌가 싶다. 공동 생활을 하는 사람들의 도덕적 의식은 활발하고 올바르지만 불안정하고 모순이 많다.

— 에르네스트 르낭,《예수의 생애》

굳이 추리를 하자면 이러한 추리도 할 수 있을 것이다. 과격파(열심당원)인 가리옷 유다는 예수의 비정치적인 온건한 사상에 실망하였다. 거기에 유대교의 지도자들이 예수의 정체를 알기 위하여 그들의 하속을 시켜서 비교적 단순한 유다에게 접근하게 했다. 그리하여 유다는 평소에 이미 그들에게 예수의 생각과 행동을 다 알 수 있게 정보 제공을 했을 것이다. 꼬리가 길면 밟힌다고 그러한 사실을 예수가 눈치 챈 것이다. 그러나 예수는 이미 죽기로 결심한지라 알아도 모른 척하였다고 여겨진다. 그 연장선에서 예수의 체포까지 이루어진 것이라고 생각할 수 있다. 사족을 덧붙이면 가리옷 유다가 예수를 지극히 사모하는 마리아 자매를 속으로 좋아하여 샘을 내고 있었는지도 모르겠다. 그래서 마리아가 나르드 향유를 예수의 발에 부은 것을 두고 불평을 했는지도 모른다.

사람의 마음이란 날마다 순간마다 시험을 받게 마련이다. 사람이 공동체 생활을 하면 그 생각이 자꾸만 좁아지는 경향이 있다. 남보다 우위에 서려는 경쟁심이 발동하기 때문이다. 경쟁을 붙이는 데는 공동체 생활이 안성맞춤이다. 그래서 사람의 마음을 정화하려면 고독하여야 한다. 소로가 말하기를 "사람보다 위대한 존재(하느님)를 만나기 위해서는 고독이 필요하다."(소로, 《소로의 일기》)라고 한 것은 체험에서 나온 진리의 소리다. 그러므로 자꾸 모이려 하지 말고 자꾸 흩어지려 해야 하는 것이다. 싸우겠다면 모여야 하지만 기도하기 위해서는 흩어져야 한다. 수많은 신도들이 한곳에 모여 기도하는 것은 잘못된 일이다. 마음의 일체를 이루어 경쟁심을 누그러뜨리려면 반드시 찬송가라도 함께 불러야 하고 기도문이라도 함께 외어야 한다. 아니면 공동의 적이라도 만들어야 한다. 이것은 사람이 누구나 진성(瞋性, anger)을 지니고 태어났기 때문이다. 제나가 온전히 죽지 않으면 질투심, 경쟁심이 없어지지 않는다. 예수가 골방에서 기도하라는 것은 고독 속에서 기도하라는 말이다. 예수나 석가가 피붙이들보다 더 사랑하는 제자들조차 버려두고 혼자 가서 기도 참선하는 것은 이런 까닭인 것이다.

예수가 제자들의 발을 씻기는 모습을 맘속에 그리다 보면 나도 모르는 사이에 눈시울이 뜨거워진다. 발은 사람의 몸 가운데서 가장 낮은 자리에 있고 가장 힘든 자리에 있다. 사회적으로 보면 서민(씨알)들이 바로 발이라고 할 수 있다. 발을 씻으려면 발보다도 더 낮은 자리에 내려가야 한다. 그래서 족하(足下)라는 말이 있다. 이것이 예수의 섬김(디아코니아)의 사랑인 것이다. 《주역(周易)》에서는 '지선택하(至善擇下)'라고 하였다. 아랫자리로 내려가는 것이 지선(至善)이란 말이다. 《노자(老子)》에는 '상선약수(上善若水)'라 하였다. 물처럼 남을 이롭게 하면서 아래로 흘러가는 물이 상선(上善)이란 말이다. 예수가 바로 그러한 사람이다.

너희가 여기 있는 형제 중에 가장 보잘것없는 사람 하나에게 해준 것이 바로 나에게 해준 것이다.

―마태오 25 : 40

여기 있는 형제들 중에 가장 보잘것없는 사람 하나에게 해주지 않는 것이 곧 나에게 해주지 않는 것이다.

―마태오 25 : 46

안병무가 디아코니아 자매회(수녀회)와 씨알신학(민중신학)을 이룩한 것도 예수의 발 씻어주신 정신을 구현하려는 것으로 볼 수 있을 것이다. 류영모가 여름아비(농부)가 되어 여름질(농사)을 하면서 살아가야 한다며 스스로 모범을 보인 것도 발 씻어주는 정신의 발로라 할 것이다.

하느님께서 사람의 아들로 말미암아 영광을

　예수께서 이 말씀을 하시고 나서 몹시 번민하시며 "정말 잘 들어두어라. 너희 가운데 나를 팔아 넘길 사람이 하나 있다." 하고 내놓고 말씀하셨다. 제자들은 누구를 가리켜서 하시는 말씀인지를 몰라 서로 쳐다보았다. …… 그 제자가 예수께 바싹 다가 앉으며 "주님, 그게 누굽니까?" 하고 묻자 예수께서는 "내가 빵을 적셔서 줄 사람이 바로 그 사람이다." 하셨다. 그리고는 빵을 적셔서 가리옷 사람 시몬의 아들 유다에게 주셨다. 유다가 그 빵을 받아 먹자마자 사탄이 그에게 들어갔다. 그때 예수께서는 유다에게 "네가 할 일을 어서 하여라." 하고 이르셨다. …… 유다는 빵을 받은 뒤에 곧 밖으로 나갔다. 때는 밤이었다.

― 요한 13 : 21~30

　가리옷 유다가 밖으로 나가자 예수의 마음은 이미 나고 죽는 제나를 넘어서 하느님이 주신 하느님의 생명인 얼나가 온전히 의식(意識)을 지배하였다. 얼나에 온전히 지배되어 제나가 없는 상태에 이른 것을 하느님의 아들이라고 한다. 하느님의 아들과 사람의 아들[人子]에 대해서 르낭은 정확하게 보았다.

　'하느님의 아들' 혹은 그의 그저 '아들'이라고 하는 칭호는 예수에게는 '사람의 아들'이란 칭호와 비슷한 것이 되었다. 또 '사람의 아들'은 그리스도와도 같은 뜻의 말이 되었다. 다만 예수는 자기 자신을 '사람의 아들'이라 지칭하였지만, 하느님의 아들이란 말은 자기가 자신에 대해서는 쓰지 않았다는 차이가 있다.

— 에르네스트 르낭, 《예수의 생애》

얼나를 깨닫지 못한 여느 사람은 짐승인데 이를 사람이라고 한다면 얼나를 깨달은 예수는 하느님 아들이다. 예수를 사람의 아들이라고 하면 여느 사람은 짐승인 것이다. 그러나 여느 사람도 얼나를 깨달으면 사람의 아들도 되고 하느님의 아들도 된다.

류영모는 이렇게 말하였다.

짐승인 제나[自我]가 죽어야 참나인 얼나로 솟날 수 있다. 제나가 온전히 없어져야 참나인 얼나가 드러난다. 참나(얼나)가 우주의 임자(하느님)요 제나의 임자이다. 제나의 임자란 제나의 짐승 성질을 다스려 수성(獸性)에서 해탈한 자유인이란 뜻이다. 이러한 자유인이라야 남을 나로 생각해줄 수 있다. 제나가 죽어 내 마음이 깨끗해지면 하느님을 볼 수 있다. 마음이 깨끗하다는 것은 제나의 수성을 죽여 부귀를 초월했다는 말이다. 참나[眞我]와 하느님이 하나다. 참나가 얼나이다. 참나(얼나)로는 나의 생명과 하느님의 생명이 하나다. 참나(얼나)와 하느님은 이어져 있다.

— 류영모, 《다석어록》

의식화(意識化)되지 않은 선험적인 얼나는 하느님이시다. 하느님의 생명인 얼(성령)이기 때문이다. 의식화된 체험적인 얼나는 하느님 아들이다. 이것이 예수와 석가 그리고 류영모가 말하는 짐승 성질에서 해탈한 자유인이라는 것이다. 예수, 석가, 류영모는 제나에서 얼나로 솟난 뒤에는 짐승인 몸을 지녔으나 짐승 노릇을 하지 않았을 뿐만 아니라 짐승 냄새도 풍기지 않았다. 이를 가리켜 짐승 새끼가 아니라 사람의 아들이라 한 것이다. 예수는 이렇게 말하였다. "이제 사람의 아들이 영광을 받게 되었고 또 사람의 아들로 말미암아 하느님께서도 …… 몸소 사람의 아들에게 영광을 주실 것이다. 아니, 이제 곧 주실 것이다."(요한 13 : 31~32) 류영모는 영광(도크사, $\delta o \xi a$)을 빛월 또는 환빛이라고 우리말로 옮겼다. 이 영광은 눈이 부시도록 빛난다는 노자의 황홀(恍惚)과 같은 뜻이다. 노자는 하느님의 모습을 '황홀'이라고 하였다.

하느님 아버지에게는 자신의 분신인 하느님 아들이 영광이고 하느님 아들에게는 자신의 밑뿌리인 하느님 아버지가 영광이다. 영광이란 그 존재를 뚜렷하게 하는 것이다. 온통[全一]과 낱동[個體]의 관계는 존재의 관계이다. 온통으로 인해 낱동이 빛나고 낱동으로 인해 온통이 빛난다. 낱동이 온통 속으로 소멸될 때 황홀하고, 온통이 낱동을 잉태할 때 황홀한 것이다.

이 관계를 오쇼 라즈니시는 다음과 같이 피력하였다.

지금 그대는 어떤 목적을 성취하고자 나에게 왔지만 나는 그대를 완전히 소멸시키기 위해 여기에 있다. 그대에게는 그대의 생각이 있고 나에게는 나의 생각이 있다. 그대는 목적의 성취를 원한다. 제나(ego)의 성취를 원한다. 그러나 나는 그대가 제나를 내려놓아 흔적 없이 용해되기를 원한다. 그것만이 유일한 성취이기 때문이다. 제나는 항상 결핍되어 충족을 모른다. 바로 그 제나의 본성 때문에 충족을 얻을 수 없다. 제나라는 존재가 없어야 충족이 찾아온다. 이 경지를 신(神)이라 불러도 좋고 사마디(三昧)라 불러도 좋다. 이 경지는 제나가 사라졌을 때 찾아온다.

―오쇼 라즈니시,《쉼》

류영모는 요한복음 13장 31절과 32절을 이렇게 요약하였다.

한웋님이 저로 해서 환빛을 받으시고
한웋님도 저로 해서 환빛을 저에게 주심

여기서 '저'는 얼나이다. 류영모는 13장 31절과 32절을 그대로 외웠다. 1961년 11월 구기동 150번지에 있던 집 옥상으로 오르는 계단에서 떨어져 중상을 입고 서울대학병원에 입원하였을 때 여러 날 동안 혼절하여 의식을 잃었다가 깨어났다. 그때 함석헌이 서영훈을 대동하고 병원으로 문병을 왔을 때 이 성경 구절을 외우면서 풀이를 하였다. 류영모가 죽을 고비를 넘기는 동안 마지막 삶에서 떠올린 예수의 말씀이 이 말씀이었다는 것은 류영모도 죽음을 앞두고는 예수와 같은 생각을 하게 되었다는 것을 짐작하게 해준다. "한웋님이 저로 해서 환빛을 받으시고 한웋님도 저로 해서 환빛을 저에게 주심"보다 더 바랄 것이 없는 것이다.

　　하나(전체)뿐이라는 것입니다. 이 하나(절대)의 끄트머리가 나에게 무엇인지 모르지만 우리가 작으나 크나 아버지 품속에 그대로 있으면 하나[소一] 그대로입니다. 우리가 그 품속을 떠났기 때문에 하나(하느님)를 몰라봅니다. 아들이 없으면 아버지는 그냥 못 견딥니다. 그래 무슨 관계가 있는 것 같습니다. 하나(절대)와 둘(상대)이 영통(靈通)을 안 할 수 없게 된 이 현상은 우리가 그 까닭을 알 수 없는 신비입니다. 이것은 전혀 우리가 알 수 없는 말입니다.
　　소위 사람의 생명이나 금수(짐승)의 생명이나 모두 참생명이 아닙니다. 이 세상에 참이 있는 것이 아닙니다. 사람은 다 참(하느님의 성령)을 찾는 존재일 뿐입니다. 그래서 철학이나 종교도 하느님을 알고 무엇을 보아서 하느님을 찾는 것이 아닙니다. 오직 참(하느님의 생명)을 찾아가는 것입니다. 우리가 영원한 생명을 갖고 사는 게 아닙니다. 찾아가는 것일 따름입니다.

　　　　　　　　　　　　　　　　　　　　－류영모, 《다석강의》

겨울에 나뭇가지에 눈꽃이 피는 것은 나무가 눈꽃을 꽃피우는 것이 아니라 눈이 나뭇가지에 내려 앉아 피는 것이다. 우리의 생각에서 얼나가 나오는 것이 아니라 하느님의 얼(성령)이 와서 우리의 생각을 거룩하게 하는 것이다. 이것을 분명히 알아야 한다. 예수의 거룩한 인격은 눈이 내려 눈꽃이 아름답게 핀 나무와 같은 것이다.

겨울 나목(裸木)

온 누리를 다 덮으려던
푸른 잎은 다 떨어져버리고
앙상한 뼈대만 드러내어
서럽도록 외롭게 버티어 서서
하늬바람에 떠는 나목
젊음을 다 보낸 나의 모습이다.

지칠 줄 모르게 하고 하던 일
이제는 그만둬 일손 놓았다.
눈 귀 머니 감각의 문도 절로 닫혀
세상일 고즈넉이 잊어버리고
맞을 죽음조차 아랑곳없이

좌망(坐忘)에 든 나목이 되어
기도 삼매 가운데 오직 일념은
하느님 아바만 그리고 사랑해.

하느님 아바께서 어여삐 여겨
저 아득히 높은 곳에서
은혜로운 성령의 눈송이를
풍성하게 뿌려주시면
초라한 겨울 나목의 가지에도
새하얀 청정의 눈꽃이 피리라
눈부신 영광의 눈꽃을 피우리라.
－2006. 12. 15. 박영호

새 계명을 주노니 서로 사랑하라

예수가 마지막 남긴 말은 복음서마다 각각이라 신빙성이 전혀 없다. 그러나 이 말은 예수가 제자들에게 남긴 유훈이요 유언이라 하겠다.

나는 너희에게 새 계명을 주겠다. 서로 사랑하여라. …… 너희가 서로 사랑하면 세상 사람들이 그것을 보고 너희가 내 제자라는 것을 알게 될 것이다.

―요한 13 : 34~35

지구상에 사람의 숫자가 60억이 되든지 70억이 되든지 모두 한 하느님 아버지 속에서 나와 한 아버지 품속에 안겨 살다가 다시 하느님 속으로 돌아가는 한 형제자매들이다. 세상의 우리는 전체인 하나(얼생명)를 잃어버려 서로 담벼락에 둘러싸여 앞뒤 꽉 막힌 듯 답답하지만 본 생명의 자리인 얼생명(하나)을 회복한다면 우리 모두가 하나임을 알게 된다. 그것을 깨달은 류영모는 이렇게 말하였다.

우리가 이왕에 어미 뱃속에서 조히 열 달을 살았으면 잘 나와야 한다. 또 이 세상에 나왔으면 다 함께 조히 살아가야지 나만 여기서 조히 살면 안 된다. 한 어머니 뱃속에 쌍둥이가 있었으면 나만 조히 나와도 안 된다. 쌍둥이 하나마저 조히조히 이 세상을 살아가야 하지 않겠는가? 이 세상에는 나와 같은 수십억의 쌍둥이(인류)가 있지 않은가? 이 수십억의 쌍둥이가 조히조히 다 살아가는 것이 우리의 소원이 아니겠는가? 이승의 배를 버리고 다른 배를 갈아탈 때에도 나만 타면 좋겠는가? 다 같이 타서 조히 갈 것을 우리는 바라는 것이다. 이 조히 살겠다는 이것은 하느님의 큰 뜻이다. 절대(하느님)의 큰 정신이다. 내 속에도 모순이 있고 이 사회에도 모순이 있고 이 우주에도 모순이 있다. 이 모순 가운데에도 모순이 있는 까닭으로 하느님의 뜻을 좇아 조히조히 살고 절대자(하느님)의 뜻대로 깨끗하게 살겠다는 정신을 아울러 가지고 있는 우리라는 것을 믿고 산다.

―류영모, 《다석어록》

예수가 제나에서 얼나를 깨달은 것은 요한에게서 세례를 받고 광야에서 기도하면서 제나의 유혹을 물리친 때이다. 예수의 가르침을 그대로 이어 온 영성신앙인들은 예수의 부활사상이 바로 영원한 생명인 얼나를 깨닫는 것임을 알고 있었다. 이 사실을 톨스토이는 그의 저서 《교의신학해부비판》에서 확인하고 있다. 영성신앙을 지키고 있는 스티븐 휠러는 이렇게 말한다.

영지주의자들에게 예수의 몸의 본질보다 더 중요한 것은 그노시스(영지)를 열망하는 모든 이에게 부활이 깊은 개인적·영적 의미를 지닌다는 영지주의적인 가르침이다. 어떤 의미에서 우리 모두는 죽어 물질의 어둠이라는 무덤에 묻힌 채 무의식의 두루마리로 둘러싸여 있는 것은 아닌가? 우리의 간절한 소망과 영광스러운 운명은 이 돌이 제거되고 에온의 혼수상태로부터 영적 본성이 깨어나는 것을 보는 것이 아닌가? 만일 그렇다면 우리는 왜 그리스도가 했던 것처럼 행하여 얼나의 새 생명으로 부활하지 않는가? 정통주의자들은 당연히 그렇다고 대답하면서도 그런 일은 우리가 죽은 후, 그래서 전에 썩어 사라져버린 육체가 다시 일어날 심판의 날에 벌어질 것이라고 말한다. 여기서 영지주의자는 정통주의자와 확실하게 갈라선다. 영지주의자는 필립보복음서에 '그리스도는 먼저 부활하고 그 다음에 (몸은) 죽었다'는 구절을 인용하면서 만일 우리가 그리스도를 본받고자 한다면 이것이 바로 우리가 해야 할 바라고 덧붙일 것이다. 같은 복음서(필립보복음서)의 다른 곳에서는 이렇게 증언한다. '사람이 살아 있는 동안에 먼저 부활을 경험하지 않으면 그들은 죽어서 어떤 것도 받지 못할 것이다(필립보, 말씀 79).' 영지주의자들은 부활이라는 용어를 그노시스 곧 참된 영적 깨달음을 상징하는 말로 간주한다.

— 스티븐 휠러,《이것이 영지주의다》

회개(悔改)로 번역된 말은 그리스어 메타노에오($\mu\varepsilon\tau\alpha\nu o\varepsilon\omega$)이다. 메타($\mu\varepsilon\tau\alpha$)는 '함께한다'는 뜻이고 노에오($\nu o\varepsilon\omega$)는 '깨닫다'의 뜻이다. 깨닫는 것은 두말할 것 없이 영원한 생명인 얼나를 깨닫는 것이다. 그러므로 메타노에오는 회개가 아니라 얼나의 깨달음이란 뜻 곧 영각(靈覺)이라고 옮겨야 바르다. 요한복음 5장 24절에 나오는 "죽음의 세계에서 벗어나 생명의 세계로 들어섰다."가 바로 메타노에오의 뜻인 것이다. 예수가 공생애를 출발할 때 첫 외침이 바로 "회개하라 하늘나라가 왔다."(마태오 4 : 17)였다. 다시 바르게 옮기면 "얼나를 깨달아라. 얼의 나라(하늘나라)는 네 가까이에 있다."이다. 한국 교회 대부흥 일백 주년 기념대회에서 옥한흠 목사가 한국 교회가 사람들에게 존경을 못 받는 것은 거짓 회개 탓이라고 말하였다. 회개의 뜻부터 바로 알아야 올바른 회개를 할 수 있을 것이다. 류영모는 말하였다.

이 몸뚱이는 멸망한다. 없어져야 할 것이니까 없어지는 것이다. 회개란 쉽게 말하면 몸뚱이는 참나가 아니고 얼나가 참나라는 것을 아는 것이다. 몸이 죽더라도 얼이 죽지 않는다는 걸 아는 것이 회개다. 죽을 몸을 참나[眞我]라고 생각하는 것이 멸망이다.

—류영모, 《다석어록》

얼나를 깨달아 얼나로는 한 생명인 것을 느끼기 전에는 참사람이 아닌 것이다. 사랑을 올바로 하지 못하는 것은 하느님이 주신 영원한 생명인 얼나를 깨닫지 못하였기 때문이다. 얼나를 깨닫고서 사랑을 올바로 하지 못한 이는 없다. 그러므로 《대학(大學)》에서도 씨알사랑[親民]에 앞서 얼나밝힘[明德]이 있어야 한다고 하는 것이다(大學之道 在明明德. 在親民). 예수도 제자들이 얼나를 깨달았다면 서로 사랑하라고 그렇게 거듭거듭 되풀이할 필요가 없었을 것이다. 말하지 않아도 잘할 것이기 때문이다. 그러나 영원한 생명인 얼나를 확실히 깨달은 이가 없는 것을 알기 때문에 제자들에게 서로 사랑하라고 거듭 이르고 이른 것이다.

사람이 이 세상에서 평생을 지나가는데 마침내 참나(얼나)를 찾아 서로 사랑하는 것으로 끝을 맺게 될 것이다. 본래 하느님께서 내게 준 분량을 옹글게 노력하면 반드시 사랑에 이르게 될 것이다. 사랑을 잘못하면 죄가 될 수도 있다. 짝사랑으로 인해서 서로 때리다가 살인에까지 이른다면 그것은 독한 탄산가스와 같은 죄악이다. 그렇지만 사랑을 너무 에누리해서 사랑의 죄악만을 강조한다면 사랑의 본질을 놓치기 쉽다. 사랑으로 살면서 사랑의 본원(하느님)에 들면 결코 해로운 것이 될 수 없다.

―류영모, 《다석어록》

마하트마 간디는 사티아그라하(진리파지)를 펼치면서 무저항 비폭력을 많이 외쳤다. 얼나를 깨달은 사람에게는 무저항 비폭력이란 말이 어울리지 않는 끔찍한 말로 들린다. 이미 폭력적인 투쟁을 전제하고 있는 말이기 때문이다. 얼나를 깨달은 사람은 그 마음속에 미움이란 없다. 그래서 원수가 없다. 간디의 사티아그라하 운동에 앞장섰다가 인도를 지배하던 영국 관리들에 의해 5년 동안 감옥 생활을 한 바 있는 비노바 바베는 이렇게 말하였다.

비폭력의 의미는 무엇인가? 비폭력은 단순히 폭력을 행사하지 않는 것을 의미하지 않는다. 비폭력은 서로 다른 사람과 함께하면서 다름 속에서 다르지 않음을 추구하는 것이다. 반면에 폭력은 다름을 강조한다. 비폭력의 삶이란 단순히 때때로의 희생을 의미하는 것이 아니라 끊임없는 희생, 단순한 희생이 아니라 기쁨에 찬 희생을 말한다. 우리가 비폭력을 실현하려면 집착을 없애야 하며 동시에 우주적인 사랑이 필요하다. 이는 지속되어야 한다. 그것이 생명의 길이다. 사람은 넓게 깨닫고 개인의 이익과 사회적 선을 구별해야 한다. 비폭력 없는 진리는 진리가 아니며 진리 없는 비폭력은 비폭력이 아니다. 그러나 표현과 사고를 위해 이 둘이 분리되어 있는 것처럼 다뤄지기도 하지만 궁극적으로 이 둘은 하나이며 서로 연결되어야 한다.

―비노바 바베, 《자서전》

비노바 바베는 20년 동안 인도 전역을 맨발로 걸어 다니면서 부단운동(토지헌납운동)을 벌여 약 400만 에이커의 토지를 헌납 받아 가난한 사람들에게 나눠주었다.

우리는 특권이 없고 불행한 사람들을 내려다볼 때 자비심을 느낀다. 반면 특권을 누리고 복이 많은 사람을 올려다보면 질투심을 갖는다. 마치 물이 아래로 흐르듯이 우리는 우리보다 행운이 없는 사람들을 향해 자비심을 흘려보내야 한다. 참된 자비심은 우리를 그냥 앉아 있게 내버려 두지 않는다. 나를 움직이게 하는 것은 바로 그 자비심이다. 학식이 깊거나 야심을 버렸다고 해서 그렇게 할 수 있는 것은 아니다. 나를 움직이는 힘은 연민과 자비심이다.

―비노바 바베, 《자서전》

인도에서 나타난 사상 가운데는 인류의 정신적인 재산이 될 귀중한 것이 많다. 또 그만큼 잘못된 미신과 구습도 많다. 그 가운데 하루 빨리 버려야 할 구습이 카스트 제도이다. 신화(베다)에 브라흐마 신이 사람을 만들 때 자신의 머리에서는 지혜를 가진 브라만(사제)을, 가슴에서는 용기가 충만한 크샤트리아 계급을, 배에서는 적당한 욕망을 품은 바이샤 계급을, 마지막으로 팔다리에서는 노동력을 가진 수드라 계급을 창조했다고 나온다. 이들 계급은 브라흐마 신이 결정한 것이기 때문에 사람은 절대로 바꿀 수 없다는 것이다. 그러면 왜 어떤 사람은 좋은 가문에 태어나고 어떤 사람은 그렇지 못한가? 그것은 전생에 지은 카르마[業] 때문이라고 한다. 인도 사람들의 머리에 깊숙이 박혀 있는 윤회사상이 카스트 제도를 떠받치고 있는 것을 본다.

마하트마 간디는 이 카스트 제도의 비도덕적인 면을 잘 알고 있었다. 그리하여 카스트 제도의 잘못된 의식을 깨트리고자 앞장섰다. 카스트에서 가장 하층인 달리트(불가촉천민) 출신 고아를 양녀로 삼기도 하였다. 마하트마 간디의 이 거룩한 정신을 이은 이가 비노바 바베이다. 달리트 출신의 거인 암베드카르는 간디의 노력이 맘에 차지 않아 더 과격한 운동을 벌였다. 그리고 불교로 개종까지 하였다. 하느님 아버지의 자리에선 온전한 사랑에는 차별이란 있을 수 없다. 예수는 온전한 하느님의 사랑을 하라고 가르쳤다.

너희가 자기를 사랑하는 사람들만 사랑한다면 무슨 상을 받겠느냐? 세리들도 그만큼은 하지 않느냐? 또 너희가 자기 형제들에게만 인사를 한다면 남보다 나을 것이 무엇이냐? 이방인들도 그만큼은 하지 않느냐? 하늘에 계신 아버지께서 완전하신 것같이 너희도 완전한 사랑을 하여라.

―마태오 5 : 46~48

류영모는 이렇게 말하였다.

대자대비(大慈大悲)의 세계는 곱다 밉다고 하는 애증(愛憎)의 세계를 넘어서야 한다. 그리고 남의 슬픔을 내 슬픔으로 가질 때에만 나와 남이 하나가 될 수 있다. 시원하고 좋은 세상을 가지기 위해서는 아픔과 쓴맛을 같이 맛볼 줄 알아야 한다. 그때에만 나와 남 사이를 가로막는 산과 골짜기를 넘어서 온 세상에 사랑이 넘치고 넘쳐서 늠실늠실 춤을 추는 꿈을 이룰 수가 있을 것이다.

―류영모, 《다석어록》

예수를 우러르고 따르겠다는 크리스천이 아닌가? 그런데 "그리스도교인이 이웃을 사랑한다고? 천만의 말씀, 그들에게는 이웃 사랑이 무엇보다 어려운 일일지도 모른다."(미셸 옹프레, 《무신학의 탄생》)는 빈정거림을 받아서야 되겠는가? 스스로 각자 깊이 반성해볼 일이다.

예수의 믿음(진리), 예수의 희생(사랑)을 본받으려 하지 않으면서 예수를 사랑한다고 말할 수 있겠는가.

14장

요한복음 14장

너희는 걱정하지 마라. 하느님을 믿고 또 나를 믿어라
내 아버지 집에는 있을 곳이 많다.
그리고 나는 너희가 있을 곳을 마련하러 간다.
만일 거기에 있을 곳이 없다면 내가 이렇게 말하겠느냐?

—요한 14 : 1~2

너희는 근심도 말고 두려워도 말라

마태오복음 5장에서 7장까지를 산 위에서의 가르침(산상수훈)이라 한다. 톨스토이는 이를 매우 소중하게 생각하여 《종교의 요체》라는 책을 쓰기도 하였다. 이 책을 읽은 마하트마 간디는 자신의 진리파지(사티아그라하) 운동의 정신적인 배경으로 삼았다. 마하트마 간디는 이렇게 말하였다.

나는 기독교의 산상수훈과 《바가바드기타》의 가르침 사이에 아무런 차이도 발견하지 못했다. 산상수훈이 예수 식으로 표현한 것을 《기타》는 학문적 형식을 빌려 나타낸 것일 뿐이다. 《기타》는 치밀한 사고를 통해 사랑의 법칙을 밝히고 있으며 나의 용어를 쓰면 자기 포기의 원리를 설명하고 있다.

―간디, 《간디문집》

4세기 후반에 와서 지금과 같은 체제의 신약성서가 이루어졌는데,

마태오복음을 4복음 가운데 제일 첫머리에 두게 된 것이 산상수훈 때문이라 믿어진다.

요한복음 14장에 17장까지를 '다락방의 가르침'이라 하는데 류영모가 아주 긴요하게 생각하였다. 류영모는 복음서 가운데 요한복음을 가장 좋아하였다. 그것은 류영모가 바울로의 속죄신앙을 탈피하여 예수의 영성신앙을 터득하였기 때문이라 생각한다. 4복음서 가운데 영성신앙이 가장 잘 나타나 있는 것이 요한복음이라는 것은 신학자들도 다 인정한다. "요한복음을 읽은 사람이면 누구든 그 글쓰기 방식이 영지주의자들의 시적이고 환상적인 글쓰기 방식과 흡사하다는 데 놀랄 것이다."(스티븐 횔러,《이것이 영지주의다》) 류영모는 특히 요한복음 17장의 긴 결별의 기도를 특히 좋아하여 그 긴 기도 말씀을 다 외웠을 뿐만 아니라 자기 식으로 번역하였다.

예수의 말씀을 읽고 가슴이 찡하게 진동을 느끼곤 하는 것은 이 사람만의 경험이 아닐 것이다. 그런데 때로는 고개가 갸우뚱해지도록 엉뚱하게 느껴지는 말씀도 없지 않다. 그 가운데 대표적인 말씀이 "고생하며 무거운 짐을 지고 허덕이는 사람은 다 나에게로 오너라. 내가 편히 쉬게 하리라."(마태오 11 : 28)와 "너희는 걱정하지 마라. 하느님을 믿고 또 나를 믿어라."(요한 14 : 1)이다.

예수의 삶은 누가 보아도 짐은 무겁고 길은 먼 임중도원(任重道遠)의 삶이었다. 예수는 일생 동안 십자가를 지고 살았는데 사람들 눈에 보이지 않았을 뿐이다. 그러다가 그 십자가를 눈에 보이게 한 이가 빌라도라고 할 수 있다. 골고다로 가는 길에 예수는 자기 십자가도 지고 갈 힘이 모자라 시몬이 대신 져주었다. 또 예수 자신은 머리 둘 곳도 없다고 말하였다. 그런데 어떻게 '수고하고 무거운 짐 진 자들아 다 내게로 오라, 내가 너희를 쉬게 하리라' 하고 큰소리 칠 수 있단 말이든가? 참으로 황당한 소리가 아닌가? 그러나 제나를 버리면 무중력 상태가 되어 십자가 같은 무거운 짐도 티끌처럼 가벼워진다.

예수의 삶은 누가 보아도 가난과 고독과 시련의 삶이었다. 그리고 영원한 생명인 얼나로 솟나는 큰 깨달음을 이루기 전까지는 고통과 시름과 번뇌의 삶이었다. 예수도 석가처럼 집을 나와 세례 요한이 묵은 에세네파 수도원에 머문 것 같다. 예수가 정신적인 독립을 하고자 하였을 때 팔레스타인의 황야에서 먹지 않고 잠들지 못하며 더없는 시름과 깊은 걱정의 막우심려(莫憂深慮)의 수행(修行)을 하였다. 그러한 예수가 "너희는 걱정하지 말라. 하느님을 믿고 또 나를 믿어라." (요한 14 : 1)라고 하니 그 말에 어안이 벙벙해지지 않을 수 있겠는가? 그러나 제나를 버리면 성층권에 이른 것 같아 희로애락의 기상 변화에 초연해진다.

공자는 "실행보다 말이 앞서는 것을 부끄러워한다."(《논어》 헌문 편)고 하였다. 예수는 말을 앞세우는 사람이 아니다. 예수의 말씀은 예수 자신의 말처럼 몸의 귀가 아닌 마음의 귀가 열린 사람만이 알아들을 수 있다. 이 귀는 소리를 알아듣는 귀가 아니라 진리(로고스)를 알아듣는 귀를 말한다. 이를 석가 붓다는 피안(彼岸, 니르바나)에 이르는 지혜 반야바라밀다(prajna paramita)라고 하였다. 이것이 그노시스(靈知)인 것이다. 차안(此岸)은 제나[自我, ego]이고 피안은 얼나[靈我, πνευμα]이다. 제나에서 얼나에 이르는 지혜(지식)가 반야요 영지이다. 그러므로 무엇보다 먼저 '나'를 바로 알아야 한다. "나에게 의심을 품지 않는 사람은 행복하다."(마태오 11 : 6) 이 말씀은 제나와 얼나를 구별할 줄 알아야 한다는 말이다. 그런데 거의 모든 크리스천들이 이 '나'를 구별할 줄 몰라 실패한 신앙 생활을 하고 있다. 신앙 생활에 실패하는 것은 곧 인생을 실패하는 것이다. 복음서 저자들도 구경각(究竟覺)을 못 이루어 주요한 대목마다 예수의 말씀을 모호하게 기술하였다. "자기 십자가를 지고 나를 따라오지 않는 사람도 내 사람이 될 자격이 없다. 자기 목숨을 얻으려는 사람은 잃을 것이며 나를 위하여 자기 목숨을 잃는 사람은 얻을 것이다."(마태오 10 : 38~39) 아직 예수가 십자가를 지기 전이라 이 말이 자연스럽지 못하여 참으로 예수 말씀인지 의심이 안 가는 바 아니나 뜻은 그대로 살아 있다고 하겠다. 이 말은 제나는 거짓나로 멸망할 생명이라 포기하고 얼나가 참나로 영원한 생명임을 깨달으란 말이다.

비눗방울 같아 언제 꺼져 없어질지 모르는 몸을 참나로 착각하고 있으니 몸의 실존상을 살피면 불안과 공포로 전전긍긍하지 않을 수 없는 것이다. 이리하여 일생 동안 우수(憂愁)를 떨쳐버리지 못한 사람이 키르케고르이다.

불안은 이를테면 현기증과 같은 것이다. 사람이 입을 크게 벌리고 있는 죽음 너머의 심연(深淵)을 들여다보게 되면 현기증을 느낀다. 그런데 그 원인이 어디에 있는가 하면 그것은 그의 눈에 있기도 하고 심연에 있다고도 할 수 있다. 왜냐하면 그가 밑을 응시하지 않았으면 좋았기 때문이다. 유한성에 붙들려 있는 그 몸을 유지하려 하기 때문에 현기증이 일어난다.

―키르케고르, 《불안의 개념》

마하트마 간디는 불안을 극복하는 길을 다음과 같이 제시했다.

하느님의 시간은 영원하다. 우리가 산다고 하는 백 년쯤의 인생은 영원한 시간에 비하면 한 조각 덧없는 찰나에 불과하다. 땅 위에 있는 우리의 존재는 여자들이 팔목에 끼고 있는 유리 팔찌보다 훨씬 부서지기 쉽다. 유리 팔찌는 장롱 깊숙한 곳에 보물처럼 모셔 두면 몇천 년이라도 보관할 수 있다. 그러나 우리의 존재는 너무나 나약해서 눈 깜짝할 짧은 순간이라도 높고 낮음의 차이를 버리고 마음을 깨끗이 해서 지진이나 그밖에 다른 천재지변 혹은 천명(天命)을 다했을 경우 창조자(하느님)를 부끄럼 없이 만날 수 있도록 해야 한다.

우리는 제나를 버리기 전에는 우리 가슴속에 있는 악의 뿌리를 정복할 수 없다. 하느님은 가치 있는 하나의 자유를 주는 대가로 우리에게 완전한 자기 포기를 요구한다. 우리가 스스로를 버리는 바로 그 순간 우리는 살아 있는 모든 것을 위해 봉사하고 있음을 알게 된다. 그것은 기쁨이며 다시 태어남이기도 하다. 우리는 새로운 생명이며 하느님의 창조를 위해 봉사하면서 결코 희망을 버리지 않게 된다.

―마하트마 간디, 《간디문집》

류영모는 불안을 극복하는 길을 영원한 생명인 얼나를 깨닫는 것이라고 하였다.

우리들이 끊임없이 불안한 것을 느끼기 때문에 절대 평안한 것을 구하려고 한다. 절대 평안한 것은 우리의 본 바탈인 본성(얼나)이다. 우리가 잊었던 본성(얼나)을 회복해야 한다. 우리는 아버지(하느님)와 같은 영원한 자리를 일생을 두고 광복하자는 것이다. 이것이 신앙일 것이다.

―류영모, 《다석어록》

예수가 "너희는 걱정하지 마라 하느님을 믿고 또 나를 믿어라."(요한 14 : 1) 여기에 나를 믿으라는 것은 예수를 믿으라는 말이 아니다. 하느님이 주시는 영원한 생명인 얼나를 믿으라(깨달으라)는 말이다. 그것은 하느님의 생명인 성령(얼)이라 하느님으로부터 나온다. 하느님으로부터 나오는 하느님의 생명인 얼나를 깨달았는데 근심 걱정할 일이 없다.

청산은 어찌하여 만고에 푸르르며
유수(流水)는 어찌하여 주야에 그치지 않는고
우리도 그치지 마라 만고상청(萬古常靑)하리라

이것은 퇴계 이황이 지은 도산 12곡 가운데 한 수이다. '우리도 그치지 마라 만고상청하리라'는 말은 이황의 마음이, 영원한 생명을 찾아야겠다는 신앙심이 움직인 것이다. 그러나 얼나를 깨닫지 않고는 불가능하다.

몸이 건강한 것은 소건강(小健康)이다. 대건강은 이 몸뚱이를 벗어버리는 것이다. 이 몸은 얼마 전에 어쩌다가 부모정혈(父母精血)이 만나 시작되었다. 이렇게 실없이 시작됐으니 조만간 사라져버린다는 것을 잊지 말아야 한다.

―류영모, 《다석어록》

너희들이 있을 곳을 마련하러 간다

공자는 서양에서 우뚝 솟은 훌륭한 사상가라 할 수 있는 소로나 슈바이처가 존경하는 역사적인 큰 사상가이다. 그런데도 오늘날 우리가 볼 때는 이해가 안 되는 말이 없지 않다. 그것이 공자가 다다른 사상의 한계점인지 아니면 우리가 잘못 아는 것인지 모르겠다. 공자의 말씀이 잘못 전해졌을 수도 있을 것이다.

자로(子路)가 스승인 공자에게 죽음에 대해 물었다. 공자는 대답하기를 "삶도 모르는데 어찌 죽음을 알겠는가(未知生焉 焉知死)."(《논어》 선진 편)라고 하였다. 그러나 삶을 모르는 것은 죽음을 모르기 때문일 것이다. 죽음을 알아야 삶도 알 수 있다. 형이하의 학문은 안 죽고 살기 위한 노력이라 할 것이며, 형이상의 학문은 죽음을 뛰어넘어 영생하려는 노력이라 할 것이다. 삶은 죽음이라는 상대가 있어야 성립한다. 죽음이 없으면 삶도 없어진다. 낱동의 생명은 생과 사가 어우러져 이루어진 것이다. 생사(生死)를 초월하려면 낱동을 초월해서 온통으로 들어가야 하는 것이다.

성경의 역사를 보면 예수의 생애와 말씀도 잊혀지고 숨겨지고 날조되고 왜곡되었다는 것을 인정하지 않을 수 없다. 그래서 복음서에 쓰여 있는 말씀 가운데 어디서부터 어디까지를 예수에게 책임이 있다고 보아야 할지는 아무도 모른다. 그러나 일단 예수의 말씀이라고 가정하고 말을 할 수밖에 없다. 예수가 자신이 하는 말은 자신이 하는 말이 아니요, 자신 속에 계시는 하느님께서 하시는 말씀이라고 하였다. 하느님의 성령이 임하지 않고는 할 수 없는 말이 분명히 있다. 그러나 그렇지 않은 말이 있는 것도 사실이다. 이런 생각을 하면서 이 말씀을 생각해보기로 한다.

내 아버지 집에는 있을 곳이 많다. 그리고 나는 너희가 있을 곳을 마련하러 간다. 만일 거기에 있을 곳이 없다면 내가 이렇게 말하겠느냐?
―요한 14 : 2

이 구절은 무슨 뜻인지 도무지 갈피를 잡을 수가 없다. 하느님께서 세상의 부자처럼 아흔아홉 칸 집이라도 가지고 계시는 듯한 말로 들린다. 있을 곳이 많은데 무엇 때문에 있을 곳을 마련하러 간다는 것인지 알 수 없는 말이다. 내 아버지 집이라는 것이 도대체 무엇을 말하는 것인지도 알 수 없다.
류영모는 말하였다.

이 사람이 말하는 것은 가장자리 없는 빈탕 허공입니다. 상원무변(上元無邊)의 하느님은 우리에게 이 문제를 주었습니다. 다른 것은 가르칠 게 없습니다. 어떻게 하면 하느님 나라에 들어가나 이것밖에는 없습니다. 하느님은 그 아래가 없고 그 이상이 없습니다. 하나(절대) 아닌 것이 없다는 것을 보아야 합니다. 그대로 하나입니다. 하느님과 나는 그냥 하나입니다. 지난 시대에도 하나였고 오는 시대에도 하나입니다. 아무리 작아도 하나요 커도 하나입니다. 있어도 하나요 없어도 하나입니다. 대적할 것 없는 나입니다. 배타적이 아닌 나입니다. 나를 본다는 것은 이렇게 본다는 것을 말하고 싶습니다. 하나(절대) 아닌 것이 없습니다. 세상 사람들이 하나[숟―]를 모르니까 빈탕 한데(허공)의 하나를 모르니까 이 짐승인 제나[自我]를 내세웁니다.

—류영모, 《다석강의》

공간적으로 가장자리 없이 무한하고 시간적으로 단절 없이 영원한 전체요 하나인 전일(全一)의 하느님이신데 아버지 집이란 무슨 집을 말하는가? 하긴 우주(宇宙)도 집 우(宇), 집 주(宙)이니 우주란 뜻에서 집이라고 하였다면 할 수 있는 말이기도 하다. 몸이 없는 얼의 나라에서 분명한 것이 하나 있다. 이 몸이 있을 때 꼭 필요한 의식주(衣食住)가 필요 없다는 것이다. 의식주가 필요하면 여기서 여행 갈 때처럼 옷가지라도 챙겨야겠지만 그런 것 다 필요 없다. 집을 마련할 필요도 없고 세간을 마련할 필요도 없는 것이다. 그렇게 속 썩이던 의식주에서 완전히 자유로워지는 것이다.

그렇다면 예수가 있을 곳을 마련하겠다는 것은 무슨 말인가? 예수는 이 세상에 그렇게 필요하다는 방 한 칸도 없이 살았는데 하늘나라에 가서 새삼스럽게 무슨 집이 필요하단 말인가? 1992년 소비에트연방이 누가 건드리지도 않았는데 저절로 와르르 무너졌다. 잇따라 동구권 공산국가들이 연쇄적으로 무너져 내렸다. 모두가 놀라지 않을 수 없는 역사적인 장관이었다. 이것은 정신적인 지진이 일어난 것이라 할 수 있었다. 그때 민주화 운동에 앞장서 옥고까지 치른 이가 이 사람을 찾아왔다. 그는 민주화 운동의 사상적인 배경이나 기반이 민족정신과 좌경사상인 것을 솔직히 인정하였다. 하루아침에 동구권의 공산국가들이 허물어지는 것을 보고 깜짝 놀라지 않을 수 없었다고 하였다. 자신이 믿었던 사상이 반석 위에 지은 집이 아니요, 모래 위에 지은 집으로 드러나자 정신적인 공황 상태에 빠졌다는 것이다. 그는 그때 이 사람이 〈문화일보〉에 연재하고 있던 다석 사상에 관한 글에서 많은 깨우침을 얻어 힘을 얻었다면서 고마워하였다. 그의 마지막 말이 지금까지도 잊혀지지 않는다. 그는 "내가 어떤 사상을 품은 채 관 속에 누워야 할지 고뇌하게 되었다."고 엄숙한 얼굴로 말하였다.

예수가 한 말인 "너희는 걱정하지 마라. 하느님을 믿고 또 나를 믿어라. 내 아버지 집에는 있을 곳이 많다. 그리고 나는 너희가 있을 곳을 마련하러 간다. 만일 거기에 있을 곳이 없다면 내가 이렇게 말하겠느냐?"(요한 14 : 1~2)라고 말한 것은 몸나가 죽은 뒤의 일이 아니라 살아 있을 때의 일이라는 것을 깨닫게 되었다. 형이하(形而下)의 집이 아니라 형이상(形而上)의 집을 말하는 것이다. 우리가 집을 짓듯 쌓아올린 올바른 인생관·우주관이 우리가 쉴 수 있는 집과 같은 것이다. 올바른 인생관·우주관을 갖지 못한 사람들은 정신적인 노숙자들이다. 예수는 몸으로는 머리 둘 곳 없는 떠돌이였으나 정신적으로는 눈에 안 보이는 훌륭한 집인 인생관·우주관을 지니고 있었다.

톨스토이는 세계적인 대문호가 되어 재물과 명성을 얻었으나 마음의 평안을 얻지는 못하여 우울증에 걸려 자살 직전에까지 이르렀다. 그때 무엇으로 보아도 자기보다 못한 농민들이 즐겁게 사는 것을 보왔다. 그 기쁨이 어디서 오는가를 살펴보니 그들의 신앙에서 비롯한다는 것을 알게 되었다. 그리하여 어릴 때 버린 신앙 생활을 다시 시작하게 되었다. 어릴 때처럼 맹목적으로 이끌려 가는 신앙이 아닌 적극적으로 연구하는 신앙이었다. 그리하여 예수의 인생관·우주관을 재발견하여 이른바 안심입명을 얻게 되었다. 그것이 톨스토이가 쉰 살 때 일로 그 심경의 변화를 고백한 것이 《참회록》이다. 예수가 이미 사람들을 위하여 정신적으로 안식을 얻을 수 있는 처소를 마련해 둔 것이다. 그래서 번뇌의 무거운 짐을 지고 허덕이는 자는 다 내게 오라. 내가 편히 쉬게 하리라는 것이었다. 나를 찾아왔던 그이도 이 사람의 글을 읽고 결국은 예수의 인생관·우주관의 집에서 안식을 얻게 되었다. 배타적이 아닌 열린 마음의 모범적인 크리스천이 되었다. 예수가 말하였다.

그러므로 지금 내가 한 말을 듣고 그대로 실행하는 사람은 반석 위에 집을 짓는 슬기로운 사람과 같다. 비가 내려 큰물이 밀려오고 또 바람이 불어 들이쳐도 그 집은 반석 위에 세워졌기 때문에 무너지지 않는다. 그러나 지금 내가 한 말을 듣고도 실행하지 않는 사람은 모래 위에 집을 짓는 어리석은 사람과 같다. 비가 내려 큰물이 밀려오고 또 바람이 불어 들이치면 그 집은 여지없이 무너지고 말 것이다.

―마태오 7 : 24~27

나를 찾아왔던 이는 마르크스 사상이라는 모래 위에 지은 집에 머물다가 동구 공산권이 허물어진 여파로 그 인생관의 집이 무너지고 말았던 것이다. 그러나 예수의 인생관·우주관으로 지은 형이상의 집은 만세반석인 하느님의 말씀 위에 세운 집이라 끄떡없다. 요즘 우울증으로 고통받는 이들이 많아 정신과 병원이 문전성시를 이루고 있다고 한다. 자살률이 10년 전의 2배가 넘었고 하루에 평균 35명이 자살을 하여 자살공화국이라는 오명을 쓰게 되었다고 한다. 그 까닭은 부실한 기초 위에 지은 인생관·우주관의 집이 무너졌기 때문이다.

류영모는 이렇게 말했다.

말씀이 곧 하느님이다. 우리의 생명은 목숨인데 목숨을 말씀하고 바꾸어놓을 수 있다. 공자를 《논어(論語)》와 바꾸어놓은 것처럼 말이다. 우리에게 생각이 끊이지 않고 말씀이 끊이지 않는 것은 누에가 실을 뽑는 것이다. 그리하여 목숨이 말씀 속에 들어가게 된다. 이것이 인생이다. 누에는 죽어야 고치가 된다. 죽지 않으려는 생각은 어리석은 일이다. 실을 뽑았으면 죽어야 한다. 죽지 않으려는 억지 마음은 버려야 한다. 죽지 않으려고 하지 말고 실을 뽑아 집을 지어라. 생각의 집, 말씀의 집, 사상의 집을 지어라. 내가 가서 있을 집을 지어놓는 것이 이 세상에서의 삶이라 할 수 있다.

이 세상은 거저 있으라는 것이 아니다. 우리는 말씀의 집을 지으러 왔다. 실을 뽑으러 왔다. 생각하러 왔다. 기도하러 왔다. 일하러 왔다.

말씀의 집을 지어야 한다. '너희는 마음에 근심하지 말라. 하느님을 믿으니 나를 믿어라. 내가 가서 있을 집을 지어놓겠다.' 가서 지어놓는 것이 아니라 벌써 여기서 지어놓았다.

—류영모, 《다석어록》

나는 길이요 진리요 생명이다

이 사람이 잘 아는 크리스천들에게서 자주 듣는 말이 있다. 어째서 꼭 예수를 믿어야만 하느냐고 물어보면 그들은 주로 요한복음 14장 6절로 응수를 한다. "나는 길이요 진리요 생명이다. 나를 거치지 않고서는 아무도 아버지께 갈 수 없다." 예수를 거치지 않고서는 하느님 아버지께로 갈 수 없다고 예수가 분명하게 밝히고 있으니 꼭 예수를 믿어야 한다는 것이다.

그런데 류영모의 말을 들어보면 이러한 생각이 얼마나 잘못되었는가를 알 수 있다.

'내가 길이요 진리요 생명이니 나로 말미암지 않고서는 아버지께로 올 자가 없느니라'(개역) 하느님이 보내주시는 성령인 얼나가 길이요 진리요 생명이다. 예수는 하느님께서 예수의 맘속에 보내주신 얼나가 예수 자신의 길이요 진리요 생명임을 깨달은 것이다. 예수는 얼나(참나)와 길, 얼나와 진리, 얼나와 영원한 생명이 둘이 아닌 것을 깨달았던 것이다.

—류영모, 《다석어록》

예수가 말한 '나'는 하느님의 생명(성령)인 얼의 '나'이며 인류 공통의 '나'이지 각 개인의 제나가 아니라는 것이다. 제나(自我)가 전구라면 얼나는 전원과 같다. 각 전구는 달라도 그 전구들에 빛이 들어오게 하는 힘은 하나인 것이다. 예수는 니고데모에게 "누구든지 새로 나지 아니하면 아무도 하느님의 나라를 볼 수 없다."(요한 3 : 3), "물과 성령으로 새로 나지 않으면 아무도 하느님 나라에 들어갈 수 없다."(요한 3 : 5)라고 말하였다. 그러고는 예수가 매듭지어 말하기를 "육(어버이의 몸)에서 난 것은 육(몸나)이며 영(하느님의 얼)에서 나온 것은 영(얼나)이다. 새로 나야 된다는 내 말을 이상하게 생각하지 마라."(요한 3 : 6~7)고 하였다. 예수가 말한 '나는 길이요 진리요 생명이니'에서 '나'가 바로 하느님으로부터 난 얼나라는 것이다. 가만히 생각하고 따져보면 류영모의 말이 맞다는 것을 알게 될 것이다. 2천 년 동안 예수의 가르침을 좇는다면서도 기독교에서 이것을 전혀 몰랐다는 것은 참으로 어이없는 일이다. 예수의 영성신앙을 좇는 무리가 없지 않았지만 속죄신앙을 좇는 이들에게 이단이라고 해서 참혹한 박해를 받고 소멸되다시피 했다.

함석헌은 류영모의 영향을 받았다. 안병무는 함석헌과 루돌프 불트만의 영향을 받았다. 그리하여 안병무는 제도권 내 신학자이면서도 사도신경에 자유로운 생각을 지니게 되었다. 그래서 안병무는 '그리스도교인이었는가?'라는 소리를 듣기도 하였다. "안병무는 그리스도교인이었는가? 그는 전통적 의미의 그리스도교인이 아니었다. 그는 그렇게 될 수가 없었다."(송기득,《안병무 신학사상의 맥》) 그런 안병무조차 류영모의 예수의 '나'에 대한 말을 잘 알아듣지 못하였다. 그가 류영모의 말을 바로 알아들었다면 그의 민중신학은 엄청나게 다른 모습을 보였을 것이다.

안병무는 젊은 시절 류영모를 만나 대화를 나눌 기회가 있었으며 함석헌과 함께 류영모의 강의도 많이 들었다. 안병무가 류영모를 만나 다음과 같은 대화를 나누었다. 류영모가 요한복음에서 예수가 말한 '나는 길이요 진리요 생명이다.'를 설명하는데 예수가 말한 '나'는 예수의 '나'이면서 '나'의 '나'이기도 하다고 말하였다. 안병무가 "그것이 어떻게 (다석) 선생님의 '나'입니까 예수의 '나'이지요."라고 하였다. 류영모가 이렇게 말하였다. "나는 성경을 읽을 때 남의 이야기로 읽지 않습니다. 내가 지금 죽고 사는 이야기로 읽지요." 류영모에 따르면 예수가 말한 '나'는 개인의 '나'가 아니라 하느님의 '나'이며 온 인류의 참나이다. 사사로운 나로 죽고 예수의 참나로 솟나야 한다는 것이다.

―박재순,《안병무 신학사상의 맥》

기독교에서 주장하는 것처럼 예수가 말하였다면 예수는 정신적인 돈 키호테가 되든지 아니면 정신적인 독재자가 되고 만다. 중세 시대에 로마 교황이 저지른 횡포가 이 말씀을 잘못 풀이한 데서부터 나왔다고 할 수 있다. 예수로 말미암지 않고서는 하느님 아버지께 갈 수 없다면 그런 하느님 아버지와 우리는 아무런 관계가 없을 것이다. 아들이 아버지 만나러 가는 데 규제나 제약이 있을 수 없기 때문이다. 하느님도 그런 아버지가 아니며 예수도 그런 언니가 아니다.

이 말씀에서 또 문제가 될 수 있는 것은 δι εμου(through me)이다. 공동번역에서는 '나를 거치지 않고서는'이라 옮겼고 개역성경에서는 '나로 말미암지 않고는'이라고 번역했다. 이 부분은 공동번역보다 개역이 더 낫다. 예수가 무슨 중보자(仲保者) 역할을 하는 것으로 알도록 번역한 것은 잘못된 것이다. 이것은 스스로 솟난 얼나가 하느님께로 간다는 뜻이다. 교회에 나와 예수를 믿어야 하느님께로 갈 수 있다는 말이 아닌 것이다. 시골에서 배우지 못한 젊은이 몇 사람이 모여서 예수라는 공인되지 아니한 스승을 사사하면서 신앙을 배웠다. 학교도 교회도 아니었다. 교회에 나와서 예수를 믿어야 하느님께로 갈 수 있다는 해석은 교회 본위의 지나친 아전인수식 해석일 뿐이다. 어떤 신앙을 지니고 무슨 종교(宗敎)를 믿든지 상관없이 제나로 죽고 얼나로 솟나야 그 얼나로 하느님 아버지께로 간다는 말인 것이다. 제나는 이 세상에서 죽으면 끝난다.

이 사실을 잘 알고 있었던 마하트마 간디가 말하였다.

오늘날 서구에서는 많은 사람들이 예수를 이야기한다. 그러나 그들의 삶을 지배하고 있는 것은 반(反) 예수 사상이다. 마찬가지로 이슬람을 이야기하는 많은 사람들이 현실적으로는 사탄의 길을 가고 있다. 이것은 통탄할 현실이다. 모든 사람들이 참으로 하느님의 길을 따라간다면 우리가 보고 있는 이와 같은 부패와 맹목적인 이익추구는 자취를 감추게 될 것이다. 하느님께서 사람의 마음을 지배하게 될 때 인간은 서로에 대한 미움을 없앨 수 있을 것이다.

―마하트마 간디, 《간디문집》

어버이가 낳아준 언제 죽을지 모르는 제나[自我]와 하느님께서 낳아준 죽음이란 없는 얼나[靈我]를 가릴 줄만 알게 되면 그는 영원한 생명인 얼나를 깨달은 사람이라고 할 것이다. 제나는 에고(εγω), 얼나는 프뉴마(πνευμα)로 구별이 되는 것인데, 복음서 저자들이 눈이 밝지 못하여 혼란스럽게 쓰고 있어 구별하기가 어렵다. 어떻든 멸망의 생명인 제나로는 죽고 영원한 생명인 얼나로 솟나자는 것이 예수, 석가, 류영모의 공통된 생각이다. 하느님께서 보내주신 얼나로 솟난 이는 이미 제나의 생사(生死)를 초월한 것이다. 제나의 생사를 초월한 류영모가 이렇게 말하였다.

죽음은 없다. 그런데 죽음이 있는 줄 알고 무서워한다. 죽음을 무서워하는 육체적인 생각을 내던져야 한다. 죽음의 종이 되지 말라. 죽기

를 무서워하여 육체에 매여 종노릇하는 이들을 놓아주려 하는 것이 하느님의 말씀이다.(히브리서 2 : 15)

―류영모,《다석어록》

예수는 "너희가 나를 알았으니 나의 아버지도 알게 될 것이다. 이제부터 너희는 그분을 알게 되었다."(요한 14 : 7)라고 말했다. 여기에서 '나'도 모두 얼나이다. 너희가 영원한 생명인 얼나를 깨달았으니 하느님 아버지도 알았을 것이다. 얼나가 하느님 아버지의 생명인 얼(성령)이기 때문이다. 그렇지 않고 예수의 몸을 본 사람은 곧 하느님 아버지를 본 것이라고 한다면 웃지 못할 결론에 이르게 된다. 그 당시 예수를 본 이는 다 하느님을 알았어야 하는데 예수를 보았지만 하느님은 알지 못한 이들이 얼마나 많았는가? 그들이 하느님을 바로 알았다면 예수가 십자가에 못 박히지는 않았을 것이다. 그렇다면 예수가 거짓말을 했단 말인가? 예수는 아버지 하느님을 보여 달라는 필립보에게 "나를 보았으면 곧 아버지를 본 것이다. 그런데 아버지를 뵙게 해 달라니 무슨 말이냐?"(요한 14 : 9)라고 하였다. 얼나를 보았다면(체험했다면) 얼나가 하느님의 생명이니 곧 하느님을 본 것이다.

예수가 '나를 본 자는 아버지를 본 것'이라는 말을 했다고 예수가 자신을 하느님이라고 말한 것으로 알면 안 된다. 동학의 '사람이 곧 하느님[人乃天]'이란 말도 잘 알아들어야 한다. 탐·진·치의 수성(獸性)을 지닌 사람을 그대로 하느님이라고 생각하면 안 된다.

사람을 숭배하여서는 안 된다. 그 앞에 절을 할 데는 참되신 하느님 뿐이다. 신앙은 사람을 숭배하자는 것이 아니다. 하느님을 바로 하느님으로 깨닫지 못하니까 사람더러 하느님 되어 달라는 게 사람을 숭배하는 이유이다. 예수를 하느님 자리에 올려놓은 것도 이 때문이고 가톨릭이 마리아 숭배하는 것도 이런 까닭이다.

—류영모, 《다석어록》

불교에서 석가의 니르바나님(하느님) 신앙을 버리고 석가의 불상을 신앙의 대상으로 삼은 것도 같은 이치이다. 레닌의 주검, 호치민의 주검, 김일성의 주검 앞에 절을 하는 것도 그 때문이다. 일본에서 천황을 신격화하는 것도 같은 이유이다.

그렇게 하느님 알기가 어려우면 이렇게 생각할 수 있을 것이다. 어버이는 하느님의 두 다리요 스승은 하느님의 몸통이고, 저 하늘은 하느님 아버지의 머리라고 생각하면 된다. 어버이는 스무 살까지의 임시 하느님이고, 스승은 마흔 살까지 대리 하느님이기 때문이다. 그래서 더 지혜가 자라면 보이는 그 너머의 없이 계시는 하느님 아버지를 깨닫게 된다. 빔(허공)이요 얼(성령)이신 하느님은 없이 계신다. 내 맘속에 영원한 생명인 얼나를 깨닫는 길만이 하느님 아버지에게 다다르는 길이다.

하느님께서 모든 사람들에게 하느님의 생명인 성령(얼나)을 주어 하느님 아들인 얼나로 영생하게 했다. 우리가 순간순간 토막의 부분으로 살자는 것이 아니라 얼나로 영생하자는 것이다. 우리는 이 껍질(몸)을 쓰기 전이나 또 벗어버린 뒤에 어찌될 줄은 모른다. 이것을 알면 나도 거만할 수 있을 거다. 그러나 영원한 생명인 얼나가 있는 것은 틀림없다. 예수·석가에게 나타났던 영원한 생명(얼나)이 나에게도 나타났으니 영원한 생명(얼나)은 시간·공간을 초월하여 존재하는 것만은 틀림없다. 그러나 세상 사람들의 마음을 보니 진리를 따르는 이는 없고 다 가짜 문명이라는 빛에 홀려 정신이 나간 것 같다. 이에 모든 인류가 하느님의 은혜로 마음속의 진리의 한 점(얼나)을 깨치고 나오기를 마음으로 하느님께 빌 뿐이다. 그것을 위해서 하루 한 끼를 먹으면서 언제나 하느님께 나 자신을 불사른다.

—류영모,《다석어록》

그보다 더 큰 일도 하게 된다

"나를 믿는 사람은 내가 하는 일을 할 뿐만 아니라 그보다 더 큰 일도 하게 될 것이다."(요한 14 : 12) 이 말씀에서 앞의 '나를'의 '나'는 얼나를 가리키는 것이고 뒤에 '내가'의 '내'는 예수의 제나를 가리키는 말이다. 풀이하면 얼나를 깨달은 사람은 2천 년 전 예수가 한 일보다 더 위대한 하느님의 일을 할 수 있다는 말이다. 예수도 얼나를 깨달아서 예수가 이룬 일을 할 수 있었다. 그러니 이제라도 누구든지 얼나를 깨달은 사람은 예수가 이룬 일만큼 하느님의 일을 할 수 있을 뿐 아니라 더 큰 일도 할 수 있는 것이다. 그것은 사사로운 개인이 하는 것이 아니라 하느님이 보내신 얼나가 하는 것이기 때문이다. 얼나가 하는 일은 곧 하느님께서 하시는 일이다. 예수는 이렇게 말하였다. "내가 너희에게 하는 말도 나 스스로 하는 말이 아니라 아버지께서 내 안에 계시면서 몸소 하시는 일이다."(요한 14 : 10)

그런데 어떤 사람들은 하느님께서 예수에게만 계시(啓示)를 하고 그 뒤로는 계시하는 일이 없다고 말한다. 하느님의 얼(성령)이 오지 않는다는 말이다. 그러나 그것은 좁고도 얕은 생각에서 나온 말이다. 예수를 높이자는 것이 아니라 예수를 독점하여 팔아 이익을 보겠다는 속셈인 것이다. 예수는 분명히 말하였다. "진리의 성령이 오시면 너희를 이끌어 진리를 온전히 깨닫게 하여주실 것이다."(요한 16 : 13) 이는 예수 이외의 다른 사람들에게도 성령이 와서 가르쳐준다는 말이다. 어떻게 예수의 말씀까지도 부정하고 예수 뒤에는 계시란 없다는 황당무계한 소리를 감히 할 수 있는지 모르겠다.

그런데 예수의 가르침을 바로 알았다는 영지(靈知)신앙에서조차 예수 말씀에 반(反)하는 말을 하고 있으니 실망스러운 일이 아닐 수 없다. 영지신앙을 좇는다는 이의 주장이다. "문자주의와 교조주의(dogmatism)는 분명 영지주의에 반(反)하는 관점이다. 영지주의는 세계관을 가지고 있지만 믿어야 할 교리와 신학을 가지고 있지 않다."

(스티븐 휠러, 《이것이 영지주의다》) 이렇게 분명히 말해놓고는 또 뒤집는 말을 한다.

심령의 슈퍼마켓에서 영지주의와 마주칠 때 우리는 영지주의 세계관의 일부는 받아들이지만 나머지는 버리고 싶은 마음이 들지도 모른다. 우리의 참 자아를 초월적 충만함으로부터 생겨난 신적 불꽃으로 보는 데는 기꺼워하면서도 데미우르고스라든지 그의 사악한 아르콘(惡神)들, 근본적인 결함을 지닌 우주의 본성 그 속에 존재하는 악과 같은 아주 어둡고 곤혹스러운 영지주의의 통찰은 유보하고 싶어한다. 그러나 영지주의 세계관은 내적 일관성을 갖춘 하나의 완전체이다. 그러므로 우리가 일부를 제거해버린다면 그 완전성은 파괴되고 만다.
―스티븐 휠러, 《이것이 영지주의다》

이것은 말도 안 되는 소리이다. 영지주의 또한 미완성 사상이지 완전한 사상은 아닌 것이다. 버려야 할 것은 하루빨리 버려야지 무엇이 아까워 못 버린단 말인가. 완전성이 파괴된다는 소리를 하면 그것은 이미 죽은 영지신앙에 지나지 않는다. 예수가 뭐라고 하였는가. 뒤에 오는 이가 나보다 더 큰 일을 하게 된다고 하였다. 그것은 그 사람을 통해서 하느님께서 하시기 때문이다.

류영모는 '사람은 누구나 미정고(未定稿)이고 완전고(完全稿)는 하느님이 한다'고 말하였다. 즉 완전무결한 사상은 오직 하느님만이 지니고 있으며 사람은 할 수 없다는 뜻이다.

　사람의 삶의 평안을 언론한 것이 사상이다. 그래서 오늘날까지 무슨 철학, 무슨 주의, 무슨 종교 따위가 완결(完結)을 보았다고 하는데 아직도 완결을 못 보았다는 것이 옳은 말이다. 무슨 사상 무슨 신조를 좇아가면 구원(救援)을 얻을 수 있다고 한다. 이것은 기정론(旣定論)이다. 그러나 이 사람은 미정론(未定論)을 주장한다. 인생은 역사가 끝날 때까지 미정(未定)일 것이다. 과학조차도 증명할 수 없는 일이 허다한데 더구나 구름을 잡는 것 같은 형이상(形而上)에 완결을 보았다고 하는 것은 당치 않은 소리다.

　무슨 논(論), 무슨 설(說)은 다 생평(生平)을 염두에 두고 항상 무엇을 얻었다고 하다가 나온 한 이론이지 이 이론을 끝까지 완결하려고 하다가 그만 붓을 놓고 죽으면 세상 사람은 그 사람의 논(論)을 완결된 것으로 본다. 그러나 완결하려 하다가 못하고 죽은 것이지 다 끝맺은 것은 아니다. 사람에겐 완전한 결론이란 없다. 톨스토이의 사상도 도중에 미결된 것이지 다 끝맺은 것은 아니다. 이같이 모든 것이 미정이라면 어떻게 해야 하는가? 한 가지 뚜렷한 것이 있다. 그것은 모든 기존 이론에 묶이거나 매달리지 말고 맘을 맘대로 하는 것이다. 맘에 따라서 미정고를 이어받아 완결을 짓도록 노력을 하는 것이다.

　그런데 마음이 제대로 하는 데는 사랑이 있어야 한다. 이것이 인(仁)이다. 이 인은 옛날부터 내려오고 있지만 미정고로 되어 있다. 공자는 공자대로 죽기까지 인(仁)을 하려고 한 것이지 완결을 보고 이렇다 하고 내놓은 것은 없다. 후대 사람들도 역시 그 시대에 맞게 인(仁)을 하려고 했지만 아직도 완결을 못 보고 미정고로 그냥 내려 보낸 것이다. 이렇게 보면 근본 그 자리는 예전 그 자리가 된다. 옛 그 자리를 그냥 하는 것뿐 그렇게 하고 그렇게 되게 하자는 것뿐이다. 문안(文安, 진리의 말씀으로 마음의 평안을 얻는 것)의 원칙은 옛 그대로 있다. 마음을 마음대로 하지 않고 인위적으로 하려는 데서 오늘의 불행이 온 것이다.

내 뒤에 오는 자가 나보다 앞선 자라는 것은 이즈음 진리의 발달이 그러하다. 내가 아무리 예수를 믿는 척하더라도 내 말을 듣고 뒤쫓아 오는 사람은 언제인가는 나를 앞설 것이다. 나 역시 미완고를 완결 짓기를 바라나 내 손으로는 할 수 없다. 내 뒤에 오는 이가 할 것이다. 선생은 인(仁)을 하지 못하더라도 제자는 할 수 있다.

―류영모, 《다석어록》

공자가 말하기를 "인(仁)을 당해서는 스승에게도 사양하지 말라(當仁不讓於師)."(《논어》 위령공 편)고 하였다. 인(仁)을 류영모는 하느님 사랑과 이웃 사랑이라고 말하였다. 공자는 "뒤에 나는 이들이 두렵다. 뒤이어 오는 이들이 지금(우리)만 못한 것을 어찌 아느냐? 그러나 마흔 살, 쉰 살이 되어도 들리는 게 없으면 이 또한 두려워할 것이 못 된다(後生可畏 焉知來者之不如今也 四十五十而無聞焉 斯亦不足畏也已)."(《논어》 자한 편)라고 하였다. 역사가 무조건 진보하는 것은 아니지만 나아지는 것이 없다면 역사가 계속될 이유가 없다.

맹자(孟子)는 공자보다 180년 뒤에 온 사람이다. 맹자는 그가 아는 사람 가운데는 공자를 가장 존경하였다. "사람이 있는 이래로 공자 같은 이가 없었다(自有生民以來未有孔子也)."(《맹자》 공손축 상편) 그러나 공자를 높이는 데만 마음을 쓴 것이 아니라 온고지신(溫故知新)하여 맹자 나름의 가치를 더하였다. 여기에 맹자의 훌륭한 점이 있다. 공자의 사상을 이어갈 생각을 해야지 공자를 우상화하는 것이 공자를 위하는 길이 아니다. 예수를 신격화하는 것은 예수를 위하는 길이 아니다. 예수의 사상을 이어 빛내야 참으로 예수를 높이는 것이다.

맹자는 당당하였다. "먼저의 성인과 뒤의 성인의 그 진리는 하나이다(先聖後聖 其揆一也)."(《맹자》 이루 하편) "성인이 다시 오더라도 내 말을 바꾸지 않을 것이다(聖人復起不易吾言矣)."(《맹자》 등문공 하편)

류영모는 예수를 단 한 분의 스승으로 받들었다.

내가 마지막까지 영원히 잊을 수 없는 이는 예수 그리스도이다. 훌륭한 스승님을 기리는 택덕사(擇德師)에 마찬가지다. 내게 선생이라고는 예수 한 분밖에 없다. 예수를 선생으로 아는 것과 믿는다는 것과는 사뭇 다르다. 나는 선생님이라고는 예수 한 분밖에 모시지 않는다.

―류영모,《다석어록》

류영모는 만년에 '예수 언니'라고 하였다.

그이는 진리의 성령이시다

예수는 자신이 떠난 뒤에 벌어질 일을 걱정하였지만 자신이 떠난 뒤에 자신의 뒤를 이을 제자를 지명하지 아니하였다. 뒤를 이을 만한 사람이 없어서였는지 아니면 있어도 예수의 본뜻이 그런 것을 바라지 않았는지는 알 수 없다. 그런데 그런 예수가 후계자로 내세운 이가 바로 진리의 성령 곧 하느님의 생명인 얼나이다. 얼나는 하느님의 생명이라 아니 계시는 곳이 없지만 깨닫지 못하면 있는 줄도 모른다. 그것을 예수는 분명히 가르치고 있다.

그분은 곧 진리의 성령이시다. 세상은 그분을 보지도 못하고 알지도 못하기 때문에 그분을 받아들일 수 없지만 너희는 그분을 알고 있다. 그분이 너희와 함께 사시며 너희 안에 계시기 때문이다.

—요한 14 : 17

이 진리의 성령이 예수 그리스도의 정체(正體)인 얼나이다. 예수의 제나가 하느님 아들이 아니고 이 얼나가 하느님 아들인 영원한 생명이다. 예수는 이 얼나를 깨달아 목수 요셉의 아들에서 하느님 아들로 솟난(부활한) 것이다. 예수는 제자들이 이 얼나를 알고 있는 것으로 간주하고 있다. 실제로 예수의 제자 가운데 몇 사람이 그 당시 얼나로 솟난 체험을 하였는지 모르겠다. 예수의 가르침을 받아 지식으로

만 알았지 실제로 얼나로 솟난 이가 없었던 것 같다.

얼(성령)이 곧 참(진리)이다. 얼을 객관적으로 말하면 참(진리)이고 참을 주관적으로 말하면 얼(성령)이다. 참과 얼은 실체가 하나인 것이다. 참(진리)을 참된 얼이라고 형용사로 써서는 안 된다. 참이 얼이요 얼이 참인데 형용사로 써서는 안 된다. 얼에는 거짓된 얼이 없기 때문에 참된 얼이라고 할 까닭이 없다. 류영모와 마하트마 간디는 참(진리, truth, $\alpha\lambda\eta\theta\varepsilon\iota\alpha$)을 바로 안 사람이다.

이제 여기의 이 '나'라는 존재는 거짓나이지 참나가 아니다. 우리가 아는 지식이라는 것도 거짓이라 하잘것없는 것이다. 그러므로 한껏 찾아야 할 것은 오직 참인 하느님이시다. 참은 일생뿐만 아니라 대(代)를 이어가며 찾아야 한다. 인류가 그칠 때까지 찾아야 한다. 온 인류가 다 힘을 쏟아서 마침내 알아야 할 것은 참 하나이다. 그밖에는 아무것도 없다. 참은 절대자 하느님의 뜻을 이루겠다고 나서는 데서 가까워진다. 참은 곧 하느님이시다. 그러므로 참은 아주 가까운 데 있으니 내 속에 있다. 참은 아주 쉽게 찾을 수 있다. 참은 제나[自我] 너머에 있기 때문이다. 인류는 참나인 하느님을 찾을 때만 존속될 것이다. 이것이 나의 신앙이다.

—류영모,《다석어록》

다음은 마하트마 간디가 참이 하느님임을 밝힌 말이다.

하느님을 사랑이라고 하는 사람들에게는 나도 하느님은 사랑이라고 한다. 그러나 내 마음 깊은 곳에서는 하느님은 사랑이기도 하지만 무엇보다도 하느님은 참(truth)이라는 믿음이 자리 잡고 있다. 사람이 하느님을 가장 잘 나타낼 수 있는 길이 있다면 그것은 하느님은 참이라는 결론에 다다랐을 때이다. 하지만 두 해 전에 나는 한 걸음 더 발전하여 참이 하느님이라고 말하기에 이르렀다. 우리는 '참은 하느님이다'와 '하느님이 참이다'라는 말의 분명한 차이를 안다. 나는 50여 년에 걸쳐 이어진 쉴 새 없는 생각 끝에 이 같은 결론에 이른 것이다.

—마하트마 간디, 《간디문집》

마하트마 간디는 '참이 하느님이다(Truth is God)'로 인도 사상의 큰 폐단인 다신(多神)을 정리한 것이다. 주관적인 하느님은 많을 수 있지만 참은 하나밖에 없다. 참은 둘이 없기 때문이다. 참존재는 유일무이(唯一無二)한 존재인 것이다.

참인 얼나를 예수는 파라클레토스($παρακλητος$)라고 불렀다. 이를 영어 성경에서는 'comforter(위로자)'라고 하였다. 개역성경은 '보혜사(保惠師)'로 옮겼고, 공동번역은 '협조자'로 옮겼다. 이 사람이 우리말로 옮긴다면 '스승'으로 옮기겠다. 그 사람의 정신 성장에 따라 요구가 달라진다. 아직 인격적 독립을 못 이루었을 때에는 가정교사 같은 스승이 필요하다. 그래서 보혜사나 협조자라고 한 것이다. 파라클레토스에서 '파라($παρα$)'는 '곁'에 '클레토($κλετο$)'는 '부르다'이다.

즉 '가까이 부르다'의 합성어이다. 우리는 하느님 아버지를 자꾸만 가까이 하려고 부른다. 그때 하느님께서 하느님의 생명인 얼나를 보내주신다. 그것이 파라클레토스인 것이다. 이 얼나가 인격화하면 불교의 관세음보살 신앙이 된다. 성령이 내 속에 와서 얼나로 임자(주체)가 되어서 영원한 생명을 얻는 것이다. 그냥 보혜사나 협조자로 끝나서는 안 된다. 제나가 의식화되어 얼나가 된 보혜사(협조자)의 신발이 되어야 한다. 주객이 바뀌어야 한다.

예수, 석가, 공자는 스승이 없다. 그들을 가르칠 수 있는 스승이 없었던 것이다. 그리하여 그들은 하느님이 보내신 파라클레토스(얼나, 성령)의 가르침을 받았다. 그것을 무사지(無師智)를 얻었다고 하고 무사지에 이르렀다고 한다. 하느님을 스승으로 하여 하느님에게 직접 배운 것이다. 그래서 예수는 자신이 이 세상을 떠날 수밖에 없자 하느님에게 직접 가르침을 받으라고 일러준 것이다. 그리고 그것을 하느님 아버지의 얼 파라클레토스(카운셀러)라고 이름 붙였다. 이는 곧 얼나의 제나에 대한 의식화(意識化)인 것이다. 마지막에는 주객이 전도되어 성령(보혜사)이 참나가 된다.

마하트마 간디는 말하였다.

나는 비록 보잘것없고 제한적이나마 나의 경험을 통해서 믿음을 다져 왔다. 순수하려고 노력하면 할수록 하느님께 가까이 가고 있음을 느낀다. 아, 나의 믿음이 지금처럼 변명에 그치지 않고 히말라야 산처럼 든든하거나 그 산의 정상에 쌓인 눈처럼 하얗게 빛날 수 있다면 거기서 더 무엇을 바랄까?

—마하트마 간디,《간디문집》

얼나에 가까이 가는 것으로 만족하면 안 된다. 제나로는 온전히 죽고 얼나로 솟나야 한다. 예수는 얼나가 우리 마음속에 있다고 하였다. 류영모도 같은 뜻의 말을 하였다.

우리는 몸과 맘의 제나(自我)로는 변하나 얼나로 변하지 않는 것이 영생하는 것이다. 영원한 생명인 얼나로 솟나면 몸나야 태어나건 죽건 이 세상에서도 저 세상에서도 언제나 행복하다. 생명의 비결은 한결(常, 불변)을 알아 그 가운데 드는 것이다. 영원한 현재가 되는 것이다. 그것이 얼나로 하느님과 하나 되는 것이다. 얼나로 하느님의 아들임을 깨달으면 몸나는 아무 때 죽어도 좋다. 내 맘속에는 벌써 영원한 생명이 깃들어 있기 때문이다. 하느님 아들인 얼나는 죽지 않는다. 죽지 않는 생명을 가졌기에 이 껍질의 나인 몸나는 아무 때 죽어도 좋은 것이다.

—류영모,《다석어록》

이렇게 되면 주객(主客)이 완전히 뒤바뀐다. 이제까지 보혜사・협조자 노릇하던 얼나가 '나(主)'가 되고 '나' 노릇하던 제나는 얼나의

'심부름꾼(下手人)'이나 그림자가 되어버린다. 이렇게 되는 것이 예수가 말한 "죽음의 세계에서 벗어나 생명의 세계로 들어섰다."(요한 5 : 24)는 것이다. 생멸(生滅)하는 낱동[個體]의 생명에서 생멸을 초월한 온통[全一]의 생명으로 솟난 것이다. 이것을 가르친 것이 예수의 영성신앙이다. 이는 바울로가 말한 몸이 다시 산다는 속죄신앙과 근본적으로 다르다. 예수는 얼나로 영생하는 영성신앙을 가르쳤지 몸으로 영생하는 속죄신앙을 가르치지 않았다. 몸으로 부활해 영생한다는 것은 한마디로 몸나에서 나온 잘못된 생각이다.

류영모는 힘주어 분명히 말하였다.

이 땅에서 몸을 지닌 채로 영생하고 신선(神仙)이 된다는 것은 기독교, 불교, 도교 할 것 없이 모든 종교를 멸망시키는 일이다. 그런데도 사람들이 자꾸 이것을 구하고 있으니 사람이란 짐승은 어찌 된 건지 모르겠다. 제나란 참나인 얼나가 신을 신발이다. 발에 맞도록 아름답게 지어서 흠 떼고 먼지 털고 약 칠하고 솔질하여 빛나게 닦아 힘 있게 바로 살고 조심조심 길 찾아 마음 놓고 걷다가 갈 길 다 간 뒤에는 아낌없이 주리라. 남(아버이)이 지어준 신이니 뜻 있게 신다가 갈 길 다 간 뒤에는 아낌없이 주리라. 이 제나란 참나(얼나)가 신을 신발이다. 이 신발은 일생 동안 신는다. 신이 낡는다는 것은 참나를 찾았다(眞理發見, self realization)는 뜻이다. 참나를 찾았으면 거짓나인 제나는 아무 때나 죽어도 좋다. 얼나로는 하느님 아들인 것을 깨달은 것이다. 하느님 아들인 얼나는 나지 않고 죽지 않는 영원한 생명이다. 영원한 생명을 가졌으니 멸망할 제나는 언제 죽어도 좋은 것이다. 그야말로 헌 신발처럼 버려도 아쉬울 것이 없다.

—류영모, 《다석어록》

"너희가 내 이름으로 구하는 것이면 무엇이든지 이루어주겠기 때문이다. 그러면 아들로 말미암아 아버지께서 영광을 받으실 것이다." (요한 14 : 13) 이 말씀에서 '내 이름으로 구한다'는 말뜻을 바로 알아야 한다. 여기에 '내'는 얼나이다. '이름'으로 번역하는 오노마(ονομα)는 '이름'이기 전에 '존재'라는 뜻이다. '내 이름으로 구한다'는 말은 얼나의 존재를 찾으면 언제든지 얼나(성령)를 주신다는 말이다. 영원한 생명인 얼나만이 구원이 될 수 있는 것이다. 얼나를 깨달으면 하느님 아들이 된다. 하느님 아버지께는 하느님 아들로부터 아버지에 대한 충효(忠孝)를 받을 때 그 이상의 영광이 없다.

나는 너희에게 평화를 준다

이스라엘 사람들은 작별 인사를 할 때 흔히 샬롬(shalom, 평화)이라 한다. 인사조차도 샬롬이라고 한다면 평화를 매우 사랑하는 것으로 알기 쉽지만 그렇지 않다. 너무도 평화롭지 못하니 인사로나마 평화라고 하는 것이다. 우리가 옛날에 형편이 어려워 밥을 자주 굶을 때 인사가 '밥 먹었느냐'였던 것과 같다.

함석헌은 평화주의자다.

　남쪽 동포도 북쪽 동포도 동포라고는 하면서 아들이 아버지에게 칼을 겨누고 형이 동생에게 총을 내미는 이 싸움인 줄은 천이나 알고, 만이나 알면서도 쳐들어온다니 정말 대적으로 알고 같이 총칼 들었지 어느 한 사람도 팔을 벌리고 '들어오너라. 너를 대항해 죽이기보다는 나는 차라리 네 칼에 죽는 것이 맘이 편하다. 땅이 소원이면 가져라. 물자가 목적이면 맘대로 해라. 정권이 쥐고 싶어 그런다면 하려무나. 내가 그것을 너와야 바꾸겠느냐 참과야 바꾸겠느냐' 한 사람은 없었다. 대항하지 않으면 그저 살겠다고 도망을 쳤을 뿐이다.

—함석헌,《새 시대의 전망》

　함석헌의 평화운동은 줄곧 이어져 왔다. 4·19혁명이 일어난 뒤에 남북에 평화의 기운이 돌 때도 함석헌의 평화사상은 '일이관지(一以貫之)'였다. 그런데 함석헌의 민주화운동에는 정신적인 지원을 하던 류영모가 함석헌의 평화운동에는 아무런 반응이 없었다. 그리하여 이 사람이 스승 류영모에게 '함석헌의 평화운동을 밀어주면 어떻습니까'라는 글월을 올렸다. 그러나 기대와는 다른 뜻밖의 회신을 받았다.

운동으로 잘 살게 되고 평안하게 되는 것이면 벌써 옛날에 되었을 것이다. 사람마다 날마다 자신의 수성(獸性)과 잘 싸움으로 마침내는 모두 다 잘 죽음으로 말미암는 길 가운데서 무슨 운동을 한답니까? 주제넘은 운동 부질없는 생명 다 쉬고 말아라. 생(生)은 분(分)이요 사(死)는 합(合)이다. 동(動)은 난(亂)이요 정(靜)은 화(和)니라.

―류영모, 편지

그러고는 평화에 대한 예수의 말씀을 한국어, 일어, 중국어를 대비하였다. 그 성구는 바로 "오늘 네가 평화의 길을 알았더라면 얼마나 좋았을까! 그러나 너는 그 길을 보지 못하는구나."(루가 19 : 42)였다. 류영모가 평화를 싫어한 것도 반대한 것도 아니다. 류영모는 세상의 평화를 평화로 여기지 않은 것이다. 류영모는 하느님의 생명인 얼나를 깨닫는 것이 참된 평화에 이르는 길이라고 생각했던 것이다. 얼나를 깨달으면 어떠한 싸움이나 전쟁 속에서도 평화를 잃지 않는다는 것이다. 그러니 평화가 무엇인지 알지도 못하면서 무슨 평화운동을 하느냐라는 것이었다. 그래서 예수의 말씀 "오늘 네가 평화의 길을 알았더라면 얼마나 좋았을까? 그러나 너는 그 길을 보지 못하는구나."는 이 사람에게 주는 말이요 함석헌에게 하는 말이었다. 아는 모든 사람에게 하는 말이었다.

평화는 그리스어로 에이레네(ειλρηυη)이다. 같은 파생어인 에이로(ειρω)는 '결합하다', '일치하다', '이어지다'라는 뜻으로 쓰인다. 우리가 얼로 하느님과 이어지고 결합하고 하나 되는 길만이 평화에 이르는 길인 것이다.

경의를 표하고 싶은 사람은 하느님 아버지와 교통할 수 있는 아들의 자격을 갖추어보겠다고 기도(명상)에 힘쓰는 사람일 것이다. 이제 이 시간에 우리는 하느님 아버지와 얼로 교통이 되었는지 알 수 없다. 하느님과 영통하기 위한 오늘 이 시간인 것이다. 피와 살로 된 몸은 짐승이다. 짐승인 우리가 개나 돼지와 다른 것은 하느님과 교통하는 얼을 가졌다는 것밖에 없다.

—류영모,《다석어록》

예수는 지금 평안(평화)을 이야기할 처지가 못 된다. 죽음을 앞두고 있는 가장 불안한 때인 것이다. 그런데 불안한 모습은 찾을 수가 없다. 오히려 제자들에게 평화(평안)를 주고 간다는 것이다. 이 말은 상식으로는 이해하기 어렵다. 그러나 영원한 생명인 얼나를 깨달은 사람은 몸나의 죽음은 아무것도 아닌 것이다. 그래서 예수의 마음에 깃든 평화는 조금도 흔들리지 않았다. 십자가 위에 못 박혀 고통 속에 숨져 가면서도 예수의 마음속에 자리한 평화는 흔들리지 않았다.

그래서 예수도 "내가 주는 평화는 세상이 주는 평화와는 다르다." (요한 14 : 27)라고 말하였다. 하느님이 주신 얼나를 깨달아 제나의 생사(生死)를 넘어선 평화만이 참평화라는 말이다. 그 평화는 제나의 생사에도 흔들리지 않는 절대 평화이다.

이 세상의 평화는 말로만 평화이고 잠시 싸움을 멈춘 평화이다.

> 무(武)자는 창 과(戈)와 그칠 지(止)로 되어 있습니다. 싸움을 멈춘다는 뜻이 무(武)입니다. 무장시평화(武裝時平和)는 예로부터 있는 말입니다. 싸우기 위해 싸움을 하는 것이 아닙니다. 미친놈이 무기를 들고 나오니까 그것을 막으려면 무기가 필요합니다. 아이들은 싸울 때 자기가 먼저 때렸어도 다른 아이가 먼저 때렸다고 우깁니다. 먼저 때린 쪽이 나쁜 놈이 됩니다. 요즘 국제 관계에서도 누가 먼저 침략하였는가를 두고 장난꾼 대표인 미국과 소련이 무슨 기미를 찾는 것 같습니다. 그러나 자꾸 맞아도 좀 더 참는 사람이 하느님 편이 됩니다. 여기에 보무당당하다는 말이 있습니다. 우리도 가는 길에 있어서만큼은 누구 못지않게 보무당당해야 합니다.
>
> ― 류영모, 《다석강의》

마하트마 간디도 참된 평화는 하느님 안에서만 가능하다고 하였다.

사람은 하느님 안에 있기 전에는 평화를 얻기 어렵다. 그러한 상태에 도달하려는 노력이 사람의 유일한 가치 있는 바람이다. 그리고 이것은 참나를 깨닫는 것을 뜻한다. 하느님과 하나 되는 니르바나는 무덤에서 얻어지는 죽은 평화가 아니라 살아 있는 평화이며 영원(하느님)의 핵심에서 자신의 안식처를 찾는, 살아 있는 얼나의 행복이다.

—마하트마 간디, 《간디문집》

그런데 세계 평화에 앞장서고 이바지해야 할 종교가 세계 평화를 깨는 데 앞장서고 있으니 이것이야말로 오늘날 종교의 실체가 하느님이 아니라 마귀인 것을 증언하는 것이다. 이 지구 위에서 벌어지고 있는 모든 분쟁의 배경에는 반드시 종교적인 반목이나 갈등이 있다는 사실이다. 탤런트 김혜자가 재난 구호 봉사 활동을 한 소감을 적은 글 속에서 이러한 말을 읽게 되었다.

내 자신이 종교인이면서 나는 가끔 종교라는 것이 싫어질 때가 있습니다. 그것이 어떤 종교든 다 싫어질 때가 있습니다. 인류 역사에서 가장 많은 전쟁을 일으킨 것이 바로 종교이기 때문입니다. 차라리 종교나 신(神)이 존재하지 않았다면 좋겠다고 생각한 적도 있습니다. 내세도 천국도 이념도 없는 세상을 꿈꿉니다. 그런 것들이 다 싫습니다. 그냥 순수한 인간과 동물과 꽃나무들만 존재하면 좋겠습니다. 그러면 서로 싸우지 않을 테니까요. 지난 1백 년 동안 지구상에서 전쟁이 일어나지 않은 날은 불과 2주뿐이라고 합니다. 그 수많은 전쟁들 중에 종교가 원인인 것이 10분의 1이라 해도 전 세계 종교인들이 참회해야 할 것입니다. 그런 종교가 원인인 것이 10분의 9를 넘어도 또 새로운 전쟁을 시작하고 있습니다.

―김혜자, 《꽃으로도 때리지 말라》

김혜자의 이 말에 종교인들이 답을 내놓아야 할 것이다. 여기에 시원스러운 답을 못한다면 스스로 종교인이기를 포기해야 하지 않겠는가? 아무리 성실한 신앙인이라 할지라도 바울로처럼 독선적이고 배타적이면 이미 그 신앙은 잘못된 병든 신앙이다. 예수는 분명히 가르치기를 "하늘에 계신 아버지께서 완전하신 것같이 너희도 완전한 사람이 되어라."(마태오 5:48)라고 하였다. 개체의식을 버리고 하느님처럼 전일(全一)의식을 가지라는 것이다. 그러면 미워할 사람이 없다. 다음은 간디의 말이다.

나는 모든 생명을 존중한다. 나는 단순히 사람들과의 사랑뿐만 아니라 땅을 기어 다니는 생명 있는 모든 존재들과도 친화를 원한다. 왜냐하면 모든 생명은 똑같은 하느님에 의해 창조되었으며 그 형태는 다르더라도 결국은 모두 하나이기 때문이다. 나는 나의 사명이 끝내는 성공할 것이라고 굳게 믿는다. 그리고 역사는 이러한 운동을 세계의 모든 사람을 함께 묶어주는, 서로 적대적 관계가 아니라 전체로서 조화를 이루는 하나가 되기 위한 운동이라고 기록할 것이다.

―마하트마 간디, 《간디문집》

류영모는 이렇게 호소하였다.

선(善)은 무조건 선이다. 무조건적인 선이 아니면 그것은 악이 된다. 악은 치워버려야 한다. 천만 번 손해를 입고 실패를 당해도 그리고 기어이 죽임을 당해도 미워하지 않는 것이 선이며 아힘사(不傷害)이며 사랑의 극치이다. 마하트마 간디는 이것을 간단하게 선(善)이라고 표현하였다.

─류영모, 《다석어록》

이 세상에서 아름다운 것 중에 아름다운 것은 나를 해치는 사람조차도 미워하지 않는 한사랑(아가페)을 품고 사는 사람이다. 그 마음은 거룩한 마음이라 하느님이 함께하신다.

내가 떠나갔다가 다시 온다

예수는 제자들에게 자신이 유대교 지도자들에 의해 죽임을 당하리라는 수난의 예고를 여러 번 하였다. 마르코복음서에 적힌 것만도(마르코 8:31, 9:31, 10:34) 세 번이나 된다. 스승 예수로부터 처음으로 수난의 예고를 들은 베드로가 예수를 붙들고 그럴 수 없다고 펄쩍 뛰었다가 "사탄아 물러가라 하느님의 일은 생각하지 않고 사람의 일만 생각하는구나!"(마르코 8 : 33)라는 꾸중을 들었다. 그리하여 스승으로서 제자들의 발을 씻기는 작별 의식(儀式)을 치르기도 하였다. 예수는 "사실은 내가 떠나가는 것이 너희에게는 더 유익하다. 내가 떠나가지 않으면 그 협조자(성령)가 너희에게 오시지 않을 것이다."(요한 16 : 7)라고 선언하였다. 이것으로 보아도 예수는 이미 죽을 각오를 단단히 하고 있음을 알 수 있다. 이것은 예수의 흔들림 없는 초지일관(初志一貫)된 소신임에 틀림없다.

그런데 복음서 저자들은 곳곳에서 예수가 다시 살아나서 왔다는 엉뚱한 소리를 하고 있다. 그렇게 되면 예수의 엄숙한 수난 예고와 진지한 고별은 장난이 되고 만다. 죽은 지 사흘 만에 살아난다면 그것은 그야말로 연극에 지나지 않는다. 마치 마술사들의 마술 같은 행사가 되고 마는 것이다. 몸으로 다시 살아났다는 이야기가 처음부터 사실인지, 저자들이 꾸민 것인지 아니면 뒤에 사람들이 일부러 고쳐 넣은 것인지는 알 수 없다. 복음서는 이 대목에 와서 일관성 있는 논리를 보이지 못하고 있다. 사실이 아닌 것을 사실처럼 말을 하는 데 그 까닭이 있다고 본다.

내가 떠나갔다가 너희에게로 다시 오겠다는 말을 너희가 듣지 않았느냐? 아버지께서는 나보다 훌륭하신 분이니 만일 너희가 나를 사랑한다면 내가 아버지께로 가는 것을 기뻐했을 것이다.

－요한 14 : 28

내가 갔다가 다시 오겠다는 것이 무슨 뜻인지 알 수 없다. '아버지께로 가는 것을 기뻐했을 것이다'와 어떻게 관련이 되는지도 알 수 없다. 나중 말로 보면 사뭇 가는 것인데 앞의 말에는 다시 온다고 하였다. 가는 것인지 오는 것인지 도무지 갈피를 잡을 수 없는, 상치되고 모순되는 말이라 아니 할 수 없다.

이제 조금만 지나면 세상은 나를 보지 못하게 되겠지만 내가 살아 있고 너희도 살아 있을 터이니 너희는 나를 보게 될 것이다.

―요한 14 : 19

이 말도 알쏭달쏭한 말이다. 세상이 나를 보지 못한다면 몸으로는 온전히 죽고 없어진 것을 뜻한다. 몸으로 다시 살아났다면 세상 사람들의 눈에 띄지 않을 수 없기 때문이다. 그렇다면 죽은 예수가 몸으로 다시 살아났다는 것은 거짓이다. 그런데 제자들에게는 다시 나를 보게 될 것이라니 희한한 일이 아닐 수 없다. 예수가 제자들 눈에만 자기 모습이 보이도록 요술을 부리거나 제자들이 마술의 눈을 가진 것이거나 둘 가운데 하나일 것이다.

조금 있으면 너희는 나를 보지 못하게 될 것이다. 그러나 얼마 안가서 나를 다시 보게 될 것이다.

―요한 16 : 16

이 말도 알쏭달쏭하기는 마찬가지다. 알아들을 수 없는 말인 것이다. 이러한 모순당착의 말이 적지 않게 들어 있다. 평생을 날마다 성경을 보아 온 류영모가 하는 말이 "성경에는 무엇인지 말이 많습니다. 솔직하게 말하면 이 사람도 처음에는 거짓말을 곧이듣고 속았습니다."(류영모, 《다석강의》)라고 하였다. 맹자가 말하기를 "책의 글을 다 믿으면 글(책)이 없는 것만 못하다(盡信書則不如無書)."(《맹자》진심하편)라고 하였다.

류영모는 이렇게 말하였다.

예수의 영원한 생명은 그의 몸이 아니고 그의 얼이다. 그 예수가 받은 얼은 지금 우리에게도 하느님께서 보내주신다. 하느님께서 줄곧 우리에게 보내주신다. 예수의 얼은 곧 하느님의 얼인 것이다. 어떤 뜻으로는 우리의 토대가 그리스도(얼나)이다. 그리스도라기보다는 성령이라고 하는 것이 더 이해하기가 낫다. 성령이란 하느님의 생명으로 진리이다. 하느님의 성령이 우리의 한 줄기 얼생명을 유지하여 주는 것이 아니겠는가?

— 류영모, 《다석어록》

예수 그리스도의 정체(正體)는 얼나이다. 얼나는 예수의 말씀대로 바람과 같아 눈에 보이지 않고 또 없는 곳이 없다. 유비쿼터스로 언제 어디서라도 찾으면 만날 수 있다. 그런데 갔다가 온다느니, 안 보였다가 보인다느니 하는 것은 얼나와는 상관이 없는 말이다. 얼나는 오고 감이 없고 머무는 곳이 없다. 무거무래역무주(無去無來亦無住)이다. 예수일지라도 몸으로는 여느 사람과 같이 한 번 왔다가 가면 다시는 오고 가지를 못한다. 일왕불복(一往不復)인 것이다.

예수의 제자들이 미처 얼나를 깨닫지 못하였다가 얼나를 깨닫고는 얼나의 예수를 알게 되는 것을 "조금 있으면 너희는 나를 보지 못하게 될 것이다. 그러나 얼마 안 가서 나를 다시 보게 될 것이다."(요한 16 : 16)라고 말하였는지 모르겠다.

하느님의 성령인 얼나는 개체의 얼이 아닌 공통의 얼이다. 그러므로 얼나로는 너와 나의 구별이 있을 수 없다. 따라서 불교에서 말하는 윤회란 있을 수 없다. 윤회란 자식이 자식을 낳고 또 자식이 자식을 낳는 윤회가 있을 뿐이다. 그러나 비록 부모로부터 유전인자를 받아서 닮게 태어났어도 자식은 자식의 인격으로 살아가는 것이지 부모의 환생으로 생각하지 않는다. 류영모는 윤회에 대해서 이렇게 말하였다.

여기서(《법화경》 신해품) 니르바나(Nirvana)라는 것은 사람의 영원한 생명을 말합니다. 원만하게 충령(充靈)되었다는 뜻입니다. 보통 니르바나에 들어간다면 죽었다는 뜻과 비슷합니다. 누가 죽으면 니르바나에 들어간다고 합니다. 죽는 것과 니르바나 이것은 일치합니다. 곧 제나[自我]는 없어지는 것입니다. 제나[自己]를 초월하는 것이 참으로 니르바나에 들어가는 것이 됩니다. 제나를 초월하였다는 것은 정말은 죽었다는 것과 같지 않습니까?

아직도 사람들은 세상에 났다 죽었다, 죽었다 났다 하면서 끌려 다닙니다. 그냥 두어도 모르는데 그러니까 죄도 없는데 경찰서 유치장에 들어가라 나와라 하면 그처럼 성가실 일이 어디 있습니까? 아직 이 세상은 고뇌의 세상입니다. 상대세계에서 죽었다 났다, 났다 죽었다 하는 것의 성가심은 딴 것이 아닙니다. 자기가 못나서 끌려 다니는 것과 같은 성가심입니다. 이목구비가 분명하고 제 권리 제가 써도 그냥 끌려갔다가 끌려오는 그 모양입니다. 이처럼 우주 앞에서 났다 죽었다, 죽었다 났다 하는 철저한 수레바퀴 안에서 끌려 다니는 것이 우리 처지가 아니겠습니까?

그러나 자기를 이기는 사람, 초월한 사람은 그러한 일이 없습니다. 진리의 정신을 알면 홀려 다니지 않습니다.

―류영모, 《다석강의》

류영모는 왔다 갔다 하지 않는 것을 셋으로 들었다. "절대자 하느님, 무한대의 허공, 맘속에 온 얼나는 왔다 갔다 하는 상대적 존재가 아니라는 것을 이 사람은 인정한다."(류영모, 《다석어록》) 셋이라 하였지만 사실은 셋이 다 하느님인 것이다. 그러니 예수가 갔다 온다고 한 것은 잘못된 말이다. 예수의 말이라 해도 잘못된 말이고 나중 사람이 붙인 말이라도 잘못된 말이다.

예수가 몸으로 부활하였는데 예수를 좇는 무리의 눈에만 보인다는 것은 있을 수 없는 일이다. 예수가 몸으로 부활하였다면 도깨비처럼 숨어 다닐 까닭이 없다. 몸으로 살았을 때처럼 성전 광장에서 대사자 후의 웅변을 토해도 좋고 용호상박의 논쟁을 벌여도 좋은 것이다. 그리고 빌라도 총독이나 가야바 대제사장을 한번 만나봄 직하지 않겠는가? 그들이 대경실색하여 나자빠져도 좋지 않겠는가? 더구나 로봇 태권브이처럼 사람들이 쳐다보는 그대로 하늘로 치솟았다는데 바로 가지 말고 예루살렘 상공을 세 바퀴만 돌고 갔으면 3년 동안 애쓴 것 이상의 전도 효과를 낼 수 있었을 것이 아닌가? 그랬더라면 스데파노나 야고보가 돌에 맞아 순교하는 마음 아픈 일은 일어나지 않았을 것이다.

헤르만 헤세는 인도의 윤회설을 믿는 척하였다. 소설 《유리알 유희》를 쓰기 위해 윤회설을 이용하였다. 그가 진심으로 윤회설을 믿었는지는 알 수 없다. 헤세가 자신이 윤회하는 과정을 예측한 것을 시처럼 적은 것이 있다. 윤회한다는 게 얼마나 지저분한가를 살필 수 있다. 석가 붓다가 어찌하여 윤회를 그렇게 싫어하였는지 알 것 같다. 석가 붓다가 외아들 라훌라를 스님으로 만든 것은 윤회에 마침표를 찍기 위한 것으로 보인다. 왔다 갔다 하는 것은 좋은 것이 아니다. 아주 지저분한 것이다.

시인이 부르는 죽음의 찬가

나는 곧 세상을 떠나
조각조각 흩어지리라
그리고 나의 유골은 모두
다른 것으로 바뀌리라
이름을 날리던 헤세는 사라지고
출판업자만이 그의 독자 덕택에 먹고 살 것이다

그 뒤 나는 다시 세상에 나와
모두가 좋아하고
심지어 노인들까지 호의적인 주름을 지으며
싱긋 웃어주는 사내아이가 되리라
하지만 나는 게걸스레 먹고 마셔대며
이름도 더 이상 헤세가 아니리라
나는 젊은 여인들 옆에 누워
그녀들의 몸에 내 몸을 비벼대고
그러나 싫증나면 여자들의 목을 조른다
그러면 사형 집행인이 와서 나를 저 세상으로 보내리라

그 뒤 나는 어떤 어머니에 의해

다시 태어나게 되리라
그러면 그때 다시 책을 쓰거나
여자들과 잠을 잘지도 모른다
그러나 나는 이제 그만 저 세상에 머물러
다시 밝은 빛을 보고자 한다면
슬픔과 절망을 뚫고 나아가야만 한다

—헤르만 헤세, 《자서전》

"나를 사랑하였다면 나의 아버지께로 감을 기뻐하였으리라. 아버지는 나보다 크심이라."(요한 14 : 28, 개역) 하느님 아버지께로 간다는 것은 몸나로는 죽는 것이다. 그런데 영원한 생명인 얼나로 솟나 제나의 생사(生死)에서 자유롭다. 그러므로 몸의 죽음을 슬퍼할 까닭이 없다. 이것은 제나로만 살고 있는 사람은 이해할 수 없는 말이다. 제나의 사람들은 개똥밭에서 굴러다닌다 해도 이승살이가 좋다는 것이다. 그런데 예수는 얼나로 솟난 이기에 영원한 생명인 얼나로 하느님과 하나 되는 것 이상으로 기쁜 일이 없다.

예수가 "아버지와 나는 하나이다."(요한 10 : 30)라고 말할 때 얼마나 기쁨에 벅찼을까를 상상해보자. 부부가 결혼을 해서 부부일신이 되었다는 소리를 해도 가슴이 벅차도록 기쁜데 하느님 아버지와 내가 하나임을 느낄 때 그 감동 이상의 기쁨이 어디 있겠는가? 그 기쁨은 견줄 데가 없다.

"아버지는 나보다 크심이라." 이 말씀 때문에 정통 신학자들이 골머리를 썩인다고 한다. '예수가 하느님이다' 또는 '하느님께서 몸을 입어 예수가 되었다'는 말을 할 수 없기 때문이다. 예수가 아버지는 나보다 크시다고 한 말로 하느님 아버지와 아들의 관계가 명명백백하게 밝혀진 것이다. 예수의 입으로 예수는 하느님이 아니라는 것을 천명한 것이기 때문이다. 그런데 누가 감히 예수의 말씀을 뒤집어엎겠다는 것인지 모르겠다. 그것은 예수를 높이는 일이 아니라 자기를 높이고 예수를 낮추는 일이 될 뿐이다. 예수의 말씀은 아무것도 아니고 자기주장만 옳다는 것이기 때문이다. 예수를 참으로 높이고 싶으면 예수의 말씀이 참되다는 권위를 인정할 일이다.

나의 얼나는 하느님의 끄트머리다. 사람들이 나(얼나)가 무엇의 끝인지를 잘 알지 못한다. 그러고는 이 세상의 처음(머리)이 되려고 야단들이다. 그러나 처음(머리)은 하느님뿐이다. 나는 하느님의 제일 끄트머리의 한 긋(점)이다. 우리가 참을 찾자는 것도 하느님의 끄트머리인 이 긋(얼나)을 찾자는 것이다. 이 긋은 참나요 얼나이다. 이 긋은 이 우주에 켜진 하나의 불꽃이다.

―류영모, 《다석어록》

15장

요한복음 15장

너희는 나를 떠나지 말라 나도 너희를 떠나지 않겠다.
포도나무에 붙어 있지 않는 가지가
스스로 열매를 맺을 수 없는 것처럼
너희도 나에게 붙어 있지 않으면 열매를 맺지 못할 것이다.

―요한 15 : 4

나는 포도나무요 너희는 가지다

너희는 나를 떠나지 말라. 나도 너희를 떠나지 않겠다. 포도나무에 붙어 있지 않는 가지가 스스로 열매를 맺을 수 없는 것처럼 너희도 나에게 붙어 있지 않으면 열매를 맺지 못할 것이다. 나는 포도나무요 너희는 가지다. 누구든지 나에게서 떠나지 않고 내가 그와 함께 있으면 그는 많은 열매를 맺는다. 나를 떠나서는 너희가 아무것도 할 수 없다.
―요한 15 : 4~5

지중해 연안에서는 포도가 중요한 농산물 품목에 들어간다. 올리브나무, 무화과나무, 월계수 등이 잘 자란다. 그런데 재미있는 것은 지역마다 재배하는 방법이 조금씩 다르다는 것이다. 포도나무 가지를 묶어주고 기둥을 세우는 방법이 같은 곳은 찾아볼 수 없다고 한다.

류영모는 대자연의 모든 것이 하느님께서 우리에게 보낸 글월이라고 하였다. 바꾸어 말하면 하느님이 주신 교재라는 것이다. 이 교재들을 활용하여 하느님의 말씀을 이루는 것이 하느님의 아들들이 행할 사명이다. 예수는 이것을 누구보다 잘한 사람이라 하였다. 포도나무를 본 사람이 무수하되 예수처럼 포도나무를 가지고 말씀을 한 이는 별로 없었다.

예수가 너희는 나를 떠나지 말라, 나도 너희를 떠나지 않겠다고 하였다. 예수는 지금 이 땅 위에서 몸나의 삶을 몇 시간 남기지 않은 때이다. 그런데 또 말하기를 나도 너희를 떠나지 않겠다고 말하고 있다. 여기서 '나'를 몸나의 '나'로 보고 풀이하면 그대로 거짓말이 된다. 여기서의 '나'도 오고 가지를 않는 하느님의 생명인 얼나로 알아야 말을 알아들을 수 있다. 너희들도 얼나를 깨닫고 나도 얼나를 깨달았으므로 얼나로 하나 되어 있다. 무소부재한 얼나로는 오고 감이 없어 헤어짐이란 없는 것이다. 완전한 만남이라 하겠다.

류영모는 이렇게 말하였다.

예수는 농사 비유를 많이 하였다. 어떤 때는 포도나무 한 그루를 전체 생명(하느님)으로 비유하였다. 또 농장을 경영하는 것을 전체생명으로 비유하였다. 전체 생명인 하나(하느님)를 나타내자는 것이 복음서의 진리 정신이다. 예수는 도무지 하늘나라 속내는 이야기하지 않았다. 자연에서 이야깃거리를 얻었다.

내가 포도나무요 너희는 가지이며 내 아버지는 농부라고 예수는 말하였다. 여기서 '나'라는 것은 예수의 몸뚱이가 아니다. 예수로 나타난 영원한 생명인 얼나이다. 예수도 농부이신 하느님의 아들이라 농사 이야기를 하였다.

예수도 우리도 다 이 세상에 한 번 턱 나와본 것이다. 여기서는 별 수 없이 비유를 쓸 수밖에 다른 길이 없다. 내가 포도나무라면 농장 주인은 내 아버지가 이렇게 하였겠지 하는 게 아버지와 아들이라는 것이다. 말이란 사물을 두고 만든 것인데 형이상의 영원 절대를 표현할 때는 어쩔 수 없는 비유가 된다. 여기서 단단히 주의할 것은 비유는 전체가 다 들어맞는 것이 아니라는 점이다. 예수하고 우리하고 차원이 다른 게 아니다. 예수, 석가는 우리와 똑같다. 예수가 '나는 포도나무요, 너희는 가지다'라고 하였다고 예수가 우리보다 월등한 것이 아니다.

—류영모, 《다석어록》

사람들도 서로 통하여 하나(일치) 되기를 추구하고 있다. 왜냐하면 낱동[個體]이란 외롭기 때문이다. 참외밭의 참외들처럼 모두 흩어져 떨어져 있는 낱동들이다. 낱개로 외롭다고 참외(瓜)다. 그리하여 일치감을 느끼자고 동호회라 하여 같은 맛을 찾아가는 모임을 만든다. 술을 같이 마시고 마약을 같이 찌르고 도박을 함께 겨루고 음란을 함께 저지른다. 올바른 사귐이 아니다. 그 따위는 모두가 야합이요 사교(邪交)인 것이다. 결국 지옥 같은 파멸에 이르게 된다.

우리는 먼저 얼(성령)로 하느님과 뚫려야 한다.

우리는 이미 정신세계에서 하느님과 연락이 끊어졌다. 그리하여 사람들이 이승의 짐승이 되었다. 우리들이 산다는 것은 혈육(血肉)의 짐승이다. 질척질척 지저분하게 먹고 싸기만 하는 짐승이다. 짐승인 우리는 하느님으로부터 얼(성령)을 받을 때 사람[人性]이 회복된다. 짐승에서 인성(人性)을 회복하여 사람[人子]이 되어야 한다.

―류영모, 《다석어록》

우리는 반드시 전체인 하느님과 얼로 이어져야 한다. 모든 낱개의 전구가 전원에 이어짐으로써 빛을 밝히듯 우리 낱개(개체)들은 하느님의 영원(靈源)에 이어짐으로써 참빛을 밝히게 된다. 예수가 오늘날에 있었다면 포도나무와 그 가지의 비유보다 전기의 비유를 들었을지 모른다. 예수 당시에는 사람들이 아직 전기의 실체를 모르고 있었다. 사람들이 예수나 석가에게는 앞일을 미리 아는 예지(豫知)가 있었다고 알지만 예수도 석가도 오늘날의 과학의 발달은 예측하지 못하였다. 그러나 사람들이 하느님의 얼(성령)로 이어져야 한다는 것은 안 것이다. 그런데 이 과학 문명 시대에 사는 사람들이 아직도 이를 모르고 있으니 통탄할 일이다. 그래서 이 지구상에 사람이 60억이 넘는데 짐승 노릇 하는 이들이 거의 대부분이고 하느님의 얼로 이어져 인성을 회복해 사람 노릇 하는 이는 지극히 적다. 예수, 석가의 가르침을 좇는다는 이들 가운데서도 찾아보기가 어렵다.

류영모는 말하였다.

하느님의 얼(성령)을 받아 하느님의 얼로 얼려야 어른이다. 그리하여 성령이 충만한 어른이 되어야 한다. 얼을 간직하여 하느님 아들이 되라고 한 것이지 하느님께서 준 얼을 빠트리라고 우리 맘속에 넣어준 게 아니다. 얼로 '어른[成人]'이 되라고 얼을 넣어준 것이다. 그런데 우리가 서로 사귄다는 게 겨우 낯바닥 익히는 데 그친다. 맘속 깊이 있는 얼에게까지 들어가려고 안 한다. 우리가 낯바닥에 막혀서 이렇게 되었다.

― 류영모, 《다석어록》

나를 떠난 사람은 잘려 나간 가지처럼 밖에 버려져 말라버린다. 그러면 사람들이 이런 가지를 모아다가 불에 던져 태워버린다.

― 요한 15 : 6

사목(司牧)을 하는 분들은 교회나 성당에 나오는 것이 내 안에 거하는 것이라고 생각할지 모르지만 예수의 이 말은 그런 뜻이 아니다. 여기에 '나'란 하느님께서 보내신 성령의 얼나를 말한다. 예수는 교회를 세우고 성당을 지은 일이 없다. 얼나로 솟나지 아니하면 몸나뿐이 아닌가? 몸나가 죽으면 화장하고 땅 속에 묻는다는 말이다. 그러므로 영원한 생명인 얼나로 솟난 이는 이렇게 말한다.

조금 다치면 아프고, 조금 일하면 피로하고, 시시하게 쉽게도 죽고 마는 이 몸이 무슨 생명이라 하겠는가? 이 몸생명은 거짓 생명이다. 우리는 영원한 생명인 얼나를 찾아야 한다. 우리의 할 일은 참나인 얼나를 찾는 거다. 하늘나라에는 참나가 들어간다. 거짓나인 몸은 죽어야 한다.

—류영모, 《다석어록》

포도나무와 가지처럼 하느님의 얼로 이어져 하나가 된 이는 모두가 벗이라고 하였다.

내가 이 말을 한 것은 내 기쁨을 같이 나누어 너희 마음에 기쁨이 넘치게 하려는 것이다. 내가 너희를 사랑한 것처럼 너희도 서로 사랑하여라. 이것이 나의 계명이다. 벗을 위하여 제 목숨을 바치는 것보다 더 큰 사랑은 없다. 내가 명하는 것을 지키면 너희는 나의 벗이 된다.

—요한 15 : 11~14

사람들은 핏줄로 일치감을 느껴 기쁨을 누리려고 가정을 꾸린다. 그러나 이것은 참된 일치도 아니고 참된 기쁨도 아니다. 그것은 가족 사이에서 일어나는 온갖 갈등과 다툼이 웅변해주고 있다. 어떤 뜻에서 예수는 가정이란 늪에 빠진 우리를 건져주려 한다고 볼 수 있다. 그래서 원수를 사랑하라고 한 예수가 너희 가족이 너희 원수라고 가르쳐준 것이다. 삶의 목적이 하느님께로 가자는 것인데 가정에 빠져 있기 때문이다. 가정에서 구해주는 것이 스승을 중심으로 모인 사제의 모임인 성회(聖會)이다. 성회는 핏줄이 아닌 얼줄로 이어져 일치를 이룬다. 예수가 포도나무와 그 가지를 비유한 것이 바로 이것을 나타낸 것이다. 여기에서는 핏줄로 일치감과 기쁨을 느끼던 것보다 더 높은 차원의 일치와 기쁨을 느끼게 된다. 일치가 사랑이요 기쁨인 것이다. 그런데 예수가 마지막에는 벗이라고 하고 내가 떠나는 것이 유익하다고 한 것은 성회에서 하느님 나라로 들어가게 하려는 것이다. 궁극의 목적은 하느님과 하나 되고 하느님 속에 하나 되자는 것이다. 이런 생각만 하여도 가슴이 뛰도록 기쁨이 샘솟는다.

예수가 말하는 벗은 세상에서 말하는 벗이 아니다. 하느님 가운데 얼나로 너와 나가 없는 지경이다. 세상의 벗처럼 내 잘났다 네 잘났다 하는 벗이 아닌 것이다. 류영모는 너와 나가 없는 얼나의 벗에 대하여 이렇게 말하였다.

벗 우(友) 자는 손과 손을 마주잡고 있는 그림글자이다. 지금은 모두가 친구인 양 악수를 함부로 하고 있다. 벗은 하느님의 뜻을 내 뜻으로 가진 사람을 뜻한다. 하느님의 뜻대로 하는 사람은 나의 벗이 될 수 있다. 그러자면 천성(天性)·영성(靈性)·인성(人性)을 회복한 얼나의 예수가 되지 않고는 벗[友]이 성립되지 않는다. 예수는 벗을 위하여 목숨을 버리는 사람들보다 더 큰 사랑이 없다고 하였다. 원수를 사랑할 줄 알면 벗을 위하여 목숨을 버릴 수 있는 사람이다. 이런 벗을 얻기란 지극히 어렵다.

우애(友愛)처럼 믿음직한 것은 없다. 그밖에 믿음직한 것은 하나도 없다. 우리가 '우애'의 지경에 가야 하느님을 믿었다는 말이 나올 수 있다. 이런 존신(尊信)이 서로 만나서 '우애' 할 수 있는 세상이란 참 만나기 어렵다. 살과 털이 만나는 피상교(皮相交)가 아니라 정신과 말씀이 하나가 되는 사귐인 것이다.

—류영모, 《다석어록》

예수, 석가, 공자, 노자, 장자같이 얼나로 솟난 이들이 한곳에서 산다면 이 땅에도 우애의 사랑이 넘치는 하느님 나라가 이루어질 수 있을 것이다. 그분들이 한자리에 모인다 하여도 서로 잘났다고 할 리가 없다. 얼로 뚫려 말이 따로 필요 없을 것이다. 이들에게는 벗을 위하여 목숨을 바치는 것은 자연스럽고 당연한 일일 것이다. 여기에서 존신우애(尊信友愛)를 볼 수 있을 것이다.

사람들이 서로 미워하면 그곳이 바로 지옥이지 따로 지옥이 없다. 예수가 "서로 사랑하여라."(요한 15 : 17)라고 하였다. 어떤 이가 누구를 미워하고 저주하라고 한다면 그가 바로 마귀이다. 20세기에는 누구를 미워하고 죽이라는 사상이 전염병처럼 지구 위에 퍼져 수많은 살상이 벌어졌다. 캄보디아에만 킬링필드(Killing Field)가 있었던 것이 아니라 온 지구 위가 킬링필드였다. 그것이 마르크스시즘의 광란이었다. 사람을 미워하는 이들이 예수의 가르침을 좇는다는 기독교에서도 나왔으니 더 말해 무엇하겠는가? 서로 사랑하는 사회는 천국일 것이고 서로 미워하는 사회가 지옥일 것이다.

요한복음 16장

16장

아버지께서 나와 함께 계시니 나는 혼자 있는 것이 아니다.
나는 너희가 내게서 평화를 얻게 하려고 이 말을 한 것이다.
너희는 세상에서 고난을 당하겠지만 용기를 내어라.
내가 세상을 이겼다.
—요한 16 : 32~33

사람들은 너희를 회당에서 쫓아낼 거다

공자는 "옛것에 익숙하여 새것을 알면 스승 될 만하다(溫故而知新可以爲師矣)."(《논어》 위정 편)라고 하였다. 이 말은 예수에게 딱 알맞은 말이다. 예수는 이스라엘 민족의 사상적인 초석인 모세 사상의 핵심을 잘 알았으니 온고(溫故)를 잘한 것이다. 온고만 잘한 것으로 마쳤다면 우리는 예수와 아무 상관이 없을 것이다. 예수는 지신(知新)하여 차원이 높은 새로운 사상을 내어놓았기에 우리와 밀접한 관계가 있는 것이다. 그리하여 예수를 잡으러 갔던 제사장의 경비병들까지도 말하기를 "저희는 이제까지 그분처럼 말하는 사람은 본 적이 없습니다."(요한 7 : 46)라고 하였다. 새로운 이야기를 한다고 다 지신(知新)한 것이 아니다. 그 말이 하느님 아버지로부터 나온 말씀일 때 참 지신(知新)인 것이다. 온고지신은 진리의 나무가 자라기 위하여 새순이 자라는 것과 같다. 새순이 자라지 않는 나무는 죽은 나무이다. 그러니 예수의 새로운 말씀이 얼마나 소중한 말씀인지 알 수 있다. 2천 년이 지난 오늘의 우리도 예수를 존경하고 사랑하는 까닭이 여기에 있다.

새순은 묵은 가지에서 돋아난다. 그러므로 결코 새순은 묵은 가지를 배격하지 않는다. 예수의 말씀대로 "내가 율법이나 예언서의 말씀을 없애러 온 줄로 생각하지 말아라. 없애러 온 것이 아니라 오히려 완성하러 왔다."(마태오 5 : 17)는 말은 사실이지 거짓이 아니다. 역사적인 진리 의식(사상)이 자라 하느님 아버지에 대한 그노시스(지식)가 깊어지는 것보다 더 기쁘고 고마운 일이 없다. 이것은 하느님을 참으로 사랑하는 사람이면 누구나 아는 사실이다. 예수는 아브라함을 참으로 하느님을 사랑한 믿음의 사람으로 보았기 때문에 "너희의 조상 아브라함은 내 날을 보리라는 희망에 차 있었고 과연 그날을 보고 기뻐하였다."(요한 8 : 56)라고 한 것이다.

그러나 하느님의 뜻이 이루어지는 역사를 모르는 사람들이 자신들의 입지를 약화시킨다는 이유로 예수를 미워하기 시작하였다. 그 미움이 커져서 마침내 예수를 죽이기에 이른 것이다. 누구를 미워하는 것은 어떤 이유로도 정당화될 수 없다. 그것은 짐승 성질인 삼독(三毒) 가운데 하나인 진성(瞋性, anger)이 발동한 것이기 때문이다. 예수는 그것을 예측하였기에 자신이 죽음의 길을 선택하였고 자기가 죽은 뒤에 자신을 좇는 이들이 어떻게 되리라는 것을 헤아렸다. 그 말은 다음과 같다. "사람들(유대교인)은 너희를 회당(유대교 회당)에서 쫓아낼 것이다. 그리고 너희를 죽이는 사람들이 그런 짓을 하고도 그것이 오히려 하느님을 섬기는 일이라고 생각할 때가 올 것이다."(요한 16 : 2)

도산 안창호와 마하트마 간디는 자기 나라의 독립을 회복하기 위하여 가족을 희생하고 또한 자기 목숨도 기꺼이 바친 사람들이다. 조국 독립을 위해 민족 운동을 일으킨 것도 비슷하다. 다만 다른 것이 있다면 신앙의 차이다. 도산 안창호가 하느님이라도 팔아서 한국 독립을 이루고 싶었다면, 마하트마 간디는 하느님을 위해서는 인도는 멸망해도 좋다고 생각했다. 예수는 유대교 지도자들과는 정면으로 부딪치는 반대의 생각을 품고 있었다. 예수는 하느님에 대한 올바른 신앙을 위해서는 유대교가 없어져야 한다고 생각하였다. 그러나 유대교 지도자들은 유대교가 민족의 구심점으로 반드시 있어야 한다고 생각하고 있었다. 더구나 유대교 지도자들에게 성전 제사 의식은 자신들의 사회적 신분을 보장해줄 뿐 아니라 황금알을 낳는 거위 구실을 하였다. 그러니 유대교를 무시하고 공격하고 없애려는 예수를 미워하지 않을 수 없고 죽이지 않을 수 없었다.

예수의 가르침과 활동에 관해 연구할수록 그가 얼마나 치명적으로 유대교를 공격하였는지 그래서 결국 그를 체포하고 재판에 이르게 했는지가 명확하게 드러난다. 성전에 대한 예수의 적대감은 열린 바리사이인들에게조차 수용될 수 없는 것이었다. 그들도 성전 제의(祭義)가 주는 의미를 손쉽게 거부할 수 없기 때문이다. 율법에 대한 거부는 말할 것도 없다. …… 예수는 토라(모세5경)를 부적절한 것으로 해체했고 구원을 위해 요구된 바는 율법에 대한 순종이 아니라 믿음이라고 주장했기 때문이다. 적어도 예수가 토라에 대한 순종을 버리지 않았더라면 고발당하는 일은 없었을 것이다. 예수가 예루살렘에서 행한 가르침으로 인해 체포되어 재판을 받게 된 것은 특히 성전에 대한 예수의 태도 때문이었다. 예수의 대적자들이 주로 문제 삼았던 것도 바로 이 문제였다. 예수의 등장으로 위협을 느꼈던 이들은 사두가이인들뿐만 아니라 성전 제사장들과 사마이 계열의 바리사이인들도 있었다.

—폴 존슨, 《유대인의 역사》

하느님의 노여움은 왜 그리 깊어서 오래 가는지 그 노여움이 어떻게 짐승의 피비린내를 맡고야 풀리는지 참으로 유치한 생각이 아닐 수 없다. 하느님 아버지는 사랑의 하느님이시다. 덜된 사람들도 자기 자녀에게 잘해주려고 하는데 하물며 지극히 참되신 하느님 아버지께서 사람들에게 잘해주시지 않겠는가? 하느님께서는 참인 얼이시라 사람이 하느님이 보내주시는 하느님의 생명인 얼나로 솟나면 하느님과 하나 되어 영원한 생명에 들게 된다. 그러므로 예수가 참인 얼나로 솟나는 것으로 예배하여야 한다고 하였다. 하느님은 그와 같이 얼나로 솟난 하느님 아들을 찾으시고, 찾으면 기뻐하신다. 예수가 요르단 강가에서 얼나로 솟났을 때 하느님 아버지께서 나의 사랑하는 아들이라고 기뻐하신 것이 바로 그것이다. 하느님이 주시는 하느님의 생명(성령)으로 솟나는 예배를 하느님께 바칠 줄 모르는 오늘날 그리스도교가 안타깝기 그지없다. 다석 류영모가 깨우치는 것이 바로 예수가 가르친 올바른 예배요 기도인 것이다. 그런데도 기존 기독교회는 류영모의 가르침에 냉담하다. 그러나 소수의 신학자, 철학자들이 다석 사상이야말로 예수의 가르침을 올바르게 가르치는 것임을 깨닫고는 다석학회를 결성하여 다석 사상을 본격적으로 배우고 연구하기 시작하였다. 이 사람은 그분들의 학자적 양심과 지혜에 경의를 표하고 싶다.

예수가 십자가에 못 박혀 돌아간 뒤에 예수의 신앙 사상을 좇던 무리들은 예수처럼 아예 유대교와 거리를 두지 않고 유대교 회당에 다시 나간 것 같다. 그런데 이미 그들의 스승인 예수를 죽인 유대교도들이 예수를 따르는 무리를 좋게 볼 리가 없었다. 그들은 유대교도들이 외는 저주의 기도 소리를 견디지 못하고 쫓겨난 것 같다.

기원후 70년경 유대계 그리스도교인의 교회가 붕괴하고 그리스계 그리스도교가 승리하면서 많은 유대인들이 그리스도교를 떠나고 오히려 그리스도교를 비난하는 결과가 야기되었다. 이단자들과 대적자들을 저주하기 위해 유대인들이 날마다 드렸던 기도는 기원전 2세기의 그리스 시대 개혁 프로그램에서 기원하였다. 엄격주의자인 벤시락이 쓴 《집회서》에는 다음과 같이 하느님께 기구한 부분이 나온다. "당신의 격노를 깨우사 대적자들에게 당신의 분노를 부으시고 파괴하소서. 그 원수를 전멸하소서." 〈오만한 자를 꺾으시는 이에게 드리는 감사 기도〉로 알려진 그 기도는 예배 혹은 열두 번째 감사 기도라는 〈아미다〉의 일부가 되었다. 열두 번째 기도인 〈비르카트 하미님(이단자들에 관한 기도)〉은 이제 기독교인들을 지칭하도록 개작되었는데 이를 통해 예수 그리스도를 따르던 유대인들이 회당에서 축출되었다는 점을 추측할 수 있다. 132년에 오면 그리스도교인과 유대인들은 공개적인 대적자나 원수가 된다. 팔레스타인에 있었던 그리스도교 공동체들은 유대인들과는 별도의 종교적인 지위를 로마 당국에 청원했고 그리스도교 저술가로서 네아폴리스에 살았던 그리스 공동체뿐만 아니라 그리스도교인마저 학살했다고 기록하였다.

— 폴 존슨, 《유대인의 역사》

우리가 기억할 것은 유대 나라 안에서 예수를 좇는 무리는 나자레언이라 불렸다는 것이고 유대 나라 밖에서 예수를 좇는 무리는 크리스천이라 불렸다는 것이다. 그리고 복음서는 거의 유대 나라 밖에 흩어진 디아스포라(流民)들이 이룬 공동체의 필요에 의해 씌어졌다는 사실이다.

처음에는 구전되다가 나중에 복음서 저자들에 의해 가필되고 수정된 이야기들이라는 것이다. 만일 마르코가 최초의 복음서를 썼다면 마태오와 루가는 마르코복음을 읽고 그것을 수정하면서 그들 각자의 책을 썼을 것이다. 요한도 세 편을 모두 읽고 그것들을 수정하면서 요한복음을 저술했을 것이다. 마르코, 마태오, 루가, 요한은 서로 알지 못했고 특히 쓰고 있는 이야기들은 실제로 목격한 것도 아니었다. 그들 중 어느 누구도 예수를 직접 만나지 못했다. 그들은 예수가 죽은 후 1~2세대 심지어 3세대 후에 복음서로 쓴 것이다.

—제롬 프리외르, 《예수 후 예수》

내가 떠나가는 것이 너희에게 유익하다

예수의 말씀은 제나(몸)를 바치고서 받은 하느님의 말씀이다. 그러므로 듣는 사람도 제나를 바치고 들어야만 바른 뜻을 알 수 있다. 이 세상의 이야기를 쓴 글같이 읽어서는 천 번 만 번 읽어도 뜻을 알지 못한다. 내가 성경을 백독을 하였느니 천독을 하였느니 자랑할 일이 아니다. 제나(몸)를 하느님께 바쳐야 한다. 제나는 내 생명이 아니고 송두리째로 하느님의 것이라 하느님께 드리옵니다라고 진정으로 고백하는 것이다. 예수는 제자들에게 '나는 포도나무요 너희는 가지니 떨어지면 안 된다'고 말하였다. 그런데 지금에 와서는 '내가 떠나는 것이 너희에게 유익하다'는 것이다. 언제는 꼭 붙어 있어야 한다고 하다가 이제는 떨어져야 좋다고 말하니 어느 말이 진심에서 나온 말이며 어느 말을 따라야 하는가?

예수의 말씀은 얼나로는 이어지고 몸나로는 헤어지자는 것이다. 몸나로 헤어지는 것이 얼나로 이어지기에 낫다는 말이다. 사람이 몸나로 헤어지면 마음으로 그리워하게 되고 마음으로 그리워하다 얼나로 뚫리게 된다. 류영모의 말을 들으면 예수의 말씀을 알게 된다. "예수를 따르고 그를 쳐다보는 것은 그의 몸[色身]을 보고 따르자는 것이 아니다. 예수는 내 맘속에 온 하느님이 보내신 얼나가 참나임을 가르쳐주었다. 그러므로 먼저 내 맘속에 하느님께서 보내주신 얼나를 따라야 한다. 그 얼나가 예수의 참나요 나의 참나이다. 몸으로는 예수의 몸조차 내 몸과 같이 죽을 껍데기이지 별 수 없다."(류영모,《다석어록》) "내가 떠나가는 것이 너희에게 유익하다."는 말은 이제까지 몸을 지닌 예수만을 스승으로 의지해 오던 제자들에게는 엄청난 큰 충격을 주는 말일 수밖에 없다. 그러나 그러한 충격을 받지 않고서는 제 맘속에 와 있는 영원한 생명인 얼나를 찾지(깨닫지) 못하는 것이다. 오늘날의 크리스천도 마찬가지이다.

류영모는 더 구체적으로 말해주었다.

이렇게 할딱할딱 대기를 숨쉬어야 하는 몸생명은 참생명이 아니다. 하느님의 성령을 숨쉬는 얼나가 참생명이다. 영원한 생명에 들어가면 코로 숨쉬지 않아도 끊기지 않는 얼숨이 있을 것이다. 여기서 어쩌고 저쩌고 하는 이런 나는 소용이 없다. 숨 안 쉬면 끊기는 이 몸은 가짜생명이다. 생사(生死)를 초월한 영원한 생명이란 석가의 법신(法身), 예수의 하느님 아들인데 얼나로서 같다.

−류영모,《다석어록》

예수는 이어서 우리의 마음을 떨리게 하는 놀라운 말씀을 하였다.

너희는 울며 슬퍼하겠지만 세상은 기뻐할 것이다. 너희는 근심에 잠길지라도 그 근심은 기쁨으로 바뀔 것이다. 여자가 해산할 즈음에는 걱정이 태산 같다. 진통을 겪어야 할 때가 왔기 때문이다. 그러나 아이를 낳으면 사람 하나가 이 세상에 태어났다는 기쁨에 그 진통을 잊어버리게 된다.

— 요한 16 : 20~21

유대교 지도자들은 자신들의 지위를 위협하던 예수가 죽어 없어지면 앓던 이가 빠진 것처럼 시원하겠지만 예수를 좇던 제자들은 정신적인 아버지를 잃은 고아가 되어 눈앞이 캄캄한 절망에 빠지게 될 것이 뻔한 일이다. 그런데 예수는 그 근심이 곧 기쁨으로 바뀐다고 말한다. 영원한 생명인 얼나를 깨닫게 되면 몸나는 영원한 생명이 탄생하는 데 버릴 태집에 지나지 않는다는 것을 알게 된다는 것이다. 그러면 근심이 기쁨으로 바뀐다는 것이다. 오늘날 우리도 그 기쁨을 맛보자는 것이 아닌가?

류영모가 이 같은 말을 하였다.

죽음이란 어린애가 만삭이 되어 어머니 배 밖으로 나가는 것이다. 지구는 어머니 배나 마찬가지다. 어린애가 뱃속에서 열 달 동안 있듯이 사람이 백 년 동안 지구에 있다가 때가 되면 지구를 박차고 나가는 것이 죽음이라고 생각한다. 죽으면 우리는 다시 신정(新正)을 맞아 하느님께 감사해야 한다. 이 땅에 사는 동안은 어머니 뱃속에서 무럭무럭 자라서 생명이 충실하고 자꾸자꾸 올라가서 진리를 깨달아 영원한 생명을 얻어야 한다.

―류영모, 《다석어록》

이 세상에서 얼나가 자라서 하느님께로 간다는 말이다. 얼나 자체로는 하느님의 생명이라 온전하지만 의식화하는 것은 점진적이기 때문에 자란다고 할 수 있다.

"너희가 내 이름으로 아버지께 구하는 것이면 아버지께서 무엇이든지 주실 것이다."(요한 16 : 23)는 잘못되었다. 너희가 무엇이든지 아버지께 구하는 것을 내 이름으로 주시리라고 하였다고 기도할 때마다 예수의 이름으로 빌고 있다. 솔직히 구하는 것마다 다 얻었는가 하면 그렇지 않다. 이 말은 무엇이든지 구하라는 것이 아니다. 예수는 하느님께서는 사람들이 구하기 전에 다 아신다고 말하였다. 하느님 아버지께 구할 것은 영원한 생명(얼나)인 것이다. 내 이름으로 빌라고 하였다고 예수의 이름으로 빌고 있으니 답답한 노릇이 아닌가. 내 이름으로 구하라는 것은 얼나의 존재를 구하라는 말이다. 예수의 이름으로 빈다고 하느님께서 들어주신다고 생각하는 발상은 잘못이다. 하느님은 그런 하느님이 아니다. 하느님께는 영원한 생명인 얼나만 구하라는 말일 것이다.

    예수의 이름을 팔아서 호강하겠다는 자가 거의 교회사의 대부분을 장식한다면 어떻게 되겠습니까? 죄다 민본(民本)으로 남을 위하여 사랑을 하겠다고 해야 요순(堯舜)의 정치가 이루어집니다. 예수를 믿으면 장사가 잘 되고 병이 낫고 복을 받는 줄 안다면 예수 믿기를 그만두어야 합니다. 예수를 잘 믿었다고 말할 필요 없이 그대로 바로 좇아가면 됩니다.

— 류영모, 《다석강의》

    샘터교회의 정용섭 목사가 우리나라 이름 있는 목사들의 설교 내용을 실명으로 비판하여 화제가 되었다. 목사가 목사들 설교를 속 빈 설교라 비판하였으니 화제가 될 만한 것이다. 그는 예수만 믿으면 영혼, 범사, 건강이 보장된다는 소위 삼박자 축복은 거짓말이라고 말하였다. 사목들이 워낙 오랫동안 복 받는다는 설교를 거듭해서 신자들이 최면 상태에 빠져 의식 개혁을 하고자 해도 안 된다는 것이다. 세속적인 기준에서 보면 가장 박복하게 살다간 예수의 생애를 잘 알면서 어떻게 복 받는다는 감언이설을 그렇게 할 수 있으며 어떻게 그 말을 또 그대로 믿는지 상식으로는 그 심리를 이해하기 어렵다. 병이 들어도 단단히 든 병리 심리라고밖에 말할 수 없다. 신도들의 심리를 그렇게 병들게 한 것은 사목들이 예수님의 가르침을 바로 가르치지 않고 신자들의 삼독심에 아첨을 하였기 때문이다. 그래서 신도들이 바라는 것은 영원한 생명이 아니라 식색(食色)의 풍부함뿐이다. 2007년 올해가 정해(丁亥)년이라 십이간지로는 돼지해인데 돼지해에 아기를 낳으면 그 아이가 재복(財福)이 많다 하여 아기 낳는 사람이 많이 늘어났다니 황당하기 그지없는 일이다. 요즘 사람들은 거의 고등교육을 받았을 텐데 생각하는 것은 무학(無學)의 옛 사람들보다 못한 것 같다.

"내가 아버지께로부터 나와서 세상에 왔다가 이제 세상을 떠나 다시 아버지께 돌아간다."(요한 16 : 28)고 한 것은 예수의 가르침의 핵심이다. 이렇게 시원스럽게 밝힌 사람이 이제까지 없었다. 모든 개체(낱동)는 전체인 전일(全一)에서 나와 전일(全一)로 돌아간다. 전일(全一)의 하나가 하느님이다. 좀 더 따지면 몸나는 흙에서 나와서 흙으로 돌아간다. 그러나 얼나는 하느님으로부터 나와서 하느님께로 돌아간다. 예수가 말하기를 "너희는 아래에서 왔지만 나는 위에서 왔다. 너희는 이 세상에 속해 있지만 나는 이 세상에 속해 있지 않다."(요한 8 : 23)라고 한 것이 바로 이것이다. 아래서 났다는 것은 어버이에게서 왔다는 것이고 위에서 났다는 것은 하느님에게서 왔다는 것이다. 그런데 이것은 알아야 한다. 예수도 몸으로는 아래서 왔고 얼로는 위에서 온 것이다.

사람이 자칫하면 거짓나인 몸나의 종 노릇을 하게 된다. 몸의 감각인 살맛[肉味]에 빠지면 하느님 아버지와의 관계는 끊어지고 만다. 그러나 몸나가 거짓나인 줄 알고 올라서면 은혜와 진리가 충만한 성령의 나라, 말씀의 나라를 찾을 수 있다. 거짓나인 제나는 아무것도 아니지만 참나인 얼나를 깨달음으로써 하느님 아들(얼나)이 영광스러움을 느낄 수 있다.

―류영모, 《다석어록》

한편 서른일곱 살부터 교도소 교화위원으로 일하며 30년 가까이 사형수와 상담을 해 온 사람(양순자)의 말이 쉰두 살부터 40년 가까이 칠성판(널판) 위에서 앉고 자고 한 류영모의 생각과 비슷하여 놀랍다. 사실은 자연스럽고 당연한 일이라 해야 할 것이다. 그쪽이나 이쪽이나 죽음을 직시하였던 것이다.

내가 사형수를 만나고 다니잖아요. 그러면서 깨닫게 된 건데 모든 사람들이 전부 다 사형수라는 거예요. 사형수란 게 집행 날짜가 정해진 게 아니라 언제 죽을지 몰라요. 우리도 마찬가지라 오늘 죽을 수도 있고, 내일 죽을 수도 있지요. 교통사고니 가스 폭발이니 하여 많은 사람들이 갑자기 죽었잖아요. 그런데 사람들은 생각하기를 다 남의 일이다 무사태평이에요. 자신은 영원히 살 것만 같지요. 사형수들은 안 그래요. 그들은 매 순간 극도의 긴장 상태로 언제 닥칠지 모르는 죽음을 의식하면서 하루하루를 보내고 있어요. 이게 감옥 안의 사형수와 감옥 밖의 사형수의 다른 점이지요.

—양순자, 《인생 9단》

우리는 날 때부터 사형선고를 받았다. 형무소에서 죄수를 사형 집행하는데 본인 모르게 끌고 가서 딛고 선 마루청이 떨어지면 목이 졸려서 죽는다. 우리도 그와 같이 마루청이 떨어지지만 않았지 언제 마루청이 떨어질지 모르는 그러한 형편에 있다. 이 사실을 잊으면 쓸데없는 잡념에 시달리고 욕망에 잡히고 교만에 빠진다.

—류영모, 《다석어록》

얼나를 깨달은 사람은 이미 몸나의 생사(生死)를 넘어섰기 때문에 사는 것이 사는 것이 아니고 죽는 것이 죽는 것이 아니다. 그러므로 몸으로는 고통스럽게 태어났지만 감격스럽게 죽는다. 아버지 하느님으로부터 온 얼나라 아버지 하느님께로 돌아가기 때문이다.

에이브러햄 링컨은 말하였다. "하느님 아버지께서 부르시는 때가 죽기에 가장 좋은 때이다." 하느님께서 부르시면 자다가도 "예" 하고 기꺼이 달려가는 것이다. "왜요?" 하고 토를 달 이유가 전혀 없다.

나 홀로 걸어가리라

하느님의 생명인 성령이 우리 마음 가운데 말씀(사랑)으로 샘솟는다. 그 샘솟는 얼(성령)을 예수는 물로 비유하기도 하고 불로 비유하기도 하였다. 류영모는 이렇게 말하였다.

> 우리는 마음이란 성화로(聖火爐)에 영원한 생명의 불을 태우느냐 못 태우느냐를 늘 생각해야 한다. 그것이 생각을 불사르는 것이고 그것으로 정신이 높아지는 것이다. 그래서 자꾸 말이 터지게 된다.
>
> ─류영모,《다석어록》

예수는 자신으로 인하여 일어난 성령의 불이 자기를 좇는 사람들의 마음에도 불을 붙이기를 바랐다. 성령의 불이 붙었으면 무슨 걱정이 있겠느냐고 하였다. 그러나 자신을 따르던 제자들이 아직 성숙한 인격이 되지 못한 것을 예수는 잘 알고 있었다.

> 이제 너희가 나를 혼자 버려두고 제각기 자기 갈 곳으로 흩어져 갈 때가 올 것이다. 아니 그때는 이미 왔다. 하지만 아버지께서 나와 함께 계시니 나는 혼자 있는 것이 아니다.
>
> ─요한 16 : 32

남이 걸으면 따라서 걷고 남이 뛰면 따라서 뛰기는 쉽다. 그러나 자기 혼자 걸어서 나아가기란 쉽지 않다. 그런데 이 세상에서 훌륭하게 산 이들은 거의 혼자서 걸어간 이들이다. 석가 붓다는 말하기를 "홀로 행하고 게으르지 말며 비난과 칭찬에도 흔들리지 말라. 소리에 놀라지 않는 사자처럼, 그물에 걸리지 않는 바람처럼, 진흙에 더럽히지 않는 연꽃처럼, 무소의 뿔처럼 혼자서 가라."(《숫타니파타》)고 하였다.

간디는 "나는 삶이 혼자서 걸어가는 것이라는 것을 안다. 나는 혼자서 이 세상에 왔으며 죽음의 그림자가 깔린 계곡을 혼자서 걸어왔고 시간이 되면 역시 혼자서 떠나게 될 것이다. 나는 혼자서도 진리파지 운동을 펴 나갈 수 있다."(마하트마 간디, 《날마다 한 생각》)고 말했다.

맹자는 말하였다. "사나이[大丈夫]는 누리 넓은 데 살고 누리 바른 데 서고 누리 한 길로 가고 뜻대로 되면 씨알[民]과 함께 하고 뜻대로 안 되면 나 홀로 가련다."(《맹자》 등문공 하편)

온 유대 민족이 사제들이 짐승들의 멱을 따 그 고기를 제단에 바치는 제사종교(유대교)를 말없이 좇는데 예수 홀로 반대하고 나섰다. 그러고는 사람은 누구나 하느님께서 보내주시는 영원한 생명인 얼나를 깨달아 하느님의 아들이 되어야 한다고 외쳤다. 예수보다 5백 년 전에 온 노자가 말하기를 "돌이키는 것은 참(얼)의 움직임이요 부드러움은 참(얼)의 일함이다(反者道之動弱者道之用)."라고 하였다. 예수가 바로 그러한 사람이었다.

혼자 하되 반드시 참(하느님의 얼)과 함께하는 것이다. 하느님과 함께하지 않고 홀로 하는 것은 강도짓이요 도둑질일 것이다. 예수는 분명히 말하였다. "아버지께서 나와 함께 계시니."(요한 16 : 32) 예수의 이러한 믿음을 우리가 배우고 따라야 한다. 그밖에 예수 믿는다는 것은 쓸데없는 짓이다.

> 너희는 세상에서 고난을 당하겠지만 용기를 내어라. 내가 세상을 이겼다.
>
> —요한 16 : 33

예수가 이루고자 한 것은 오늘날로 치면 종교적인 혁명이었다. 그러나 그 일은 그야말로 달걀로 바위를 치는 일이었다. 달걀만 부서지고 말았다. 누가 보아도 예수의 실패였다. 이 사실을 훤히 내다보는 예수가 "내가 세상을 이겼다."라고 하니 이 무슨 엉뚱한 소리일까? 류영모도 예수의 생애를 정의 쪽의 실패라고 말하였다.

예수의 생애는 정의 쪽의 실패다. 나도 정의 쪽의 실패자인 크리스천이 되려고 하는 것은 사실은 마지막의 정의를 믿고 정의가 불가능한 세상에 정의가 있도록 하려는 데 있다. 예수가 이 세상에 정의를 실현하려고 한 지 2천 년이 되었다. 아직도 정의는 실현되지 못했지만 그러나 낙심하지 않고 그 길을 가는 것이 우리들의 일이다. 이것이 이른 바 신앙이라는 것이 아닌가?

—류영모, 《다석어록》

예수는 제나를 이겨 하느님의 생명인 얼(성령)을 받아 영원한 생명인 얼나로 솟나 얼나로 하느님과 아버지와 아들의 예(禮)를 회복했다. 이것이 공자가 말한 극기복례(克己復禮)이다. 제나를 이기는 것이 가정을 이기는 것이요, 세상(나라)을 이기는 것이요, 우주(자연)를 이기는 것이다. 그리하여 하느님 아버지를 머리 위에 받들 수 있게 된 것이다.

제나를 이기는 극기(克己)는 곧 제나로는 죽고 얼나로 솟나는 것이다. 그러면 낱동의 종족 보존을 하려는 가정을 초월하게 되고 종족 보존(민족 보존)을 위한 나라(국가)를 초월하게 된다. 그때 비로소 하느님의 얼(성령)을 받게 된다. "세상을 사랑하는 사람은 하느님을 모른다. 세상을 미워하는 사람에게만 하느님이 걸어온다. 그리하여 하느님은 우리들에게 하느님을 알고 싶은 생각을 일으켜준다."(류영모, 《다석어록》)

삶의 목적은 하느님 사랑과 또 이웃 사랑이라는 것이 예수, 석가를 비롯한 모든 거룩한 사람들의 일치된 생각이다. 그러므로 나의 삶이 성공하였는가 실패하였는가는 내가 얼마나 하느님을 사랑하였고 또 이웃을 사랑하였는가에 있지 그밖에는 없는 것이다. 그런데 예수처럼 하느님을 사랑하고 또 이웃을 사랑한 사람이 어디 있겠는가? 예수는 세상에서 보면 분명히 실패한 삶으로 보일지 모르겠으나 하느님이 보시기에는 가장 성공한 삶을 산 것임에 틀림없다. 그런 의미에서는 예수가 나는 세상을 이겼노라고 한 말씀이 결코 허황된 소리가 아닌 것이다.

하느님을 우리 머리 위에 이는 그것이 이 세상을 나선 목적이요 이 김의 내용이다. 하느님의 빛과 힘을 드러내기 위해서 하느님을 더욱 빛나고 힘 있게 하기 위해서 하느님을 우리 머리에 받들고 하느님을 우리 머리 위에 이기 위해서 우리가 이 세상에 나온 것이다. 이것이 우리가 이 세상을 이기는 것이다.

정의(正義)가 최후에 승리를 한다는 것은 똑바른 것이 맨 나중에 이긴다는 사실이다. 정의가 최후의 승리를 한다는 그 정의를 아직 이 세상 사람들은 모르고 있다. 정의를 바로 아는 사람이나 정의를 바로 아는 나라는 없다고 할 수 있다. 누가 정의를 가지고 있느냐 하면 하느님께서 가지고 있다. 하느님이 정의다. 궁극적인 최후의 승리는 하느님이 하시는 것이다. 그래서 정의를 알고 싶다면 하느님을 좀 생각하여 보란 말이다. 하느님께서 인정할 때 그때는 내가 하는 일이 진정 정의의 편이다. 다른 것은 다 어떻든지 하느님 뜻에 좀 따라 가겠다든지 하느님을 생각한다든지 하면 그것이 참 정의에 살려고 애쓰는 것이다. 그냥 무슨 주의, 무슨 신앙 이것보다는 분명한 모름(하느님의 신비)을 속의 속 빈 마음으로 찾아가겠다는 사람이 실제 하느님의 편이다. 하느님의 편이 되어야 그것이 바르고 옳은 것이다.

—류영모,《다석어록》

이 세상 사람들은 삶의 목적을 식(食)·색(色)을 보장하는 치부(致富)와 집권(執權)에 두고 살고 있다. 짐승인 몸나를 위해 살고 있는 것이다. 몸나를 위해 짐승으로 사는 것을 삶의 보람이나 목적으로 삼고 사는 사람이 모인 곳이 예수가 말하는 세상이다. 예수는 그 인생관을 깨뜨려버렸다. 하느님을 바라고 하느님이 주시는 얼나를 깨달아 짐승 버릇을 몽땅 버린다. 하느님 사랑의 거룩과 이웃 사랑의 섬김으로 살아 하느님 아들 노릇하는 것이다. 이것이 올바른 삶의 보람이요 목적인 것을 보여주었다. 그것을 예수는 세상을 이겼다고 표현한 것이다.

17장

요한복음 17장

나는 이 사람들에게 아버지를 알게 하였으며
앞으로도 그렇게 하겠습니다.
그것은 아버지께서 나를 사랑하신 그 사랑이 그들 안에 있고
나도 그들 안에 있게 하려는 것입니다.
―요한 17 : 26

영원한 생명은 보내신 이를 아는 것

　복음서에는 예수가 제자들에게 가르쳐준 기도 곧 '주의 기도'를 비롯하여 몇 곳에 짧은 기도의 말씀이 끼어 있다. 그 가운데 요한복음 17장에 있는 '결별의 기도'가 가장 긴 기도이다. 주의 기도와는 달리 결별의 기도는 어디까지가 예수의 말씀이고 어디까지가 저자의 생각인지 알기 어렵게 되어 있다. 속기술도 녹음기도 없었거니와 누가 옆에서 들었다는 증거도 없다. 거기에 "영원한 생명은 곧 참되시고 오직 한 분이신 하느님 아버지를 알고 또 아버지께서 보내신 예수 그리스도를 아는 것입니다."(요한 17 : 3)라는 말씀이 읽는 이의 고개를 갸우뚱하게 한다. 예수는 '예수 그리스도를 아는 것입니다'라고 말할 사람이 아니다. 더구나 예수는 자신이 이스라엘 민족이 학수고대하는 그러한 메시아가 아니라는 것을 잘 알고 있었을 것이다. 그 당시 이스라엘 사람들이 바랐던 메시아는, 사람에 따라 그 생각이 다를 수 있겠지만, 그 공통분모는 이러하였다.

그들은 메시아가 이스라엘의 적들을 물리치고 새 이스라엘을 세울 것이라고 생각했다. 군대를 이끌고 이스라엘을 재건하든 아니면 천상의 존재인 천사들을 이끌고 이스라엘을 재건하든 어쨌든 메시아가 이스라엘을 회복시켜줄 것이라고 믿었다. 그리고 (인간들을 통해) 하느님이 통치하시는 주권국가를 세워줄 것이라고 믿었다.

—바트 에르만, 《성경 왜곡의 역사》

그러니 요한복음 17장 3절의 예수 그리스도라는 말은 저자의 주장이지 예수의 생각은 아닌 것이다. 그러나 예수가 죽은 다음에 예수의 추종자들 가운데 예수를 메시아로 생각한 이들이 있었다는 것만은 틀림없다. 그리하여 복음서에서 예수를 메시아(그리스도)로 자리매김하려고 안간힘 쓴 흔적을 볼 수 있다. 요한복음 17장 3절도 그 흔적인 것이다. 다만 분명한 것은 그리스도(메시아)의 개념이 이스라엘을 회복하는 정치 지도자에서 영원한 생명인 얼나를 깨달은 하느님 아들로 바뀌었다는 것이다. 류영모도 하느님이 보내주신 하느님의 생명인 얼나, 곧 하느님 아들인 그리스도를 인정하였다.

그러므로 우리의 영원한 생명은 하느님이 보내시는 얼을 아는 것이다. 여기에서 안다는 것은 지식으로 아는 것이 아니라 얼로 교통하는 것이다. 하느님의 얼과 교통하는 것은 예수 혼자만의 일이 아니고 어느 누구라도 제나로 죽을(맘을 비울) 때 하느님의 얼나를 깨달을 수 있다. 예수를 비롯하여 석가, 노자, 공자, 장자, 맹자가 모두 얼나로 솟난(부활한) 이들이라 그들의 말씀이나 삶이 거의 일치한다. 그들의 언행이 거의 일치하는 것은 그들의 낱동인 개체의 삶은 시간과 공간의 제약을 받아 약간씩 다를지 몰라도 모두가 얼나로는 한 생명이라 너와 나가 없다는 것이다. 그런데 그들을 스승으로 받들며 그들의 가르침을 좇는 이들은 예수와 석가, 석가와 노자, 노자와 공자가 서로 다른 줄로 알고 서로 배척하고 외면하기 일쑤다. 얼마나 피상적인 생각이요 유치한 행동인가? 류영모는 이렇게 탄식하였다.

예수를 좀 알겠다고 하고 지금 믿는다고도 한다. 죽는 것이 무엇인지 사는 것이 무엇인지도 모르고 상대적으로 남에게 빠지지 않고 사는 것이 은혜이고 믿는 것인 줄 알고 있다. 답답하기 짝이 없다. 헤프게 예수를 알려고 하고 또 헤프게 예수를 가르치고 있다.

—류영모,《다석어록》

아버지께서는 아들에게 모든 사람을 다스릴 권한을 주셨고 따라서 아들은 아버지께서 맡겨주신 모든 사람에게 영원한 생명을 주게 되었습니다.

—요한 17 : 2

류영모는 예수의 아들과 석가의 법신(法身)은 같은 것으로서 영원한 생명인 얼나를 말한다고 하였다. 그 얼나는 우리 몸에 들어 있는 탐·진·치의 수성(獸性)을 다스릴 수 있는 권능(authority)을 지니고 있다. 그리하여 예수와 석가처럼 얼나로 솟난 이는 짐승인 몸을 지니고 있으나 삼독(三毒)의 짐승 성질이 나타나지 않는 것이다.

그런데 앞서 본 요한복음 17장 2절은 잘못 옮긴 부분이 있다. "아들에게 모든 사람을 다스릴 권한을 주셨고"에서 '모든 사람'은 '온몸'으로 바로잡아야 한다. '모든 사람'으로 번역된 '파세스 사르코스'의 원뜻을 보면 그리스어의 $\pi\alpha\sigma\eta\varsigma$(파세스)는 '모든'이고 $\delta\alpha\rho\kappa\delta\varsigma$(사르코스)는 '육체'란 뜻이다. 얼나는 온몸의 짐승 성질을 다스리는 권능을 지니고 있다. 그리하여 얼나는 깨닫는 모든 이에게 영원한 생명이 되는 것이다. 그런데 온몸을 모든 사람(만백성)이라고 옮겼으니 예수의 말씀을 바로 알아듣지 못한 것이다. 그러면서 2천 년을 지내 온 것이다.

예루살렘의 인구가 예수 때에는 5만 명쯤 되었고 3세기 말이 되어서 12만 명에 이르렀다. 모든 사람은커녕 예루살렘의 5만 명만 잘 다스려졌어도 예수가 십자가에 못 박히는 참혹한 일은 일어나지 않았을 것이 아닌가?

류영모는 "상대세계에서는 못쓸 삼독(三毒)을 우리에게서 뽑아내야 한다. 삼독은 우리의 원수이다. 얼나로 솟나서 하느님과 이어지지 않으면 몸이 지닌 삼독의 욕망에서 헤어날 수가 없다."(류영모, 《다석어록》)고 말했다. 예수, 석가를 비롯한 얼나로 솟난 이는 얼나가 짐승 성질을 다스려 얼나의 권위(에쿠수시아)가 빛난 것이다. 그것이 얼나의 빛이요 인격의 형성이다.

'주의 기도'에서 '아버지의 나라가 오게 하시며(나라이 임하옵시고-개역)'는 얼나의 권위가 제나의 의식(意識)을 다스려 짐승 성질이 날뛰지 않게 하여 달라는 기도인 것이다. 우리의 의식이 곧 마음인데 마음이 곧 얼나는 아니다. 마음은 상대적인 것으로 생사(生死)의 제한을 받는다.

> 마음은 제한을 받습니다. 마음을 크게 제한하는 것은 생사(生死)입니다. 산 사람의 마음이 죽은 뒤에도 있다는 괴상한 말이 나오는데 마음은 생(生)과 사(死)라는 커다란 원칙 앞에서 제한을 받습니다.
> ─류영모, 《다석강의》

얼나가 사람의 마음(의식)을 거느려 짐승 성질을 없앤다. 사람의 마음이 그대로 영원한 생명은 아니다. 류영모는 마음의 정체를 이렇게 분명히 밝혔다.

> 마음은 덧없는 것이다. 심무상(心無常)이다. 나는 예수 믿소 하고는 그 다음에 하는 말이 흔히 마음 하나만 잘 쓰면 되지라고 한다. 이렇게 말하는 사람은 마음이 덧없다는 것을 모르고 있다. 즉심시불(卽心是佛)이라고도 하지만 마음이 모든 죄악의 괴수라고도 했다. 네가 마음의 스승이 되어야지 마음을 너의 스승으로 하지 말라(대반야경)고 하였다.

마음에 따라가서는 안 된다. 마음이라는 것은 어떤 의미로서는 영원성 있는 얼나를 대표할 수 있다. 그러나 마음이라는 것은 그대로는 안 된다. 벗어버릴 것이 여간 많지가 않다. 벗어버릴 것 버리고 가야 한다. 마음도 멸거(滅去)하여야 한다. 그러한 뒤에 즉진(卽眞)하여야 한다. 참(얼나)에 이르러야 한다는 것이다. 여러 가지 말을 해서도 참(얼나)에 도달하지 않으면 아무짝에도 못 쓴다.

—류영모,《다석어록》

곧 '아버지의 나라가 오게 하시며'는 '성령(얼나)이 임하옵시고'인 것이다. 성령(얼나)은 지금 줄곧 우리의 정신 위에 내려온다. 그런데 슈바이처까지도 잘못 알고 있다. "예수는 머지않아 초자연적인 하느님 나라가 출현하리라고 전했지만 그 초자연적인 하느님 나라가 실현되지 않았다. 그렇기 때문에 사실의 예수는 실수할 수 있다고 생각하지 않을 수 없다."(알베르트 슈바이처,《나의 생애와 사상》) 얼마나 어이없는 곡해인가? 얼의 나라의 성령(얼나)이 우리에게 줄곧 오고 있다. 그런데 슈바이처는 하느님 나라가 실현되지 않았으며, 그러므로 그것은 예수의 실언이라는 것이다. 얼토당토않은 망발이다. 예수는 실언한 것이 아니라 사실을 사실대로 바르게 말한 것이다. 사람의 착각이란 깨닫기 전에는 알지 못한다. 시인 천상병(千詳炳)은 "하느님이 탄생하기 전의 우주는 완전한 무(無)가 결정(結晶)하여 유(有)가 됐을 것이고 그 처음의 유(有)가 하느님이었을 것이다."라고 말했다. 그런데 사실은 그 무(無)가 하느님인 것이다. 천상병이 하느님을 생각하였다는 사실은 감동스러우나 하느님에 대한 생각은 미숙함을 면치 못하였다. 그 정도의 하느님이라도 생각한 것은 천상병이 하느님을 사랑하는 마음이 있었다는 뚜렷한 증거이다. 아주 고맙게 생각한다.

아버지의 말씀은 진리입니다

예수의 이 세상과의 결별의 기도가 이어진다. 하지만 그것은 사실 하느님과 상봉의 기도라 해야 할는지 모른다.

지금 나는 아버지께로 갑니다. 아직 세상에 있으면서 이 말씀을 드리는 것은 이 사람들이 내 기쁨을 마음껏 누리게 하려는 것입니다.
ㅡ요한 17 : 13

예수는 자기 자신의 죽음을 앞두고 잇달아 기쁨을 이야기하고 있다. 그 죽음은 석가처럼 여든 살이나 살고 저절로 죽는 것이 아니다. 마흔 살도 못 된 나이에 십자가라는 형틀에 못 박혀 죽는다. 그것도 무슨 잘못을 저질러서가 아니다. 사람들에게 멸망의 생명인 제나에서 영원한 생명인 얼나로 솟나(부활해) 짐승살이를 떠나 하느님 아들이 되자는 지극히 귀한 가르침을 베풀었기 때문이다. 오늘날 우리가 생각하여도 분통한 일이 아닐 수 없다. 그런데 예수는 아무런 노여움도 보이지 않을 뿐만 아니라 오히려 자기 자신의 마음속에 샘솟는 기쁨을 제자들에게 주고자 한다. 일반적인 상식으로는 도저히 이해할 수 없는 일이다.

그런데 류영모의 이 말씀을 들으면 예수가 보인 그 기쁨의 비의(秘義)를 알 수 있다. 류영모가 우리에게 예수의 기쁨을 알 수 있는 열쇠를 준 것이다.

우리의 목숨은 기쁨이다. 사는 것은 기쁜 것이다. 생각하는 것은 기쁜 것이다. 생각하는 것이 하느님께로 올라가는 것이다. 하느님을 생각하는 것이 기도다. 기도는 하느님께로 올라가는 것이다. 참으로 하느님의 뜻을 좇아 하느님께로 올라간다는 것이 그렇게 기쁘고 즐거울 수가 없다. 인생은 허무한 것이 아니다. 생각은 진실한 것이다. 삶이 덧없어도 목숨같이만(無常生 非常命) 하라고 생각한다. 인생이 허무한 것 같아도 목에 숨쉬듯이 한 발자국씩 위로 올라가면 하느님에게까지 다다를 수가 있다. 이 얼마나 기쁘고 즐거운 일인가?

― 류영모, 《다석어록》

예수는 이미 얼나로는 하느님과 하나인 지선(至善)의 자리에 들어섰다. 그 자리는 생사(生死)를 초월하였고 애증(愛憎)을 초월하였고 희비(喜悲)를 초월하였다. 곧 낱동[個體]인 제나[自我]를 초월하여 전일(全

一)의 얼나[靈我]로 솟난 것이다. 하느님 아버지와 하나 된 자리에 들어선 것이다. 그곳은 황홀한 기쁨이 넘치는 곳이다. 그 기쁨을 제자들에게도 주겠다는 것이다. 누구나 멸망의 생명에서 영원한 생명으로 옮기면 그 기쁨을 누릴 수 있다. 그 자리가 하느님 나라이고 니르바나의 나라이다. 예수는 몸을 지니고 있으면서도 하느님 나라에 들어간 것이다. 개체의식이 깨지고 전일(全一)의식으로 솟나는 것이 하느님 나라에 들어간 것이다. 이것을 불교에서는 유여(有余) 니르바나(Nirvana)라 하고 몸이 죽은 다음에 하느님 나라에 들어가는 것을 무여(無余) 니르바나라고 한다. "사람이 살아 있는 동안에 먼저 부활을 경험하지 않으면 그들은 죽어서 어떤 것도 받지 못할 것이다."(필립보, 말씀 79) 그러므로 예수가 "내가 이 세상에 속해 있지 않은 것처럼 이 사람들도 이 세상에 속해 있지 않다."(요한 17 : 16)라고 말한 까닭을 알 수 있다. 개체의식에서 사는 사람은 이 세상에 속한 사람들이고 개체의식이 깨지고 전체의식에서 사는 이는 이 세상에 속하지 않고 하느님 나라에 속한 사람인 것이다. 바꾸어 말하면 내 뜻을 버리고 하느님 뜻을 내 뜻으로 하였다는 말이다. "하늘에 계신 내 아버지의 뜻을 실천하는 사람이면 누구나 다 내 형제요 자매요 어머니이다."(마태오 12 : 50)는 예수의 말씀을 알아들을 수 있어야 한다. 개체의식이 깨지고 전체의식으로 솟난 이끼리 가깝고 닮았고 하나이다.

"이 사람들이 진리를 위하여 몸을 바치는 사람들이 되게 하여 주십시오. 아버지의 말씀이 진리입니다."(요한 17 : 17) 제자들도 예수 자신처럼 진리인 하느님의 말씀을 세상에 알리는 데 삶의 목적을 두 기를 바란다는 말이다. "나는 오직 진리를 증언하려고 났으며 그 때 문에 세상에 왔다."(요한 18 : 37)는 말씀이 바로 그 말씀이다. 삶의 목 적을 분명히 한 것이다. 이것은 예수만의 인생 목적이 아니라 모든 사람들의 인생 목적이다. 그런데 예수의 가르침을 좇는다는 크리스 천 가운데 이러한 인생의 목적을 지니고 사는 사람들이 몇 사람이나 될지 모르겠다. 몇 사람 안 될 것이다. 올바른 인생의 목적도 모른 채 로 살고 있으니 딱한 일이 아닐 수 없다. 어디론가 열심히 가기는 가 는데 어디로 가는지도 모르고 가는 것과 같다. 살기는 열심히 사는데 목적 없이 살고 있으니 바르게 살 리가 없다. 자기 목적이 없으니 남 들 흉내 내기에 바쁘다. 그것은 참 사는 게 아니다.

예수가 빌라도에게 "나는 오직 진리를 증언하려고 났으며 그 때문 에 세상에 왔다."라고 하였을 때 빌라도가 "진리가 무엇인가?($T\iota\ \varepsilon\delta\tau\iota\nu\ \alpha\lambda\eta\theta\varepsilon\iota\alpha$, What is truth?)"라고 물었다. 그때 예수는 아무 말도 하 지 않았다. 예수는 이미 하느님 아버지의 말씀인 성령이 진리라고 말 하였던 것이다. 복음서를 읽는다는 사람들도 하느님의 말씀이 진리 인 줄 잘 모르고 있다. 진리(眞理, truth)란 참이란 말이다. 전일(全一) 의 절대 존재(하느님)는 참이다. 다른 모든 개체는 거짓 존재이다. 있 기는 있는데 없는 것과 같다는 것이다.

류영모는 이렇게 말하였다.

계시는 존재(存在)는 하나[숟一, 하느님]입니다. 확실한 것은 하나(전체)입니다. 그밖의 것은 다 찌꺼기 여(餘)입니다. 우리는 하나인 본시(本始)를 따질 수 없습니다. 허공도 모르는 것입니다. 하나(절대)를 인식하는 소우주인 나는 책임을 전부 집니다. 그래서 의식(意識) 하나 올라가겠다고 움직이는 것은 참 좋습니다. 생각이 저 높은 곳으로 올라가는 것입니다.

—류영모,《다석강의》

전일(숟一)의 하느님은 빔(허공)이요 얼(성령)이다. 그 얼이 내 의식(생각, 마음) 속으로 샘솟는 것이 영원한 생명인 얼나이다. 이 얼나가 말씀과 사랑으로 나타난다. 그래서 예수가 하느님의 말씀이 참이라고 말한 것은 바른 말이다. 하느님의 생명인 얼(성령)이 말씀으로 샘솟았기 때문이다. 바꾸어 말하면 하느님이 참(진리)이다. 류영모는 "하느님 말씀밖에 믿을 게 없다. 말씀이란 하느님으로부터 오는 얼(성령)이다. 태초의 말씀(성령)이 하느님 아들이다. 예수의 생명이 태초의 말씀이다."(류영모,《다석어록》)라고 말했다. 그러고는 "하느님의 얼(성령)이 내 맘에서 (하느님의) 말씀으로 샘솟았다."(류영모,《다석어록》)라고 했고, "하느님이 보내시는 얼(성령)이 영원한 생명인 우리의 얼나(영혼)이다."(류영모,《다석어록》)라고 말했다. 이것을 잘 맞추어보면 예수의 말씀을 바르게 알아들을 수 있다.

참이 둘이 있을 수 없다. 참이 둘이 되면 둘 다 참이 아니다. 그래서 한자도 참 진(眞) 자가 둘이 되면 엎어질 전(顚) 자가 된다. 하느님은 전체인데 어떻게 여럿이 있을 수 있단 말인가?

류영모의 시원한 말씀을 들어본다.

참(진리)이라는 것은 상대세계인 이 세상에서는 볼 수 없다. 빈탕 한데(허공)에 들어가야만 참을 볼 수 있을 것이다. 그렇지 않고는 참을 생각할 수 없다. 그래서 이 세상의 것(개체)은 모두가 거짓이다. 거짓에 집착할 필요가 없다. 잠깐 우리가 빌려 쓰는 것이다. (내 몸조차도) 절대공(絶對空, 하느님)을 사모한다. 우리가 죽으면 어떻게 되나? 아무것도 없다. 아무것도 없는 허공이라야 참(진리)이 될 수 있다. 참으로 무서운 것은 허공이다. 절대 허공이 참인 하느님이기 때문이다. 허공 없이 실존이고 진실이고 어디에 있는가? 허공이 없이는 우주조차도 존재할 수 있겠는가? 허공 없이 존재할 수 있는 것은 아무것도 없다.

―류영모, 《다석어록》

세상은 아버지를 모르나 나는 안다

나는 이 사람들에게 아버지를 알게 하였으며 앞으로도 그렇게 하겠습니다. 그것은 아버지께서 나를 사랑하신 그 사랑이 그들 안에 있고 나도 그들 안에 있게 하려는 것입니다.

—요한 17 : 26

공동번역이 나왔을 때 류영모는 서점에 가서 손수 사다가 읽었다. 그러나 그것은 이미 공개 모임을 그만두었을 때의 일이다. 류영모는 늘 천 가방에 성경 한 권과 노트를 넣고 다녔는데 그 성경은 개역 성경이었다. 요한 17장 26절에 대한 류영모의 해설이 있다. 물론 개역 싱경이다.

"내가 아버지의 이름을 저희에게 알게 하였고, 또 알게 하리니 이는 나를 사랑하신 사랑이 저희 안에 있고 나도 저희 안에 있게 하려 함이니이다." 이 말씀에서 '나'는 영원한 생명인 나, 영원한 진리인 나다. 사랑의 진리(얼나)가 저희 안에 있게 하려고 한다는 뜻이다. 그 안이라 한 것은 알기 쉽게 이야기한 것이고 진리에 안과 밖이란 원래 없다. 들어가는 것도 아니고 나오는 것도 아니다. 아버지가 오는 것도 아니고 아들이 가는 것도 아니다. 하느님의 얼은 전체로 하나인데 그럴 수가 있겠는가?

우리의 몸이 상대세계에 사니까, 관념이 상대적이니까 그렇게 말해야 알기 쉽기 때문에 그리 한 것이다. 석가모니에게 본디 다르마 (Dharma, 붓다)가 있었던 것은 아니다. 그렇다고 다르마가 따로 있는 것도 아니다. 유일무이(唯一無二)의 절대 존재는 상대세계에서 깨달으면 그이와 비슷하게 갈 수 있는 것이다.

—류영모,《다석어록》

예수가 결별의 기도에서 빈 것은 제자들도 하느님으로부터 얼(성령)을 받아 얼나가 그들의 맘속에 있게 하고 싶다는 것이었다. 그런데도 사람들은 예수가 제자들의 맘속에 들어가 있고자 하는 것으로 안다. 아니면 그들의 마음에 예수를 잊지 못하는 생각이 있기를 바라는 것으로 안다. 그런 것이 아니다. 예수는 제자들에게 예수 자신을 잊지 말고 기억해 달라고 한 것이 아니다. 기억한들 그것이 무슨 소용이 있겠는가? 제자들 각자 제나를 넘어서 얼나를 깨닫지 않으면 그들과 하느님 사이가 끊어지는데 예수의 이름을 기억한들 무슨 소용이 있겠는가?

바울로도 "나는 그리스도와 함께 십자가에 달려 죽었습니다. 이제는 내가 사는 것이 아니라 그리스도가 내 안에서 사시는 것입니다."(갈라디아 2 : 19~20)라고 말하였다. 여기에서 그리스도도 하느님께서 보내주시는 성령인 얼나인 것이다. 몸으로 부활한 예수 그리스도가 어떻게 바울로의 마음에 들어갈 수 있겠는가? 몸으로 부활한 예수가 제자의 마음속에 들어갔다는 말은 없었다. 무슨 유령처럼 여기저기에 나타났다가 사라졌다는 이야기뿐이다. 바울로가 예수가 십자가 못박혀 죽을 때 자기도 달려 죽었다는 말은 알 수가 없다. 그때는 예수와 바울로가 아무 상관이 없었다. 바울로는 바울로대로 스스로 제나가 아무것도 아닌 것을 깨달아야 하는 것이다. 예수의 십자가 죽음과 바울로는 아무 관계가 없다. 예수가 십자가에 못 박혀 죽는 순간에 모든 사람들의 제나[自我, ego]가 함께 죽었다면 그때 이 땅 위에도 하느님 나라가 이루어졌을 것이다. 그런 일은 전혀 없었다.

류영모는 멸망의 생명인 제나로 죽고 영원한 생명인 얼나로 솟난 것을 자기가 자기를 낳는 것이라고도 하고 하느님이 나를 낳는 것이라고도 하였다. 자기가 깨달은 얼나를 하느님의 긋[點]이라고 하면서 이 긋(얼나)을 알아주면 좋겠다고 하였다.

옛적부터 얼나에는 이름이 필요 없습니다. 얼나는 공통의 나이기 때문입니다. 얼나로 내가 옳게 사는데 개체에 딸린 성씨와 이름이 무슨 상관이 있습니까? 이 사람을 이 사람으로만 알아주면 좋겠습니다. 이 사람의 긋(얼나) 하나 알아주고 점(얼나) 하나 발견해주면 더없는 유쾌함을 느낍니다.

―류영모, 《다석강의》

예수가 사람들에게 아버지의 존재(이름)를 알게 하였다는 것이다. "의로우신 아버지, 세상은 아버지를 모르지만 나는 아버지를 알고 있습니다."(요한 17 : 25) 여기서 '세상'은 코스모스(Kosmos)인데 여기에는 바리사이인, 사두가이인을 비롯한 온 이스라엘 민족이 포함된다. 이스라엘 민족은 창세기에 나타나는 다른 민족들이 대부분 다신론을 가졌던 것에 비해 유일신을 믿는 높은 차원의 신관을 지닌 민족으로서 인류의 주목을 받게 되었다. 그리고 기독교를 믿는 사람들이 그들의 성경을 경전으로 받아들이게 된 것이다. 그런데 예수는 그들이 하느님을 모르는 이들이라고 놀라운 말을 하고 있다. 예수는 바리사이인들에게 말하기를 "만일 하느님께서 너희의 아버지시라면 너희는 나를 사랑했을 것이다."(요한 8 : 42)라고 했다. 너희들이 나를 미워하는 것은 하느님 아버지를 모르기 때문이라는 말이다.

세계에서 어느 민족보다 유일신을 가장 잘 믿어 왔다는 이스라엘 민족에게 하느님 아버지를 모르는 사람이라고 몰아세우는 것은 엄청난 소리요 놀라운 심판이 아닐 수 없다. 예수가 그렇게 말한 데는 합리적인 까닭이 있었다. 아브라함에서 비롯해 모세에 이르러 형성된 이스라엘 민족의 유일신 신관은 예수가 보기에는 유치하기 그지없는 잘못된 신관이었던 것이다. 그 단적인 증거가 짐승의 목을 베어 제사를 지내는 것이었다. 그것은 하느님을 전혀 모르는 데서 나온 잘못된 제사의식이었다. 짐승을 잡아 바치는 제사는 사실 사람 대신에 짐승을 잡아 바치는 의식이었다. 그 의식의 잔재가 사도 바울로의 도그마(교리)에서 핵심인 예수를 제물로 생각하는 속죄신앙인 것이다. 정말 예수가 제물이라면 제 아들 잡아먹고 사람들의 죄를 용서하는 그런 모질고 어리석은 하느님이 무슨 하느님인가? 그러니 그들은 하느님을 바로 안 것이 아니라 하느님을 모르는 것이었다.

예수는 얼나를 깨닫는 예배를 올리라는 것이다. 류영모는 우리가 하느님의 말씀을 받아 사뢰는 제사를 드려야 한다고 했다. 이 경지에 가야 그래도 하느님을 안다고 말할 수 있다. 류영모는 우리가 하느님을 알려고 이 세상에 나왔다고 말했다.

> 사람으로서 사람 노릇 하려는 사람은 마땅히 하느님을 알아야 한다. 하느님의 뜻을 알아야 한다. 하느님이 무엇인지 모르겠다는 생각은 끝내야 한다. 하느님하고 사랑을 해야 한다. 하느님에 대한 사랑의 정신이 나와야 내 마음에서 말씀의 불꽃, 성령의 불꽃 진리의 불꽃이 피어오른다.
>
> —류영모, 《다석어록》

하느님을 알겠다고 한다고 다 알 수 있는 것이 아니다. 하느님께서 알게 해주는 만큼, 또 우리가 알 수 있는 만큼 알 수 있다. 류영모는 이를 "나아간 만큼 안다"고 하였다. 나의 생각이 하느님께로 나아가지 않으면 하느님을 알 수 없다. 하느님에 대한 앎의 영역을 많이 차지한 이가 정신적으로 위대한 사람이다. 이제까지는 예수만큼 나아간 이가 없었다. 그래서 예수가 떠난 지 2천 년이 되어 가는 오늘날에도 예수를 모르고는 하느님을 말할 수가 없다.

나의 생각이 하느님께로 나아간 만큼 하느님을 알게 되지만 뒤집어 보면 하느님께서 자신을 내보이신 만큼 우리가 안다고 할 수 있다. 하느님께서 당신을 숨기신 가운데 조금 나타내 보여주시니 우리가 하느님을 알게 되는 것이다.
장자는 이렇게 말하였다.

하느님께서 하시는 바를 알아 사람이 해야 할 것을 알면 (하느님 아들이 되는 데) 이른다. 하느님이 하는 것을 아는 이는 하느님께서 낳았다. 사람이 해야 할 것을 아는 이는 아는 바의 앎을 가지고서 알지 못하는 바의 앎을 길러(以其知之所知 以養其知之所不知) 마침내 영원한 생명으로 살아 죽지 않는다.

—《장자》 대종사 편

예수의 골방 기도

이 땅에 머문 날 일만이천여 일
갓 나서 죽은 아이보다 오래 산 이 없다지만
어찌 그리 빨리도 돌아가시었나
얇디얇은 목숨을 사셨으나
하늘 아바 그리옵는 기도의 마음만은
땅보다 두터웁고 하늘보다 더 깊었다.

남 보라 하는 체하지 말고서

남 몰래 골방에서 하는 거라
사람들에게 가르치셨지만
머리 둘 곳 없이 사셨으니
기도할 골방조차 없었다.

별들이 깜빡이는 밤 동안
새들도 꿈꾸는 조용한 산 속에
따르던 제자들도 떼어놓고서
홀로 외로이 하늘 우러러
오로지 기도 삼매경에 드시니
넓은 우주도 한갓 좁은 골방이었다.
빈 마음에 아바의 생명인 얼나로 차니
하늘 아바 속에 나요 나 속에 하늘 아바
아버지와 아들이 얼싸안고 하나 되니
사랑 기쁨 평화가 넘치는 향기로운 기도
그 기도 우리 모두 본받으리라.
—2007. 2. 2. 박영호

요한복음 18장

나는 오직 진리를 증언하려고 났으며 그 때문에 세상에 왔다.
진리 편에 선 사람은 내 말을 귀담아 듣는다.
―요한 18:37

제사장의 하속들이 예수를 잡아갔다

예수 전에도, 예수 뒤에도 스스로 왕이라 칭하면서 반란을 일으킨 유대인들이 여럿 있었다. 이것을 폭력적인 메시아 운동이라고 한다. 헤로데 왕이 진압했고, 로마 총독이 진압하였다. 그런데 예수는 제사장의 경비병들이 잡아갔다. 이것은 예수를 미워하고 박해하는 주체가 누구인가를 뚜렷이 보여주는 일이다. 말하자면 유대교 지도자들이 예수를 죽인 주체인 것이다. 빌라도도 아니고 가리옷 유다도 아닌 것이다. 여기서 유대교의 폐쇄성과 유대교의 포학성이 잘 드러난다. 17세기 네덜란드에서 유대인들은 랍비를 맡아 달라는 요구를 사양하였다는 이유로 철학자 스피노자에게 차마 입에 담을 수 없는 온갖 저주를 퍼부었다. 그것도 야훼 하느님의 이름으로 저주를 퍼부었다. 예수의 윤리 기준으로 말하면 음욕을 품는 자는 이미 간음하였고 미움을 품는 자는 이미 살인을 저지른 것이다. 예수가 그처럼 폐쇄적이고 포학한 유대교의 신관을 인정할 리 없다. 그러니 예수가 유대교도들에게 하느님을 모르는 사람들이라 말한 것이다. 예수가 오면 지금의 근본주의적인 신앙을 지닌 닫힌 마음의 기독교도들을 보고 하느님을 아는 이들이라고 하지 않을 것이다.

  유대교의 이러한 배타적인 성격으로 말미암아 유대교에서 파생한 그리스도교, 이슬람교, 마르크스교(공산주의)까지 극단적인 배타성을 보인다. 오늘날 예수가 온다면 나는 그들을 모른다고 말할 것이다. 유대교는 예수를 배격하였으니 원래 그렇다고 치자. 예수를 좇는다는 그리스도교는 왜 이렇게 되었는가? 바울로 때문에 예수의 가르침을 저버리고 유대교로 회귀한 것이다. 바울로 신학(도그마)은 유대교의 변형이지 예수의 가르침과는 전혀 관계가 없다. 베르자예프는 기독교를 이렇게 말하였다.

  예수는 세계 종교의 절정이다. 그렇지만 그리스도교 자체는 이 절정에까지 이르지 못하고 있다. 그리스도교는 아직 미완성이다. 역사에 나타난 그리스도교는 그리스도교 본원(예수의 사상)에서 떨어져 있다고 말할 수 있을 것이다.

―니콜라이 베르자예프, 《거대한 그물》

  베르자예프의 말에 따르면 순수한 개인의 믿음일 때는 배타적이 아닌데 제도로서 종교화되면 배타적이 된다는 것이다. 예수 때에는 종교의 틀을 쓰지 않았다. 제도나 조직이 없이 자유로웠다. 스승과 제자가 배우고 가르치는 사랑이 있을 뿐이었다. 그런데 그리스도교라는 종교로 다시 탄생하고부터 그 믿음이 배타적이 되고 독선적이 되었다. 예수와 류영모가 종교를 만들려고 하지 않았던 이유가 여기에 있다. 엄격히 말하면 예수는 그리스도교와 거리가 멀다고 할 수 있다. 예수는 오늘날의 그리스도교와 같은 제도 종교를 만들려고 한 적도 없고 만들라고 한 적도 없다. 하느님을 사랑하고 서로가 사랑하는 형제의 사귐을 바랐을 뿐이다. 그래서 간디 같은 이들은 예수는 더없이 사랑하면서도 그리스도교는 더없이 싫어하였다.

다시 본론으로 돌아가, 예수는 제사장의 하속들에 의해 강제로 체포 구금되었으나 태연자약하였다. 오히려 하속들이 당황하여 어쩔 줄 몰라하였다. 16세기 이탈리아의 철학자 조르다노 브루노가 로마 카톨릭의 종교재판을 받았을 때 일이다. 이단으로 정죄되어 사형 언도를 받은 브루노는 태연자약한데 화형을 언도하는 사제들이 두려워 벌벌 떨었다는 것이 아닌가? 그것이 예수의 말처럼 "겨자씨 한 알만 한 믿음이라도 있다면 이 산더러 '여기서 저기로 옮겨져라' 해도 그대로 될 것이다."(마태오 17 : 20)라는 그 믿음의 위력이었다.

러시아제국 때는 사회주의자라 하여 체포되고 소련 시절에는 반(反)공산주의자라는 이유로 체포된 바 있는 베르자예프는 체포될 때의 심정을 이렇게 술회했다. "나는 체포될 때 거의 황홀한 순간이었던 것처럼 회상된다. 의기소침해지는 것 같은 일은 없었다. 반대로 끊임없이 정신이 약동하는 것을 느끼며 전투적 기분에 싸였다. 오늘에 와서는 우습게까지 생각된다."(니콜라이 베르자예프, 《거대한 그물》)

그런데 하물며 하느님 아버지의 뜻을 좇아가는 길에서 예수는 어떠했겠는가. 예수의 그 의젓하고 늠름한 기백을 능히 상상할 수 있을 것 같다.

예수가 이러한 모습을 보인 곳은 예루살렘 동쪽 기드론 계곡 건너에 있는 겟세마네 동산이었다. 예수가 말하였다. "너희는 사람들 앞에서 옳은 체한다. 그러나 하느님께서는 너희의 마음보를 다 아신다. 사실 사람들에게 떠받들리는 것이 하느님께는 가증스럽게 보이는 것이다."(루가 16 : 15) 사람들에게 떠받들리느라고 하느님께 밉보인 대표적 인물이 제사장 가야바와 그의 장인 안나스라 할 것이다. 역사적인 성자 예수를 죄인으로 만들어놓고 감히 심문을 한 것이다. 이 얼마나 기가 막히는 적반하장의 일인가? 이 세상은 그런 일이 자주 벌어지는 곳이다.

감히 예수를 심문한 이는 그해의 대제사장인 가야바의 장인 안나스(하난)였다. 안나스는 현직에서 물러난 대제사장이었으나 로마제국의 신임을 얻어 제사장 임명에 관여하여 현직 대제사장보다 더 큰 실권을 휘두르고 있었다. 그래서 줄곧 안나스 대제사장이라고 불렀다. 가야바보다 안나스가 먼저 예수를 심문한 것도 그 때문이었다. 안나스의 아들과 사위들이 대제사장직을 이어받아 가야바의 집안을 일컬어 제사(祭司) 가족이라 불렀다. 이 집안은 유대의 정치화된 종교의 특색인 교만하고 음험한 악의를 그대로 지니고 있었다. 예수를 죽인 것은 안나스가 대표하는 유대교 지도자 일당이었다. 안나스가 무서운 죄악의 역사를 만드는 주역을 맡은 것이다. 예수를 끌고 가야바의 궁전에 들른 것은 형식적인 행위였다. 더없이 위대한 성자가 더없이 초라한 죄수의 모습으로 끌려 다니는 모습을 생각하니 고개가 절로 숙여진다.

안나스 일당은 민중 반란을 두려워하고 있었다. 그리하여 그들은 열광적인 종교가들이 격앙된 목소리와 자극적인 말로 민중을 선동하는 것을 경계하였다. 만일 흥분한 민중이 폭동을 일으키면 로마제국의 군대에 참혹하게 진압되리라는 것을 알고 있었다. 그래서 가야바가 예수를 죽여야겠다고 결심하고서 "온 민족이 멸망하는 것보다 한 사람이 백성을 대신해서 죽는 편이 더 낫다는 것도 모릅니까?"(요한 11 : 50)라는 그럴듯한 대의명분을 내세웠던 것이다. 그러나 예수는 로마제국에 항거하자는 정치적인 말을 단 한 번도 하지 않았다. 그러므로 가야바가 내세운 명분은 예수에게 해당되지 않는 것이었다.

예수의 진리파지 운동은 어디까지나 비폭력적이었다. 가야바가 우려하는 것 같은 위협적인 선동이 아니었다. 그런데 훗날 가야바의 말대로 일이 일어났으니 그로부터 37년 뒤 기원후 70년에 무장소요가 일어나 로마 장군 티투스에 의해 예루살렘이 초토화되고 성전은 궤멸되고 말았다.

그러나 예루살렘에서 예수가 꽃피운 진리 정신은 북극의 오로라처럼 오늘도 우리들을 황홀케 한다. 류영모는 이렇게 말하였다.

삶의 마지막을 거룩하게 끝내라. 끝이 힘을 준다. 끝이 힘을 준다는 말은 결단하는 데서 힘이 생긴다는 말이다. 끝이란 끊어버리는 것이다 [苦集滅道]. 몸과 맘의 제나[自我]는 거짓나라 이것은 참이 아니다라고 부정하는 것이다. 제나를 끊어버리는 데서 얼나의 정신이 자란다. 전광석화(電光石火)같이 생명이 끝나는 찰나에 얼생명의 꽃이 핀다. 마지막 목숨 끝 그것이 꽃이다. 그래서 유종지미(有終之美)라 한다. 마지막을 아름답게 꽃피우는 그것이 끝꽃이다. 그러기 위해서는 마지막을 기다릴 것이 아니라 순간순간이 곧 끝이다. 그렇기 때문에 언제나 끝이요 꽃이다.

—류영모, 《다석어록》

그 칼을 칼집에 도로 꽂아라

베드로는 예수의 제자 가운데서는 순진하면서 적극적인 성격의 소유자로 보인다. 공자의 제자 자로와 비슷한 데가 있다. 가야바의 하속들이 스승 예수를 잡아가려 하자 베드로가 지녔던 칼로 말코스라는 하인의 한쪽 귀를 잘라버렸다. 예수의 가르침을 받은지라 차마 몸통은 찌를 수 없었던 것 같다. 그때 예수가 베드로를 꾸짖으며 말했다. "그 칼을 칼집에 도로 꽂아라. 아버지께서 나에게 주신 이 고난의 잔을 내가 마셔야 하지 않겠느냐?"(요한 18 : 11) 마태오복음에는

"칼을 쓰는 사람은 칼로 망하는 법이다."(마태오 26 : 52)라는 말이 더 들어 있다.

예수는 이미 "사실은 사람의 아들도 섬김을 받으러 온 것이 아니라 섬기러 왔고 많은 사람을 위하여 목숨을 바쳐 몸값을 치르러 온 것이다."(마태오 20 : 28)라고 말한 적이 있다. 많은 사람들이 수성(獸性)의 노예가 되어 짐승 노릇을 하고 있다. 그 수성에서 놓여나 자유를 얻어 얼나로 하느님 아들이 되게 하겠다는 뜻이다. 그러기 위하여 섬김 받는 삶이 아니라 섬기는 삶을 살겠다는 것이다. 그러므로 수성의 노예가 된 사람을 측은히 여겨야지 미워할 수 없지 않겠는가? 예수는 이미 하느님으로부터 성령을 받아 영원한 생명(얼나)을 얻었으므로 멸망의 생명인 제나는 언제 죽어도 좋은 것이다. 이것이 최고의 깨달음이다. 불교식으로 말하면 아눗다라삼먁삼보디[無上正等正覺]에 이른 것이라 하겠다.

이슬람교의 창시자 무함마드는 초기에는 예수처럼 무저항으로 참으면서 살았는데 도중에 참기를 포기하고 마주 대항하여 싸우게 되었다. 그 싸움을 미화하기 위하여 지하드[聖戰]라고 이름하였다. 그 변화의 과정을 들어보자.

꾸준한 인내는 초기 그리스도교인들이 보여주었던 것과 마찬가지로 무슬림(회교도)들이 메카에서 보여준 바 있었다. 그러나 자신의 확신과 신념을 위해 인내하면서 고통을 이겨낸 사람들은 그다지 많지 않으며 그들은 보통 사람이 아니다. 그들은 알라 하느님께서 부여하신 그런 도덕적 힘을 갖춘 선택받은 사람들로서 그 어떤 불이나 박해 앞에서도 굳건히 참아낼 수 있다. 그러나 어떤 사람이 침략자에게 맞서 똑같은 무기로 자신을 방어할 수 있고 알라 하느님의 길을 막는 자들에게 똑같은 수단으로써 성전(聖戰)을 할 수 있다면 그렇게 하는 것이 그의 의무이다. 그렇지 못하다면 그것은 자신의 신앙이 약하고 확신과 신념이 의심스럽다는 증거이다.

—H. 하이칼,《예언자 무함마드의 생애》

예수는 분명히 말하였다. "옳은 일을 하다가 박해를 받는 사람은 행복하다. 하늘나라가 그들의 것이다."(마태오 5 : 10) 예수의 가르침을 좇던 그리스도교가 로마제국의 콘스탄티누스 황제와 손을 잡으면서 박해받던 쪽에서 박해하는 쪽으로 변화하였다. 예수의 말대로 표현하면 이것은 분명히 복(福)이 아니라 화(禍)인 것이다. 이것은 사탄과 손을 잡고 예수와 등지는 일이었다. 그리하여 그리스도교는 그리스도교 선행사가 아닌 그리스도교 죄악사를 엮기에 바빴다. 예수가 《기독교 죄악사》(조찬선 지음)를 읽는다면 그 표정이 어떠할지 불문가지다. 누구보다도 예수가 통탄할 일이 아닐 수 없다. 그래서 예수의 가르침을 바로 찾으려고 한 사람들이 그리스도교 밖에서 나왔다. 소로, 톨스토이, 간디, 류영모 등이다. 그들은 예수를 따르고자 하였지만 그리스도교는 멀리하였다. 이미 그리스도교는 예수의 가르침에 등을 돌렸기 때문이다. 이들이야말로 참으로 예수의 가르침을 좇는 예수의 제자요 신도이다.

소로는 외할아버지가 목사인데도 교회를 멀리하였다. 하느님을 가까이 하는 데 그리스도교회가 도움이 되지 않았기 때문이다. 이것은 소로를 나무랄 일이 아니라 교회가 반성할 일이다.

이 세상의 지혜란 한때는 받아들이기 어려웠던 현자들의 이단사상인 것이다. 나는 특정한 종교와 철학을 특별히 좋아하지 않는다. 나는 그리스도교도와 비그리스도교도로 믿는 자를 구별하고, 어떤 사람의 믿음의 내용과 형식을 다른 이의 그것과 구별하는 편협성과 무지함을 개탄한다.

—소로, 《소로의 일기》

톨스토이는 예수의 가르침을 통해 쉰 살에 정신적 숫남(부활)을 체험하여 새 사람이 되었다. 그리하여 예수의 가르침을 비로 알고 바로 실행하고자 맘과 뜻과 힘을 다하였다. 톨스토이는 이렇게 말하였다.

이제 나는 비로소 다음의 것을 이해할 수 있게 되었다. 예수는 악한 자에 대한 무저항에 관한 명제에 있어 모든 사람들을 위해서 악한 자에 대한 무저항에서 어떠한 결과가 생기게 될 것인가를 말하고 있을 뿐 아니라 그것과 동시에 예수와 동시대의 사람들이 모세의 율법과 로마

법에 따라서 생활하였고 또 오늘날의 사람들이 여러 가지 법규에 따라서 생활하고 있는 그 원칙과는 정반대의 입장에다가 악한 자에 대한 무저항의 명제를 두고 있는 것이다.

—톨스토이, 《종교론》

간디는 자신의 비폭력 무저항 정신의 뿌리를 《바가바드기타》에 둔다고 하였지만 가장 크게 영향을 받은 곳은 예수였다. 힌두교도들로부터 겉으로는 힌두교도인 척하지만 속으로는 크리스천이라는 말을 들었다. 간디의 진리파지 정신은 예수의 영향을 받았다.

그들은 나를 힌두교도로 위장한 그리스도교도라고 한다. 그들은 내가 《기타(Gita)》에서 비폭력주의를 배웠다는 말을 하였다고 《기타》를 왜곡한다고까지 이야기한다. 하느님의 힘에 의지하지 않는 비폭력주의는 먼지 속에 버려진 초라한 존재에 불과하다. 우리들 가슴속에 존재하는 하느님을 느끼며 사는 것이야말로 비폭력주의의 가장 중요한 첫걸음이다.

—마하트마 간디, 《간디문집》

류영모는 하느님 사랑과 예수 사랑에서는 누구에게도 뒤지지 않는 일생을 살았다. 그 무엇에도 좌고우면하지 않고 신앙 생활로 일이관지(一以貫之)한 사람이다.

악한 사람을 보면 당장에 때려죽일 것처럼 날뛰는 사람이 악을 가장 싫어하는 것 같지만 그런 사람일수록 범법하기 쉬운 사람이다. 우리는 냉정해야 한다. 무아(無我)의 지경을 볼 수 있어야 한다. 불살생(不殺生) 무상해(無傷害)가 원칙이다. 내가 괴로움을 당하지만 남에게 괴로움을 주지 않을 마음이 없는 사람은 아직도 선을 위해서 무엇을 한다고 할 수 없다. 악을 악으로 대하면 자기도 악당이 되고 만다. 악이라는 존재는 하느님의 뜻으로 없어질 것이다.

―류영모, 《다석어록》

"내 왕국은 이 세상 것이 아니다."(요한 18 : 36) 예수는 얼(성령)의 나라인 하느님 나라만 인정하였다. 예수는 얼로 하느님 나라와 이어져 있었다. 간디는 말하였다.

사람은 자기 존재의 근원(하느님)에서 자신을 끊어버릴 때 죽는 것이지 목에 숨이 끊어질 때 죽는 것이 아니다.

―마하트마 간디, 《날마다 한 생각》

2006년 12월에 KBS 제2방송에서 정규 방송 시간에 20분 동안이나 화면이 송출되지 못한 방송 사고가 난 일이 있었다. 2초 동안 끊어져도 안 될 터인데 20분 동안이나 텔레비전이 먹통이 되었으니 대형 방송사고가 아닐 수 없었다. 공자는 "밥 먹는 동안에도 어짊을 어기지 말며 눈 깜짝할 사이에도 반드시 이래야 하며 넘어진 동안에도 반드시 이 같아야 한다(君子無終食之間 違仁 造次必於是 顚沛必於是)."(《논어》이인 편)라고 하였다. 사람은 잘못을 순간적으로 저지르기 때문이다. 그래서 예수도 "늘 깨어 기도하여라."(루가 21 : 36)라고 하였던 것이다.

"주님과 함께 죽는 한이 있더라고 결코 주님을 모른다고 하지 않겠습니다."(마르코 14 : 31)라고 한 베드로는 예수가 짐작한 대로 하루 저녁에 세 번씩이나 스승 예수를 모르는 사람이라고 하였다. 가야바가 보낸 하속의 귓바퀴를 잘라버리던 그 용기는 어디로 갔는지 모를 일이다. 공자는 말하기를 "참된 사람은 그 말이 행동보다 앞서는 것을 부끄러워한다[君子恥其言之過其行]."(《논어》헌문 편)라고 했다. 예수는 베드로에게 반석(베드로)이란 이름까지 지어주었는데 반석은커녕 사장(沙場)도 못 되었다. 류영모의 말대로 반석이라 말고 허공이라고 지어주었어야 했는지 모른다.

옛적부터 반석은 가장 튼튼한 것이라고 여겼습니다. 다시 말하면 허공을 가진 사람에게는 하느님이 마음의 허공으로 있습니다. 허공이 단단한 것임을 모르니까 단단하다면 기껏해야 반석을 떠올리는 것입니다.

―류영모,《다석강의》

"너는 베드로이다. 내가 이 반석 위에 내 교회를 세울 터인즉 죽음의 힘도 감히 그것을 누르지 못할 것이다."(마태오 16 : 18)라는 말도 예수의 말씀이 아니라 교회의 말인 것 같다. 예수가 교회를 세우는 데 베드로 위에 세울 리가 없다. 세운다면 말씀(진리) 위에 세울 것이다.

류영모가 베드로에 대해 말하였다.

온 세상이 하느님을 배반하여도 나는 배반하지 않겠다는 마음을 지녀야 합니다. 이렇게 옳은 생각은 옳은 대로 자기 마음에 있어야 합니다. 죄다 예수를 버리더라도 베드로는 예수를 떠나지 않겠다고 다짐하였습니다. 그 베드로도 예수를 세 번이나 모른다고 부인했습니다. 새벽에 닭이 꼬끼오 하고 울 때 베드로는 닭 울음소리와 함께 깨달은 것이 있었습니다. 예수가 '나'라고 할 때의 나는 로고스의 나입니다. 나는 어쨌든 제정신을 차립니다. "내가 누구인데" 하는 오만한 '나'는 큰 독(毒)입니다. 이러한 독의 나는 벗어버려야 합니다. 조그마한 일에도 노여워서 "네가 감히 나한테!" 하고 소리칩니다. 이것은 독의 나입니다. 마음에 마귀가 들어앉을 자리를 만들지 말라는 말입니다. 자칫 잘못하면 어느 사이에 마음을 도둑맞는 일이 있습니다.

―류영모, 《다석강의》

요한복음 19장

마침 거기에는 신 포도주가 가득 담긴 그릇이 있었는데
사람들이 그 포도주를 해면에 담뿍 적셔서
히솝 푸대에 꿰어 가지고 예수의 입에 대어 드렸다.
예수께서는 신 포도주를 맛보신 다음
'이제 다 이루었다' 하시고 숨을 거두셨다.
― 요한 19 : 29~30

님은 어찌 그렇게도 빨리 돌아갔나?

예수는 가까이는 백일몽에 빠진 자폐아 유대 민족을 구원하고 멀리는 아버지(하느님)를 찾아갈 줄 모르는 미아 인류를 구원하고자 하였다. 유대 민족은 자신들은 야훼의 선택을 받은 민족이며 야훼가 보낸 메시아가 타 민족을 제압하고 야훼가 통치하는 신정(神政)의 나라를 세워주리라는 것을 확신하고 있었으니 백일몽을 꾸는 자폐아가 아니고 무엇이란 말인가?

인류는 생명의 근원이신 하느님을 찾을 생각을 못한다. 하느님께서는 하느님의 영원한 생명인 얼나를 주어 아들로 돌아오기를 바라고 있다. 그런데도 멸망의 생명에만 붙잡혀 짐승 노릇만 하고 있으니 이 어찌 미아라 하지 않겠는가? 예수는 이것을 안타깝게 생각하였다. 예수는 사람들에게 이를 깨우쳐주려고 이 세상에 왔다고 말하였다. "나는 오직 진리를 증언하려고 났으며 그 때문에 세상에 왔다. 진리 편에 선 사람은 내 말을 귀담아 듣는다."(요한 18 : 37)

류영모는 스스로 불 속으로 뛰어드는 부나방의 죽음 같은 예수의 죽음을 두고 이렇게 말하였다.

> 사람은 자기가 무슨 일을 위해 태어났는가를 알아야 합니다. 곧 천직(天職)을 밝혀 그 일에 대한 교육을 받아야 합니다. 천직을 타고 가면 좀처럼 다른 데로 움직이지 않습니다. 내 마음대로 하지 못합니다. 그런 뜻에서 십자가에 못 박힌 예수 그리스도는 천직에 매달린 분입니다. 천직에 매달린 모범을 통해서 우리를 위한 본을 보여주었습니다. 죽기로 천직을 다한 것을 우리에게 보여주었습니다. 자기의 천직에 임무를 다하는 것이 십자가에 달린 예수와 같이 하느님 아들이 되는 길임을 보여 주었습니다. 참으로 사명(使命)의 천직을 다하는 이가 하느님 아들입니다.
>
> —류영모, 《다석강의》

예수는 얼마든지 죽지 않을 수 있었다. 미혹되고 부패한 제사 종교인 유대교를 정면으로 부정(否定)하지 않았다면 예수를 죽이려 하지 않았을 것이다. 또 그들의 마수를 피하여 숨거나 도피했다면 죽일 수 없었을 것이다. 그러나 예수는 그 길을 택하지 아니하였다. 이를 위해서 죽으려고 왔다는데야 누가 말릴 수 있단 말인가? 맹자가 말하기를 "삶도 내가 바라는 것이지만 하고 싶은 일에 삶보다 더 한 것이 있으니 그러므로 구차하게 살려고 하지 않으며 죽음이란 또한 싫은 것이지만 싫은 일에 죽음보다 더 한 것이 있으니 그러므로 환란도 피하지 않는다."(《맹자》 고자 상편)라고 하였다. 맹자가 예수의 마음을 대변해주고 있는 것 같다.

유대교의 산헤드린 원로들은 유대교의 존립을 위협하는 이름 없는 젊은 시골뜨기 예수만 죽이면 유대교와 자신들의 안전을 지킬 수 있다고 믿었다. 교활한 그들은 민중을 동원하여 실권을 쥔 로마 총독 빌라도에게 아첨을 하는가 하면 협박을 하여 예수를 십자가에 못 박아 죽이는 데 성공하였다. 그러나 뜻밖에 하느님의 성령에 의한 진리운동은 예수의 죽음으로부터 본격적으로 시작되었다. 예수가 일찍이 니고데모에게 말한 적이 있다. "바람(성령)은 제가 불고 싶은 대로 분다. 너는 그 소리를 듣고도 어디서 불어와서 어디로 갔는지를 모른다. 성령으로 난 사람은 누구든지 이와 마찬가지다."(요한 3 : 8) 예수가 십자가에 달려 죽음으로써 본격적으로 불기 시작한 성령의 바람은 예수가 부나비가 되어 불 속에 뛰어드는 날갯짓에 의한 나비효과(butterfly effect)에서 비롯되었다. 그 미미한 성령의 바람이 점점 거센 성령의 태풍이 되어 온 지구 위에 2천 년이 지난 오늘에까지 불고 있다. 성령의 태풍은 멸망시키는 태풍이 아니라 부활의 태풍이다. 그 태풍의 중심인 눈이 바로 십자(十字)이다. 이 눈에 보이지 않는 십자를 보는 이는 눈에 보이는 십자가를 만들어 달 필요가 없다.

이 사람은 솔직히 말하면 4복음서 여러 곳에 적어놓은 예수의 이적 기사 이야기는 예수에게 필요 없는 것으로 본다. 예수가 하였다고 믿고 싶어도 믿어지지 않는다. 오죽했으면 슈바이처가 말하기를 예수는 꼭 보여주어야 할 때는 이적 기사를 행하지 않고 행할 필요가 없을 때는 이적 기사를 행하여 실패하였다고 불평을 했겠는가? 보여주어야 할 때 이적 기사를 행하면 상황이 달라져 예수의 생애가 정반대로 이뤄져야 한다. 그것을 감당할 수 없으니까 복음서 저자들이 쉬운 거짓말을 택한 것이다. 그런데 예수가 스스로 행한 이적 기사가 하나 있다. 예수가 십자가에 못 박혀 죽음으로써 이 세상에서 가장 끔찍한 흉물(凶物)인 십자가가 가장 거룩한 성물(聖物)이 되었다는 사실이다. 미움과 죽음의 상징물인 십자가가 예수로 말미암아 사랑과 부활의 상징물이 된 것이다. 이처럼 놀랍고 위대한 이적 기사가 어디 있는가?

우리는 일찍이 예수가 한 말을 잊지 않고 있다. "구리 뱀이 광야에서 모세의 손에 높이 들렸던 것처럼 사람의 아들도 높이 들려야 한다."(요한 3:13) 공관복음에는 예수가 제자들에게 자신이 십자가에 못 박혀 죽을 것이라는 예고를 세 번씩이나 한 것으로 되어 있다. 그런데 요한복음에서는 그것을 넣지 않고 요한복음 3장 13절로 예수의 십자가 죽음을 암시하고 있다.

역경(易經)의 8괘니 64괘니 하는 괘는 벽에 걸어놓고 본다고 괘라고 이름 붙인 것이다. 역경은 벽에 걸린 괘를 보고 느낀 소감을 적어서 이루어진 책이다. 예수는 사람의 아들[人子]이 들려야 한다고 말하였다. 자신을 역경의 괘처럼 걸어놓고 사람들이 바라보고 삶과 죽음에 대해 깊이 생각해보라는 뜻인 것이다. 이스라엘에는 역경의 괘가 없었으니 예수는 저 멀리 모세가 광야에서 구리 뱀을 만들어 막대기 끝에 달아놓고 바라보게 한 것을 예로 든 것이다. 예수를 바라보기만 하면 제일 먼저 떠오르는 건 하느님 아버지와 영원한 생명인 얼나의 숫남(부활)이다.

이왕 예수가 말을 꺼냈으니 모세가 만들어 달아놓은 뱀의 형상도 생각해봄직하다. 그러고 보니 이 사람도 괘사(卦辭)를 제법 늘어놓게 되는 것 같다. 류영모는 사람도 온전히 짐승인데 다른 짐승과는 달리 바로 서서[直立] 걷게 된 것을 신앙의 첫 걸음으로 생각하였다. 이것을 류영모는 위에 계시는 하느님이 그리워서 직립하게 되었다고 말했다. 이 직립보행의 특징을 살려 막대기를 세로로 하나 그어 사람을 가리키게 되었다. 영어의 I(아이)가 그것이다.

사람이 다른 동물과는 달리 곧게 일어서는 것은 위(하느님)로부터 온 까닭이라고 생각된다. 마치 모든 초목이 태양에서 왔기 때문에 언제나 태양이 그리워 태양을 머리에 이고 태양을 찾아 하늘 높이 곧이 곧장 뻗어 가며 높이 서 있듯이 사람은 하느님으로부터 왔기 때문에 언제나 위(하느님께)로 머리를 두고 언제나 하느님을 사모하며 곧이 곧장 일어서서 하느님을 그리워하는 것이다. 사람이 하느님을 찾아가는 궁신(窮神)은 식물의 향일성(向日性)과 같이 사람의 가장 깊은 곳에 숨겨져 있는 사람의 본성이라고 생각된다.

─류영모,《다석어록》

예수는 "너희는 아래에서 왔지만 나는 위에서 왔다. 너희는 이 세상에 속해 있지만 나는 이 세상에 속해 있지 않다."(요한 8 : 23)라고 말하였다. 위(하늘)에서 온 이는 하느님을 사랑하지만 아래(땅)에서 온 이는 세상을 사랑한다는 것이다. 류영모는 말하였다.

우리의 몸뚱이는 짐승입니다. 혈육(血肉)을 가진 사지(四肢)의 짐승입니다. 몸은 몸의 근본을 좇아 이 땅의 악과 친하려고 합니다. 그러나 사람에게 짐승의 몸만 있는가 하면 그렇지 않습니다. 하느님 아들이 될 천성(天性, 얼나)이 있습니다. 이것은 하느님께로 올라가려는 본성입니다. 예수는 자신이 하느님으로부터 나온 것을 너무나 잘 알기 때문에 하느님과만 친하려고 하였습니다. 하느님께로 가느냐 땅으로 가느냐 하는 것은 나 자신의 선택에 달려 있습니다.

—류영모, 《다석강의》

짐승은 네 발로 걸어 다니기라도 하지만 뱀은 온몸을 땅에 딱 붙이고 기어 다닌다. 그러니 가장 땅과 가깝고 친하다고 하겠다. 그런데 사람은 온몸을 일으켜 세워 두 발의 바닥만 땅에 붙인다. 땅과는 멀리하고 하느님을 가까이 하고 싶어서이다. 비노바 바베는 걸어 다니면 두 발바닥 가운데서 한 발바닥만 땅에 붙이면 되기 때문에 걷는 것이 땅과 가장 멀리하는 방법이라고 하였다. 모세의 구리 뱀처럼 위로 들리면 한 발조차도 땅에 붙일 필요가 없다. 예수가 십자가에 매달린 것에는 땅을 멀리하고 위에 계시는 하느님을 가까이 하자는 뜻이 담겨 있는지도 모르겠다.

　자기가 매달린 십자가 형틀도 자기 힘으로 끌고 갈 수 없는 것을 보면 예수는 체격이 빈약했던 것 같다. 그런 볼품없는 체격을 다 드러내도록 옷을 홀랑 벗겨 알몸 벌거숭이가 되었다. 여기에도 상징적인 가르침이 있을 것이다. 우리는 이 세상의 모든 것을 몽땅 다 버려야 한다. 세상도, 나라도, 가정도, 옷도 끝으로는 몸까지도 다 버려야 한다. "이 세상의 것은 다 버려야 합니다. 훨훨 다 벗어버려야 합니다. 사람의 몸뚱이라는 것도 또한 벗어버릴 허물이요 옷이지 별것이 아닙니다. 결국 사람의 임자는 얼나입니다. 사람에게 영원불멸하는 것은 얼나뿐입니다."(류영모, 《다석강의》)

　예수의 몸에서 피가 빠져 나가자 목이 말랐다. 목마르다고 하자 "마침 거기에는 신 포도주가 가득 담긴 그릇이 있었는데 사람들이 그 포도주를 해면에 담뿍 적셔서 히솝 풀대에 꿰어 가지고 예수의 입에 대어 드렸다. 예수께서는 신 포도주를 맛보신 다음 '이제 다 이루었다' 하시고 숨을 거두셨다."(요한 19 : 29~30) 예수가 공생애 동안 한 일은 말씀밖에 없다. 하긴 이적 기사도 행한 것으로 되어 있지만 이적 기사는 별로 중요하지 않다. 오히려 예수를 바로 이해하는 데 걸림돌이 된다. 예수가 하느님의 말씀을 대변하였다는 데에 그 가치가 있다. 말씀은 영원한 생명인 얼(성령)에서 나오고 말씀을 듣고 영원한 생명인 얼에 이를 수 있기 때문이다. 그런데 그 말씀을 나타내는 한

자 言은 辛(신)과 口(구)를 합성한 글자라고 한다. 맵도록 쓰디 쓴 것을 입에 대어서 나오는 것이 말씀이라는 뜻이다. 예수의 입에 신 포도주를 갖다 댄 것은 말씀[言]으로 삶을 마감하는 이의 상징인 것 같다.

일전에 사천시 문화원장 박동선(朴東善)의 초청을 받아 신우(信友) 김창수(金昌洙)와 함께 정해(丁亥)년 정초(1월 5일)에 사천문화원을 찾았다. 박동선의 안내로 처음으로 통영시에 자리한 충렬사(忠烈祠)에 들러 충무공 이순신의 영정 앞에 합장 배례할 기회를 얻었다. 영정을 모신 사당 출입문 현판에 지과문(止戈門)이라는 글씨가 새겨져 있었다. 止戈는 武(무) 자를 파자(破字)한 것이다. 싸움을 멈추게 한다는 뜻이다. 이순신은 이 나라 국토에 침입해 온 왜군을 물리쳐 싸움을 그치게 하고자 안간힘을 쓰다가 목숨까지 바쳤다. 만일 예수의 영정을 모신 사당이 있다면 그 출입문 현판에 무슨 글씨를 새길까 생각해보았다. 信자를 파자한 人言門이라는 현판을 달아야 할 것이다. 예수는 인류를 짐승에서 하느님 아들로 부활시키려고 인자(人子)로서 말씀을 하다가 목숨까지 바쳤다. 이순신이 무(武)의 사람이었다면 예수는 신(信)의 사람이다. 차원과 범위는 다르지만 예수와 이순신은 닮은 점이 있다. 충렬사 안에는 비각(碑閣)이 있는데 역대 수군 통제사들의 공적 추모비가 서 있었다. 그 비석 가운데 '공래하지(公來何遲) 공귀하속(公歸何速)'이란 잔글씨가 보였다. '님(임)이 오시기가 어찌 그리 늦었으며 님이 돌아가시기가 어찌 그리 빠른지요'라는 뜻이다. 그 글을 지은 이야 예수라는 이름도 못 들었겠지만 이 사람에게는 그 글이 바로 예수를 두고 한 말인 것 같았다. 류영모는 인류가 예수를 기다리고 기다렸는데 더디게 왔다고 하였다. 예수가 이 세상에 오기 몇천 년 전부터 온전한 사람이 오기를 바랐는데 줄곧 바라던 온전한 인격이 2천 년 전 이스라엘 민족에게서 나타났다고 하였다. 목사 아들로 태어났으나 일생 동안 기독교를 공격하며 반기독자로 자처한 니체도 예수가 너무 일찍 죽은 것을 아쉬워하였다.

예수는 이 세상에서 40년을 못 채우고 시원섭섭히 떠났을 것이다. 예수야말로 석가의 말 그대로 '응무소주 이생기심(應無所住而生其心)'이라 할 것이다. 개체(個體)는 시간과 공간의 제약을 받기 때문에 반드시 주소가 있다. 아니 계시는 곳이 없는 하느님은 주소가 없다. 마땅히 주소 없는 하느님(니르바나님)을 그리워해야 한다는 뜻이다. 예수는 하느님만을 그리워하였다. 그렇게 오매불망 그리운 하느님께로 갔는데 얼마나 기뻤겠는가. 당연히 모든 이가 축하를 드려야 할 일일 것이다.

영원한 생명인 얼나의 예수에게 대체 무슨 장례식이란 말인가? 그런데 복음서 저자들은 간소하나마 정중히 장례를 치른 것으로 적어 놓았다. 이것을 꾸며진 이야기로 보는 신학자들이 늘어나고 있다. 송장은 똥덩어리 치우듯이 사람 눈에 거리끼지 않도록 불사르든지 묻으면 그만인 것이다. 그 앞에 절하고 찬송할 필요가 없다.

신을 벗으라 (출애굽 3 : 5)

참나가 낱동 속에 머무는 동안
신고 다닐 신인 제나이라
남이 애써 지어준 신 아닌가
고이고이 탈없이 소중하게 신다가
거룩한 하느님 나라에 이르면
아낌없이 제나의 신은 벗어버린다.

하루하루 넘기는 시간에서
하느님과의 입맞춤을 느끼고
가장자리 없는 신비의 허공 속에서
하느님의 품 안에 포옹 받음을 느끼면
그 자리는 거룩한 하느님 나라
아끼던 신을 벗어던진다.
보기조차 싫은 원수처럼 미운 이가
측은히 사랑으로 반가워지고
나를 업신여기는 거슬리는 말이
칭찬보다 고맙게 들리면
그 자리는 거룩한 하느님 나라
아끼던 신을 벗어버린다.

눈길을 끌던 이 세상 모든 것들이
아무것도 아닌 신기루임을 알게 되고
없이 계시는 하느님의 영광이
극지의 오로라보다 더 황홀할 때
그 자리는 거룩한 하느님 나라
아끼던 신을 벗어던진다.

하느님 나라는 들이덤비는 이의 차지
망설이고 머뭇거리면 더욱 멀어질 뿐
포옹하며 입 맞추듯 힘찬 사랑의 생각(기도)이
하느님 나라에 들어갈 수 있는 길
하느님 품속에서 하느님과 하나 되면
아낌없이 제나의 신은 벗어버린다.
—2007. 2. 15. 박영호

빌라도가 예수에게 베푼 어쭙잖은 호의

 복음서는 맹목적으로 믿고 싶어서 믿는 이들에게는 아무런 문제가 없지만 이성(理性)의 눈을 뜨고 읽으면 의심스러운 곳이 많다. "자기 십자가를 지고 나를 따라오지 않는 사람도 내 사람이 될 자격이 없다."(마태오 10 : 38)라는 말이 있다. 이 말이 순리로 나오자면 이는 예수가 십자가에 못 박혀 죽은 뒤에 한 말이라야 한다. 자신이 먼저 십자가에 못 박히고 나서야 할 말이기 때문이다. 말하는 이가 십자가에 먼저 못 박히지 않고는 이렇게 말할 수가 없다. 그러나 이 말은 예수가 십자가에 못 박히기 전에 한 말로 되어 있다. 그렇다면 이 말은 누가 예수의 말로 만든 말일 수밖에 없다. 그래서 예수의 전기를 쓴 불트만은 이렇게 말하였다.

    예수의 생애와 인격에 관해서는 거의 아는 것이 없을지라도 그의 선포에 관해서는 우리는 어떤 연관성 있는 상(像)을 만들 수 있을 만큼 알 수 있다. 그러나 여기서도 우리는 자료의 성격으로 볼 때 극도로 신중해야 한다. 그 자료들이 우리에게 제공하는 것은 실로 우선 교회의 선포이고 교회가 자료들을 대부분 예수에게 소급시키고 있는 것이다. 그러나 이 사실은 말할 것도 없이 교회가 예수의 말로 전한 모든 말이 실제로 예수가 말한 것은 아니라는 것을 증명해주는 것이다. 많은 말의 경우 그것들이 오히려 교회에서 비로소 생긴 것이며 다른 경우에는 교회에 의해 개작된 것임을 입증할 수가 있다.

―루돌프 불트만,《예수》

    예수의 전기를 쓴 신학자가 복음서를 통해서는 예수의 생애와 인격에 관해 거의 알 수 있는 것이 없다고 하였다. 여기에 또 다른 이의 주장을 들어보자. 이 또 다른 주장은 빌라도가 예수에게 베푼 친절과 호의를 믿을 수 없다는 것이다. 그야말로 생사여탈의 권한을 가진 빌라도가 예수를 풀어주려면 풀어줄 수 있는데도 살릴 듯 말 듯 생색만 내다가 끝내 예수를 죽인다. 차라리 얕보거나 미워하며 죽이는 것이 더 나을 것 같다. 더구나 복음서에 빌라도 부인의 꿈 이야기까지 나오는 것에는 어이가 없다. "빌라도가 재판을 하고 있을 때에 그의 아내가 전갈을 보내어 '당신은 그 무죄한 사람의 일에 관여하지 마십시오. 간밤에 저는 그 사람의 일로 꿈자리가 몹시 사나웠습니다.' 하고 당부하였다."(마태오 27:19) 빌라도 부인의 꿈 이야기를 어떻게 입수할 수 있었단 말인가?

모순만 있는 것이 아니라 도저히 있을 법하지 않은 일이 버젓이 기록되어 있는 경우도 눈에 띈다. 예컨대 사형선고를 받은 죄인과 로마 제국을 대리한 본디오 빌라도 총독이 어떻게 대화를 나눌 수 있었을까? 비슷한 사례를 보면 총독이 죄인을 직접 심문하는 경우는 한 번도 없었다. 언제나 총독의 부하들이 심문을 맡았다. 당시는 예수가 그리스도도 아니었고 아직 그를 그럴듯한 영웅으로 미화한 신화도 없었기 때문에 본디오 빌라도가 예수를 구태여 만날 까닭이 없었다. 예수는 점령군의 감옥에 갇힌 다른 죄수들과 마찬가지로 보통 법의 적용을 받았으며 총독 정도 되는 최고위 공직자가 그들에게는 작은 동네 무뢰한과 다를 바 없는 예수와 직접 대화를 나누어야 할 이유가 없었다. 게다가 본디오 빌라도는 라틴어를 썼을 것이고 예수는 아람어를 썼을 터인데 요한복음서에 쓰인 대로 두 사람 사이에 통역관도 없이 편하게 대화했다는 것이 가능하였을까?

또한 복음서의 저자들이 예수를 죽음으로 몰아넣은 유대인들을 질책하고 로마 권력에 아첨하기 위한 의도가 아니라면 예수를 대하는 로마 총독의 모습을 부드럽고 정중하며 호의적으로 표현했을 리가 없다. 여기에서 꾸며진 냄새가 물씬 풍긴다.

―미셸 옹프레, 《무신학의 탄생》

그렇다고 복음서에 나타난 진리의 말씀까지 의심할 필요는 없다. 복음서의 최초 원본은 없지만 원본의 원본이 우리 마음속에 있기 때문이다. 바로 내 마음속에 온 얼(성령)이 원본인 것이다. 그 얼(성령)에 비추어보면 어떤 말씀이 참되고 거짓된지를 곧 가려볼 수 있다. 그래서 예수가 하느님 나라는 너희 속에 있다고 하였지 복음서에 있다고 하지 않은 것이다. 그 당시에는 성경이라고는 구약성경밖에 없었지만 말이다.

불경에는 전생 이야기와 후생 이야기를 비롯해 지어낸 이야기가 엄청 많다. 그렇지만 그 속에서 가르침을 얻을 수 있다. 《대승열반경》에 설산선인(雪山仙人)이라는 석가 붓다의 전생 이야기가 나온다. 설산선인이 깊은 산 속에서 혼자서 수도 생활을 하고 있었다. 득도의 순간을 만나지 못하고 허송세월만 하고 있던 어느 날 어디선가 게송

읊는 소리가 들려왔다. 보통 게송이 아니라 귀가 번쩍 띄는 내용의 게송이었다. '모든 짓거리 덧없어라(諸行無常), 이는 나서 죽는 낱동(개체)들이라(是生滅法).' 그러고는 게송 읊는 소리가 뚝 끊겼다. 설산선인은 마음이 달아올랐다. 나머지 반 게송에 결정적인 진리가 있을 터이기 때문이었다. 게송 소리가 난 쪽으로 가 이리저리 두리번거렸다. 그 목소리의 임자를 찾아야만 마지막 반쪽 게송을 들을 수 있기 때문이었다. 그런데 그곳에는 사람 잡아먹는 무섭게 생긴 야차 귀신만 있었다. 설산선인은 물러설 수 없었다. 그 야차가 게송을 읊은 것을 확인하고서 나머지를 들려 달라 하였다. 야차는 그럴 수 없다고 하였다. 무엇을 원하느냐고 물으니 지금 배가 고프니 그대 몸을 내게 공양하라고 하였다. 가만히 생각해보니 몸이란 어차피 죽는 것이라 진리의 말씀을 듣고 죽는 게 나을 것 같아 몸을 주기로 하였다. 야차가 나머지 게송을 소리내어 읊었다. '나서 죽는 낱동(개체)인 제나를 없애니 온통인 니르바나님으로 기쁨이어라(生滅滅己 寂滅爲樂).' 설산선인은 뛸 듯이 기뻤다. 인생의 의문이 다 풀렸기 때문이었다. 설산선인은 그 게송을 바위에 적고 나무에 새겼다. 다른 사람이라도 보라는 생각에서였다. 그러고는 큰 나무 위에 올라가 뛰어내렸다. 그랬더니 야차가 제석천으로 변해 본 모습을 드러내며 떨어지는 설산선인을 받았다. 이것은 석가가 지은 자전적인 소설이다. 얼마나 재미있고 유익한가?

아무튼 복음서에 나타난 예수의 행적 가운데 다른 것은 몰라도 예수가 마지막으로 남긴 유언만은 4복음서가 일치해야 할 터인데 그마저도 4복음서가 다 다르다. 유언도 사실이 아니고 지어낸 것으로 보인다. 마르코복음(15 : 34)과 마태오복음(27 : 46)에 나오는 '엘리 엘리 레마 사박타니'(하느님 하느님 어찌 나를 버리시나이까)는 시편 22장 1절에 나오는 다윗의 시 한 구절이다. 평생을 독창적인 제 소리만 한 예수가 유언으로 다윗의 시를 암송하다니 말이 안 된다. 루가복음에 나오는 유언에는 "아버지, 제 영혼을 아버지 손에 맡깁니다!"(루가 23 : 46)로 되어 있는데 이것도 예수의 말씀이 아니다. 아버지 속에 내가 있고 내 속에 아버지가 있다는 예수인데 새삼스럽게 내 영혼을 부탁하다니 말이 안 된다. 요한복음(19 : 30)에 "다 이루었다"가 그래도 예수의 생각에 가까운 유언이라 할 것이다. 하느님의 뜻을 이루는 것이 예수의 삶의 목적이었기 때문이다.

예수의 주검은 간소하게나마 정중하게 장례를 치른 것으로 요한복음 저자는 기록하고 있다. 아리마태아 사람 요셉이 빌라도에게 예수의 주검을 달라고 하여 받은 뒤에 니고데모가 가지고 온 향료를 바르고 고운 베로 감고 가까운 곳에 새 무덤이 있어 그곳에 안장하였다는 것이다. 그런데 여기에 대해서도 이의를 제기하는 목소리가 점점 높아지고 있다.

십자가에 못 박힌 정황도 역사적 사실과 다르다. 역사적 증거에 따르면 당시 유대에서는 죄인을 돌로 때려 죽이기는 했지만 십자가에 못

박지는 않았다. 사람들이 예수에게 씌운 죄가 무엇이었는가? 바로 유대의 왕을 자처했다는 죄다. 그런데 로마는 그와 같은 메시아 신앙을 경멸했다. 그들은 로마의 권위에 도전하며 위협한 죄인을 처형할 때나 십자가를 이용했다. 하지만 예수가 로마 권력에 명시적으로 도전한 적은 없다. 예수가 십자가에서 처형당한 게 사실이라고 인정하더라도 십자가에서 처형당한 죄인은 그대로 매달아 두는 것이 원칙이었다. 이때 십자가의 높이는 2미터를 넘지 않았기 때문에 십자가에 처형당한 죄인은 맹금류와 늑대들의 밥이 되기 쉬웠고 야수들에 물어뜯긴 몸은 결국 공동의 묘혈에 던져졌다. 그렇게 죽은 죄인이 무덤에 묻힌다는 것은 생각할 수 없는 일이었다. 이 부분에서도 날조의 냄새가 풍긴다. 무덤에 관해서도 도무지 이해가 되지 않는다. 복음서에 따르면 예수가 몰래 키운 제자인 아리마태아의 요셉이 빌라도에게 사정해서 예수의 시신을 받아 무덤에 안장했다는 것이다. 아리마태아는 죽음 뒤를 뜻하며 따라서 아리마태아의 요셉은 죽음 뒤에 와 예수를 염려한 사람을 가리킨다. 어찌 생각하면 요셉은 최초의 신도였다. 그런 요셉도 조작된 사람이란 냄새가 나지 않는가?

―미셸 옹프레,《무신학의 탄생》

예수는 이미 여러 번 몸나는 쓸데없다고 말하였다. "육적인 것(몸)은 아무 쓸모가 없지만 영적인 것(얼)은 생명을 준다."(요한 6 : 63)고 하였거니와 예수의 주검(시신)이 정중히 묻혔으면 어떻고 짐승들의 먹이가 되었으면 또 어떤가? 모든 사람은 역사라는 큰 나무에 잠시 피었다가 떨어지는 나뭇잎과 마찬가지다. 잎이 할 일을 다하고 떨어져 뿌리로 돌아가는 것, 낙엽귀근(落葉歸根)인 것이다. 자연을 사랑한 소로는 낙엽에 대한 소감을 일기에 적어놓았다.

낙엽이 깔린 길을 걷는 일은 얼마나 신선하고 즐거운가? 발밑에 와삭와삭 부서지는 소리가 들린다. 낙엽은 신선하고 바스락거리고 건강에 좋은 어린 희춘차(熙春茶)이고 녹차이다. 그들이 무덤으로 가는 길은 얼마나 아름다운 일인가! 그들은 얼마나 부드럽게 땅에 떨어져 바람 따라 구르다가 흙으로 돌아가는가! 수천 가지 빛깔로 꾸미고 우리의 땅바닥을 살아 있는 것으로 만들기에 이보다 더 적합한 것은 없다. 가볍고 쾌활하게 낙엽들은 자신들의 무덤으로 떼 지어 몰려간다. 그들은 상복을 입지 않는다. 땅 위를 이리저리 즐겁게 뛰어다니며 숲 전체에 자신들의 이야기를 속삭이다가 적당한 무덤을 고른다.

―소로,《소로의 일기》

20장

요한복음 20 · 21장

토마가 예수께 "나의 주님, 나의 하느님!" 하고 대답하자
예수께서는 "너는 나를 보고야 믿느냐? 나를 보지 않고도
믿는 사람은 행복하다" 하고 말씀하셨다.

— 요한 20 : 29

예수의 주검이 다시 살아났다니?

예수, 식가가 우리에게 가르쳐준 것은 어버이가 낳아준 제나(自我)로 살지 말고 하느님 아버지께서 낳아주신 얼나로 살라는 것이었다. 제나는 멸망의 생명이요 얼나가 영원한 생명이다. 류영모는 이것을 간단히 이렇게 말하였다.

> 어머니 뱃속에서 나온 나는 참나가 아니다. 하느님이 보낸 얼나가 참나다. 어버이가 낳은 제나는 죽으면 흙 한 줌이요 재 한 줌이다. 그러나 참나인 얼나는 하느님 나라를 세운다. 그래서 예수가 "내 나라는 이 세상에 속한 것이 아니다."(요한 18 : 36)라고 했다. 얼나는 하느님의 생명인 얼로 우주 안팎으로 충만한 호연지기(浩然之氣)의 나이다. 그러므로 지강지대(至剛至大)하여 아무도 헤아릴 수 없고 무엇에도 견줄 수 없다.
>
> ─류영모, 《다석어록》

그렇다면 예수나 석가의 무덤에 지나치게 마음 쓸 일이 아닌 것은 분명하다. 땅에서 빌린 흙으로 된 몸은 죽은 다음에 땅에 돌려주는 것으로 끝난다. 그리고 하느님으로부터 온 얼은 하느님께로 돌아가는 것이다. 예수도 "카이사르의 것은 카이사르에게 돌리고 하느님의 것은 하느님께 돌려라."(마르코 12 : 17)라고 했다. 그런데도 예수의 참나인 얼나를 모르고 거짓나인 몸나를 예수로 알고 이미 죽은 몸나에 관심을 보인다. 참으로 답답한 일이요 어리석은 일이다. 그러고도 예수의 가르침을 바로 알았다고 할 수 있겠는가? 도대체 예수의 몸뚱이에 집착하는 이유가 무엇인가? 아직도 제 몸이 참나인 줄 착각하고 있음을 보여주는 어리석음일 뿐이다.

 예수를 참으로 사랑한다면 예수의 진면목인 예수의 얼나를 알아야 하는 것이다. 쓸데없이 말을 만들어서까지 예수의 몸이 다시 살아났다고 할 필요가 없다. 예수는 니고데모에게 분명히 말하기를, 하느님으로부터 온 얼나만이 하느님 나라로 간다고 하였다. 예수의 몸도 하느님 나라에는 갈 수 없는 것이다.

 공자의 제자 가운데 자공(子貢)이 스승의 무덤에서 시묘살이를 여섯 해 동안 하였다. 또 스위스의 교육사상가 페스탈로치는 늙어서 아내를 여의었는데 한동안 밤마다 아내의 무덤에 찾아가서 통곡했다고 한다. 그러나 여자인 막달라 마리아가 어두운 새벽에 예수의 무덤을 찾아갔다는 것은 이해하기 어렵다. 예수의 죽음이 너무도 원통하여 잠 못 이루어 반 실성한 상태에 이르지 않았다면 말이다. 그리고 무덤의 돌문이 열린 것만 보고서 예수의 주검(시신)이 없어졌다고 단정하는 것도 자연스럽지 못하다. 또 이름을 밝히지 못하는 이른바 애제자가 베드로보다 더 일찍 무덤에 도착했다는 것도 이치에 맞지 않는다. 예수 생전에는 천사가 나타났다는 이야기가 없더니 예수가 죽자마자 두 사람의 천사가 등장하는 것도 어색하기만 하다. 여기에 이르면 예수가 말씀한 "육적인 것(몸)은 아무 쓸모가 없지만 영적인 것(얼 생명)은 생명을 준다."(요한 6 : 63)를 외치고는 복음서의 책장을 덮어버리고 싶다. 후세 사람들에 대한 예의가 아닌 것이다. 뒤에 오는 이들을 얼마나 어리석은 이들로 보았으면 그런 말을 하였을까 하는 생각이 든다.

그래도 예수의 참된 가르침을 간직하고 있는 사람들이 있으니 속죄신앙이 아닌 영성신앙을 지닌 사람들 중에서 찾을 수 있다. 영성신앙을 지닌 사람들 가운데는 예수가 가르친 부활이란 얼의 부활이지 몸의 회생이 아니라는 것을 아는 이들이 있다.

한 영지주의 교사가 학생 레지노스에게 보낸 서한인 〈부활론〉이 나그함마디에서 발견되었는데 여기에는 "부활을 환영(幻影)이라 생각지 말지니라. 이는 환영이 아니라 실재이다. 오히려 이 세계가 환영임을 잊지 말아야 할 것이다."라는 구절이 나온다. 익명으로 남아있는 레지노스의 스승은 마치 불가(佛家)의 지도자처럼 평범한 인간존재는 영적으로 죽은 상태라는 설명을 이어 간다. 그러나 부활은 깨달음의 순간이다. "부활은 …… 진정으로 존재하는 것을 드러냄이요 새로움으로의 이행이다." 이를 깨닫는 사람은 누구든 영적으로 살아나게 된다. 그에 따르면 이는 곧 지금이라도 당장 죽음으로부터 부활할 수 있다는 의미이다. 너는 부패할 수밖에 없는 존재인가? 왜 스스로를 시험하여 부활하려 하지 않는가? 나그함마디에서 발견된 세 번째 문헌 《필립보복음서》도 같은 견해를 펼치며 부활을 문자 그대로 받아들인 무지한 그리스도교인들을 비웃는다. "일단 죽고 난 다음 다시 살아난다고 말하는 사람들은 오류에 빠져 있는 것이다." 죽고 난 뒤가 아니라 살아 있는 동안 부활해야 한다.

—일레인 페이절스, 《영지주의》

어떤 사람의 사진을 그 사람이라면서 좋아한다면 그 사람을 참으로 좋아하는 것이 아니다. 어떤 사람의 얼나를 두고 그 사람의 몸나를 그라 여기면서 소중히 한다면 그를 참으로 좋아하는 것이 아니다. 우주에 가득 찬 예수의 얼나를 두고서 예수가 버린 몸나를 예수라고 집착하면 예수는 어이없어할 것이다. 그 같은 어리석은 일이 복음서에서 벌어지고 있다.

예수가 몸으로 소생하였다면 십자가에 못 박히기 전처럼 똑같은 언행이 있어야 자연스럽다. 더구나 죽었다 사흘 만에 다시 살아났으니 그 사흘 동안에 체험한 것을 제자들에게 들려주어야 할 것이다. 그런데 몸으로 다시 살아났다는 예수는 도깨비처럼 이곳저곳에 문자 그대로 신출귀몰하니 부자연스럽기 그지없다. 꾸민 이야기임을 드러내는 데 지나지 않는다.

아직도 예수가 몸으로 부활하였다고 억지소리를 하는 이들이 적지 않다. 그렇게 우겨야 자기의 신앙이 돈독하다는 것을 증명할 수 있다고 착각하는 것 같다. 마하트마 간디의 말대로 "신앙은 이성(理性) 이상이지만 비이성적인 것은 아니다."(마하트마 간디, 《날마다 한 생각》) 21세기의 과학적 지식을 비웃기라도 하려는 듯한 개신교계 원로의 주장을 본다. "이 빈 무덤이야말로 인간 역사에 처음 되어진 일이요 사망의 권세가 깨뜨려지고 부활의 새 페이지가 시작되는 순간이었다. 그리스도교는 빈 무덤 위에 세워진 종교이다. 그리스도교 신학사상 예수의 부활을 부정하려는 시도는 계속해서 일어났다. 그러나 이 빈 무덤은 언제나 주(主)의 육적(肉的)인 부활을 증언하여 왔다."

예수가 가르친 부활은 멸망의 생명인 몸생명에서 영원한 생명인 얼생명으로 생명의 축이 바뀌는 거듭남이다. 몸이 다시 살아나는 몸의 소생과는 다르다. 몸이 열두 번 살아난다 하여도 하느님이 주시는 영원한 생명인 얼나로 솟나지 못하면 아무 소용이 없다. 교회는 반석보다 더 굳건한 하느님의 생명인 성령 위에 세워야지 빈 무덤 위에 세워서야 무슨 교회 노릇을 제대로 하겠는가? 류영모의 말대로 서양 무당밖에 안 된다.

일부 양심적인 신학자들은 예수의 몸의 소생이 얼토당토않으니까 바울로가 한 말인 "육체적인 몸으로 묻히지만 영적인 몸으로 다시 살아닙니다."(I고린토 15 : 44)에 근거하여 예수의 영체 부활을 주장하고 있다. 얼이면 얼이고 몸이면 몸이지 무슨 얼몸[靈体]이 있단 말인가? 이것은 미신에 지나지 않는 생각이다. 예수는 분명히 말하였다. "육에서 나온 것은 육이며 영(얼)에서 나온 것은 영(얼)이다."(요한 3 : 6) 어버이의 몸에서 난 것은 몸나이고 하느님의 얼에서 난 것은 얼나란 말이다. 얼몸이 있을 수 없다. 불교에서도 석가 붓다가 말한 다르마(Dharma, 얼나)를 법아(法我) 또는 법여(法予)라 옮길 것이지 법신(法身)이라 옮긴 것은 잘못 옮긴 것이다.

그러나 예수가 이 세상에 보여주고 간 언행으로 인하여 이루어진 인격의 이미지가 있다. 소로는 그것을 이렇게 말하였다.

우리의 생각은 늘 죽은 자들과 함께한다. 죽었어도 잊혀지지 않는 그런 사람들이 있다. 우리는 그들의 하늘로 올라간다. 아니 그들이 우리의 세계로 내려온다. 반대로 어떤 이들은 죽고 나면 영영 잊혀진다. 형제자매라 하더라도 영영 기억 속에 잊혀지고 마는 것이다. 반면에 죽고 난 뒤에 살아 있을 때보다 더 가까워지는 이가 있다. 죽은 뒤에야 비로소 생전의 참모습을 드러내어 더 가깝게 우리에게 다가온다. 이 세상에서는 죽음으로 인해 서로 갈라지기는커녕 오히려 더 가까워지는 이도 적지 않다.

—소로, 《소로의 일기》

류영모가 인생은 죽음으로부터라고 말하는 까닭이 여기에 있다. 예수도 몸나의 죽음이 끝이 아니라 시작이라고 믿었던 것이다.

우리는 세상을 목적으로 알고 있지만 이 세상 여기가 목적이 아니다. 여기는 수단이다. 여기서 살고 그치는 것이 아니다. 여기는 지나가는 길이다. 목적은 하늘나라다. 그것을 믿는 것이 신앙이다. 신앙은 하늘나라를 바라는 것이다. 하늘나라가 목적인 것을 어떻게 아는가? 그것은 정신이 목적인 것을 알기 때문이다. 정신이 목적이고 육체는 수단이지 목적이 아니다. 육체는 정신의 수단이요 거름이다. 육체가 거름이 될 때 정신이 살아난다. 정신이 사는 것이 참 사는 것이다. 정신이 깰 때 인생은 한없이 기쁘다. 나는 인생을 죽음으로부터라고 생각한다. 죽음은 삶의 고개를 넘어선다고 본다. 예수의 정신이 오늘날까지 폭포수처럼 우리 머리 위에 부어주고 있는데 그것을 우리가 느끼기 때문에 예수는 대단한 존재인 것이다. 십자가에 못 박힌 예수를 쳐다보고 믿는다고 해서 참된 크리스천이 될 수 없다. 예수의 육신의 얼굴은 보잘것없다. 지나간 것의 한 가지 일인데 무엇이 대단한가?
―류영모,《다석어록》

막달라 마리아가 빈 무덤을 보고는 "그 여자(막달라 여자 마리아)는 달음질을 하여 시몬 베드로와 예수께서 사랑하시던 다른 제자에게 가서"(요한 20 : 2)라고 씌어 있다. 이름이 알려지지 않은 애제자 이야기가 또 나온다. 한마디로 부자연스럽기 그지없다. 애제자라고 하면서 익명으로 하는 것은 독자에 대한 예의가 아니다. 그런데 어떤 이는 그 익명의 애제자가 요한복음을 탄생시킨 요한 공동체를 상징하는 것이라고 말한다.(예수의 제자 요한이 유대교의 박해를 피해 그를 따르는 무리와 함께 이주해 만든 공동체를 요한 공동체 또는 요한학파라 부른다. 그 공동체에서 요한의 후학들이 요한복음을 저술하였다.) 오늘날 자연인과 함께 법인이 있듯이 공동체를 의인화하였다는 것이다. 자기네 공동체가 아무리 자랑스럽기로 그렇게까지 할 필요는 없다고 본다.

요한복음에서 예수의 애제자가 마리아 옆에 같이 있었다고 함은 이 문구로부터 예수의 고난 길에 참여하여 포즈를 취하며 무대의 전면에 등장하는 목격자가 바로 복음서의 저자인 요한이라는 것을 알아차리도록 하는 데 기여한다. 즉 그들은 신약성서의 독자들에게 본문 내용에 없는 것까지 보도록 하는 것이다. 그러나 십자가에 달린 예수가 그의 마지막 뜻을 위탁하고 있는 제자는 익명이다. 알려지지 않는 무명씨로 요한의 저자에게 얼굴을 제공한 그는 예수의 사랑하시는 제자, 가장 사랑하시는 제자 등으로 특별하게 불린다. 시공간을 초월하여 이 상징적인 인물은 예수의 제자들로 이루어진 진정한 공동체를 의미한다. 보다 정확하게 말하면 요한복음의 본문에서 이야기하고 있는 그리스도교 공동체의 한 단면인 것이다. 요한복음의 공동체는 예수의 참된 계승자들의 유일한 무리로 간주되었다.

—제롬 프리외르,《예수 후 예수》

나의 기도

참나이신 하느님께 비옵니다.
제나[自我]를 바치게 하옵소서.

조금 앞서 어쩌다가 태어나
얼마 못 가 부질없이 꺼져버리는
이 제나는 거짓입니다.

불안에 밤잠을 못 이뤄 뒤척이고
두려움에 떨어 식은땀 흘리며
한숨 쉬며 절망 속에 몸부림치는
이 제나는 거짓입니다.

제나는 하느님이 주신 하느님의 것이라
하느님께 도로 바치겠사오니

살리시든지 죽이시든지
하느님 뜻대로 하소서.

참나이신 하느님께 비옵니다.
제나를 버리게 하옵소서.

제나의 욕망과 희망을 좇아
힘들여 부지런히 살면 살수록
제나는 어김없는 짐승이었지
본 모습의 참나가 아닙니다.

밑 빠진 독 채우기의 끝없는 탐욕
밀려오는 파도처럼 쉼 없는 성냄
독주보다 사납게 달아오르는 음욕
짐승보다 못한 짐승 노릇이었습니다.

서로가 시샘하며 가정을 이룬 것도
이익을 좇아 무리 떼를 짓는 것도
땅위에 큰일이라 나라를 세운 것도
알고 보면 짐승의 버릇이었습니다.

"너희는 아래서 왔지만 나는 위에서 왔다"
"내 왕국은 이 세상 것이 아니다"
예수께서 한 말씀의 뜻을 알았사오니
하느님의 생명인 얼나를 주옵소서.
얼나로 솟나 하느님의 아들이 되어지이다.

참나이신 하느님께 비옵니다.
영원한 생명인 얼나로 솟나세 하옵소서.

제나로 죽는 게 얼나로 깨는 것이오며
제나를 버리는 게 얼나를 얻는 것이오니
얼나는 사랑·기쁨·평화의 참나입니다.

제나로 죽어 없어졌사오니
옷뿐이라 업신여김 받을 것도 없고
그림자뿐이라 괴롭힘 받을 것도 없고
꿈뿐이라 죽을 것도 없습니다.

세상의 기쁨 슬픔도 없사오며
세상의 사랑 미움도 없사오며
제나의 나고 죽음도 넘었사오니

자유하는 얼나로 하느님과 하나 되오리다.
—2007. 2. 12. 박영호

토마가 외친 나의 주님, 나의 하느님

미국 16대 대통령 링컨이 흑인들에게 자유를 주자 어떤 흑인은 링컨에게 예배를 올리려 하였다. 인도가 영국으로부터 오랜 세월 식민 지배를 받는 동안 인도인들에게 희망을 품게 하여 독립을 이끈 마하트마 간디에게 인도 서민들은 예배를 드리려 하였다. 그들에게는 링컨이나 간디가 하느님의 현신(現身)으로 보였던 것이다. 이런 것을 보면 예수가 부활하기 전이든 뒤든 예수에게도 얼마든지 '나의 주님 나의 하느님'이라고 할 수 있다. 주(主)는 퀴리오스($\kappa \upsilon \rho \iota o \varsigma$, Lord)로 우리말에 임자 곧 임이라는 뜻이라 하겠다. 主는 촛불과 촛대를 본뜬 상형문자이다. 본디 주(主)는 하느님을 가리키는 말이다. 예수가 바리사이파 사람들에게 그리스도는 누구의 자손이겠느냐고 물었을 때 다윗의 자손이라고 대답하자 "그러면 다윗이 성령의 감화를 받아 그를 주님이라고 부른 것은 어떻게 된 일이냐?"(마태오 22 : 43)라고 하였다. 그리스도는 하느님의 아들이지 다윗의 자손이 될 수 없다는 말이었다.

1945년 12월에 이집트 남부 나그함마디에서 파피루스 13권의 묶음으로 이루어진 고문헌이 발견되었다. 거기에는 토마복음서, 필립보복음서, 진리복음서, 이집트복음서, 야고보외경 등이 포함되어 있었다.

    토마복음서를 최초로 출간한 퀴스펠과 동료 학자들은 원본의 연대를 대략 기원후 140년경으로 추정했다. 일부 학자들은 이들 복음서가 이단인만큼 60~110년경으로 거슬러 올라가는 신약성경의 복음서보다 나중에 작성되었을 것이라 주장하기도 했다. 그러나 최근 하버드대학의 헬무트 쾨스터 교수가 발표한 바에 따르면 토마복음서에 실린 예수의 가르침이 비록 편찬은 140년경에 이루어졌을지라도 신약성경의 복음서에 담긴 내용보다 훨씬 이전 시대로 거슬러 올라가는 전통을 포함하고 있다고 한다. 1세기 후반부(50~100년)까지 거슬러 올라갈 수도 있으며 이는 연대상 마르코복음과 마태오복음, 루가복음, 요한복음과 비슷하거나 혹은 더 오래되었을지도 모른다는 뜻이다.
―일레인 페이절스, 《영지주의》

토마복음서를 분석 연구한 김용옥은 이렇게 증언한다.

    도마(토마)의 그리스도론의 독특성은 예수와 구약 예언 사이에 아무런 연속성이 없다는 사실에 있을 뿐 아니라 예수의 말씀과 그의 행동 간에도 아무런 연속성이 없다는 사실에 있다. 도마는 예수가 제자들을 부른 일, 이적들을 행하신 일, 성전을 확청한 일 등 일련의 사건들에 대한 이야기를 전혀 제시하지 않는다. 사실 도마복음서에서는 예수의 행동은 하나도 없고 오직 예수의 말씀뿐이다. 지은이는 오직 은밀한 지식을 제자들에게 전해주는 예수의 교육 활동에만 관심을 갖고 있다. 예수의 행동들에 대한 설화적 설명이 없는 사실은 아마도 그의 신학적 견해 때문인 것으로 설명될 수 있을 것이다. 그의 신학적 견해에 의하면 사람의 구원이 예수께서 그의 지상 활동 가운데서 행하신 그의 행동들에 의존된 것이 아니라 인간인 그가 계시자로서 전해주시는 은밀한 지식을 획득하는 일에 달려 있다고 본 것이다.

— 김용옥,《도마복음서연구》

토마복음서는 영원한 생명인 얼나를 깨달은 이를 '단독자(Solitary One)'라 하였다. 예수도 모범적인 단독자의 한 사람인 것이다. 토마복음서는 예수를 지칭하기를 '살아 계신 이(Living One)', '하늘의 예수(Heavenly Jesus)', '빛', '전체(All)'라고 하였다. 예수의 얼나를 가리키는 말로 보인다.

요한복음 20장에 "나는 내 눈으로 그분의 손에 있는 못 자국을 보고 내 손가락을 그 못 자국에 넣어보고 또 내 손을 그분의 옆구리에 넣어보지 않고는 결코 믿지 못하겠소."(요한 20 : 25)라고 나오지만 토마복음서에서는 "예수의 육체적 죽음이 도마(토마)에게는 인간에게 구원을 가져다주는 요인이 결코 예수의 십자가가 아니라 그가 전해주는 은밀한 지식이기 때문이다. 예수의 역할은 은밀한 지식을 전해주는 계시자로만 보고 있는 점을 고려할 때 도마복음서에 예수의 십자가가 중요시되어 있지 않는 것은 결코 놀라운 일이 아니다."(김용옥,《도마복음서연구》)

예수는 말하기를 "너희는 스승 소리를 듣지 말아라. 너희의 스승은 오직 한 분뿐이고 너희는 모두 형제들이다. 또 이 세상 누구를 보고도 아버지라 부르지 말아라. 너희의 아버지는 하늘에 계신 아버지 한 분뿐이시다."(마태오 23 : 8~9)라고 했다. 예수는 하느님께서 우리의 하느님이요 스승님이리고 가르친 것이나. 그래서 마지막에는 예수가 제자들에게 나의 벗이라고 하면서 "벗을 위하여 제 목숨을 바치는 것보다 더 큰 사랑은 없다."(요한 15 : 13)고 하였다. 그런데 얼나를 깨달은 토마라면 예수에게 '나의 주님 나의 하느님'이라고 한 것은 잘못된 것이다.

니체의 말대로 사람을 하느님이라고 하면 하느님을 죽이는 것이다. 사람이 무슨 힘이 있어 불생불멸의 하느님을 죽일 수 있으리오만 사람의 마음속에 하느님이 안 계시게 되는 것만은 틀림이 없다. 북한을 보라. 사람을 하느님의 자리에 올려놓으니 하느님이 죽은 것이나 마찬가지다. 일본을 보라. 사람을 하느님 자리에 올려놓으니 하느님을 죽인 것이나 마찬가지다. 그렇게 되면 결국 그들은 멸망의 길을 걷게 된다.

예수는 공식적으로 후계자를 지목하지 아니하였다. 그것은 석가도 마찬가지였다. 참 후계자가 있다면 진리(얼나)가 있을 뿐이다. 누구라도 얼나를 먼저 깨닫는 이가 예수의 뒤를 이을 것이다. 그래서 예수가 떠나간 뒤에는 예수의 직계라 할 수 있는 유대 나라 안의 영성신앙은 영성신앙대로 여러 갈래로 나뉘었다. 그리고 유대 나라 밖의 속죄신앙과 영성신앙이 대립 상태에 있었으며 속죄신앙은 바울로가 지도하고 있었다. 요한복음에서는 예수가 베드로에게 세 번씩이나 나를 사랑하느냐고 묻고는 "내 양들을 잘 돌보아라."(요한 21 : 16)라고 당부하고 있다. 베드로를 예수의 후계자로 내세워 그 뒤를 잇고 싶어 하는 이들이 만들어 넣었을 가능성이 커 보인다.

요한복음 21장은 이제까지 쓰던 이와는 또 다른 이가 쓴 것임이 글에서 잘 드러나고 있다.

의심할 여지도 없이 요한은 자신이 쓴 복음서의 토대가 되는 자료를 가지고 있었다. 예를 들면 예수가 행한 여러 가지 표적에 대해 이야기하는 자료가 있었을 것이고 예수의 설교를 보도하는 자료도 있었을 것이다. 요한복음서의 저자는 이러한 자료들을 한데 엮어 예수 생애와 사역과 죽음과 부활에 대한 이야기를 만들어냈다.

물론 요한복음서 저자가 요한복음서 이본(異本) 몇 가지를 직접 만들었을 가능성도 있다. 예를 들면 이미 오래 전부터 독자들은 요한복음 21장이 후대에 첨가된 부분이라고 추측하고 있다는 사실을 알고 있었다. 요한복음서는 분명히 20장 30~31절로 끝나는 것처럼 보이기 때문이다. 더군다나 21장에 보도되는 사건들은 추가적인 보도처럼 보인다. 아마 예수의 현현전승을 부풀리기 위해 또 요한 전승의 중심에 서 있는 애제자가 죽었을 때 이것이 예상하지 못했던 뜻밖의 일이 아니었다는 것을 설명하기 위해 21장이 덧붙여진 것으로 보인다.

―바트 에르만, 《성경 왜곡의 역사》

요한복음 2~20장을 쓴 애제자의 제자는 예루살렘에서 있었던 예수 발현사화(예수가 육체 부활한 뒤 나타난 이야기)들만 채록했다. 그런데 애제자의 또 다른 제자가 갈릴래아에서의 예수 발현사화 전승들을 채집하여 21장을 써서 덧붙였는데 이 사람은 요한복음 필자 B라고 한다.

―정양모, 《요한복음 이야기》

이제야 알지만 옛날엔 몰랐다*

이제야 알지만 옛날엔 몰랐다.
죄악의 이 세상에 나를 보낸 것은
하늘아바의 아들 맘(로고스)을 찾아오라는 것임을

이제야 알지만 옛날엔 몰랐다.
삶이 모질게도 고달픈 것은
하늘 고향 생각나게 하려는 것임을
맘이 뼛속에 스미도록 외로운 것은
하늘아바 그리워서인 것을

이제야 알지만 옛날엔 몰랐다.
세상이 싫고 나가 미워
마음으로 열두 번도 더 죽으니
하늘아바의 아들 마음이
마음속에 아침 해처럼 솟아올라
짐승의 무명(無明)이 사라지는 것을

이제야 알지만 옛날엔 몰랐다.
이 나가 참나가 아니고

하늘아바의 아들 마음이 참 나라
몸은 죽어도 죽지 않는 영원한 생명인 것을

이제는 알지만 옛날엔 몰랐다.
세상에서 얻은 것 다 버리고
세상에서 알은 것 다 잊고서
받은 미움 사랑으로 갚고
들은 저주 축복으로 돌려주고
하늘아바께로 돌아가면
참나는 하늘아바 품에 안겨 영원하다는 것을
—2006. 11. 11. 박영호

* 《상록수》의 저자 심훈 님의 질녀 심재완 님이 위독하다는 소식을 듣고 심재완 님께 보내기 위해 지음.

잃어버린 예수―다석 사상으로 다시 읽는 요한복음

2007년 10월 20일 초판 1쇄 발행
2015년 2월 15일 개정판 2쇄 발행
- 지은이 ──────── 박영호
- 펴낸이 ──────── 한예원
- 편집 ──────── 이승희, 조은영, 윤슬기
- 펴낸곳   교양인
　　　　우121-888 서울 마포구 포은로 29 신성빌딩 202호
　　　　전화 : 02)2266-2776 팩스 : 02)2266-2771
　　　　e-mail : gyoyangin@naver.com

ⓒ 박영호, 2012
ISBN 978-89-91799-72-1   03230

* 잘못 만들어진 책은 바꾸어드립니다.
* 값은 뒤표지에 있습니다.